汽车电气维修理实一体化教程

主　编　贺　民　甘勇辉
副主编　黄启敏　王俪颖　刘国灿
参　编　梁家生　易坤仁　黄　文　张金丽
侯　捷　江　巍　韦志强　夏　波
刘　樾　方青媛　叶莉莉

北京理工大学出版社
BEIJING INSTITUTE OF TECHNOLOGY PRESS

内容简介

本书以高等院校人才培养模式改革的先进教学理念为引领：以典型工作任务为基础，以企业真实的工作情境为切入点，以工作过程为导向，以项目教学的方式组织编写。内容选取注重理论联系实际，注重知识与能力的融合，重点突出学以致用，突出动手能力、岗位能力培养。通过本课程的教学，使学生全面熟悉汽车电气设备的结构、工作原理、使用与检修的基本知识，掌握汽车电气设备常见故障原因分析与诊断方法，具备在汽车维修现场解决实际问题的能力。

本书可作为高等院校汽车运用技术、汽车检测与维修技术、汽车电子技术、汽车整形技术等专业及相关专业的教材，也可作为广大自学者的参考用书。

图书在版编目（CIP）数据

汽车电气维修理实一体化教程 / 贺民，甘勇辉主编．—北京：北京理工大学出版社，2017.8
ISBN978-7-5682-4462-6
Ⅰ．①汽…　Ⅱ．①贺…　②甘…　Ⅲ．①汽车—电气设备—车辆修理—教材　Ⅳ．① U472.41
中国版本图书馆 CIP 数据核字（2017）第 192235 号

出版发行 / 北京理工大学出版社有限公司
社　　址 / 北京市海淀区中关村南大街 5 号
邮　　编 / 100081
电　　话 /（010）68914775（总编室）
（010）82562903（教材售后服务热线）
（010）68948351（其他图书服务热线）
网　　址 / http://www.bitpress.com.cn
经　　销 / 全国各地新华书店
印　　刷 / 北京市雅迪彩色印刷有限公司
开　　本 / 787 毫米 ×1092 毫米　1/16
印　　张 / 17.75
字　　数 / 423 千字
版　　次 / 2017 年 8 月第 1 版　2017 年 8 月第 1 次印刷
定　　价 / 59.8 元

责任编辑 / 赵　岩
文案编辑 / 邢　琛
责任校对 / 周瑞红
责任印制 / 李志强

前言

preface

我国已经连续三年成为世界第一大汽车生产国和第一大汽车市场，而且作为世界上最大的汽车生产国和最大的汽车市场这种格局在今后相当长的一段时间内将会持续下去。但我国并不是汽车强国。纵观德、美、日等世界汽车强国，不难发现其汽车人才的培养无不走在世界前列，并为汽车工业的强盛源源不断地提供高水平、高素质、多学科、多层次的人才，为汽车产业的持续发展提供人才保障。可见，汽车强国的根本是人才强国，而人才的来源则是教育。

我国汽车工业的快速发展也带动了人才需求的快速增长，汽车产业人才的需求呈现出多样化、层次化、专业化的特点，汽车人才培养也逐渐形成了从中职，到高职、本科、硕士，直至博士和博士后的相对完整的人才培养体系。人才培养体系的健全需要强有力的教学作为支撑，学生在学校接受专业教育，通过教师授课的方式从教科书中学习、消化、吸收前人积累的大量知识精华，这样学生就可以在短期内获得大量实用的专业知识。然而，目前各层次汽车类教材明显落后于汽车产业发展，应用型人才教材与技工型人才、技术型人才、研究型人才教材界限不清，特色不鲜明，这也是困扰我国汽车行业中职、高职、本科等不同层次汽车人才培养的一个长期问题。因此，面对汽车行业对不同层次人才的专业知识和综合素质的不同需求，遵循教育规律，开发新的教材，跟上或适当领先汽车行业发展步伐，是汽车教育亟须解决的问题。

值得欣喜的是，出版界人士一直在此方面孜孜不倦地进行探索与突破。行业专家和各交通院校双师型教师共同规划、组织、编写的这套全国汽车类情境 • 体验 • 拓展 • 互动“1+1”理实一体化规划教材，正是从汽车行业一线对应用型人才的需求出发，以全面素质提高为基础，以就业为导向。这套教材的显著特点是“主体教材”+“教学资源库”，即“1+1”。主体教材灵活运用了先进的教学思想——行为导向教学法，各个板块设置均以学生为中心，“情境导入”让学生身临其境，有问题可想，有任务可做，让学生动起来；“任务实施”以图解的方式解决工作情境中的问题，学生通过一步步的操作流程学会了应用，他们将不再感觉学习是一种负担，而是把学习当作衡量自己能力的一次机会；“评价体会”是老师和学生共同回顾、畅谈的环节，通过这个环节，学生的知识点、技能点、情感点即其情商也在无形中得到了锻炼和提升；“拓展与提升”板块加入与之密切联系的行业发展信息或新技术研究信息，开阔了学生的视野。教学资源库则从现实案例、实践训练、学习考试等方面实现教学资源与教学内容的有效对接，融“教、学、做、拓”为一体。

我国的汽车教育事业取得了长足发展，但不能忽视的是，汽车专业教材建设亟待进一步规范和引导，汽车专业教学的改革势在必行。教育体系与课程内容如何与国际接轨，如何避免教材建设中存在的内容陈旧、体系老化问题，如何解决汽车专业教育滞后于科技进步和现代汽车行业发展的局面，无疑成为我们目前最值得思考和解决的关键问题，本套教材应时所需，有针对性地研究和分析当前汽车行业现状，启迪汽车专业课程体系改革，落实产学研结合的教学模式，相信对汽车从业人员的指导、培训，以及对汽车人才的培养有较为现实的意义。

本书由贺民、甘勇辉任主编，黄启敏、王俪颖、刘国灿任副主编。贺民编写了任务 1、任务 2、任务 6；甘勇辉编写了任务 3、任务 4、任务 7；黄启敏编写了任务 5；王俪颖、刘国灿共同编写了任务 8；其他参编人员协助搜集资料并参与了各章节的编写。

最后，希望本套教材能够为我国汽车人才的培养作出一定贡献。

contents

目录

学习任务 1　蓄电池的维护与检修

任务目标

了解：蓄电池的工作原理和作用。

熟悉：蓄电池的结构、蓄电池型号的含义。

掌握：蓄电池技术状况的检查方法、蓄电池的充电方法、蓄电池的正确使用与维护方法及其常见故障的检修方法。

学会：蓄电池液面高度的检查、蓄电池放电程度的检查、蓄电池的充电、蓄电池常见故障的检修。

任务描述

由于使用、储存、维护、充电方法不当，蓄电池常常会出现极板硫化、活性物质脱落、极板短路、自放电等故障。为了合理使用蓄电池，延长其使用寿命，必须了解蓄电池的结构原理，熟悉其正确的检查、储存、维护与充电方法，并掌握常见故障的诊断方法。

学时计划

项目	项目内容	参考学时			
		教学学时	实训学时	小计	合计
1.1	蓄电池的结构原理与型号认识	3	1	4	8
1.2	蓄电池的使用与维护	1	1	2	
1.3	蓄电池的常见故障检修	0.5	1	1.5	
拓展与提升	汽车用新型蓄电池	0.5	0	0.5	

项目 1.1　蓄电池的结构原理与型号认识

情境导入

2012 年 9 月 23 日，车主张先生来到某汽车 4S 店反映，他的汽车蓄电池没电了。经询问，该蓄电池使用不到 1 年。为了正确地判断蓄电池故障，查明故障原因，汽车维修人员必须全面认识蓄电池，熟悉蓄电池的结构和工作原理。

理论引导

汽车蓄电池（俗称电瓶）是一种储存电能的装置。如果连接外部负载或接通充电电路，蓄电池便开始放电或充电，实现能量转换。在放电过程中，蓄电池中的化学能转变为电能；在充电过程中，电能转变为化学能。

1.1.1　蓄电池的作用与分类

1．蓄电池的作用

（1）起动发动机时，给起动机、发动机电控系统、仪表等用电设备供电。

（2）当发电机过载或发动机低速运转时，协助发电机向用电设备供电。

（3）当发电机不发电时，由蓄电池向用电设备供电。

（4）当发电机端电压高于蓄电池电压时，蓄电池将一部分电能转化为化学能储存起来，即充电。

2．蓄电池的分类

目前汽车上常用的蓄电池类型有普通铅酸蓄电池、免维护蓄电池、干荷电蓄电池和胶体电解质蓄电池等。

1.1.2　蓄电池的结构

1．普通铅酸蓄电池

普通铅酸蓄电池（以下简称蓄电池）一般由 3 个或 6 个单体电池串联而成，如图 1.1 所示，主要由极板、隔板、壳体、极桩、电解液等组成。

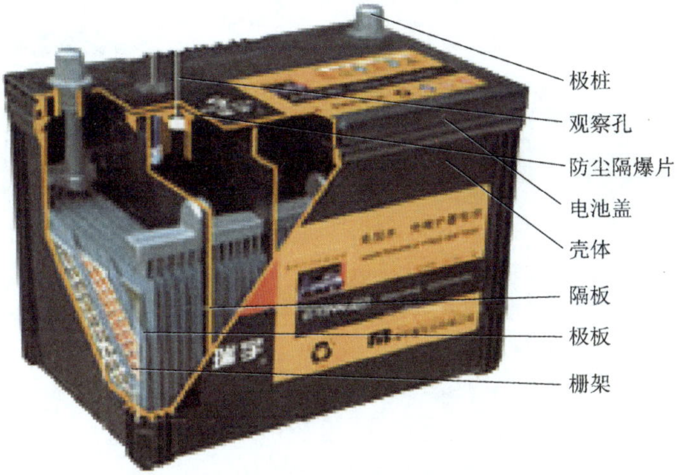

图 1.1　蓄电池的结构

1）极板

极板的分类及构成：极板分正极板和负极板两种，均由栅架和填充在其上的活性物质构成。

极板的作用：蓄电池在充、放电过程中，电能和化学能的相互转换就是依靠极板上活性物质和电解液中硫酸的化学反应来实现的。

活性物质及其颜色区分：正极板上的活性物质是二氧化铅（PbO_2），呈深棕色；负极板上的活性物质是海绵状纯铅（Pb），呈青灰色。

栅架的作用：容纳活性物质并使极板成形，其结构如图 1.2 所示。

新结构：为了降低蓄电池的内阻，改善蓄电池的起动性能，有些蓄电池采用了放射形栅架。

极板组：为增大蓄电池的容量，将多片正、负极板分别并联焊接，组成正、负极板组，装在单体内。由于正极板的机械强度低，单面工作会因两侧活性物质体积变化不一致，而造成极板拱曲、活性物质脱落等不良现象，因而在每个单体电池中负极板的数量总比正极板多一片。

安装要求：安装时正、负极板相互嵌合，中间插入隔板。

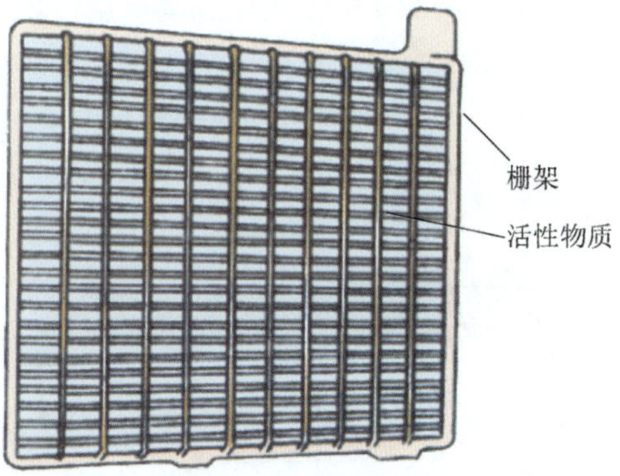

图 1.2　栅架结构

2）隔板

作用：为了减小蓄电池的内阻和尺寸，蓄电池内部正、负极板应尽可能地靠近；为了避免彼此接触而短路，正、负极板之间要用隔板隔开。隔板的结构如图 1.3 所示。

材料要求：隔板材料应具有多孔性和渗透性，且化学性能要稳定，既要耐酸性，又要抗氧化性好。

材料：常用的隔板材料有木质隔板、微孔橡胶、微孔塑料、玻璃纤维和纸板等。

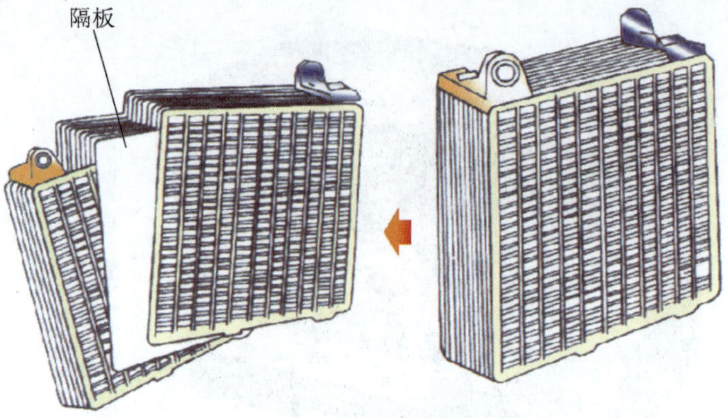

图 1.3 隔板结构

安装要求：安装时隔板上带沟槽的一面应面朝正极板。

新结构：在新型蓄电池中，将微孔塑料隔板制成袋状，紧包在正极板外部，可进一步防止活性物质脱落，避免极板内部短路并使组装工艺简化。

3）壳体

作用：用来盛放电解液和极板组。

材料：由耐酸、耐热、耐震、绝缘性好并且有一定力学性能的材料制成。

结构特点：壳体为整体式结构，其内部由间壁分隔成 3 个或 6 个互不相通的单体组成，底部有突起的肋条以搁置极板组。肋条之间的空间用来积存脱落下来的活性物质，以防止在极板间造成短路。极板装入壳体后，上部用与壳体相同材料制成的电池盖密封，如图 1.4 所示。在电池盖上对应于每个单体的顶部都有一个加液孔，用于添加电解液和蒸馏水，也可用于检查电解液液面高度和测量电解液的相对密度。正常使用时，加液孔用加液孔盖密封。

4）极桩

电池盖上有两个极桩，分别为正极桩和负极桩。正极桩用“+”表示或涂上红颜色，负极桩用“–”表示，涂上蓝颜色或不涂颜色，如图 1.4 所示，其结构种类如图 1.5 所示。

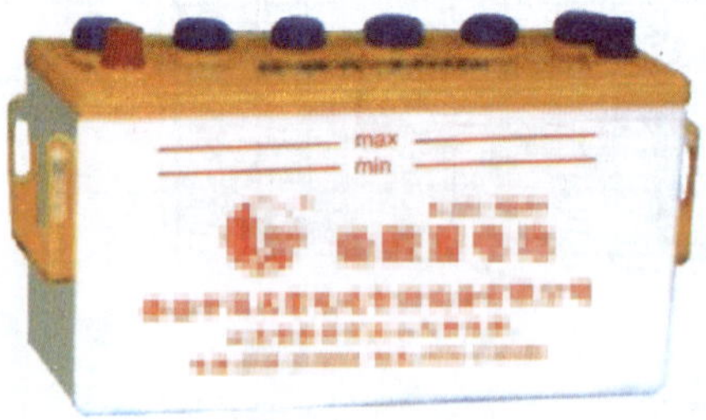

图 1.4 壳体

（a）锥台形极桩 （b）L形极桩 （c）装配前的L形极桩

图 1.5 极桩的结构

5）电解液

作用：电解液在电能和化学能的转换过程（即充电和放电）的电化学反应中起离子间的导电作用并参与化学反应。

成分：它由纯硫酸和蒸馏水按一定比例配制而成，其密度一般为 1.24 ～ 1.30g/mL。

注意：电解液的纯度是影响蓄电池的性能和使用寿命的重要因素。

安全警示：电解液有较强的腐蚀性，避免接触到皮肤和衣物。

6）单体电池的串接方式

蓄电池一般都由 3 个或 6 个单体电池串联而成，额定电压分别为 6V 和 12V。

串接方式：单体电池的串接方式一般有传统联条外露式、穿壁式和跨越式，如图 1.6 所示。

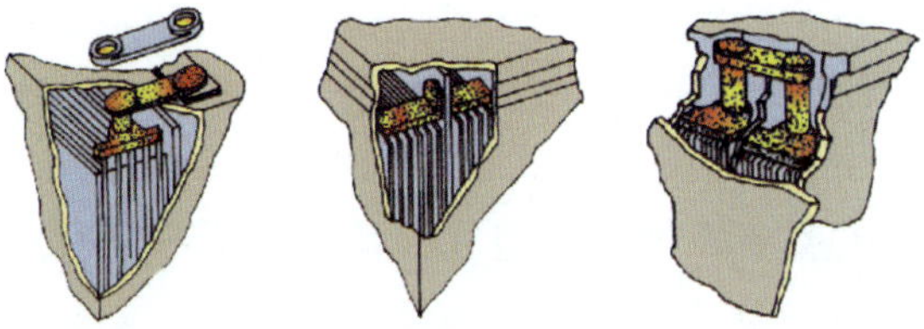

（a）传统联条外露式　（b）穿壁式　（c）跨越式

图 1.6　单体电池的连接方式

早期的蓄电池大多采用传统联条外露式铅连接条连接方式，新型蓄电池则采用先进的穿壁式或跨越式连接方式。

联条外露式连接：这种连接方式工艺简单，但耗铅量多，连接电阻大，因而起动时电压降大、功率损耗也大，且易造成短路，现已淘汰。

穿壁式连接：该方式是在相邻单体电池之间的间壁上打孔供连接条穿过，将两个单体电池的极板组极桩连焊在一起。

跨越式连接：该方式是在相邻单体电池之间的间壁上边留有豁口，连接条通过豁口跨越间壁将两个单体电池的极板组极桩相连接，所有连接条均布置在整体盖的下面。

比较：穿壁式和跨越式连接方式与传统外露式铅联条连接方式相比，有连接距离短、节约材料、电阻小、起动性能好等优点，现在被广泛采用。

2．干荷电蓄电池

近年来，一些汽车装用了干荷电蓄电池。这种蓄电池只要灌入电解液，不需进行初充电即可使用。

与普通蓄电池的区别：干荷电蓄电池极板组在干燥状态下能够较长时间（2 年）保存其在制造过程中所得到的电荷。干荷电蓄电池极板上的活性物质与普通蓄电池相同，所不同的是负极板的制造工艺与普通蓄电池不同。

正极板上的活性物质——二氧化铅的化学活性较稳定，它的荷电性能可以保持较长时间，而负极板上的活性物质——海绵状纯铅，由于表面积大、化学活性高、容易氧化等，其荷电性能不易保持较长时间。在制造干荷电蓄电池过程中，在负极板的铅膏中加入松香、油酸、硬脂酸等防氧化剂，且在化成过程中进行了一次深放电或反复充、放电循环，使之在极板深层也形成海绵状铅。化成后的负极板经清水洗后再放入防氧化剂溶液中进行浸渍处理，并采用特殊干燥工艺，使负极板表面生成一层保护膜。这样，干荷电蓄电池的极板组就具备了在干燥状态下能够较长时间保存其在制造过程中所得到的电荷。

3. 免维护蓄电池

免维护蓄电池又称MF蓄电池。这种蓄电池因无酸液外泄，因而极桩腐蚀轻、自行放电少，在车上或储存时不需要补充充电，在合理使用过程中3.5～4年无须添加蒸馏水。市内短途行驶8万km、长途行驶40～48万km不需要维护。免维护蓄电池的结构具有如下特点：

（1）极板栅架采用铅钙合金或低锑合金，减少了析气量和耗水量，自放电也大大减少。

（2）采用袋式聚乙烯隔板，将极板包住，减小了极板上活性物质的脱落，同时也防止了极板短路。

（3）在气孔盖的内部设置了一个氧化铝过滤器，它既可以使H_2和O_2顺利溢出，又可防止水蒸气和H_2SO_4气体散失，因此减少了电解液的消耗。

（4）单体电池间的联条采用穿壁式连接，减小了内阻。

（5）采用聚丙烯塑料外壳，底部无筋条，降低了极板的高度，增加了上部的容积，使电解液增多。

（6）由于免维护蓄电池无加液孔，无法用吸式密度计测量其电解液的密度，故一般内置一相对密度计。

通过蓄电池盖观察镜观察，如果相对密度计顶部的圆点呈绿色，说明蓄电池荷电充足（存电65%以上）；如果圆点呈深绿色或黑色，说明蓄电池荷电不足；如果圆点呈浅黄色或无色，说明蓄电池电压很低，已无法正常工作，应予以更换。

1.1.3 蓄电池的型号

根据JB/T 2599—2012《铅酸蓄电池名称、型号编制与命名办法》规定，蓄电池的型号由三部分组成，各部分之间用半字线分开，如图1.7所示。

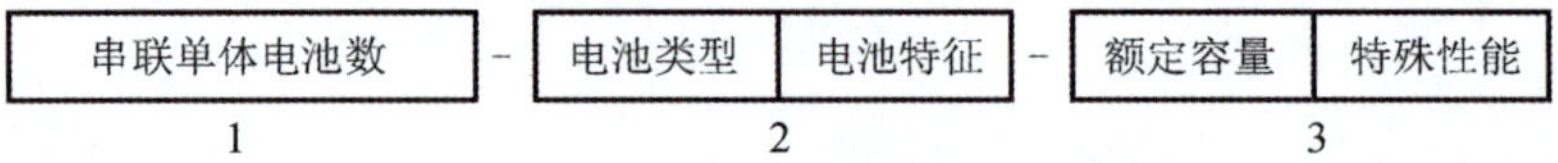

图1.7 蓄电池型号的表示方法

第1部分为串联的单体电池数，用阿拉伯数字表示，其标准电压是这个数字的2倍。

第2部分为蓄电池类型和特征，常用汉字的第一个字母表示。其中，第一个字母为蓄电池类型，如“Q”为起动用蓄电池；第二个字母为蓄电池特征代号，如“A”表示干荷电式。具有两种特征时应按顺序将两个代号并列标示，各代号的含义见表1.1。

第3部分为蓄电池的额定容量。我国目前规定采用20h放电率的容量，用阿拉伯数字表示，其单位为A·h。有时在额定容量后面用一个字母表示特殊性能，如G—高起动率，S—塑料外壳，D—低温起动性能好。

续表

表 1.1　铅蓄电池的特征代号及其含义

特征代号	蓄电池特征	特征代号	蓄电池特征	特征代号	蓄电池特征
A	干荷电式	J	胶体电解液式	D	带液式
H	湿荷电式	M	密封式	Y	液密式
W	免维护式	B	半密封式	Q	起动型
S	少维护式	F	防酸式	I	激活式

例如，蓄电池型号 6–QAW–100S 的含义如下：

6 代表 6 个格，一个格是 2V，即代表 12 V；Q 表示起动型；A 表示干荷电式；W 表示免维护蓄电池；100 表示蓄电池容量为 100A · h；S 表示采用了塑料外壳。

1.1.4　蓄电池的工作原理

1．蓄电池的静止电动势

蓄电池的静止电动势 E_j 与极板的片数、大小无关，仅与电解液的密度有关，其关系式为

$$E_j=0.85+\rho_{25}$$

式中　E_j——静止电动势，V；

ρ_{25}——25℃时电解液的相对密度，g/m³。

实测的电解液相对密度应转换成 25℃时电解液的相对密度，转换关系式为

$$\rho_{25}=\rho_t+0.00075(t-25)$$

式中　ρ_t——实测时电解液的相对密度，g/cm³；

t——实测时电解液的温度，℃。

由于蓄电池工作时，电解液密度一般在 1.12 ～ 1.30g/cm³ 的范围内变化，所以每个单体电池的电动势也相应地在 1.97 ～ 2.15V 之间变化。

2．蓄电池的放电

当蓄电池的极板浸入电解液时，正、负极板与电解液相互作用，在正、负极板间将会产生约 2.1V 的静止电动势。此时若接入负载，在电动势的作用下，电流就会从蓄电池的正极经外电路流向蓄电池的负极，这一过程称为放电，蓄电池的放电过程是化学能转变为电能的过程。

放电时，正极板上的二氧化铅 (PbO_2) 和负极板上的铅 (Pb) 都与电解液中的硫酸 (H_2SO_4) 反应生成硫酸铅 ($PbSO_4$)，沉附在正、负极板上。电解液中硫酸 (H_2SO_4) 逐渐减少，而水 (H_2O)

逐渐增加，密度逐渐降低。

蓄电池放电终了的特征如下：

（1）单体电池电压下降到放电终止电压。

（2）电解液密度下降到最小许可值。

放电终止电压与放电电流的大小有关。放电电流越大，允许的放电时间就越短，放电终止电压也越低，详见表 1.2。

表 1.2　单体电池放电终止电压

放电电流 /A	$0.05C_{20}$	$0.1C_{20}$	$0.25C_{20}$	C_{20}	$3C_{20}$
放电时间	20h	10h	3h	25min	5min
单体电池放电终止电压 /V	1.75	1.70	1.65	1.55	1.50

注：C_{20} 为蓄电池的额定容量。

3．蓄电池的充电

充电时，蓄电池的正、负极分别与直流电源的正、负极相连，当充电电源的端电压高于蓄电池的电动势时，在电场的作用下，电流从蓄电池的正极流入，负极流出，这一过程称为充电。蓄电池充电的过程是电能转换为化学能的过程。

充电时，正、负极板上的硫酸铅（$PbSO_4$）分别还原成二氧化铅（PbO_2）和铅（Pb），电解液中的硫酸（H_2SO_4）逐渐增多，而水（H_20）逐渐减少，密度逐渐升高。

当充电接近终了时，$PbSO_4$ 已基本还原成 PbO_2 和 Pb，这时，过剩的充电电流将电解水，使正极板附近产生的氧气（O_2）从电解液中逸出，负极板附近产生的氢气（H_2）从电解液中逸出，电解液液面高度降低。因此，普通铅酸蓄电池需要定期补充蒸馏水。

蓄电池充足电时的标志如下：

（1）电解液中有大量气泡冒出，呈沸腾状态。

（2）电解液的密度和蓄电池的端电压上升到规定值，且在 2 ～ 3h 内保持不变。

综上所述，铅酸蓄电池的充、放电化学反应方程式为

$$PbO_2+2H_2SO_4+Pb \underset{\text{充电}}{\overset{\text{放电}}{\rightleftharpoons}} 2PbSO_4+2H_2O$$

1.1.5　蓄电池的容量及其影响因素

1．蓄电池的容量

蓄电池的容量是标志蓄电池对外放电能力、衡量蓄电池性能优劣，以及选用蓄电池的最重要的指标。蓄电池的容量是指在规定的放电条件下，完全充电的蓄电池所能输出的电量。蓄电池的容量 C 等于放电电流 I_f 与放电时间 t_f 的乘积，即

$$C=I_f \cdot t_f$$

蓄电池的容量分为额定容量、储备容量和起动容量等。这里只介绍常用的额定容量。

将充足电的蓄电池在电解液温度为（25±5）℃的条件下，以 20h 放电率（即放电电流为 $0.05C_{20}$）连续放电至单体电池平均电压降为 1.75V 时，输出的电量称为蓄电池的额定容量，用 C_{20} 表示，单位为 A·h。

例如，6–Q–100 型蓄电池，其中的“100”就是额定容量。它是在电解液温度为 (25±5) ℃的条件下，以 I_f=5A（$0.05C_{20}$=0.05×100=5A）的电流连续放电至单体电池平均电压降为 1.75V 时，若放电时间 $t_f \geqslant$ 20h，则其容量 $C=I_f \cdot t_f \geqslant$ 100A·h，达到额定容量，为合格产品；若放电时间小于 20h，则其容量低于额定容量，为不合格产品。

2. 影响蓄电池容量的因素

1）结构因素

蓄电池极板的表面积越大，极板片数越多，参加反应的活性物质就越多，容量就越大；极板越薄，活性物质的多孔性越好，则电解液向极板内部的渗透越容易，活性物质利用率就越高，容量也越大。

2）使用因素

（1）放电电流。放电电流越大，$PbSO_4$ 堵塞孔隙的速度也越快，导致极板内层大量的活性物质不能参与反应，蓄电池的实际输出容量减小。

（2）电解液的温度。温度低时，电解液黏度增加，离子运动速度慢，电解液向极板孔隙内层渗入困难，使蓄电池的容量下降。因此，冬季在寒冷地区使用起动机起动汽车时，应特别注意蓄电池的保暖。

（3）电解液的密度。适当增加电解液密度，可以提高蓄电池的电动势，增强电解液的渗透能力，并减少电解液的电阻，使蓄电池容量增大。但密度过大，将使其黏度增加，渗透能力降低，内阻增大，端电压及容量减小。另外，电解液密度过高，蓄电池自行放电速度加快，且对极板栅架和隔板的腐蚀作用加剧，缩短了蓄电池的使用寿命。铅蓄电池电解液的密度应根据用户所在地区的气候条件而定。冬季使用的电解液，在不致结冰的条件下，尽可能使用密度稍低的电解液。

（4）电解液的纯度。电解液中的一些有害杂质沉附于极板上形成局部电池，产生自放电，对蓄电池的容量和使用寿命有很大的影响，为此，电解液应用化学纯硫酸和蒸馏水配制。

任务实施

为解决情境导入中要求的掌握蓄电池结构和工作原理的问题，可按下述方式组织实施任务。

任务单元	项目 1.1　蓄电池的结构原理与型号认识	学时	1
任务目的	1. 认识蓄电池极板、隔板、壳体、极桩、联条及加液孔盖等部件。 2. 掌握极板与隔板的安装要求。 3. 能正确区分联条连接方式。 4. 熟知蓄电池的工作原理。 5. 了解蓄电池的容量及其影响因素		
设备器材	1. 解剖的及在用的不同类型的蓄电池各 5 台。 2. 正极板组 5 块。 3. 负极板组 5 块。 4. 隔板若干		
操作准备	1. 将设备与器材分别放于 5 个工作台。 2. 将“任务工单”分发给每位学生		
注意事项	1. 蓄电池壳体、极板、隔板等部件可能有残存的电解液，应注意其对皮肤和衣物的腐蚀。 2. 若皮肤或衣物不慎接触电解液，应立即用 5% 的苏打水擦洗，再用清水冲洗		
实施过程	1. 让学生按下列要求观察蓄电池，并将相关结果记录于“任务工单”。 (1) 观察蓄电池，判断其类型，解释其型号各代号的含义。 (2) 观察蓄电池正、负极板，隔板，正、负极桩，壳体的结构特点与安装关系。 (3) 观察蓄电池的结构，各部件的位置与安装关系。 2. 监督学生按要求完成任务，并指导学生进行正确的操作		

项目 1.2　蓄电池的使用与维护

情境导入

2012 年 11 月 3 日，车主郑先生来到某汽车 4S 店反映，他的汽车灯光不亮、喇叭不响，可能是蓄电池电量不足，想知道蓄电池的状况如何。作为汽车维修人员，接到蓄电池检查任务，要求检查蓄电池外观、电解液液面高度及蓄电池的放电程度，确定蓄电池的技术状况，必要时补充电解液、添加蒸馏水、补充充电或者予以更换。制定检修计划，得到经理确认后，完成此项目，提交一份分析报告并归档。

理论引导

蓄电池的使用寿命一般为 2 年以上，要想延长蓄电池的使用寿命，就必须正确使用和维护蓄电池，经常保持其良好的技术状况，发现问题，及时处理。

1.2.1　蓄电池的使用

1．蓄电池的使用注意事项

（1）蓄电池内有腐蚀性较强的硫酸，务必远离儿童。在进行安装、检查等操作时应采取防护措施。如酸液溅到皮肤或衣物上，应立即用 5% 的苏打水擦洗，再用大量清水冲洗，严重时应立即送往医院治疗。

（2）不要连续使用起动机。每次起动时间应不超过 5s，连续 2 次起动之间应间隔 15s 以上，连续 3 次起动不成功时，应查明原因，排除故障后再起动。在严寒地区冬季冷起动时应预热，以减少起动阻力矩。

（3）在充电和使用时，蓄电池有大量的氢、氧气体产生，因此不能接近明火或高温热源，否则可能造成爆炸事故。高温季节，严禁蓄电池在阳光下直接暴晒。

（4）对于电控汽车，在拆下蓄电池连接线或熔丝之前，应先读取系统的故障码，否则 ECU（电子控制单元）中储存的故障码会丢失；同时必须确认点火开关处于切断位置，否则电路中产生的自感电动势会损坏 ECU 及相关电子器件。

（5）跨接起动其他车辆或用其他车辆跨接起动本车时，需先断开点火开关，然后才能装拆跨接蓄电池的连接线。

（6）在车身上使用电弧焊之前，应先断开点火开关，然后才能拆下蓄电池的连接线。

（7）蓄电池安装应牢固、可靠，以防行车时振动和移位。

2．蓄电池的拆装注意事项

（1）拆装、移动蓄电池时，应轻搬轻放，严禁在地上拖拽。

（2）安装前，应确认蓄电池的型号和车型相符，电解液密度和高度应符合规定。

（3）安装时，必须将蓄电池固定在托架上，塞好防振垫，以免汽车行驶时蓄电池振动。

（4）极桩上应涂抹凡士林或润滑油，以防腐蚀；极桩卡子与极桩要求接触良好。

（5）不要将蓄电池的正、负极短路或接反，以免造成电击或火灾事故。

（6）拆卜蓄电池充电或更换蓄电池后，连接应牢固，搭铁要可靠，以免烧损 ECU 中的线路，或因发热而起火。

（7）拆下蓄电池时，应先拆负极后拆正极；安装蓄电池时，应先接正极后接负极。

3．蓄电池的维护要点

（1）保持蓄电池外表面的清洁干燥，及时清除极桩和电缆卡子上的氧化物，并确定蓄电池极桩上的电缆连接牢固。清洁蓄电池时，最好从车上拆下蓄电池，壳体可用刷子蘸取苏打水溶液清洗；托架可先用腻子刀刮净厚的腐蚀物，再用苏打水溶液清洗，然后用水冲洗，干燥后涂上防腐漆；对极桩和电缆卡子，可先用苏打水溶液清洗，再用专用清洁工具进行清洁。清洁后，在电缆卡子上涂上凡士林或润滑油防止腐蚀。

（2）保持加液孔盖上通气孔的畅通，定期疏通。

（3）定期检查并调整电解液液面高度，液面不足时，应及时补充蒸馏水。

（4）定期使用密度计或高率放电计检查蓄电池的放电程度，当冬季放电超过 25%，夏季放电超过 50% 时，应及时将蓄电池从车上拆下，进行补充充电。

（5）根据季节和地区的变化及时调整电解液的密度，以保证蓄电池的性能及防止电解液结冰。

（6）冬季给蓄电池添加蒸馏水时，必须在蓄电池充电前进行，以免水和电解液混合不均而引起结冰。

（7）冬季蓄电池应经常保持在充足电的状态，以防电解液密度降低而结冰，引起外壳破裂、极板弯曲和活性物质脱落等故障。

1.2.2　蓄电池的储存与启用

1．蓄电池的储存

1）新蓄电池的储存

未启用的新蓄电池，其加液孔盖上的通气孔均已封闭，不要捅破。储存方法和储存时间均应以出厂说明书为准。储存时应注意以下事项：

（1）应存放在室温为 5 ～ 30℃，干燥、清洁、通风的地方。

（2）避免阳光直射，远离热源（距离暖气片、火炉等不小于 2m）。

（3）避免与任何液体和有害气体接触。

（4）不得倒置、卧放、叠放、承重，相邻蓄电池之间应相距 10cm 以上。

（5）存放时间自出厂之日算起不得超过 2 年。

2）暂时不用的蓄电池的储存

对暂时不用的蓄电池，可采用湿储存法。即先将蓄电池充足电，再将电解液密度调至 1.24 ～ 1.28g/cm^3，液面调至规定高度，然后将加液孔盖上的通气孔密封，存放条件与新蓄电池相同，存放时间不得超过半年。存放期间应定期检查电解液的相对密度和容量，如容量降低 25%，应立即补充充电，交付使用前应充足电。

3）长期停用的蓄电池的储存

对停用期超过 1 年的蓄电池，应采用干储存法。即先将充足电的蓄电池以 20h 放电率放完电，然后倒出电解液，用蒸馏水反复冲洗多次，直到水中无酸性，倒尽水滴，晾干后旋紧加液孔盖，并将通气孔密封后储存。存放条件与新蓄电池相同。重新启用时，按新蓄电池对待。

2．新蓄电池的启用

1）普通蓄电池的启用

启用普通新蓄电池时，应先擦净外表面，旋开加液孔盖，疏通通气孔，注入新电解液，静置 4 ～ 6h 后，调节液面高度到规定值，待液温下降至 35℃以下时，按初充电规范进行充电后即可使用。为保证达到蓄电池的额定容量，普通新蓄电池在第一次充电后应放电，再进行 1 ～ 2 次充、放电循环。对于存放时间不长的蓄电池，若需急用，可不进行充、放电循环。

2）干荷电蓄电池的启用

干荷电蓄电池在规定存放期（一般为 2 年）内启用时，可直接加注规定密度的电解液，静置 20 ～ 30min，清除加液孔盖上的通气孔封蜡，调整液面高度后即可使用。若超期存放或保管不当损失部分容量，在加注电解液并充电后方可使用。

为了延长蓄电池的使用寿命，必须经常使之保持良好的技术状况。蓄电池的技术状况一般通过外观检查、电解液液面高度检查和放电程度检查，视情进行必要的维护。

1.2.3　蓄电池技术状况的检查

1．蓄电池外观的检查

（1）检查蓄电池外壳是否破裂，电解液有无渗漏。

（2）检查蓄电池正、负极桩是否脏污或有氧化物。

（3）检查加液孔盖是否有破裂，电解液有无渗漏，通气孔是否畅通。

2．电解液液面高度的检查

1）玻璃管测量法

（1）打开加液孔盖。

（2）如图 1.8（a）所示，将玻璃管伸入单体电池中，并与极板的防护板接触。用拇指堵住管的上端口，然后提出液面。为防止酸液外滴，注意玻璃管不得离开蓄电池加液孔上方。

（3）测量玻璃管内液体的高度，此高度即为高出极板的电解液液面高度。其值应为 10 ～ 15mm。若电解液液面过低，应及时添加蒸馏水；若液面降低是溅出所致，应补加相应密度的电解液。

2）液面高度指示线法

对于采用工程塑料外壳的蓄电池，可从蓄电池外壳侧面直接观察电解液液面高度，如图 1.8（b）所示。正常的液面高度应介于两标线之间。

（a）玻璃管测量法　　（b）液面高度指示线法

图 1.8　电解液液面高度的检查

3）加液孔观察法

有些蓄电池在电解液加液孔下方的标准液面位置设有方形孔。通过观察，如果液面在方孔下方，则说明液面过低；如果与方孔平齐，则为正常；如果呈圆形，则说明液面过高。

3. 蓄电池放电程度的检查

1）使用密度计测量电解液的相对密度

通过测量电解液的相对密度可以判断蓄电池的放电程度。相对密度每下降 0.01g/cm^3，相当于蓄电池放电 6%。电解液的相对密度可用专用密度计测量，如图 1.9 所示。具体测量步骤如下：

（1）打开加液孔盖。

（2）将橡皮管插入电解液，捏紧密度计的橡皮球，再慢慢放松，待吸入的电解液达玻璃管高度的 2/3 时（密度计内的密度芯漂浮起来），慢慢地将密度计提出液面，如图 1.9（a）所示。

注意：密度计不得离开蓄电池加液孔上方，以防电解液外滴。

（3）按照液柱凹面水平线读取浮子杆上刻度线的数值，即为电解液的相对密度。读数时，要求眼睛与密度计刻度线平齐，如图 1.9（b）所示。也可粗略地根据密度芯的红、绿、黄颜色区段估计出密度是否正常，如图 1.9（c）所示。

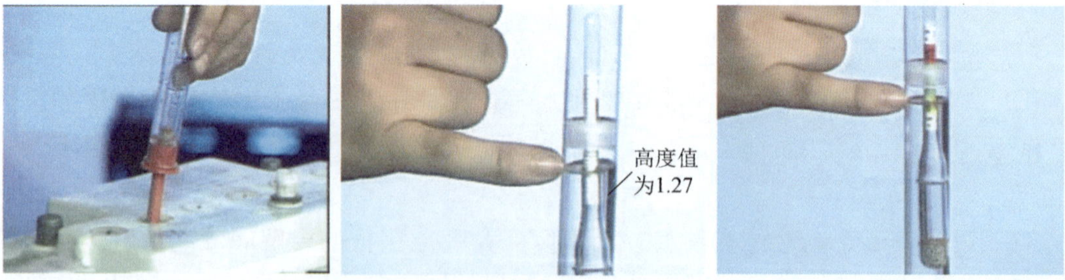

（a）　　（b）　　（c）

图 1.9　电解液相对密度的测量

（4）测量密度时，应同时测出电解液的温度，并将测量的密度值换算成 25℃时的相对密度。

（5）依次检查每个单体的电解液密度，各单体的相对密度差应小于 0.01g/cm^3。

（6）将所测量的密度值与充电终了时的电解液密度值进行比较，根据密度下降量判断蓄电池的放电程度。

2）使用高率放电计测量蓄电池的放电程度

对于联条外露式蓄电池，由于其单体电池的极桩外露，因而使用 3V 高率放电计进行测量。由于该类蓄电池已被淘汰，故其放电程度的检测方法在此不作介绍。

对于穿壁式和跨越式蓄电池，由于其单体电池极桩不外露，因而应使用 12V 高率放电计进行放电程度的检查，其测量方法如图 1.10 所示。具体步骤如下：

（1）用力将高率放电计触针紧压在蓄电池正、负极桩上，保持 5 ～ 10s。

（2）读取高率放电计上的电压值。

蓄电池放电程度的判断方法如下：

（1）如果蓄电池电压能稳定在 10.6 ～ 11.6V，说明荷电充足。

（2）如果蓄电池电压能保持在 9.6V 以上，说明蓄电池性能良好，但荷电不足。

（3）如果蓄电池电压迅速下降，说明蓄电池已损坏。

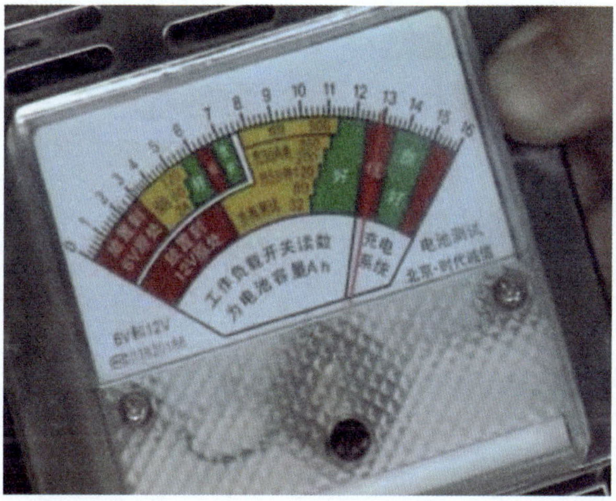

图 1.10　12V 高率放电计

1.2.4　蓄电池的充电

目前，汽车广泛使用免维护蓄电池。免维护蓄电池在使用过程中一般不需要充电，一旦蓄电池使用无电，应直接予以更换。但仍有少数汽车采用普通蓄电池或干荷电蓄电池，对于这些蓄电池，必要时仍然需要充电作业。

1. 充电设备

蓄电池是直流电源，必须用直流电源对其进行充电。汽车上的充电设备是由发动机驱动的交流发电机。充电间多采用硅整流充电机。

（1）充电机的正极接蓄电池的正极，充电机的负极接蓄电池的负极。

(2) 接通电源，打开电源开关。

(3) 若对 12V 蓄电池充电，应按下 12V 按键；若为两只 12V 串联的蓄电池充电，则按下 24V 按键。

(4) 将电流调节旋钮调到初充电或补充充电要求的数值（详见后述内容），按充电规范进行充电。

2. 充电方法

蓄电池的充电方法主要有恒压充电、恒流充电和脉冲快速充电 3 种。

1) 恒压充电

恒压充电是指充电过程中，充电电源电压保持恒定的充电方法。恒压充电的接线方法如图 1.11 所示。

在恒压充电初期，充电电流较大，因而充电时间较短，且不需要照管和调整充电电流，适用于补充充电。由于充电电流不可调节，所以恒压充电不适用于初充电和去硫化充电。

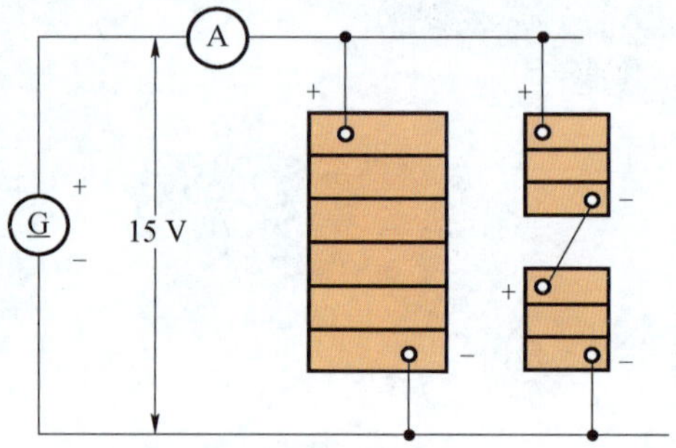

图 1.11 恒压充电的接线方法

2) 恒流充电

恒流充电指充电电流保持恒定的充电方法，广泛用于初充电、补充充电和去硫化充电等。

(1) 同容量不同电压的蓄电池恒流充电接线方法。当需将容量相同、电压不同的蓄电池同时充电时，按图 1.12 所示的方法接线。此方法适用于大容量充电机对大批量蓄电池的充电。

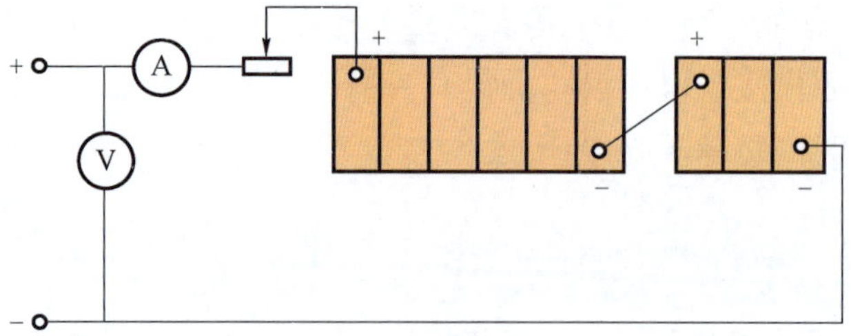

图 1.12 同容量不同电压的蓄电池恒流充电接线方法

(2) 不同容量不同电压的蓄电池恒流充电接线方法。将额定容量相同且放电程度相同的蓄电池串联，并使各串联组单体电池数相等，然后将各串联组并联到充电机上。各电池的容量尽可能相同，充电电流应以小容量的蓄电池来计算。其接线方法如图 1.13 所示。

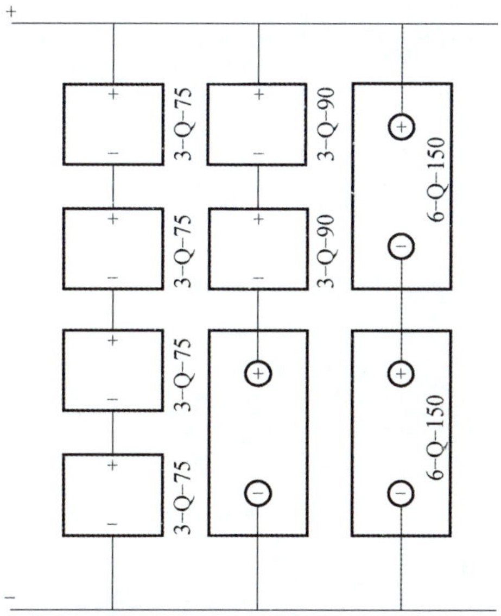

图 1.13　不同容量不同电压的蓄电池恒流充电接线方法

为缩短充电时间，充电过程通常分为两个阶段。第一阶段采用较大的充电电流，使蓄电池的容量得到迅速恢复，当蓄电池电量基本充足，单体电池电压达到 2.4V，电解水开始产生气泡时，转入第二阶段。将充电电流减小一半，直到电解液密度和蓄电池端电压达到最大值且在 2 ～ 3h 内不再上升，蓄电池内部剧烈冒出气泡时为止。

恒流充电的优点是适应性强，可任意选择和调整充电电流的大小，有利于保持蓄电池的技术性能和延长使用寿命；其缺点是充电时间长，要经常调节充电电流。

3）脉冲快速充电

脉冲快速充电必须用脉冲快速充电机进行，其充电电流波形如图 1.14 所示。

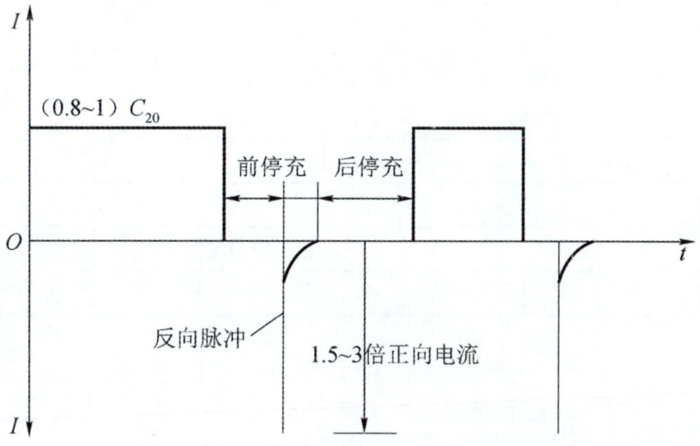

图 1.14　脉冲快速充电的电流波形

脉冲快速充电首先停止充电 25ms（称为前停充），再放电或反向充电，使蓄电池反向通过一个较大的脉冲电流（脉冲深度一般为充电电流的 1.5 ～ 3 倍，脉冲宽度为 150 ～ 1000μs），然后停止充电 40ms（称为后停充），以后的过程为：正脉冲充电→前停充→负脉冲瞬间放电→后停充→正脉冲充电……循环进行，直至充足电。

脉冲快速充电的优点是充电时间可大大缩短（新蓄电池充电仅需 5h，补充充电只需 1h）；缺点是对蓄电池的寿命有一定的影响，并且脉冲快速充电机结构复杂，价格昂贵。脉冲快速充电适用于电池集中、充电频繁、要求应急的场合。

3．充电种类

1）初充电

初充电指对新的或更换极板后的蓄电池进行的第一次充电。其操作步骤如下：

（1）按蓄电池制造厂的规定和本地区的气温条件，加注一定密度的电解液（加注前，电解液温度不得超过 30℃），放置 4 ～ 6h，使极板浸透，并调整液面高度至规定值。

（2）将蓄电池的正、负极分别与充电机的正、负极相连。

（3）采用两阶段恒流充电法充电时，第一阶段充电电流为额定容量的 1/15，待电解液中有气泡冒出，单体电池电压达 2.4V 时，转入第二阶段，将电流减小一半，直至蓄电池充足电为止。

充电过程中应注意测量电解液的温度，当温度超过 40℃时，应将电流减半，如温度继续上升达 45℃，应停止充电，待冷却至 35℃以下时再充电。

（4）对于充好电的蓄电池，应检查其电解液的密度，如不符合规定，应用蒸馏水或 1.4g/cm^3 的稀硫酸进行调整，并调整液面高度至规定值。调整后，再充电 2h，直到电解液密度符合规定为止。不同型号铅蓄电池的初充电电流值见表 1.3。

表 1.3　不同型号铅蓄电池的初充电电流值

蓄电池型号	额定容量/(A·h)	额定电压/V	初充电				补充充电			
			第一阶段		第二阶段		第一阶段		第二阶段	
			电流/A	时间/h	电流/A	时间/h	电流/A	时间/h	电流/A	时间/h
3-Q-105	105	6	7	30 ～ 40	3.5	25 ～ 30	10.5	10 ～ 12	5.25	3 ～ 5
6-Q-60	60	12	4	30 ～ 40	2	25 ～ 30	6	10 ～ 12	3	3 ～ 5
6-Q-75	75	12	5	30 ～ 40	2.5	25 ～ 30	7.5	10 ～ 12	3.75	3 ～ 5
6-Q-90	90	12	6	30 ～ 40	3	25 ～ 30	9	10 ～ 12	4.5	3 ～ 5

2）补充充电

补充充电是指对使用中的蓄电池在无故障的前提下，为保持或恢复其额定容量而进行的正常的保养性充电。

汽车用普通蓄电池应每隔 1 ～ 2 个月从车上拆下来进行一次补充充电，使用中，如发现下列现象之一，必须及时进行补充充电：

(1) 电解液相对密度降至 $1.15g/cm^3$ 以下。

(2) 冬季放电量超过 25%，夏季放电量超过 50%。

(3) 前照灯灯光比平时暗淡，起动无力。

(4) 单体电池电压降到 1.70V 以下。

补充充电可采用恒压充电或两阶段恒流充电。汽车上蓄电池的充电采用恒压充电法充电。充电间多采用两阶段恒流充电法充电。

采用两阶段恒流充电法进行补充充电时，应先用额定容量的 1/10 的电流进行充电，当单体电池电压达到 2.4V 以上时，将电流减半后至充足电为止。不同型号铅蓄电池的补充充电电流值参见表 1.3。

3) 间歇过充电

间歇过充电是为了避免使用中的铅蓄电池极板硫化的一种预防性充电，汽车用铅蓄电池应每隔 3 个月进行一次。

充电方法：先按补充充电的方法将蓄电池充足电，停歇 1h 后，再以减半的充电电流值进行过充电至沸腾，然后停歇 1h 后，重新接入充电，如此反复，直到蓄电池接入充电时立即沸腾为止。

4) 循环锻炼充电

循环锻炼充电是铅蓄电池为防止极板钝化而进行的保养性充电。为避免活性物质长期不工作而收缩，每隔 3 个月进行一次循环锻炼充电。

充电方法：先按补充充电或间歇过充电方法将铅蓄电池充足电，再用 20h 放电率的电流连续放电至单体电池电压降为 1.75V 为止，其容量降低不得大于额定容量的 10%，否则，应进行充、放电循环，直至容量达到额定容量的 90% 为止。

5) 去硫化充电

去硫化充电是消除铅蓄电池极板轻度硫化的一种充电方式。充电方法和步骤如下：

(1) 将铅蓄电池按 20h 放电率放电至单体电池电压降至 1.75V 为止。

(2) 倒出电解液，用蒸馏水反复冲洗几次，然后加入蒸馏水至规定的液面高度，用初充电第二阶段充电电流进行充电，当电解液密度增大到 $1.15g/cm^3$ 时，再将电解液倒出，加入蒸馏水，继续充电，反复多次，直至电解液密度不再上升为止。

(3) 换用正常密度的电解液，按初充电方法将蓄电池充足电。

(4) 用 20h 放电率放电，检查容量。若其输出容量可达额定容量的 80% 以上，则可装车使用；若达不到，应更换蓄电池或检修。

任务实施

为解决情境导入中要求的掌握蓄电池的使用与维护的问题，可按下述方式组织实施任务。

任务单元	项目 1.2　蓄电池的使用与维护	学时	1
任务目的	1. 熟悉蓄电池的正确使用、维护与拆装方法。 2. 熟知新蓄电池及蓄电池的短期储存与长期储存方法。 3. 熟悉新蓄电池的启用方法。 4. 掌握蓄电池的外观检查方法、电解液液面高度的检查方法，及蓄电池放电程度的检查方法。 5. 学会使用充电机对蓄电池进行初充电和补充充电		
设备器材	1. 不同类型的蓄电池每个实训小组 3～4 台。 2. 玻璃管 5 根。 3. 密度计 5 支。 4. 温度计 5 支。 5. 蓄电池用蒸馏水 5 瓶。 6. 相对密度为 1.40g/cm^3 的电解液 5 瓶。 7. 12V 高率放电计 5 把。 8. 充电机 5 台		
操作准备	1. 将蓄电池、玻璃管、密度计、温度计、蒸馏水、高率放电计等分别放于 5 个工作台。 2. 将待充电蓄电池置于充电机旁，充电间打开门窗通风。 3. 将“任务工单”分发给每位学生		
注意事项	1. 密度计、温度计和玻璃管等用后应立即用清水洗净放好，以免接触物受损及仪器损坏。 2. 用高率放电计测量电压时，放电计触针与蓄电池的接触时间不宜过长（一般为 5～10s），以免蓄电池长时间大电流放电。 3. 充电前，应打开蓄电池的加液孔盖，并保持室内通风良好，严禁烟火。 4. 充电时，应先连接好蓄电池的正、负极电缆，再接通电源，否则可能会在连接电缆时产生火花，引发事故。 5. 在充电过程中，应随时检查蓄电池的温度，切勿过热		
实施过程	1. 借助提问与操作相结合的方式，使学生进一步明确蓄电池的正确使用、维护及拆装方法。 2. 借助提问和模拟操作，使学生熟悉新蓄电池的储存方法及蓄电池的短期储存与长期储存方法。 3. 借助提问和模拟操作，使学生熟知普通蓄电池和干荷电蓄电池的启用方法。 4. 通过实训操作，使学生掌握蓄电池技术状况的检查方法。 (1) 蓄电池外观检查。让学生观察蓄电池外壳、极桩、加液孔盖等部件，判断蓄电池外观是否正常。 (2) 电解液液面高度的检查。演示和讲解如何使用玻璃管法、液面高度指示线法和加液孔观察法判断蓄电池液面的高度，并让学生进行实训操作。 (3) 蓄电池放电程度的检查。演示和讲解如何使用电解液密度计和高率放电计判断蓄电池的放电程度，并让学生实训操作。 (4) 蓄电池的充电。演示和讲解如何使用充电机对蓄电池进行初充电和补充充电，并让学生进行实训操作。 5. 让学生将相关结果记录于“任务工单”。 6. 监督学生按要求完成任务，并指导学生进行正确的操作		

项目 1.3　蓄电池的常见故障检修

情境导入

2012 年 11 月 25 日，客户宋先生来到某汽车 4S 店反映，他的汽车起动时起动机运转无力；按喇叭，声音低弱；开前照灯，灯光暗淡。作为汽车维修人员，接到蓄电池的检修任务，要求检查并判断蓄电池是否有故障，确定蓄电池是否可用。如可用，制定维修计划，得到经理确认后，完成此项目，提交一份分析报告并归档。

故障原因分析：

根据客户报修情况，在经过必要的外部检查后，可初步诊断为蓄电池内部故障，主要故障原因如下：

（1）蓄电池极板硫化。

（2）蓄电池极板活性物质脱落。

（3）蓄电池极板短路。

（4）蓄电池自放电。

（5）蓄电池反极。

理论引导

汽车蓄电池的常见故障可分为外部故障与内部故障。常见的外部故障有壳体破裂、极桩腐蚀、桩头松动、封胶干裂等，常见的内部故障有极板硫化、活性物质脱落、极板短路、自放电及蓄电池反极等。

蓄电池的外部故障通过检视即可发现；蓄电池的内部故障一般可通过观察电解液及极板的情况，或借助密度计、高率放电计检查蓄电池的密度、端电压和容量等性能参数予以判断。

1.3.1　外部故障

1. 外壳破裂

1）故障原因

（1）蓄电池固定螺母拧得过紧。

（2）行车剧烈振动。

（3）碰撞或敲击。

（4）电解液结冰。

2）检查方法

检查电解液液面的高度及蓄电池底部的潮湿情况。如果电解液液面过低及蓄电池底部有潮湿现象，则可以判定蓄电池外壳破裂。

3）排除方法

蓄电池外壳裂纹轻者可修补，重者应更换。

2. 封口胶破裂

1）故障原因

（1）蓄电池质量低劣。

（2）蓄电池受到撞击。

2）排除方法

封口胶破裂，轻微裂缝可在清洁干燥后，用喷灯喷裂纹处烤热熔封。严重者可将封口胶清除干净，重新封口。

3. 极桩螺栓和螺母腐蚀

1）故障原因

（1）蓄电池质量不佳，使用时有电解液溢出。

（2）蓄电池充电电流过大，导致电解液挥发过快。

（3）蓄电池的使用时间过长，电解液挥发慢慢与极桩发生反应。

2）排除方法

蓄电池极桩螺栓和螺母产生的腐蚀物，可用竹片刮去，再用抹布蘸取 5% 的碱溶液擦拭，然后用清水清洗干净，待干燥后，在极桩和接线端表面涂上凡士林。若腐蚀严重，应更换极桩接线螺栓与螺母。

4. 蓄电池爆炸

1）故障原因

蓄电池充电后期，电解液中的水分解为氢气和氧气。由于氢气可以燃烧，氧气可以助燃，如果气体不能及时逸出，遇明火即迅速燃烧，从而引起爆炸。

2）预防措施

保持蓄电池加液螺塞通气孔畅通，严禁蓄电池周围有明火；蓄电池连接应可靠，以免松动引起火花。

1.3.2　内部故障

1．极板硫化

1）故障现象

（1）极板表面有较厚的白霜，严重时打开加液孔盖即可看见。

（2）放电时，容量明显降低，端电压下降很快。

（3）充电时，电压上升快，过早出现沸腾现象。

（4）电解液密度偏低。

2）故障原因

（1）蓄电池长期充电不足或放电后未及时充电。

（2）电解液液面太低，使极板上部与空气接触而强烈氧化、硫化。

（3）电解液不纯，含有较多的有机物和杂质。

（4）电解液密度过高，使硫酸铅溶解困难。

3）排除方法

对轻微硫化的蓄电池，可采用过充电法消除或用快速充电机充电；对硫化较严重的蓄电池，采用去硫化充电法消除；对硫化严重的蓄电池，则应更换极板或予以报废。

2．活性物质脱落

1）故障现象

（1）充电时电解液混浊，有褐色物质自底部泛起（因正极板的活性物质易脱落）。

（2）蓄电池容量下降。

2）故障原因

（1）充电电流过大或过充电时间太长。

（2）低温时大电流放电，极板拱曲。

（3）电解液不纯。

（4）蓄电池使用中震动过于剧烈。

3）排除方法

（1）不可过充电，单体电池电压充至 2.5V 时，应停止充电。

（2）充电电流不宜过大，尤其是充电后期应减小充电电流，使气泡不至于过分剧烈地逸出。

（3）不可过放电，放电时电解液温度不宜过低。

（4）对活性物质脱落严重的，应拆开蓄电池，更换极板。

3．极板短路

1）故障现象

（1）容量下降，甚至没有容量。

(2) 充电电压低，密度上升慢，充电中很少有气泡。

(3) 用高率放电计测试时，蓄电池电压很低或为零。

2) 故障原因

(1) 隔板质量差或有缺损，在极板拱曲后，使正、负极板活性物质相互接触。

(2) 活性物质脱落严重，沉积在蓄电池底部，使正、负极板连接。

(3) 有导电异物落入电池内，形成导电桥接通正、负极板。

3) 排除方法

找出短路所在的单体，拆开修理，更换新隔板等。

4. 自放电

1) 故障现象

完全充足电的蓄电池，长期放置不用会逐渐失去电量，称为自放电。自放电是不可避免的，若每昼夜容量下降不超过 2%，则属正常自放电。

2) 故障原因

(1) 电解液中含杂质过多，其中金属微粒与极板之间形成局部电池，使正、负极板上活性物质转变为硫酸铅，从而使蓄电池失去容量。

(2) 蓄电池外壳不清洁，其表面有微电流流过，引起自放电。

(3) 蓄电池长期放置不用，使电解液下部的密度比上部的高，极板的上、下部之间出现电位差，引起自放电。

3) 排除方法

(1) 使用时应保持蓄电池外表的清洁，特别应注意清除极桩处的氧化物和酸垢。

(2) 当蓄电池需加水时，一定要加蒸馏水。

(3) 每月进行一次补充充电。

(4) 自放电严重的蓄电池，应将其完全放电或过充电，使极板上的杂质进入电解液，然后倒出，用蒸馏水清洗，再加入新的电解液重新充电。

5. 蓄电池反极

1) 故障现象

(1) 电池组电压下降，输出容量下降。

(2) 极板、极桩颜色异常，反极严重时会造成活性物质的大量脱落及极板拱曲。

2) 故障原因

(1) 当多个蓄电池串联使用时，如果个别蓄电池或电池单体的容量比其他蓄电池或电池单体都低，那么在放电过程中，它将首先放完。由于该电池电压低，又丧失了放电的能力，这时该电池就成为一个用电器，其他尚有容量的蓄电池就串联起来给该电池充电，成为一个反极充电电池。

(2) 充电时，蓄电池与充电机接线错误，造成充电电流反向。

3) 排除方法

(1) 在蓄电池组的放电过程中，应注意个别电压明显偏低的电池，在尚未反极时，即停止放电。

(2) 当发现有反极电池时，应立即对反极电池进行单独过充电，并对反极电池进行多次充、放电循环锻炼，直至与其他电池一致时为止。

任务实施

为解决情境导入中要求的掌握蓄电池常见故障的检修问题，可按下述方式组织实施任务。

任务单元	项目 1.3　蓄电池的常见故障检修	学时	1
任务目的	1．熟悉蓄电池常见故障的现象与故障原因。 2．学会蓄电池常见故障的检查与排除方法		
设备器材	1．不同类型的故障蓄电池若干个。 2．蓄电池用蒸馏水 5 瓶。 3．相对密度为 1.40g/cm^3 的电解液 5 瓶。 4．玻璃管 5 根。 5．温度计 5 支。 6．密度计 5 支。 7．高率放电计 5 把。 8．充电机 5 台。 9．喷灯 5 只。 10．质量分数为 5% 的碱溶液 5 瓶。 11．抹布、竹片若干		
操作准备	1．将故障蓄电池与检测工具等分别放于 5 个工作台，将充电机置于工作台旁。 2．将“任务工单”分发给每位学生		
注意事项	1．凡接触过电解液的器具，使用后应立即用清水洗净，并放在指定的地方。 2．在搬抬蓄电池时应戴护目镜，轻拿轻放。从车上取下蓄电池时，更应注意安全，谨防蓄电池破损，电解液溅出伤人		
实施过程	1．蓄电池外部故障检查。讲解蓄电池外壳破裂、封口胶破裂、极桩螺栓和螺母腐蚀、蓄电池爆炸等外部故障的故障原因、排除方法与预防措施，并让学生进行蓄电池外部故障的诊断与排除。 2．蓄电池内部故障检查。从故障现象入手，讲解和演示蓄电池极板硫化、活性物质脱落、极板短路、自放电及蓄电池反极等内部故障的诊断与排除方法，并让学生进行蓄电池内部故障的诊断与排除。 3．监督学生按要求完成任务，并指导学生进行正确的操作。		

任务评价

评价与考核项目		评价与考核标准	配分	得分
知识点	蓄电池的作用	熟知蓄电池的作用	2	
	蓄电池的结构与工作原理	熟悉蓄电池的组成；掌握正极板、负极板、隔板的结构特点及安装要求；了解蓄电池的工作原理	10	
	蓄电池的型号含义	掌握蓄电池型号中各代号的含义	3	
	蓄电池的储存与启用方法	熟知蓄电池的短期储存与长期储存方法；掌握新蓄电池的启用方法	6	
	蓄电池技术状态的检查方法	掌握蓄电池的外观检查方法、电解液液面高度的检查方法，以及蓄电池放电程度的检查方法(含电解液密度计法和高率放电计法)	12	
	蓄电池的使用、维护与检修方法	掌握蓄电池的正确使用、维护、充电及故障检修方法	12	
技能点	蓄电池液面高度的检查	能借助玻璃管法、液面高度指示线法或加液孔观察法判断蓄电池液面高度是否正常	5	
	蓄电池放电程度的检查	能使用密度计和高率放电计判断蓄电池的放电程度	12	
	蓄电池的充电	能使用充电机对蓄电池进行初充电和补充充电	8	
	蓄电池常见故障的检修	能通过故障现象对蓄电池极板硫化、活性物质脱落、极板短路、蓄电池自放电、蓄电池反极等常见故障进行诊断	15	
情感点	纪律与劳动	不迟到、不早退，实训主动、积极、认真	5	
	职业道德与敬业精神	具备良好的道德标准、道德情操与道德品质；能认真对待实训、明确职责、勤奋努力	5	
	团结协作与创新精神	能与同学和谐相处、互补互助、协调合作，充分发挥自己的个性，圆满完成实训任务；能够综合运用自己的知识、信息、技能和方法，对遇到的问题能提出新方法、新观点	5	
合计			100	

任务工单

任务名称	蓄电池的维护与检修			任务成绩	
学生姓名		班级		学号	
实训时间		实训地点		所在组号	

资讯

一、填空题

1．试标注下列蓄电池零部件的名称。

1—________　2—________

3—________　4—________

5—________　6—________

7—________　8—________

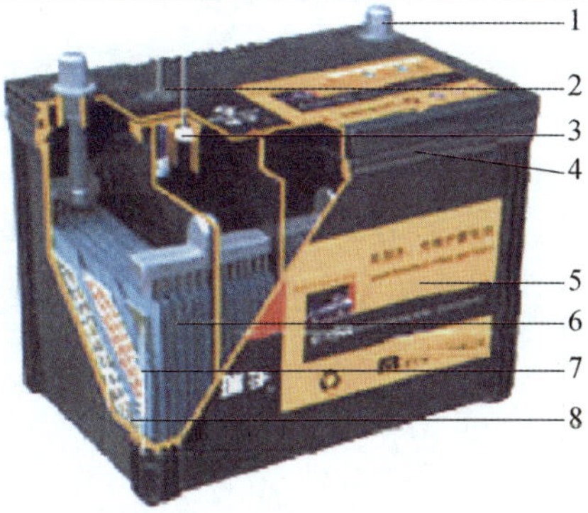

2．蓄电池正极板上的活性物质是________，正极板通常呈________色；负极板上的活性物质是________，负极板通常呈________色；负极板通常比正极板________一片。

3．蓄电池的额定容量通常指将充足电的蓄电池，在电解液温度为（25±5）℃的条件下，以________h 放电率连续放电至单体电池平均电压降为________V 时输出的电量。

4．充足电的铅蓄电池，如果放置不用，将逐渐失去________，这种现象称为蓄电池________。

5．铅酸蓄电池在充电过程中，正极板有________气析出，负极板有________气析出。

6．铅酸蓄电池在放电过程中，电解液中的水分________，硫酸将逐渐________，因此密度将________。

7．不要连续使用起动机。每次起动时间不得超过________，连续 2 次起动之间应间隔________以上，连续 3 次起动不成功时，应查明原因，排除故障后再起动。

二、选择题

1．蓄电池电解液的液面，应经常高于极板上沿（　　）mm。

A．5 ～ 10　　B．10 ～ 15　　C．15 ～ 20　　D．20 ～ 25

2．蓄电池放电后，正、负极板上的活性物质都转换成了（　　）。

A．纯铅　　B．二氧化铅　　C．硫酸铅　　D．硫酸 + 水

3．在拆装蓄电池电缆时，下列步骤正确的是（　　）。

A．先拆负极，先装正极　　B．先拆正极，先装正极

C．先拆负极，先装负极　　D．先拆正极，先装负极

4．采用两阶段恒流充电法进行补充充电时，应先用额定容量的（　　）的电流进行充电。

A．1/10　　B．1/15　　C．1/20　　D．1/30

5．免维护蓄电池极板栅架采用铅钙合金或（　　）合金，因而减少了析气量和耗水量，自放电也大大减少。

A．高铅　　B．高锑　　C．低铅　　D．低锑

续表

<table>
<tr><td rowspan="1">资讯</td><td>三、判断题
1. 蓄电池室的门外侧应有明显的严禁烟火的标示牌。（　）
2. 蓄电池的工作过程是不可逆的化学反应过程。（　）
3. 蓄电池能将电能转变为化学能储存起来。（　）
4. 为了提高铅酸蓄电池联条的强度，一般采用钙镁合金制造。（　）
5. 如有电解液溅到皮肤或衣物上，应立即用 5% 苏打水擦洗，再用清水冲洗。（　）
6. 对暂时不用的铅蓄电池，可采用干储存法。（　）
7. 蓄电池极板表面有较厚的白霜，是活性物质脱落所致。（　）
8. 冬季蓄电池应经常保持在充足电的状态，以防电解液密度降低而结冰，引起外壳破裂等故障。（　）
四、简答题
1. 试说明蓄电池 6-QAW-105G 各代号的含义。
2. 为什么蓄电池不宜过度放电？
3. 造成铅酸蓄电池极板短路的原因是什么？
4. 试叙述使用高率放电计测量蓄电池放电程度的方法。
5. 试叙述蓄电池极板硫化的故障现象、故障原因和排除方法。</td></tr>
<tr><td>计划与决策</td><td>请根据任务要求确定所需要的设备器材，并对小组成员进行合理分工，制订蓄电池观察、检查与故障检修计划。
1. 需要的设备器材
2. 小组成员分工
3. 实施计划</td></tr>
</table>

续表

实施

1. 分组观察蓄电池，并正确填写附表 1.1。

附表 1.1　蓄电池的结构与型号认识

<table>
<tr><th colspan="2">观察检测项目</th><th>结果</th><th>分析</th></tr>
<tr><td rowspan="3">蓄电池</td><td>1 号</td><td>类型：
型号：</td><td rowspan="3">目前广泛应用的蓄电池类型是：
2 号蓄电池型号代号的含义：</td></tr>
<tr><td>2 号</td><td>类型：
型号：</td></tr>
<tr><td>3 号</td><td>类型：
型号：</td></tr>
<tr><td rowspan="2">极板</td><td>正极板</td><td>活性物质：
颜色：</td><td rowspan="2">安装要求：</td></tr>
<tr><td>负极板</td><td>活性物质：
颜色：</td></tr>
<tr><td colspan="2">隔板</td><td>材料：</td><td>安装要求：</td></tr>
<tr><td rowspan="2">极桩</td><td>正极桩</td><td>标志：</td><td rowspan="2">表面特点：</td></tr>
<tr><td>负极桩</td><td>标志：</td></tr>
<tr><td colspan="2">壳体</td><td>材料：</td><td>特点：</td></tr>
</table>

2. 分组检查蓄电池的技术状况，并正确填写附表 1.2。

附表 1.2　蓄电池技术状况检查记录表

<table>
<tr><th colspan="2" rowspan="2">检查项目</th><th colspan="6">测量结果</th><th rowspan="2">分析及处理</th></tr>
<tr><th>1</th><th>2</th><th>3</th><th>4</th><th>5</th><th></th></tr>
<tr><td colspan="2">液面高度 /mm</td><td></td><td></td><td></td><td></td><td></td><td></td><td></td></tr>
<tr><td colspan="2">实测温度 /℃</td><td></td><td></td><td></td><td></td><td></td><td></td><td></td></tr>
<tr><td rowspan="2">电解液密度 / (g/cm³)</td><td>ρt</td><td></td><td></td><td></td><td></td><td></td><td></td><td></td></tr>
<tr><td>ρ25℃</td><td></td><td></td><td></td><td></td><td></td><td></td><td></td></tr>
<tr><td colspan="2">按密度计算放电程度</td><td></td><td></td><td></td><td></td><td></td><td></td><td></td></tr>
<tr><td colspan="2">高率放电电压 /V</td><td></td><td></td><td></td><td></td><td></td><td></td><td></td></tr>
<tr><td colspan="2">按高率放电计算放电程度</td><td></td><td></td><td></td><td></td><td></td><td></td><td></td></tr>
<tr><td colspan="2">单体电压 /V</td><td></td><td></td><td></td><td></td><td></td><td></td><td></td></tr>
<tr><td colspan="2">加液孔盖情况</td><td></td><td></td><td></td><td></td><td></td><td></td><td></td></tr>
<tr><td colspan="2">极桩情况</td><td></td><td></td><td></td><td></td><td></td><td></td><td></td></tr>
<tr><td colspan="2">外壳情况</td><td></td><td></td><td></td><td></td><td></td><td></td><td></td></tr>
</table>

3. 分组进行蓄电池充电实训，并正确填写附表 1.3。

续表

<table>
<tr><td>实施</td><td>

附表 1.3　蓄电池充电记录表

<table>
<tr><td>记录项目</td><td colspan="3">第一蓄电池组</td><td colspan="3">第二蓄电池组</td></tr>
<tr><td>充电电压 /V</td><td colspan="3"></td><td colspan="3"></td></tr>
<tr><td>充电电流 /A</td><td colspan="3"></td><td colspan="3"></td></tr>
<tr><td>蓄电池编号</td><td></td><td></td><td></td><td></td><td></td><td></td></tr>
<tr><td>蓄电池型号</td><td></td><td></td><td></td><td></td><td></td><td></td></tr>
<tr><td>蓄电池端电压 /V</td><td></td><td></td><td></td><td></td><td></td><td></td></tr>
<tr><td>电解液密度 / （g/cm³）</td><td></td><td></td><td></td><td></td><td></td><td></td></tr>
<tr><td>蓄电池内部观察情况</td><td></td><td></td><td></td><td></td><td></td><td></td></tr>
<tr><td>结果分析</td><td colspan="3"></td><td colspan="3"></td></tr>
</table>

4．分组进行蓄电池故障检修，并正确填写附表 1.4。

附表 1.4　蓄电池的故障检查与排除

<table>
<tr><td>蓄电池型号</td><td>故障现象</td><td>故障原因</td><td>故障排除方法</td></tr>
<tr><td></td><td></td><td></td><td></td></tr>
<tr><td></td><td></td><td></td><td></td></tr>
<tr><td></td><td></td><td></td><td></td></tr>
</table>

</td></tr>
<tr><td>检查与评价</td><td>

以小组为单位对完成任务情况进行评价（包括自我评价、小组评价、教师评价）。
1．是否完成了所有实训项目？观察、检查、检修是否有漏项？
自我评价：
小组评价：
教师评价：
2．蓄电池的观察、检查、检修计划制订是否合理？检查、检修操作是否正确？
自我评价：
小组评价：
教师评价：
3．附表填写是否详细、准确？
自我评价：
小组评价：
教师评价：

</td></tr>
</table>

注：出现安全事故，或不按规范操作而损坏仪器、设备的，此任务成绩计 0 分。

拓展与提升

汽车用新型蓄电池

为节省石油，减少污染和噪声，人们一直希望用电池电动机组代替现有的汽车发动机。

作为汽车动力源的电池，要求比能量高、容量大、寿命长、使用方便、价格适中。目前汽车用铅蓄电池，其比能量仅为 40 ～ 50W・h/kg，质量大，容量小，又需经常充电，无法作为长途汽车的动力源。目前常用的电瓶车，只能用于车站、码头、工厂内部等短距离运输。新型高能电池，其比能量达到 140W・h/kg 以上，循环次数 800 次以上，续驶里程超过 240km。

正在研制的新型高能电池种类繁多，其中较有应用前途的是钠硫电池、燃料电池、锌－空气电池等。

1．钠硫电池

钠硫电池是近期普遍被看好的电动汽车蓄电池，美国福特汽车公司的 Mnivan 电动汽车使用了钠硫电池。它已被美国先进电池联合体（USMABC）列为中期发展的电动车蓄电池。德国 ABB 公司生产的 B240K 型钠硫电池，其质量为 17.5kg，蓄电量为 19.2kW・h，比能量达到 109W・h/kg，循环使用 1200 次。其结构原理如图 1.15 所示。

钠硫电池中，阴极的反应物质是熔融的钠，阳极反应物是带有一定导电物质的硫。电解质为 β– 氧化铝矾土的陶瓷管（$NaAl_{11}O_{17}$）。它既是绝缘体，又能自由传导钠离子。其作用原理是，当外电路闭合时，阴极不断产生 Na^+ 并放出电子，即

$$Na = Na^+ + e$$

电子通过外电路移向阳极，而 Na^+ 通过 β– 氧化铝电解质和阳极的反应物质硫起作用，生成钠的硫化物，即

$$2Na + xS = Na_2S_x$$

Na_2S_x 可以是 Na_2S_2、Na_2S_4、Na_2S_5 等。上述反应不断进行，电路中便获得了电流。这种电池理论上效率可达 100%（即充电量可全部放出），且充电时间短、无污染、原材料丰富，因而世界各国都十分重视该类电池的研制工作。

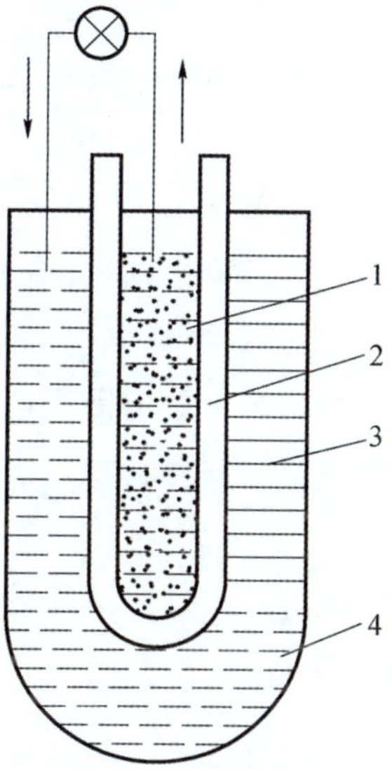

图 1.15　钠硫电池原理图

1—熔融钠；2—电解质；3—熔融硫；4—外壳（不锈钢）

钠硫电池主要存在工作温度高（高达 250 ～ 300℃）、使用寿命短、性能不稳定、使用安全性差等问题，目前使用尚有一定困难。

2．燃料电池

燃料电池是一种将化学能直接转化为电能的装置，一般由燃料、氧化剂、电极、电解

质等组成。氧化剂有氧气、空气、氯气等，电极是多孔烧结镍、多孔银等，电解质为 KOH 溶液。燃料电池是利用燃料的氧化反应，直接将化学能转变为电能。与普通电池不同，只要燃料不断，就会一直产生电流。

燃料电池的种类很多，主要有氢 – 氧、碳化氨燃料电池等。以氢 – 氧燃料电池为例，其工作原理如图 1.16 所示。

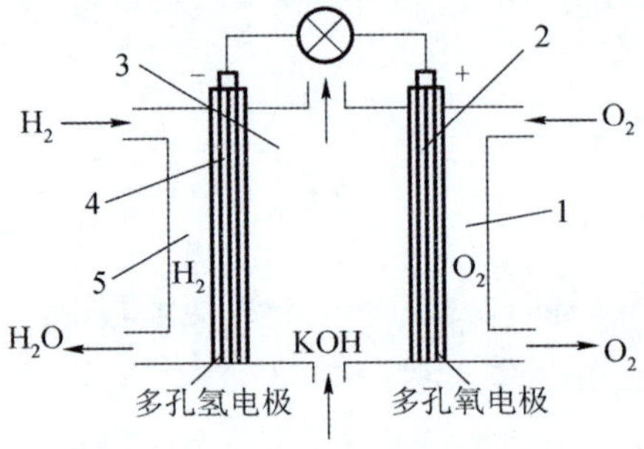

图 1.16　氢 - 氧燃料电池原理图

1—氧气腔；2—正极（多孔氧电极）；3—饱和石棉填充物；4—负极（多孔氢电极）；5—氢气腔

1 为氧气腔，氧气由高压氧气筒供给；5 为氢气腔，氢气由高压氢气筒供给；正极 2 是多孔性氧电极，用钴和铝作为催化剂；负极 4 是多孔性氢气电极，用钯作为催化剂；3 是饱和的石棉填充物；电解液是 KOH 的水溶液。

电解液中的 KOH 不断电离和化合，形成相对平衡状态，即

$$KOH \rightleftharpoons K^+ + OH^-$$

放电时，在负极 4（氢电极）处，由于催化剂的作用，氢与氢氧根离子化合成水并放出电子。电子通过电路，送到正极，即

$$H_2 + 2OH^- \longrightarrow 2H_2O + 2e$$

在正极 2（氧电极）处，氧在催化剂的作用下与水及外电路来的电子作用，生成氢氧根离子，即

$$O_2 + 2H_2O + 4e \longrightarrow 4OH^-$$

电池总的反应为

$$2H_2 + O_2 = 2H_2O$$

在反应过程中，氢和氧不断消耗生成水，只要不断地供给氢和氧，反应就能持续进行，不断输出电能。因此，燃料电池既不同于一次电池，也不同于可以充电的二次电池。

氢 – 氧燃料电池需要贵重的金属作为催化剂，成本高，且燃料的存储和运输存在一定的困难，这些问题有待进一步研究解决。

3．锌 - 空气电池

锌 – 空气电池的正极板是由金属网集电器、活性层等组成的薄空气电极，负极板是纯锌，

电解液为 KOH 水溶液，其比能量可达 150 ~ 400W · h/kg。

放电时，正极板上的反应为

$$O_2+2H_2O+4e \longrightarrow 4OH^-$$

负极板锌的氧化过程为

$$Zn+2OH^- \longrightarrow ZnO+H_2O+2e$$

充电时，按上述过程反向进行。

锌 – 空气电池的反应式为

$$2Zn+O_2 \longrightarrow 2ZnO$$

锌 – 空气电池具有放电电压稳定、没有污染等优点，但工作时要消耗一定的能量用于清除空气中的 CO_2、滤清、通风等，另外还有限制放电电流等缺点，这些问题尚需进一步研究解决。

学习任务 2　交流发电机及其调节器的使用与检修

任务目标

了解：交流发电机的结构特性、工作原理和作用。

熟悉：交流发电机的结构和型号。

掌握：交流发电机及相关电路的检查方法，电源电路常见故障的检修方法。

学会：交流发电机的结构分解，交流发电机及相关电路的检查方法，电源电路常见故障的检修方法。

任务描述

交流发电机及其调节器不良，常常使电源系统出现不充电、充电电流也小等故障，影响汽车的正常工作。为了保持电源系统良好的技术状况，必须了解交流发电机及其调节器的结构原理，熟悉其正确的检查方法，并掌握常见故障的诊断与检修方法。

学时计划

项目	项目内容	参考学时			
		教学学时	实训学时	小计	合计
2.1	交流发电机的结构原理与检查	3	2	5	12
2.2	电压调节器的结构原理与检测	1	1	2	
2.3	电源系统常见故障的诊断	2	2	4	
拓展与提升	无刷交流发电机	1	0	1	

项目 2.1 交流发电机的结构原理与检查

情境导入

2012 年 9 月 26 日，车主王先生来到某汽车 4S 店反映，他的汽车在发动机起动后，充电指示灯仍然点亮，说明电源系统有故障。为了正确地检修电源系统，作为汽车维修人员必须熟悉交流发电机的结构与工作原理。

理论引导

蓄电池的能量是有限的，不能满足汽车长时间连续供电的需求。在发动机正常工作时，交流发电机是汽车的主要电源，交流发电机由发电机驱动，它与发电机调节器相互配合工作。

2.1.1 交流发电机的类型与功能

1. 交流发电机的类型

发电机有直流发电机和交流发电机两种。直流发电机曾经在汽车上使用过，目前已淘汰。现在汽车广泛使用的是交流发电机，交流发电机具有发电性能好、使用寿命长、体积小、质量小、结构紧凑等优点，以硅整流交流发电机应用最为普遍。

2. 交流发电机的功能

整体式交流发电机有 3 个主要功能：①发电，由发动机带动发电机的转子旋转，在定子线圈中产生交流电流；②整流，利用整流电路将定子线圈产生的交流电整流为直流电，为汽车上的用电设备提供电源；③调节电压，利用电压调节器调节发电机的电压，在发电机转速和负载发生变化时使供电电压保持稳定。

2.1.2 交流发电机的组成

汽车用的交流发电机多采用三相同步交流发电机，主要由转子、定子、电刷组件、前后端盖、风扇、整流器及带轮等组成，如图 2.1 所示。转子用来建立磁场，定子中产生的交变电动势经过二极管整流器整流后输出直流电。

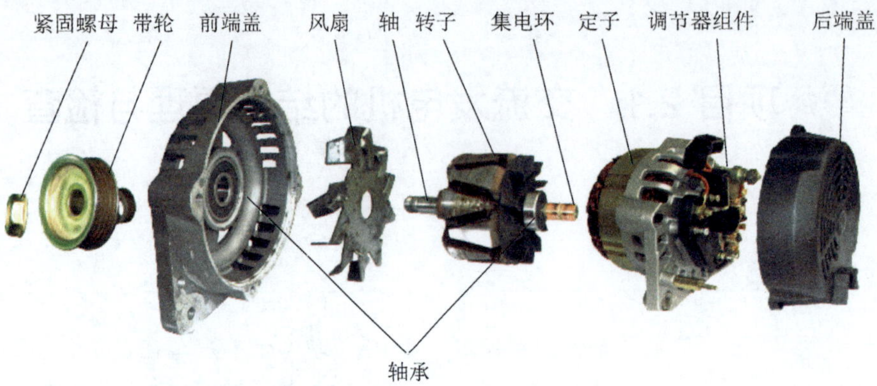

图 2.1　发电机的分解图

1．转子

交流发电机的转子的作用是产生磁场，它主要由两块爪极、磁场绕组、集电环及转子轴等组成，如图 2.2 所示。

两块六爪磁极被压装在转子轴上，其内腔装有磁轭，磁轭上面绕有磁场绕组。磁场绕组两端的引线分别焊在与轴绝缘的两个集电环上。集电环与装在后端盖内的两个电刷相接触，两个电刷装在与端盖绝缘的电刷架内，通过弹簧力使其与集电环保持接触。当发电机工作时，两电刷通过引线分别接在两个螺钉接线柱上，一个接线柱是发电机的励磁接线柱 F，另一个是搭铁接线柱。这两个接线柱与直流电源连通，可为磁场绕组提供定向电流并产生轴向磁通，使两块爪极被分别磁化为 N 极和 S 极，从而形成犬牙交错的磁极对并沿圆周方向均匀分布。当转子转动时，定子便产生交流电动势。

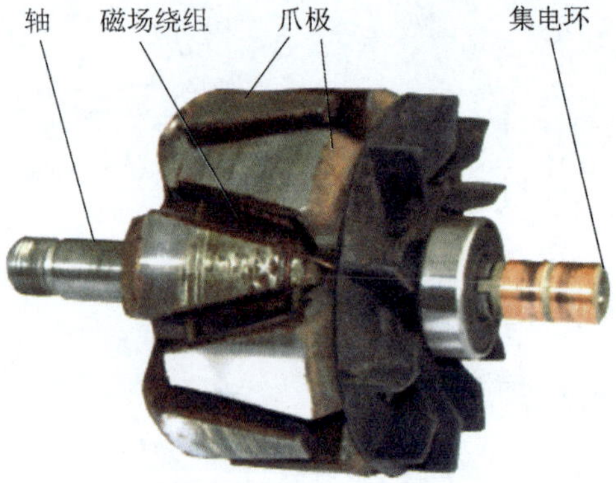

图 2.2　交流发电机的转子

2．定子

交流发电机的定子又称电枢，是产生和输出交流电的部件，由定子铁心和定子绕组组成。定子铁心由相互绝缘的内圆带槽的环状硅钢片叠成，如图 2.3 所示。定子槽内置有三相对称绕组，三相绕组的接法有三角形（Δ）和星形（Y）两种，一般多采用星形联结。每相绕组的首端分别与整流器的硅二极管相连，作为交流

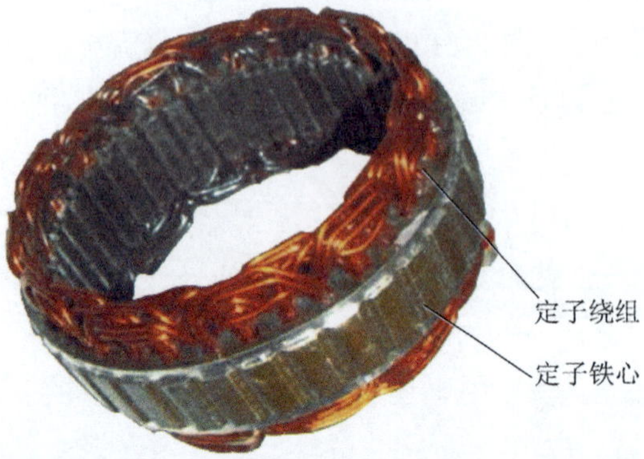

图 2.3 交流发电机的定子

发电机的输出端。每相绕组的尾端连接在一起，产生 120°电角度的对称电动势。

3. 电刷组件

电刷和电刷架装在后端盖上，两个电刷分别装在电刷架的孔内，电刷借助弹簧压力与集电环保持接触，如图 2.4 所示。目前国产交流发电机的电刷架有两种结构形式：一种电刷架可直接从发电机外部进行拆装，称为外装式；另一种则不能直接在发电机外部进行拆装，称为内装式。内装式电刷架若需要更换电刷，必须将发电机拆开。

图 2.4　电刷与电刷架

交流发电机按电刷引线的搭铁接法不同，分为内搭铁型和外搭铁型。搭铁电刷的引出线用螺钉直接固定在后端盖上（标记“-”），发电机外壳直接搭铁的称为内搭铁型；搭铁电刷的引出线与机壳绝缘接到后端盖外部的接线柱上（标记“F_2”），通过调节器构成回路的称为外搭铁型。对于内搭铁的交流发电机，磁场绕组直接通过交流发电机的外壳搭铁，其中一根引线接至后端盖上的磁场接线柱“F（或“磁场”），另一根直接与发电机外壳上的搭铁接线柱“-”（或“搭铁”）连接；对于外搭铁的交流发电机，磁场绕组通过电压调节器后（交流发电机的外部）再搭铁。电刷引线必须分别与发电机后端盖“F+”（或“F_1”）和“F-”（或“F_2”）接线柱相连。

4. 前后端盖

前后端盖用铝合金制成，铝合金为非导磁材料，可减少漏磁且具有轻便、散热性能良好等优点。端盖包括驱动端盖、整流端盖，以及安装在其上的轴承、轴承盖等零部件。后端盖装有电刷架，两个电刷借弹簧压力与集电环保持接触。

发电机前端装有带轮，由发动机通过传动带带动。在带轮后面装有风扇，靠风扇的离心作用给发电机强制通风。前后端盖用 3 ～ 4 个螺栓与定子紧固在一起。

5. 风扇

风扇安装在前端盖外侧的转轴上，在发电机工作时，随着发电机转轴一同运转，对发电机进行冷却。

6．整流器

交流发电机的整流器的作用是将定子绕组产生的三相交流电变成直流电输出。交流发电机的整流器大多由 6 只硅二极管组成，如图 2.5 所示。外壳为负极、中心引线为正极的二极管，称为正极管，管壳底上有红色标记；外壳为正极、中心引线为负极的二极管，称为负极管，管壳底上有黑色标记。

图 2.5　交流发电机的整流器实物

安装二极管的散热板称为整流板，通常用合金制成，便于散热。现代汽车用交流发电机都有两块整流板，一块是正整流板（装在外侧），安装 3 只正极管；另一块是负整流板（装在内侧），安装 3 只负极管。两者绝缘地安装在一起，并用尼龙或其他绝缘材料制成的垫片隔开固定在后端盖上。

2.1.3　国产交流发电机的型号

根据中华人民共和国汽车行业标准 QC/T 73—1993《汽车电气设备产品型号编制方法》的规定，汽车交流发电机的型号表示方法如下：

□□□　□　□　□□　□
1　2　3　4　5

第 1 部分为产品代号。交流发电机的产品代号有 JF、JFZ、JFB 及 JFW 共 4 种，分别表示交流发电机、整体式交流发电机、带泵交流发电机和无刷交流发电机。

第 2 部分为电压等级代号。用 1 位阿拉伯数字表示，其含义如下：1—12V；2—24V；6—6V。

第 3 部分为电流等级代号。用 1 位阿拉伯数字表示，其含义见表 2.1。

表 2.1　电流等级代号

电流等级代号	1	2	3	4	5	6	7	8	9
电流 /A	～19	20～29	30～39	40～49	50～59	60～69	70～79	80～89	≥90

第 4 部分为设计序号。按产品的先后顺序，用 1 或 2 位阿拉伯数字表示。

第 5 部分为变型代号。交流发电机以调整臂的位置作为变型代号。从驱动端看，在中间不加标记；在右边时，以 Y 表示；在左边时，以 Z 表示。

例如，桑塔纳、奥迪 100 型轿车所使用的 JFZ1913Z 型交流发电机，其含义是电压等级为 12V，输出电流大于或等于 90A，第 13 次设计，调整臂位于左边的整体式交流发电机。

2.1.4 交流发电机的工作原理

1. 交流电动势的产生

交流发电机的工作原理如图 2.6 所示。

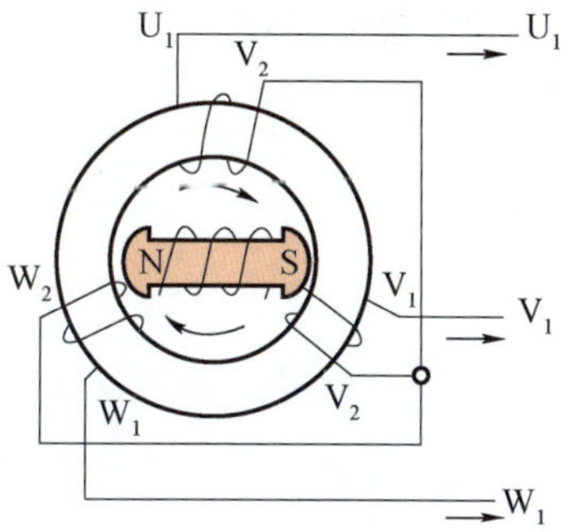

图 2.6 交流发电机的工作原理

交流发电机定子的主相绕组按一定的规律嵌套在发电机的定子槽内，彼此互差 120°电角度。当转子磁场绕组接通直流电源时，转子的爪极被磁化为 N 极和 S 极。其磁力线由 N 极出发，穿过转子与定子之间很小的气隙进入定子铁心，最后又通过气隙回到 S 极。

当转子旋转时，由于定子绕组与磁力线有相对的切割运动，而且三相定子绕组在空间分布上互差 120°，所以在三相定子绕组中产生频率相同、幅值相等、相位相差 120°的正弦电动势 e_U、e_V、e_W，如图 2.7 所示。

三相绕组所产生的感应电动势可用下列方程式表示：

$$e_U=E_m\sin\omega t=E_\phi\sin\omega t$$

$$e_V=E_m\sin(\omega t-120°)=E_\phi\sin(\omega t-120°)$$

$$e_W=E_m\sin(\omega t+120°)=E_\phi\sin(\omega t+120°)$$

式中 E_m——相电动势的最大值；

E_ϕ——相电动势的有效值；

ω——电角速度，$\omega=2\pi f=2\pi/T$。

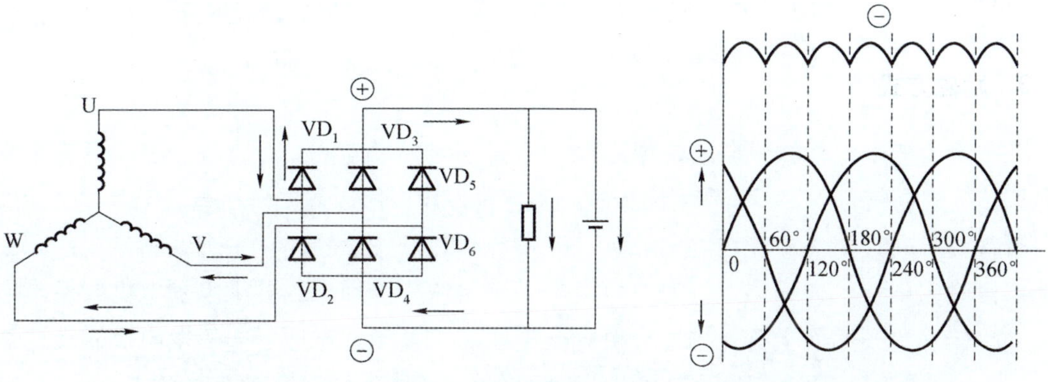

图 2.7 三相轿车整流电路

发电机每相绕组所产生的电动势的有效值（单位 V）为

$$E_{\phi}=4.44KfN\Phi$$

式中　K——定子绕组系数，一般小于 1；

f——感应电动势的频率，Hz，$f=Pn/60$（P 为磁极对数，n 为转速）；

N——每相绕组的匝数；

Φ——磁极的磁通，Wb。

上式表明，使用中的交流发电机，其交变电动势的有效值取决于转速和转子的磁通量，这一性质将直接决定着交流发电机的输出电压值。

2. 整流原理

将交流发电机产生的交流电转变成直流电称为整流。常见的整流电路有六管交流发电机的整流电路和九管交流发电机的整流电路。

1）六管交流发电机的整流电路

六管交流发电机的整流装置实际是一个由 6 个硅整流二极管组成的三相桥式整流电路，如图 2.7 所示。3 个二极管 VD_2、VD_4、VD_6 的负极分别与发电机三相绕组的始端相连，它们的正极连接在一起，组成共阳极组接法，3 个二极管的导通原则是在某一瞬间负极电位最低的二极管导通。3 个二极管 VD_1、VD_3、VD_5 的正极分别与发电机三相绕组的始端相连，它们的负极连接在一起，组成共阴极组接法，3 个二极管的导通原则是在某一瞬间正极电位最高的二极管导通。每个时刻有 2 个二极管同时导通，其中一个二极管在共阴极组，另一个在共阳极组，同时导通的两个二极管总是将发电机的电压加在负荷两端，如图 2.7 所示。

当 $t=0$ 时，W 相电位最高，而 V 相电位最低，所对应的二极管 VD_5、VD_4 均处于正向导通。由于二极管的内阻很小，所以此时发电机的输出电压等于 V、W 绕组之间的线电压。

在 $t_1\sim t_2$ 时间内，U 相的电位最高，而 V 相电位最低，故对应 VD_1、VD_4 处于正向导通。同理，交流发动机的输出电压可视为 U、V 绕组之间的线电压。

在 $t_2\sim t_3$ 时间内，U 相电位最高，而 W 相电位最低，故 VD_1、VD_6 处于正向导通。同理，交流发动机的输出电压可视为 U、W 绕组之间的线电压。

以此类推，周而复始，在负载上便可获得一个比较平稳的直流脉动电压。

3. 励磁方式

汽车用交流发电机的励磁方法是由他励方式到自励发电的一个过程。由于汽车用交流发电机转子的剩磁较弱，不能利用磁极的剩磁自励发电，所以需要外接直流电源。交流发电机只有在较高转速时，才能自励发电。交流发电机在低速运转时，采用他励方式，即由蓄电池提供励磁电流，增强磁场，发电机发电，满足汽车上用电的要求。发电机的发电电压随发动机转速的升高而上升。当发电机输出电压高于蓄电池电压，一般发电机的转速达到 1000r/min 左右时，励磁电流便由发电机自身供给，此时的励磁方式称为自励。

2.1.5 交流发电机的使用与检查

1. 交流发电机的拆卸

交流发电机的拆卸是指将交流发电机从汽车上拆卸下来，步骤如下：

(1) 拆下蓄电池负极端子电缆。

(2) 拆下发电机电缆和连接器。

(3) 拆下交流发电机传动带，拆下交流发电机，拆下支架。

2. 交流发电机的分解

(1) 拆卸发电机带轮。

(2) 拆卸发电机电刷座总成。

(3) 拆卸发电机电压调节器总成。

(4) 拆卸发电机整流器。

(5) 拆卸发电机转子总成。

3. 交流发电机解体后的检查

1) 转子的检查

(1) 转子绕组的检查。如图 2.8 (a) 所示，用万用表 $R\times1$ 挡检测两集电环之间的电阻，若阻值为∞，说明断路；若阻值趋于 0，说明短路。

转子绕组的绝缘性可用交流试灯检查，如图 2.8 (b) 所示，也可用万用表的电阻最大挡检测集电环与铁心（或转子轴）之间的电阻，若为∞，说明绝缘性良好。

(a) (b)

图 2.8 转子绕组的检查

(2) 集电环的检查。集电环表面应平整光滑，若有轻微烧蚀，应用 00 号砂布打磨；若烧蚀严重，应在车床上精加工。

用直尺测量集电环的厚度，应与规定相符，否则应更换。

用外径千分尺测量集电环的圆柱度，应与规定相符，否则应精车加工。

2）定子的检查

（1）定子绕组的断路检查。如图 2.9（a）所示，用万用表 $R\times1$ 挡检测定子绕组 3 个接线端，两两相测，值应小于 1Ω。若阻值为∞，说明定子绕组断路。

（2）定子绕组的搭铁检查。如图 2.9（b）所示，用万用表的电阻最大挡检测定子绕组接线端与定子铁心间的电阻，应为∞，否则说明有搭铁故障。

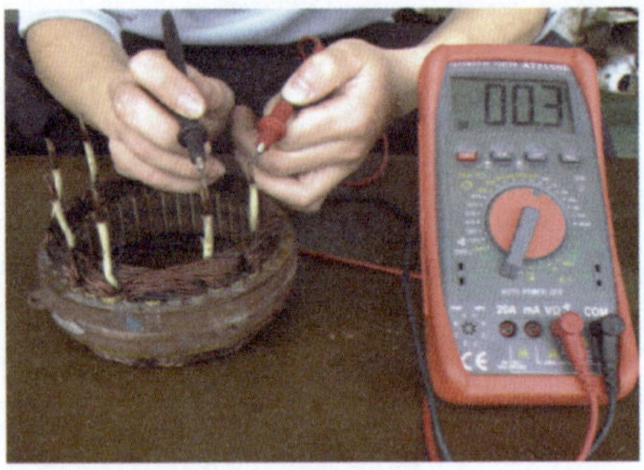

（a）

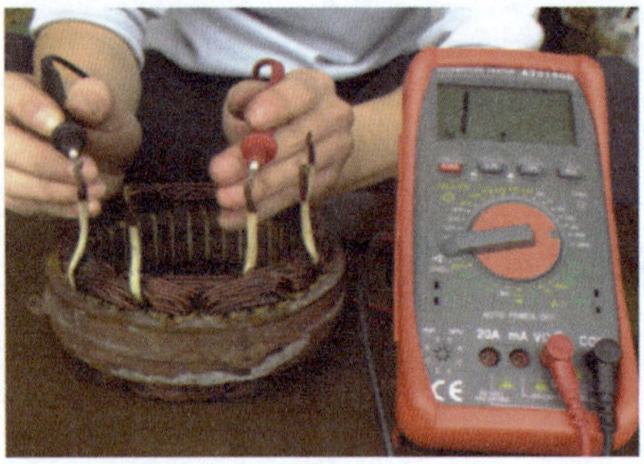

（b）

图 2.9　定子绕组的检查

3）整流器的检查

（1）二极管的检查。将万用表的正、负表笔分别接二极管的引出极，测其电阻，然后对换表笔，再测其电阻。若其中一次阻值大于 10kΩ，而另一次阻值为 8 ～ 10Ω，则该二极管性能良好；若两次测得的阻值均为∞，则说明二极管断路；若两次测得的阻值均为 0，则说明二极管短路，如图 2.10 所示。

（2）二极管的极性判别。用指针式万用表检测时，若二极管的阻值为 8 ～ 10Ω，则黑表笔接的是二极管正极，红表笔接的是二极管负极；用数字万用表检测时，结果与上述相反。

4）电刷组件的检查

（1）外观的检查。电刷表面应无油污、无破损和变形，且应在电刷架中活动自如。

（2）电刷长度的检查。用游标卡尺或钢直尺测量电刷露出电刷架的长度，应与规定相符。

（3）弹簧压力的测量。检测电刷弹簧压力，应与规定相符。

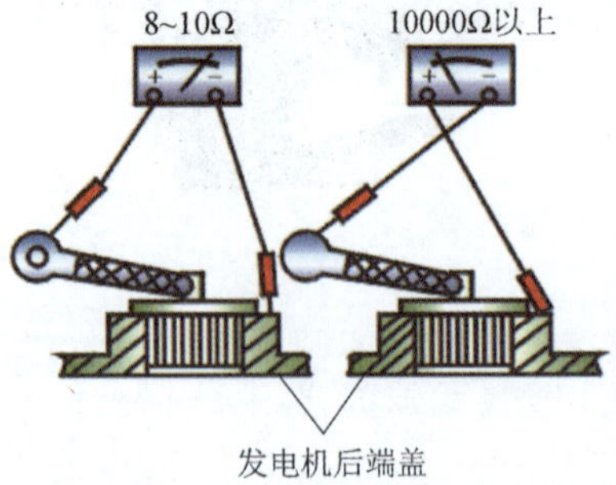

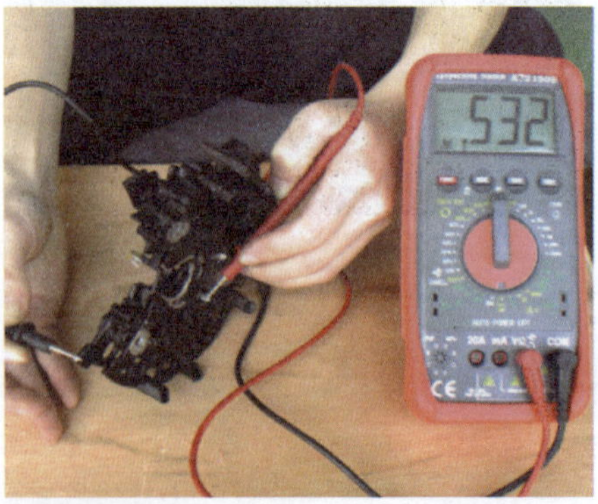

（a）整流器负极管的检测

图 2.10　整流器的检测

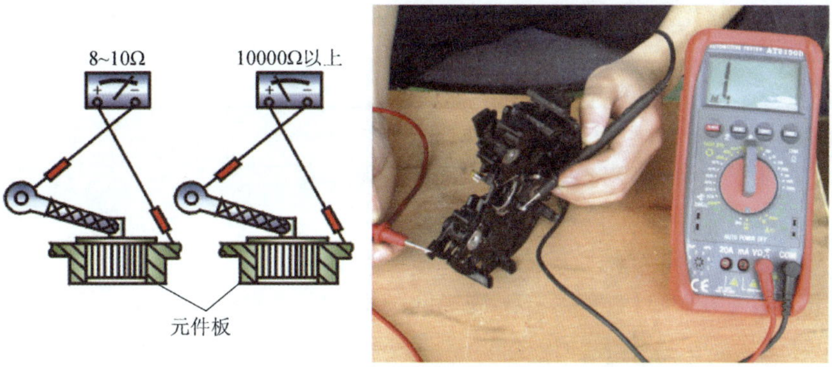

（b）整流器正极管的检测

图 2.10　整流器的检测（续）

4．交流发电机的安装

（1）在轴承内加注润滑脂。
（2）将转子、前端盖、风扇及传动带轮装合在一起。
（3）安装电刷架、电刷及弹簧。
（4）将元件板安装在后端盖中。
（5）将定子线圈与后端盖合装在一起，连接好二极管与定子线圈的引出线。
（6）将两端盖装合在一起，拧紧螺钉。
（7）安装交流发电机接线桩头。

任务实施

为解决情境导入中检修电源系统的故障问题，可按下述方式组织实施任务。

任务单元	项目 2.1　交流发电机的结构原理与检查	学时	2
任务目的	1．认识交流发电机各组成件的结构。 2．熟知交流发电机的工作原理。 3．掌握交流发电机各组成件的拆卸步骤。 4．掌握交流发电机各组成件的检测方法。 5．掌握交流发电机各组成件的安装步骤		
设备器材	1．整体式交流发电机 10 台。 2．成套通用拆装工具 10 套。 3．数字万用表 10 只		
操作准备	1．将设备与器材分别放于 10 个工作台。 2．将“任务工单”分发给每位学生		
注意事项	1．交流发电机的安装应可靠，传动带的挠度应符合规定。 2．注意蓄电池正负极的拆装顺序		

续表

任务单元	项目 2.1　交流发电机的结构原理与检查	学时	2
实施过程	1. 让学生按下列要求观察交流发电机，并将相关结果记录于“任务工单”。 (1) 观察交流发电机在汽车上的安装位置和接线情况。 (2) 将交流发电机按正确步骤从汽车上拆卸下来。 (3) 编制出合理的交流发电机分解工艺流程 . 按正确步骤进行分解。 (4) 正确地使用检测仪表对交流发电机各组成件进行检测。 (5) 按正确步骤安装交流发电机 (6) 按正确步骤将交流发电机安装到汽车上。 2. 监督学生按要求完成任务，并指导学生进行正确的操作		

项目 2.2　电压调节器的结构原理与检测

情境导入

车主高先生的轿车交流发电机电压调节器损坏了，发电机输出电压大幅波动，造成用电设备不能正常工作，甚至损坏。为了正确地使用、维护与检修电压调节器，汽车维修人员必须全面认识电压调节器，熟悉电压调节器的结构、工作原理与检修方法。

理论引导

交流发电机端电压受转速和负载变化的影响较大，因此必须配用电压调节器来控制电压。电压调节器的功用：在发动机转速和发电机上的负载发生变化时自动控制发电机的输出电压，使其保持恒定，防止因发电机的电压过高而造成用电设备的损坏和蓄电池过充电，同时也防止发电机电压过低而导致用电设备不能正常工作和蓄电池充电不足。

2.2.1　概述

1. 电压调节原理

根据电磁感应原理，发电机的感应电动势为 $E_\phi=C_1n\Phi$，其中 C_1 为发电机的结构常数。因此，交流发电机端电压的高低取决于转子的转速 n 和磁极磁通 Φ。要保持电压恒定，在转速 n 升高时，应相应减弱磁通 Φ，这可以通过减少磁通励磁电流来实现；在转速 n 降低时，应相应增强磁通 Φ，这可以通过增大励磁电流来实现。

2. 电压调节器的类型

交流发电机电压调节器按工作原理可分为触点式和电子式两大类。触点式又可分为单级触点式和双级触点式；电子式又可分为晶体管式和集成电路式。其基本原理都是通过改变励磁电流的大小来控制电压的。

触点式电压调节器结构复杂，质量和体积大，触点易烧蚀，寿命短，对无线电干扰大，虽然采取了一些措施，但仍具有一定的机械惯性和磁惯性，触点开闭动作迟缓，可靠性不高，目前已被淘汰。

2.2.2　电压调节器的工作原理

1. 电子调节器

电子调节器是利用晶体管的开关特性制成的，即将晶体管作为一只开关串联在发电机的磁场电路中，根据发电机输出电压的高低，控制晶体管的导通和截止，调节发电机的磁场电流使发电机输出电压稳定在某一规定的范围之内。

电子调节器有内搭铁和外搭铁之分，分别与内搭铁或外搭铁式发电机匹配使用。

图 2.11 所示为内搭铁式电子调节器的基本电路，通常由功率开关晶体管电路、信号放大和控制电路及电压信号的检测电路三部分电路组成。

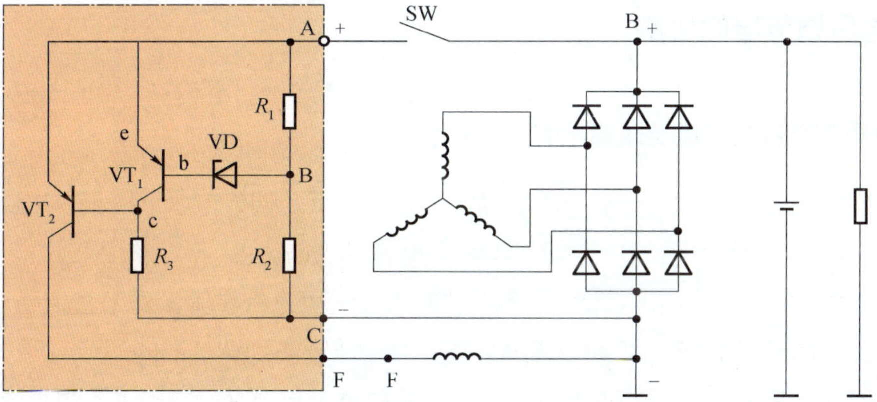

图 2.11　内搭铁式电子调节器的基本电路

当合上点火开关 SW 后，蓄电池电压便加在 A、C 两端，R_1 上的分压 U_{AB} 通过晶体管 VT_1 的发射结加到稳压管 VD 上，由于蓄电池电压低于发电机的规定电压值，故此时加到稳压管 VD 上的电压值小于其反向击穿电压 U_{VD}，稳压管 VD 截止，VT_1 截止，VT_2 则由 R_3 提供偏置电流而处于饱和导通状态，蓄电池便经 VT_2 给磁场绕组提供磁场电流。当发电机电压超过规定值时，VD 导通，VT_1 导通，使 VT_2 的发射结被短路，因而 VT_2 截止，从而切断了磁场电路，使得发电机电压迅速下降。如此反复，发电机的电压便被稳定于规定值。

2．集成电路电压调节器

集成电路调节器除具有电压调节功能外，还具有充电指示控制、发电机故障检测和指示等多种功能。该调节器的电路如图 2.12 所示。调节器内有一单片集成电路，它的 IG 端经点火开关接至蓄电池，用于检测蓄电池和发电机电压，从而控制晶体管 VT_2 的导通与截止（即控制磁场电路的通断）。它的 P 端接至发电机定子绕组某一相上，该点电压为硅整流发电机直流输出电压的一半。单片集成电路调节器从 P 端检测到硅整流发电机的电压，从而控制晶体管 VT_1 的导通与截止。

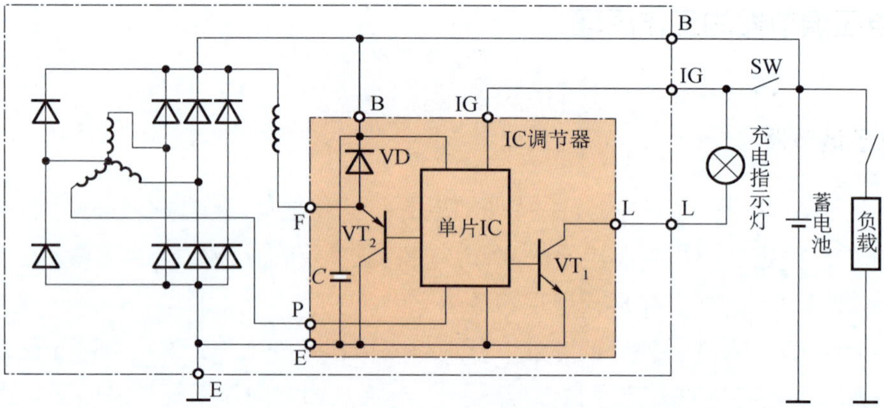

图 2.12　夏利轿车用整体式交流发电机电路

2.2.3　电压调节器的检测

1．电子调节器的性能及故障检测

在判定调节器的类别后，应进一步检测调节器的好坏及调节电压。检测方法与步骤如下：

用一个电压可调的直流稳压电源（0 ～ 30V/3A）和一只 12V（或 24V）/20W 的车用小灯泡代替发电机磁场绕组，按图 2.13 所示方法接线后进行试验。调节直流稳压电源，当其输出电压从零逐渐增高时，灯泡应逐渐变亮。当电压升高到调节器的调节电压［(14±0.2) V 或（28±0.5）V］时，灯泡应忽然熄灭。电压超过调节电压值，灯泡仍不熄灭或一直不亮，都说明调节器有故障。

2．集成电路调节器的性能及故障检测

检测方法与步骤如下：首先拆下整体式发电机上所有的连接导线，在蓄电池和发电机 L 接线柱之间串联一只 5A 电流表（可用 12V/20W 或 24V/25W 车用灯泡代替），再将可调直流稳压电源的“+”端接发电机的 S 接头，“–”端与发电机外壳或 E 相接，如图 2.14 所示。调节直流稳压电源，使电压缓慢升高，直至电流表读数为零或测试灯泡熄灭，该电压值就

是调节器的调节电压值。如该值符合规定，则说明调节器正常；否则，说明调节器有故障，应予更换。

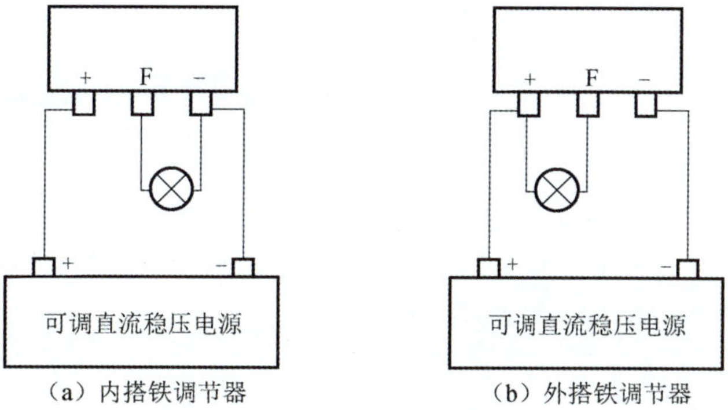

图 2.13　电子调节器检测接线图

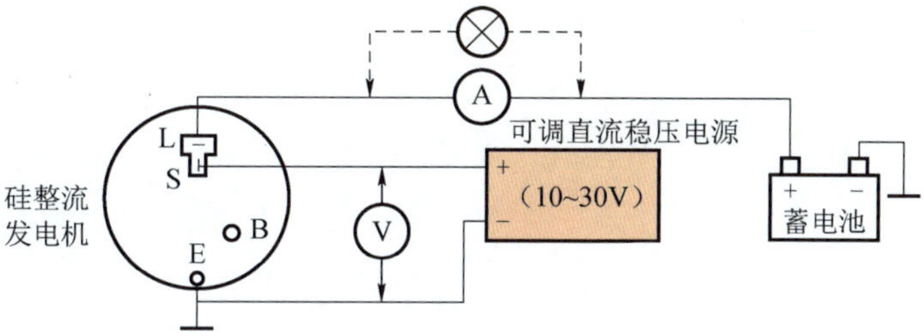

图 2.14　集成电路调节器检测接线图

任务实施

为解决情境导入中检修电压调节器的故障问题，可按下述方式组织实施任务。

任务单元	项目 2.2　电压调节器的结构原理与检测	学时	1
任务目的	1. 熟悉电压调节器的结构与原理。 2. 学会晶体管电压调节器类型的判别与检测方法		
设备器材	1. 外搭铁型晶体管调节器 5 只。 2. 内搭铁型晶体管调节器 5 只。 3. 直流稳压电源 5 台。 4. 试灯 5 只		
操作准备	1. 将设备与器材分别放于 5 个工作台。 2. 将“任务工单”分发给每位学生		
注意事项	检测时，注意操作，以免损坏调节器		
实施过程	1. 演示晶体管电压调节器类型的判别与检测方法，并让学生进行测试。 2. 监督学生按要求完成任务，并指导学生进行正确的操作		

项目 2.3 电源系统常见故障的诊断

情境导入

2012 年 10 月 15 日，车主李先生来到某汽车 4S 店反映，发动机正常运转后，仪表板上的充电指示灯一直亮，说明电源系统有故障。为了正确地检修汽车电源系统，维修人员必须全面掌握电源系统常见故障的故障现象和检修方法。

理论引导

电源系统的常见故障有不充电、充电电流过小和发动机充电电流过大等。下面以外装调节器的电源系统的故障诊断为例予以说明。

2.3.1 概述

1. 故障现象

起动发动机，充电指示灯仍然点亮，即说明电源系统存在不充电故障。

2. 故障原因

（1）发电机故障。

① 整流二极管损坏。

② 集电环脏污，电刷架变形使电刷卡住，电刷磨损过甚，引起磁场电路不通。

③ 发电机磁场绕组或定子三相绕组有断路、短路或搭铁处。

（2）调节器故障。

① 调节器调节电压过低。

② 调节器损坏。很可能是大功率晶体管断路或其他元件故障。

（3）其他故障。

① 发电机连线断路。

② 发电机驱动带打滑。

③ 电流表损坏或充电指示灯损坏。

④ 带有磁场继电器的电源系统，可能是继电器线圈或电阻烧断，触点接触不良。

3．故障诊断与排除

不充电故障的诊断与排除如图 2.15 所示。

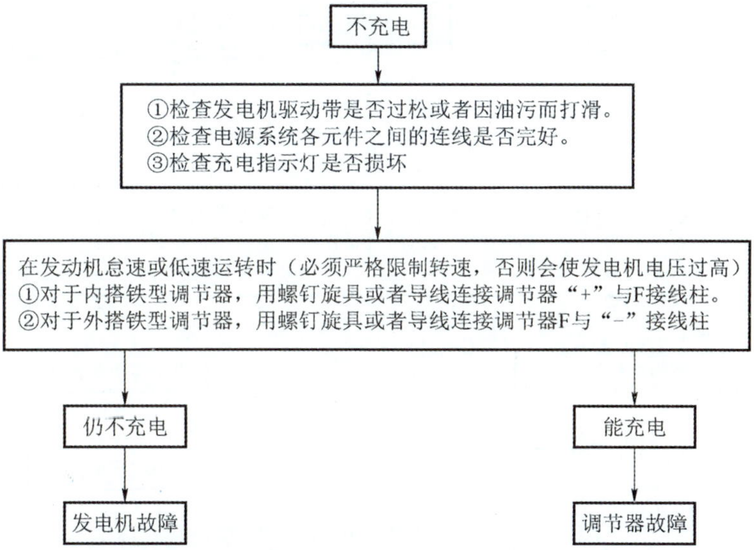

图 2.15　不充电故障的诊断与排除流程图

2.3.2　充电电流过小的故障诊断

1．故障现象

若将发动机转速由低速逐渐升高至中速（1500r/min），打开前照灯，其灯光暗淡；按喇叭，其音量小，充电指示灯点亮，则说明充电电流过小。

2．故障原因

（1）发电机故障。

① 个别整流二极管损坏。

② 定子三相绕组局部短路或有一相接头断开。

③ 抑制干扰的电容器短路。

④ 磁场绕组局部短路等。

（2）调节器故障。

调节器电压过低。

（3）其他故障。

① 发电机风扇传动带过松、打滑。

② 线路接触不良，接触电阻过大。

3. 故障诊断与排除

充电电流过小的故障诊断与排除如图 2.16 所示。

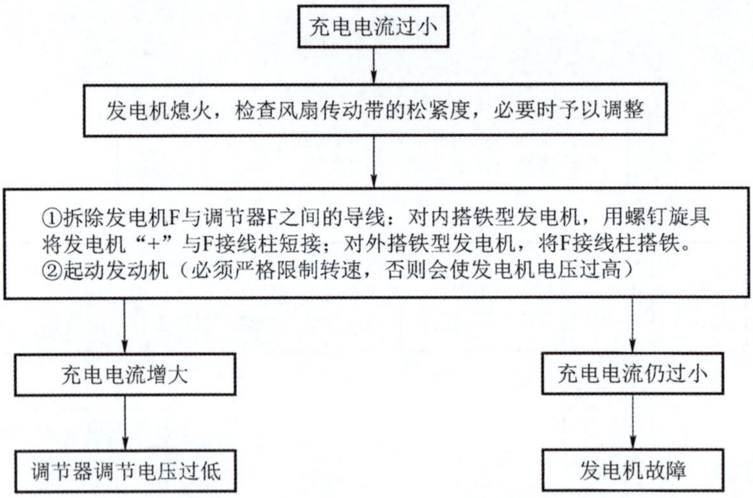

图 2.16　充电电流过小的故障诊断流程图

2.3.3　充电电流过大的故障诊断

1. 故障现象

电源系统在发动机正常运转时，蓄电池电压达到额定充电电压，但充电电流仍然在 10A 以上。

2. 故障原因

充电电流过大一般由调节器失调所致。

3. 故障诊断与排除

应检查调节器或其连线是否短路，发动机与调节器是否匹配。

2.3.4　充电指示灯电路损坏的故障诊断

将点火开关打到“ON”，充电指示灯“亮”，起动发动机运转到 600 ～ 800r/min，充电指示灯“灭”，说明充电指示灯电路正常。若将点火开关打到“ON”，充电指示灯“不亮”，则说明充电指示灯电路存在故障。

首先，检测充电指示灯灯泡是否良好。若充电指示灯灯泡正常，再继续检测充电指示灯电路。由图 2.12 可知，VT_1 导通时，充电指示灯亮，充电指示灯电路：蓄电池“+”→点火开关 SW →充电指示灯→ VT_1 →搭铁→蓄电池“–”。对应此电路中隔断连接线进行检测，有无断路。

任务实施

为解决情境导入中检修电源系统的故障问题，可按下述方式组织实施任务。

任务单元	项目 2.3　电源系统常见故障的诊断	学时	2
任务目的	1．熟悉电源系统常见故障的故障现象与故障原因。 2．学会电源系统常见故障的检查方法与排除方法		
设备器材	1．发动机台架 5 台。 2．汽车 1 辆。 3．汽车专用万用表 5 个。 4．检测工具 5 套		
操作准备	1．将检测工具等分别放于 5 个工作台。 2．将“任务工单”分发给每位学生		
注意事项	1．拆卸电路时，要将点火开关打到关闭位置，不允许带电拆卸器件。 2．在使用万用表测量电路时，注意及时更换挡位，以免损坏仪表		
实施过程	1．讲解电源系统线路走向，分别在台架和汽车进行。演示测试方法和测试部位，讲解各个测试部位的正常参数，并让学生进行测试。 2．电源系统线路故障检修。从故障现象入手，讲解和演示电流系统不充电、充电电流过小、充电电流过大等常见故障的诊断与排除方法，并让学生进行诊断与排除。 3．监督学生按要求完成任务，并指导学生进行正确的操作		

任务评价

评价与考核项目		评价与考核标准	配分	得分
知识点	电源系统的组成及作用	熟知电源系统组成部分的作用	2	
	交流发电机的结构与工作原理	熟悉交流发电机的组成和工作原理；掌握交流发电机的分解、检修、安装步骤和工艺要求	10	
	交流发电机型号的含义	掌握交流发电机型号中各代号的含义	3	
	电压调节器的作用与工作原理	熟悉电压调节器的作用与工作原理；掌握电压调节器的检修方法	9	
	整流器的作用与工作原理	熟悉整流器作用与工作原理；掌握整流器的检修方法	9	
	电源系统的检修方法	掌握电源系统常见故障的检修方法	12	

续表

评价与考核项目		评价与考核标准	配分	得分
技能点	交流发电机的解体检修	掌握交流发电机的拆装、分解、检修、组装和安装步骤，掌握拆、装和检修过程所用工具、检测仪器的使用方法，要求能对解体发电机的检测结果做出正确判断	12	
	电压调节器的检修	掌握电压调节器的检测方法，掌握拆、装和检修过程所用工具、检测仪器的使用方法，要求能对电压调节器的检测结果做出正确判断	7	
	整流器的检修	掌握整流器的检测方法，掌握拆、装和检修过程所用工具、检测仪器的使用方法，要求能对整流器的检测结果做出正确判断	6	
	电源系统常见故障的检修	能通过故障现象对电源系统的不充电、充电电流过大、充电电流过小和充电指示灯电路损坏等常见故障进行诊断	15	
情感点	纪律与劳动	不迟到、不早退，实训主动、积极、认真	5	
	职业道德与敬业精神	具备良好的道德标准、道德情操与道德品质；能认真对待实训、明确职责、勤奋努力	5	
	团结协作与创新精神	能与同学和谐相处、互补互助、协调合作，充分发挥自己的个性，圆满完成实训任务；能够综合运用自己的知识、信息、技能和方法，对遇到的问题能提出新方法、新观点	5	
合计			100	

任务工单

<table>
<tr><td>任务名称</td><td colspan="3">交流发电机及其调节器的使用与检修</td><td>任务成绩</td><td></td></tr>
<tr><td>学生姓名</td><td></td><td>班级</td><td></td><td>学号</td><td></td></tr>
<tr><td>实训时间</td><td></td><td>实训地点</td><td></td><td>所在组号</td><td></td></tr>
<tr><td>资讯</td><td colspan="5">一、填空题
1. 试标注下列整体式交流发电机零部件的名称。
1—__________ 2—__________ 3—__________ 4—__________
5—__________ 6—__________ 7—__________ 8—__________
9—__________ 10—__________ 11—__________</td></tr>
</table>

续表

资讯

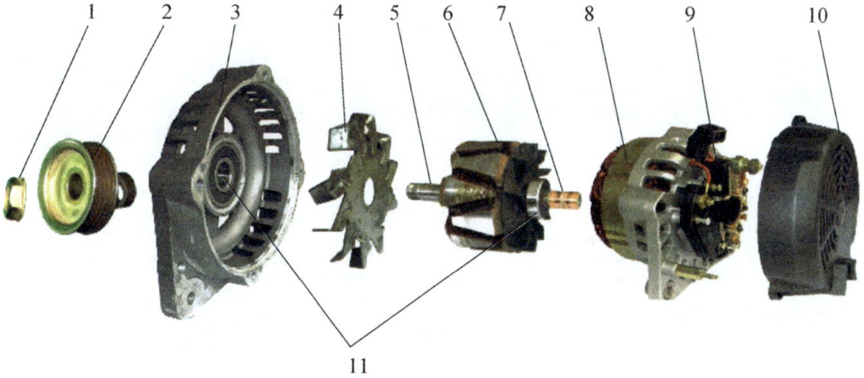

2. 交流发电机的转子的作用是________，它主要由两块爪极、________、集电环及转子轴等组成。

3. 交流发电机的定子又称电枢，定子的作用是________，由定子铁心和定子绕组组成。

4. 交流发电机有内、外搭铁之分，搭铁电刷的引出线用螺钉直接固定在后端盖上（标记“–”），交流发电机机体直接搭铁，此方式为________；搭铁电刷的引出线与机壳绝缘接到后端盖外部的接线柱上（标记“F_2”），引出线连接电压调节器再搭铁，此种方式称为________。

二、选择题

1. 汽车电源系统电压调节器在发电机转速和发电机上的负载发生变化时自动控制发电机电压，使其保持恒定。电压调节器是利用自动调节发电机的（　　），从而使磁极磁通改变这一原理来调节发电机输出电压的。

A. 励磁电流　　B. 励磁电压　　C. 回路电阻　　D. 蓄电池电压

2. 交流发电机转子的作用是（　　）。

A. 产生三相交流电动势　　B. 产生磁场

C. 变交流为直流　　D. 换向

3. 根据中华人民共和国汽车行业标准QC/T 73—1993《汽车电器设备产品型号编制方法》的规定，汽车交流发电机的型号表示方法如下：

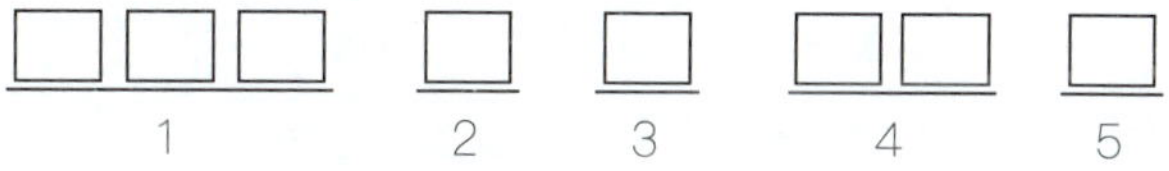

第 1 部分含义为（　　）

A. 产品代号　　B. 电压等级代号　　C. 电流等级代号　　D. 生产序号

4. 汽车用交流发电机的励磁方法是（　　）。

A. 自励发电　　B. 他励发电

C. 由他励方式到自励发电　　D. 由自励方式到他励发电

5. 夏利汽车发电机内装集成电压调节器及充电系统电路如下图所示。该电源系统的搭铁形式为（　　）。

A. 内搭铁　　B. 外搭铁　　C. 正极搭铁　　D. 不能确定

续表

资讯	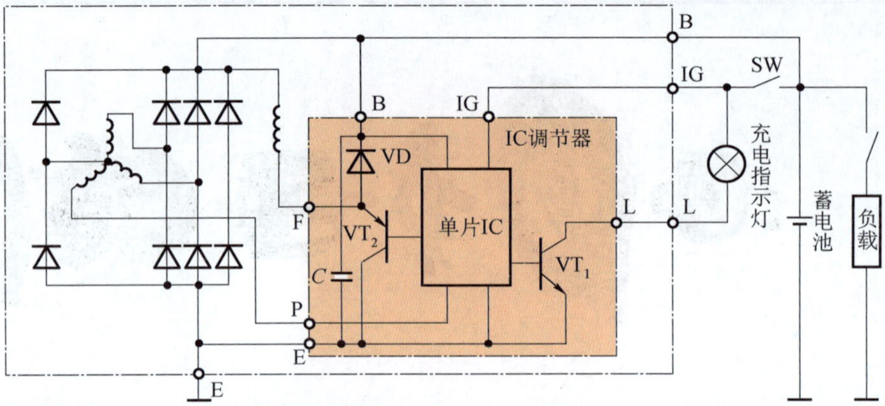 三、判断题 1．汽车电源系统中的电压调节器损坏可能会造成发电机不发电。（　　） 2．在图 2.12 所示的夏利轿车用整体式交流发电机电路原理图中，若 VT$_1$ 开路，发电机输出电压失控。（　　） 3．用万用表电阻档测量发电机两个集电环之间的电阻，此电阻值就是励磁绕组的电阻。（　　） 4．整流器的功用是在发动机转速和发电机上的负载发生变化时自动控制发电机的输出电压，使其保持恒定。（　　） 5．若发电机的励磁绕组开路，发动机没有输出电压，充电指示灯会点亮。（　　） 四、简答题 1．试说明交流发电机的分解步骤。 2．试说明交流发电机的安装步骤。 3．电压调节器的功用是什么？ 4．如何调整发电机传动带的松紧度? 5．试说明电源系统不充电的故障诊断步骤。
计划与决策	请根据任务要求，确定所需要的设备器材，并对小组成员进行合理分工，制订观察电源系统的检查与故障检修计划。 1．需要的设备器材 2．小组成员分工 3．实施计划

续表

实施

1. 分组观察交流发电机，并正确填写附表 2.1。

附表 2.1　交流发电机的结构与型号认识

观察检测项目		结果	分析
发电机		类型： 型号：	发电机型号代号的含义是：
转子	集电环之间电阻		
	集电环与铁心间的电阻		
	集电环	表面情况： 厚度： 圆柱度：	
定子	定子绕组电阻	阻值：	
	定子绕组绝缘	阻值：	
电刷组件	外观检查		
	电刷长度检查		
	弹簧压力测量		
整流器	二极管	正向电阻：	
		反向电阻：	

2. 分组检查电源系统的工作状况，并正确填写附表 2.2。

附表 2.2　电源系统的工作状况参数记录表

检查项目		测量结果	判断检查情况
未起动发动机			
起动发动机		(转速：　　)	
		(转速：　　)	
起动发动机过程中观察充电指示灯			
改变发动机转速，测量发电机输出电压			

3. 分组进行电源系统的故障诊断，并正确填写附表 2.3。

附表 2.3　电源系统的故障检查与排除

发电机型号	故障现象	故障原因	故障排除方法

续表

检查与评价	以小组为单位对完成任务情况进行评价（包括自我评价、小组评价、教师评价）。 1. 是否完成了所有观察项目和检修项目？是否有漏项？ 自我评价： 小组评价： 教师评价： 2. 检修计划制订是否合理？ 自我评价： 小组评价： 教师评价： 3. 附表填写是否详细、准确？ 自我评价： 小组评价： 教师评价：

注：出现安全事故，或不按规范操作而损坏仪器、设备的，此任务成绩计 0 分。

拓展与提升

无刷交流发电机

无刷交流发电机是指无电刷、无集电环的交流发电机，在结构上没有电刷和集电环，不会因为电刷和集电环的磨损与接触不良造成励磁不稳定或发电机不发电等故障，而且工作时不会产生火花，减少了无线电干扰。它的结构新颖，性能优良，工作稳定，故障率低。

无刷交流发电机的结构形式有爪极式、励磁机式、永磁式和感应子式 4 种，以爪极和感应子式最为常见。

1. 爪极式无刷交流发电机

爪极式无刷交流发电机的磁场绕组是静止的，不随转子转动，所以磁场绕组两端可直接引出，不需要集电环和电刷。其构造如图 2.17 所示。磁场绕组 5 装在发电机中部的磁轭托架上，磁轭托架用螺栓固定在端盖上，磁场绕组是静止的。

当磁场绕组通过电流时，主磁通路径如图 2.17 所示。转子磁轭→附加间隙→磁轭托架→附加间隙→左边爪极→主气隙→定子铁心→主气隙→右边磁爪→转子磁轭，形成闭合回路。当转子旋转时，爪极形成的 N 极和 S 极的磁力线在定子绕组内交替通过，磁力线切割定子槽内定子绕组，在三相绕组中产生三相交变电动势，在回路中形成交流电，经整流后变成直流电。

2. 感应子式交流发电机

感应子式交流发电机由转子、定子、整流器和机壳等组成。转子由硅钢片铆成，呈齿轮状，齿轮上有若干个沿圆周均匀分布的齿形凸极。磁场绕组和电枢绕组均安放在定子槽内，所以发电机内没有集电环和电刷，如图 2.18 所示。

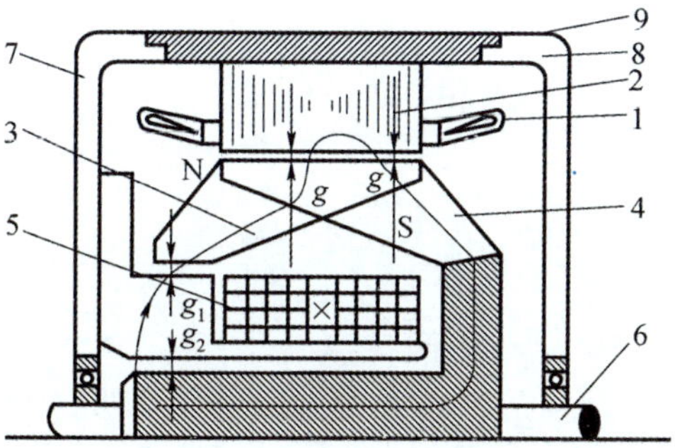

图 2.17　爪极式无刷交流发电机的构造

1—定子绕组；2—定子铁心；3，4—爪形磁极；5—磁场绕组；6—转子轴；7，8—端盖；9—机座

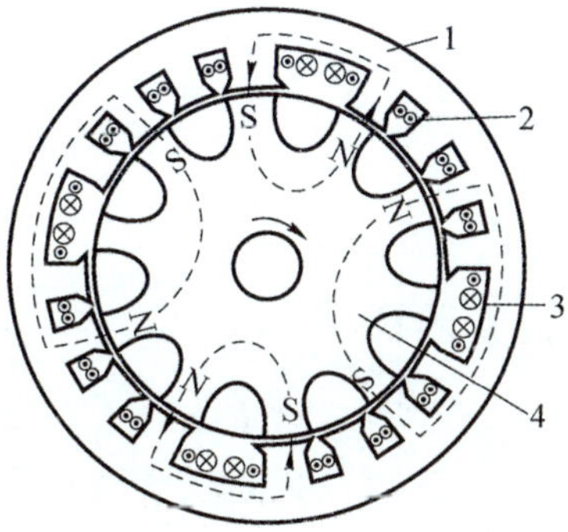

图 2.18　感应子式无刷交流发电机

1 —定子铁心；2 —电枢绕组；3 —磁场绕组；4—转子

当磁场绕组通入直流电后，在定子铁心中产生磁场。由于转子 4 凸齿部分磁通容易通过，磁感应强度最大，从而形成磁极。转子的每个凸齿都没有固定极性，当它对着定子右上部、左下部时就是 N 极，对着左上部、右下部时就是 S 极。可见，定子的每个电枢绕组只与同极性的凸齿起作用。转子旋转时，定子凸齿内产生脉动磁通，在定子绕组中感应出交变电动势。将电枢绕组以一定的方式连接起来，并经整流，就可得到直流电。爪极和感应子式无刷交流发电机与有刷交流发电机结构不同，但发电原理相同，此处不再赘述。

学习任务 3　起动系统的使用与检修

任务目标

了解：常规电动机的工作原理和工作特性。

熟悉：起动机的结构、电磁开关的作用、单向离合器的结构和工作原理、起动机的型号。

掌握：起动机电动机的检查方法、电磁开关的检查方法、单向离合器的检查方法、起动机的正确使用与维护方法及其常见故障的检修方法。

任务描述

起动机在使用过程中一般会出现起动机不工作、起动机运转无力、起动机空转等故障。为了合理使用起动机，延长其使用寿命，必须了解起动机的结构与工作原理，熟悉其正确的维护与检修方法，并掌握常见故障的诊断方法。

学时计划

项目	项目内容	参考学时			
		教学学时	实训学时	小计	合计
3.1	起动机结构、型号及工作原理	3	1	4	12
3.2	起动机的使用与检测	2	2	4	
3.3	起动系统常见故障的诊断	1	2	3	
拓展与提升	减速起动机	1	0	1	

项目 3.1　起动机结构、型号及工作原理

情境导入

车主左先生呼叫汽车 4S 店救援电话请求救援，他的汽车起动时无任何动作，收音机及其他用电设备工作正常。为了正确地解决汽车起动故障，汽车维修人员必须全面认识起动机的结构，熟悉起动机的结构及工作原理。

理论引导

要使发动机由静止状态过渡到工作状态，必须用外力转动发动机的曲轴，使气缸内吸入（或形成）可燃混合气并燃烧膨胀，工作循环才能自动进行。曲轴在外力作用下开始转动到发动机开始自动地怠速运转的全过程，称为发动机的起动。

常用的方法有电力起动和手摇起动两种。

手摇起动只需将起动手柄端头的横销嵌入发动机曲轴前端的起动爪内，以人力转动曲轴。此方法操作不便，加重了驾驶员的劳动强度。目前，手摇起动只作为汽车的后备起动手段。

电力起动是用电动机作机械动力，当电动机轴上的齿轮与发动机飞轮齿圈啮合时，动力就传到飞轮和曲轴，使之旋转。电动机本身又以蓄电池作为工作能源，目前汽车上普遍采用这种起动方法。

3.1.1　概述

1．汽车用起动机的要求

（1）起动时，起动机驱动齿轮与飞轮齿圈啮合应无冲击，柔和啮合。

（2）在起动过程中，起动机工作平顺，起动后驱动齿轮打滑，并能及时退出啮合。

（3）发动机起动后，驱动齿轮不应再次进入啮合，以防损坏。

（4）起动机体积紧凑，质量小，工作可靠。

2．起动机的分类

在各种起动机中，电动机部分一般没有本质的差别，而控制方法和传动机构的啮入方式则有很大差异，因此起动机是按控制方法和传动机构的啮入方式的不同来分类的。

按控制方法的不同，起动机可分为机械控制式和电磁控制式。

按传动机构啮入方式，起动机可分为惯性啮合式、强制啮合式、电枢移动式和同轴式。

另外，还有磁极为永久磁铁的永磁式起动机，以及内装减速齿轮的减速起动机等，但一般来说，减速起动机大多是永磁式的。

3.1.2 常规起动机的组成

常规起动机一般由直流串励式电动机、传动机构、控制装置3个部分组成，如图3.1所示。

1. 直流串励式电动机

功用：将蓄电池输入的电能转换为机械能，产生电磁转矩。

结构：由电枢（转子）、磁极（定子）、换向器和电刷等主要部件构成。

1）电枢

直流电动机的转动部分称为电枢，又称转子。转子由外圆带槽的硅钢片叠成的铁心、电枢绕组线圈、电枢轴和换向器等组成，如图3.2所示。

为了获得足够的转矩，通过电枢绕组的电流一般较大（汽油机为200～600A，柴油机可达1000A），因此，电枢绕组采用较粗的矩形裸铜漆包线绕制为成型绕组。

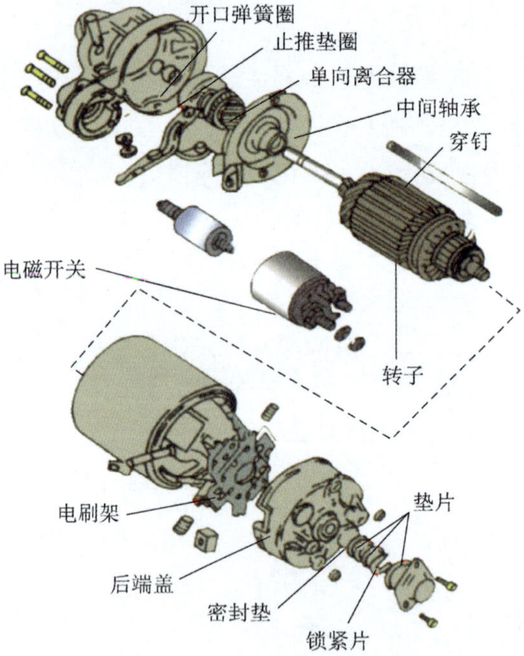

图3.1 汽车常规起动机的组成

电枢绕组通常用波绕法，两端焊在换向片上，与每个绕组两端相连接的换向器片相隔90°，这种绕法电阻较低，有利于提高转矩。

2）磁极

磁极由固定在机壳内的磁极铁心和磁场绕组线圈组成。

磁极一般是4个，两对磁极相对交错安装在电机的壳体内，定子与转子铁心形成的磁通回路，低碳钢板制成的机壳也是磁路的一部分。

4 个励磁线圈的连接方式有两种：一种是相互串联后再与电枢绕组串联，称为串联式；另外一种则是两两相串后再并联，再与电枢绕组串联，称为混联式，如图 3.3 所示。

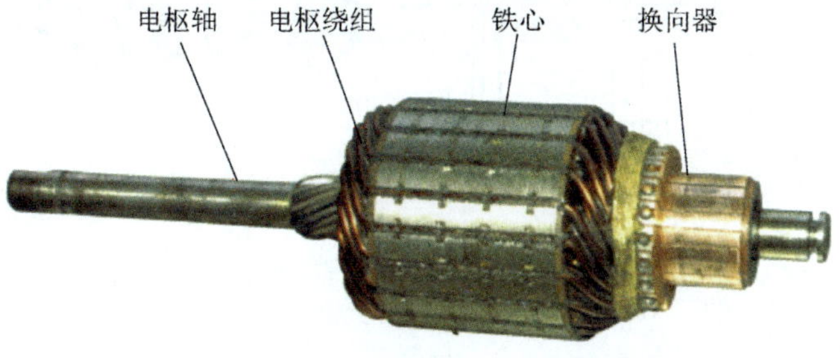

图 3.2　直流串励式电动机的电枢结构

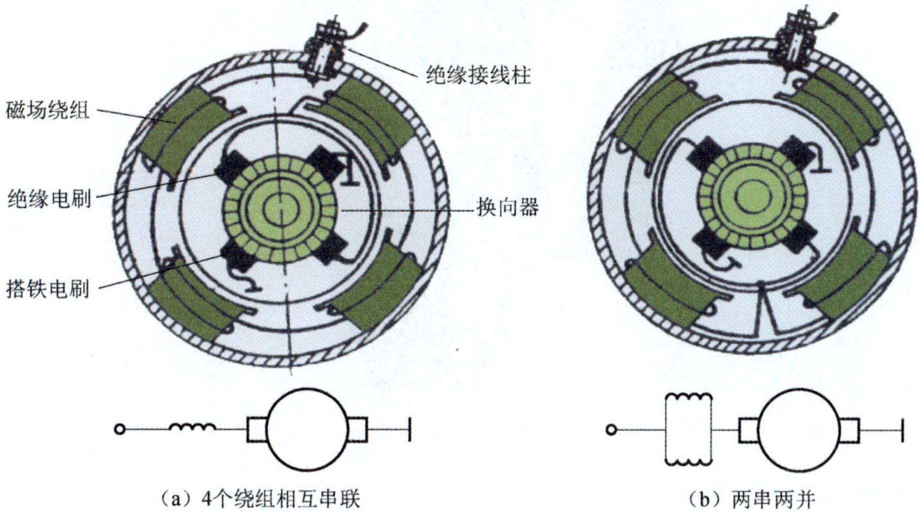

图 3.3　励磁绕组的连接

当起动开关接通时，电动机的工作电路：蓄电池正极→接线柱→励磁绕组→绝缘电刷→换向器和电枢绕组→搭铁电刷→搭铁→蓄电池负极。

3）换向器

作用：向旋转的电枢绕组注入电流。

换向器由许多截面呈燕尾形的铜片围合而成，如图 3.4 所示。铜片之间由云母绝缘。云母绝缘层应比换向器铜片外表面凹下 0.8mm 左右，以免铜片磨损时，云母片很快突出。电枢绕组各线圈的端头均焊接在换向器的铜片上。

4）电刷与电刷架

图 3.5 所示为电刷架总成，电刷与电刷架的作用是将电流引入电枢，使电枢产生连续转动。电刷一般用铜（80% ～ 90%）和石墨（10% ～ 20%）压制而成，有利于减小电阻及增加耐磨性。电刷装在电刷架中，借弹簧压力紧压在换向器上。与外壳直接相连构成电路搭铁，称为搭铁电刷，与励磁绕组和电枢绕组相连，与外壳绝缘，称为绝缘电刷。

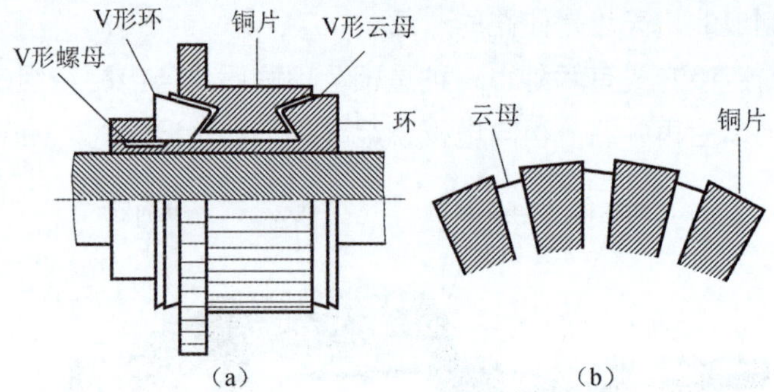

图 3.4　换向器的结构

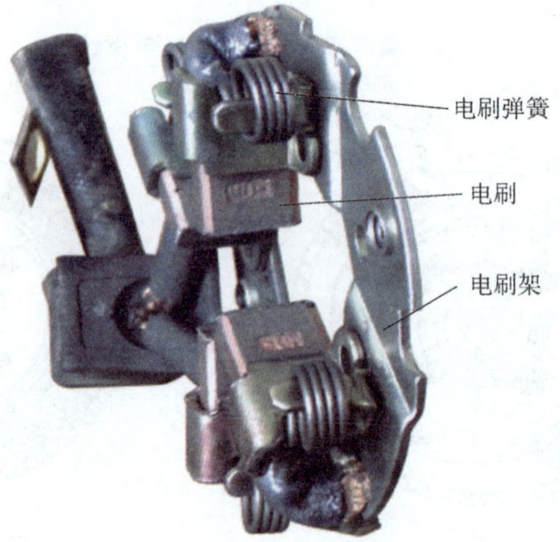

图 3.5　电刷架总成

2．传动机构

传动机构的作用是把直流电动机产生的转矩传递给飞轮齿圈，再通过飞轮齿圈把转矩传递给发动机的曲轴，使发动机起动；起动后，飞轮齿圈与驱动齿轮自动打滑脱离。传动机构一般由驱动齿轮、单向离合器、拨叉和啮合弹簧等组成。单向离合器有滚柱式、摩擦片式和弹簧式等类型。其中滚柱式单向离合器是小型汽车上最常用的，下面讨论其结构和工作原理。

滚柱式单向离合器的构造如图 3.6（a）所示，它的驱动齿轮与外壳制成一体，外壳内装有十字块和 4 套滚柱、压帽和弹簧。十字块与花键套筒相连，壳底与外壳相互扣合密封。花键套筒的外面装有啮合弹簧及衬圈，末端安装着拨环与卡圈。整个离合器总成套装在电动机轴的花键部位上，可做轴向移动和随轴转动。在外壳与十字块之间，形成 4 个宽窄不等的楔形槽，槽内分别装有一套滚柱、压帽及弹簧。滚柱的直径略大于楔形槽窄端，略小于楔形槽的宽端。

工作过程：受力分析如图 3.6（b）所示，当起动机电枢旋转时，转矩经套筒带动十字块旋转，滚柱滚入楔形槽窄端，将十字块与外壳卡紧，使十字块与外壳之间能传递力矩；发动机起动以后，飞轮齿圈会带动驱动齿轮旋转，当转速超过电枢转速时，滚柱滚入宽端打滑，这样发动机的力矩就不会传递至起动机，起到保护起动机的作用。

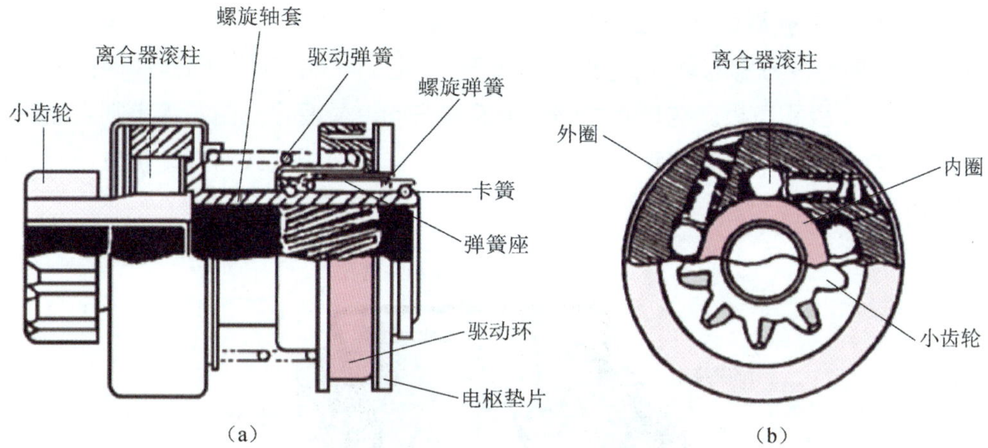

图 3.6　滚柱式单向离合器

3．控制装置

电磁控制装置在起动机上称为电磁开关，它的作用是控制驱动齿轮与飞轮齿圈的啮合与分离，并控制电动机电路的接通与切断。在现代汽车上，起动机均采用电磁式控制电路，电磁式控制装置利用电磁开关的电磁力操纵拨叉，使驱动齿轮与飞轮啮合或分离。

图 3.7 所示为电磁开关的结构。它主要由吸引线圈、保持线圈、回位弹簧、活动铁心和接触盘等组成。它的作用是控制电动机电路的通断及驱动齿轮与飞轮齿轮的啮合与分离。其中吸引线圈与电动机串联，保持线圈与电动机并联，直接搭铁。活动铁心一端通过接触盘控制主电路的导通；另一端通过拨叉控制驱动齿轮的啮合。在起动机电磁开关上有 3 个接线柱：主接线柱（接蓄电池的起动电缆线）、起动接线柱［接点开关 ST（起动）挡或起动继电器］、点火线圈附加电阻短路接线柱（接点火线圈）。

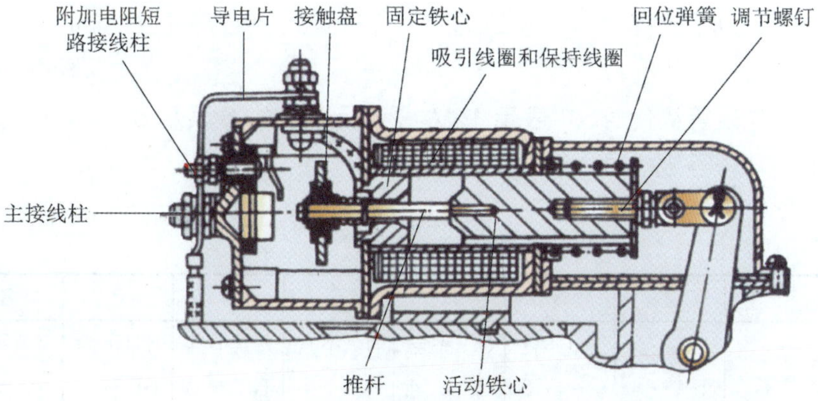

图 3.7　电磁开关的结构

3.1.3 常规起动机的工作原理

直流电动机是根据载流导体在磁场中受到电磁力作用而发生运动的原理工作的。如图 3.8 所示，两片换向片分别与环状线圈的两端连接，电刷一端与两换向器片相接触，另一端分别接蓄电池的正极和负极。在环状线圈中电流的方向交替变化，由左手定则判断可知，环状线圈在电磁力矩作用下按顺时针方向连续转动。这样在电源连续对电动机供电时，其线圈就不停地按同一方向转动。

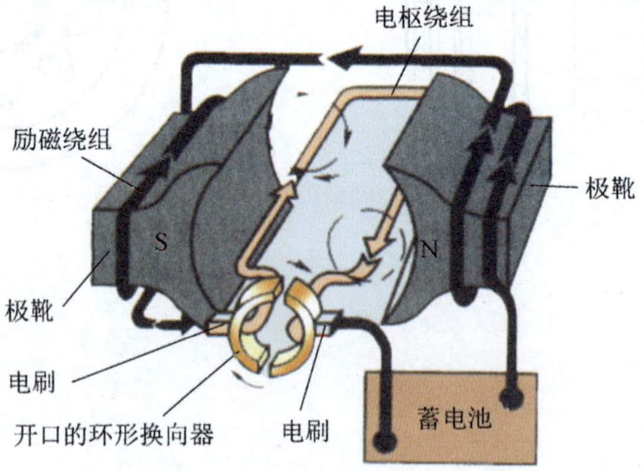

图 3.8 直流电动机的工作原理

为了增大输出力矩并使运转均匀，实际的电动机中电枢采用多匝线圈，随线圈匝数的增多，换向片的数量也要增多。

3.1.4 起动机的型号

根据中华人民共和国汽车行业标准 QC/T 73—1993《汽车电气设备产品型号编制方法》的规定，起动机的规格型号如下：

□ □ □ □ □
1 2 3 4 5

第 1 部分：起动机产品代号。起动机产品代号 QD、QDJ、QDY 分别表示常规起动机、减速起动机及永磁式起动机。

第 2 部分：电压等级代号。1 表示 12V，2 表示 24V，6 表示 6V。

第 3 部分：功率等级代号，其含义见表 3.1。

表 3.1 功率等级代号

功率等级	1	2	3	4	5	6	7	8	9
功率 /kW	～1	1（不含 1）～2	2（不含 2）～3	3（不含 3）～4	4（不含 4）～5	5（不含 5）～6	6（不含 6）～7	7（不含 7）～8	≥8

第 4 部分：设计序号。

第 5 部分：变型代号。

例如，QD124 表示额定电压为 12V，功率为 1 ～ 2kW，经过第 4 次设计的起动机。

3.1.5　起动机系统的控制电路

起动机系统的控制电路指除起动机本身电路以外的起动电路，大体可以分为无起动继电器的控制电路、有起动继电器的控制电路和带组合继电器的控制电路。

1．无起动继电器的控制电路

工作过程：点火开关接至起动挡时，电流的流向为蓄电池正极→点火开关起动挡→端子 50 →吸引线圈→端子 C →励磁绕组→电枢绕组→搭铁→蓄电池负极。同时，保持线圈中也通过电流：蓄电池正极→点火开关起动挡→端子 50 →保持线圈→搭铁→蓄电池负极（图 3.9）。

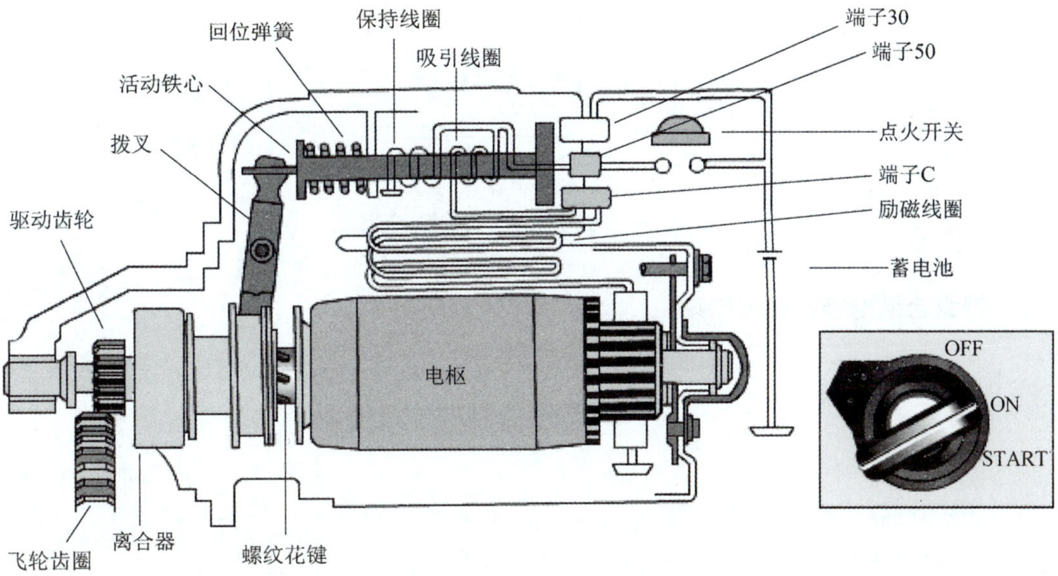

图 3.9　无起动继电器的控制电路

此时，吸引线圈与保持线圈产生的磁场方向相同，在两线圈电磁吸力的作用下，活动铁心克服回位弹簧的弹力而被吸入。拨叉将起动驱动齿轮推出使其与飞轮齿圈啮合。

齿轮啮合后，接触盘将端子 C 与端子 30 接通，蓄电池便向励磁绕组和电枢绕组供电，产生正常的转矩，带动起动机转动。与此同时，吸引线圈被短路，齿轮的啮合位置由保持线圈的吸力来保持。

起动结束后，松开点火开关，此时，由于磁滞后与机械的滞后性，活动铁心不能立即复位，端子 C 与端子 30 仍保持接通状态，电流流向为蓄电池正极→端子 30 →接触片→端子 C →吸引线圈→端子 50 →保持线圈→搭铁→蓄电池负极。由于保持线圈与吸引线圈中电流方向相反，两个线圈中磁场相互抵消，在回位弹簧的作用下，活动铁心复位，驱动齿轮在拨叉的作用下退出啮合，端子 30 与端子 C 随之断开，电动机停转。起动机完成一次起动过程。

2. 带起动继电器的控制电路

在电磁操纵式起动机的使用中，常通过起动继电器的触点接通或切断起动机电磁开关的电路控制起动机的工作，以保护起动开关。

带起动继电器的控制电路如图 3.10 所示，当点火开关打到 ST 挡时，蓄电池经点火开关给起动继电器中的磁化线圈供电（电流很小），使继电器中的常开触点闭合，这样蓄电池电流经主接线柱、继电器的触点到起动机电磁开关上的起动接线柱，起动机开始正常工作。

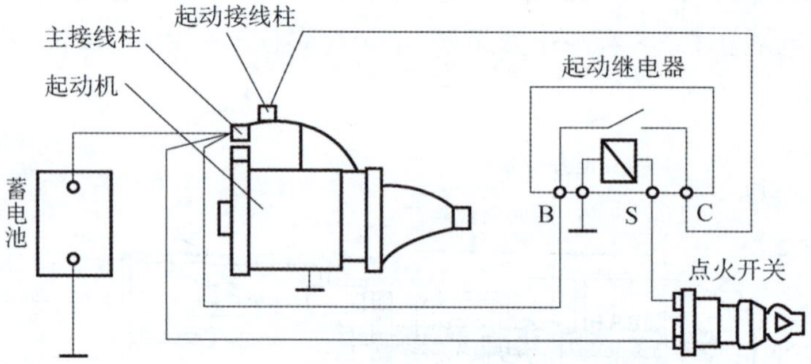

图 3.10　带起动继电器的控制电路

3. 带组合继电器的控制电路

为防止发动机起动以后起动电路再次接通，一些起动电路中安装了带有保护功能的组合式继电器，如图 3.11 所示。

组成：由起动继电器和保护继电器组合而成。起动继电器由点火开关控制，用来控制起动机电磁开关的电路，保护继电器与起动继电器配合，使起动电路具有自动保护功能，并可以控制充电指示灯。

起动继电器的触点 K_1 常开，充电指示灯继电器的触点 K_2 常闭。其工作原理如下：

（1）起动时，点火开关打到 II 挡，复合继电器中的起动继电器磁化线圈 L_1 通电，其电路如下：蓄电池正极→起动机主接线柱→熔断器→电流表→点火开关→复合继电器 S 接线柱→磁化线圈 L_1 →触点 K_2 →搭铁，如图 3.11 红色箭头所示。

由于磁化线圈 L_1 通电，则 K_1 闭合，接通起动机电磁开关电路，起动机正常工作。

（2）发动机起动后，发电机开始发电，发电机中性点接线柱 N 使线圈 L_2 有电流通过，K_2 断开，磁化线圈 L_1 断电，触点 K_1 断开，使起动机电磁开关断电，起动机自动停止工作，同时充电指示灯熄灭。

（3）发动机工作时，由于发电机中性点电压的作用而使触点 K_2 常开，这时，即使将点火开关误打到 ST 挡，起动机也不会工作，防止误操作。

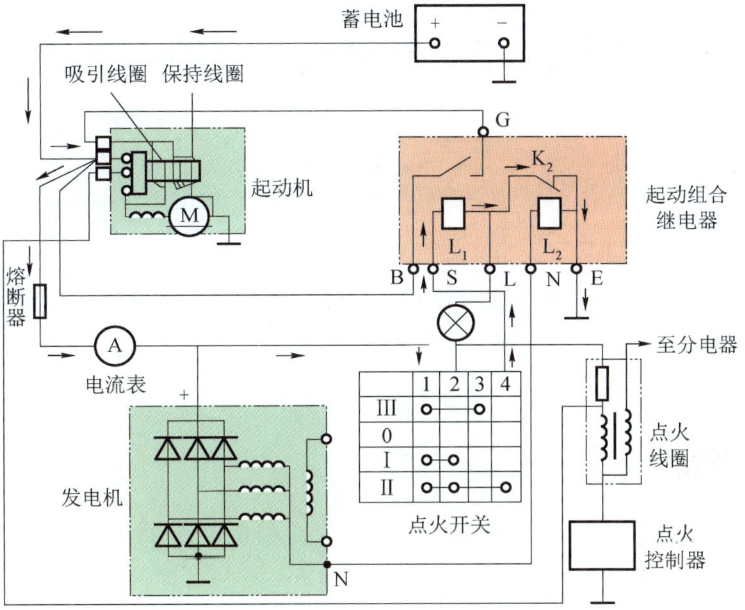

图 3.11 带组合继电器的控制电路

任务实施

为解决情境导入中的掌握起动机的结构及工作原理的问题，可按下述方式组织实施任务。

任务单元	项目 3.1 起动机结构、型号及工作原理	学时	1
任务目的	1. 认识起动机中电动机、传动机构及控制装置等组成件的结构。 2. 熟悉起动机型号中各代号的含义。 3. 认识滚柱式单向离合器及电磁开关的结构。 4. 熟知起动机的工作原理。 5. 掌握起动继电器及保护继电器的作用及接线方法		
设备器材	1. 分解的常规起动机 5 个。 2. 常用工具 5 套。 3. 起动机教学挂图等		
操作准备	1. “油液、工具、零件”三不落地。 2. 准备相应的耗材，如润滑油、密封胶等。 3. 将“任务工单”分发给每位学生		
注意事项	1. 交流发电机的安装应可靠，传动带的挠度应符合规定。 2. 拆卸的零件按顺序放好。 3. 注意拆装操作安全		
实施过程	1. 让学生按下列要求认识起动机的结构，并将相关结果记录于“任务工单”。 (1) 熟悉起动机型号中各代号的含义。 (2) 认识与检测电动机磁极、电枢、换向器、电刷架总成等部件。 (3) 认识与检测电磁开关与电动机的连接方式。 (4) 认识与检测传动机构、单向离合器及其传动方式。 2. 监督学生按要求完成任务，并指导学生进行正确的操作		

项目 3.2　起动机的使用与检测

情境导入

通过检查，初步判断左先生汽车起动机的内部故障，需要解体进一步检测。因此，汽车维修人员必须掌握起动机的拆卸、解体及其检测方法。

理论引导

作为汽车上较为重要的一项常用电气部件，起动机需要正确合理地使用，工作不良时，必须对其进行维护和检修。

3.2.1　起动机的正确使用

（1）起动机每次起动时间不得超过 5s，再次起动时应间歇 15s，使蓄电池得以恢复。如果连续 3 次起动，应在检查与排除故障的基础上停歇 2min 以后进行。

（2）在冬季或低温情况下起动时，应对蓄电池采取保温措施。

（3）发动机起动后，必须立即切断起动机控制电路，使起动机停止工作。

（4）任何情况下，发动机起动后，严禁再次起动发动机，否则起动机将有损坏的可能。

（5）起动机外部应保持清洁，各连接导线，特别是与蓄电池连接的导线，应保证连接可靠、牢固。在清洁发动机舱时，严禁用水直接冲洗，以免起动机因短路而损坏。

3.2.2　起动机的拆卸

1．注意事项

（1）从车上拆卸起动机前，应先关闭点火开关，将蓄电池的搭铁线拆除，再拆除电磁开关上的蓄电池正极线。尤其是电脑控制发动机的车辆更要注意这一点，否则带电操作会使电脑中的电子元件损坏。

（2）在安装起动机时，应先连接电磁开关上的蓄电池正极线，再接上蓄电池的正极线、负极线。接蓄电池正、负极线之前要确保点火开关关闭，这是保护车上电子装置的必要措施。

（3）解体和组装起动机时，对于配合较紧的部件，严禁生砸硬敲，应使用拉、压工具进行分离与装入，以防止部件损坏。

（4）清洗起动机部件时，起动机电枢、励磁绕组和电磁开关总成只能用拧干汽油的棉纱擦拭，或用压缩空气吹净，以防止由于液体不干而造成短路或失火。其他部件均可用液体清洗剂。

(5) 不同型号的起动机解体与组装顺序有所不同，应按厂家规定的操作顺序进行。

(6) 部分组合件无故障时不必彻底解体，如电磁开关、定子铁心及绕组等。经检测后，若电磁开关需要分解修理，应用 50W/220V 的电烙铁先将开关端盖上的线圈引线焊开后再进行分解。

(7) 分解时，注意换向器前端的绝缘垫圈、中间支承板后面的绝缘垫圈及止推垫圈是否完好。

(8) 组装时各螺栓应按规定转矩旋紧，并检查调整各部分间隙。

(9) 部分起动机组装时接合面应涂密封剂。例如，奥迪 100 轿车用起动机在各接合面规定使用 D3 密封剂。

(10) 各润滑部位应使用厂家规定的润滑剂润滑。例如，奥迪 100 轿车用起动机的减速器与单向离合器均用 MoS_2 润滑脂润滑，挡圈与锁环应使用 MoS_2 润滑脂轻微润滑；更换新衬套时，应在压入之前将衬套在热润滑油中浸泡 5min。

(11) 若起动机与发动机之间装有薄金属垫片，在装配时应按原样装回。

2. 拆卸步骤

以东风雪铁龙爱丽舍科技版为例，介绍起动机的拆卸步骤。

(1) 打开发动机舱盖，拆卸蓄电池连接电缆，先断开蓄电池负极，再断开蓄电池正极。

(2) 举升车辆，拆下发动机舱下护板。

(3) 从发动机后部拆下起动机固定螺栓，取下起动机。

3.2.3 起动机的检测

起动机的检测分为解体检测和不解体检测两种。解体检测随解体过程一同进行；不解体检测可以在拆、解之前或装复之后进行。

1. 起动机的不解体检测

在进行起动机的解体之前，通过不解体性能检测可以大致找出故障；起动机组装完毕后也应进行性能检测，以保证起动机的正常运行。

1) 接触盘表面和触点表面的检修

轻微烧蚀可用砂布打光，严重烧蚀应予更换（针对某起动机而言）。

2) 吸引线圈和保持线圈的检修

用万用表 $R\times1$ 挡检查吸引线圈和保持线圈的电阻值，若线圈已短路或有严重短路，应更换。

(1) 如图 3.12 所示，从励磁绕组接线柱上拆下励磁绕组正极端，检查电磁开关与励磁绕组接线柱之间的导通情况。如果不导通，线圈开路，应更换。

(2) 如图 3.13 所示，检查电磁开关接线柱与电磁开关壳体之间的导通情况。如果不导通，线圈开路，应更换。

图 3.12　吸引线圈的检测

图 3.13　保持线圈的检测

3）相关间隙的检查与调整

按图 3.14 所示进行相关间隙的测量，并与标准值进行比较。

2．起动机的解体检测

在使用过程中，起动机发生故障导致起动系统不能正常工作时，应及时对起动机进行拆检，检查零部件的技术状况。主要检修内容包括电刷和轴承的磨损情况，换向器表面质量，电枢绕组和磁场绕组有无短路、断路和搭铁故障等。

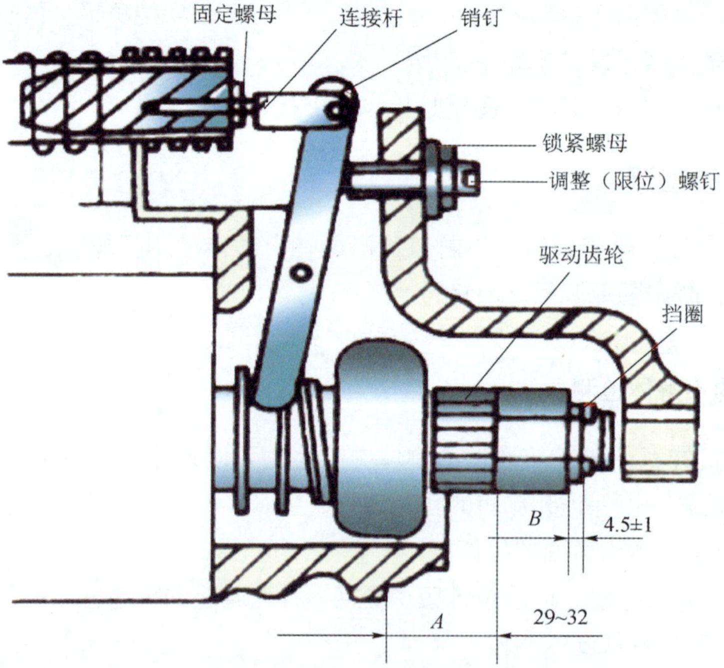

图 3.14　驱动齿轮间隙的检查

1）起动机的解体

下面以桑塔纳轿车用起动机（图 3.15）为例来介绍起动机的解体。

（1）将起动机外部擦拭干净。

（2）拆下电磁开关 1 与电动机的连线。

（3）从后端盖 10 上拆下电磁开关固定螺栓，取下电磁开关。

（4）拆下前盖 5 外侧轴承盖，取下锁止垫圈 3、调整垫片和密封圈 2。

（5）拆下两根穿心螺栓 4，取下起动机前盖 5。

（6）从电刷托板上取下电刷架 6、电刷。

（7）使电动机壳体 7（含磁极）、电刷托板与电枢 15 及后端盖 10 分离。

（8）从后端盖 10 上取出拨叉 11、电枢 15 和单向离合器 13。

（9）拆下电枢轴前端锁环和止推垫圈 12 后，取下单向离合器。

各总成是否需要进一步分解，应视具体情况而定。对所有的绝缘零部件，只能用干净布沾少量汽油擦拭；其余机械零件应用汽油或柴油洗刷干净。

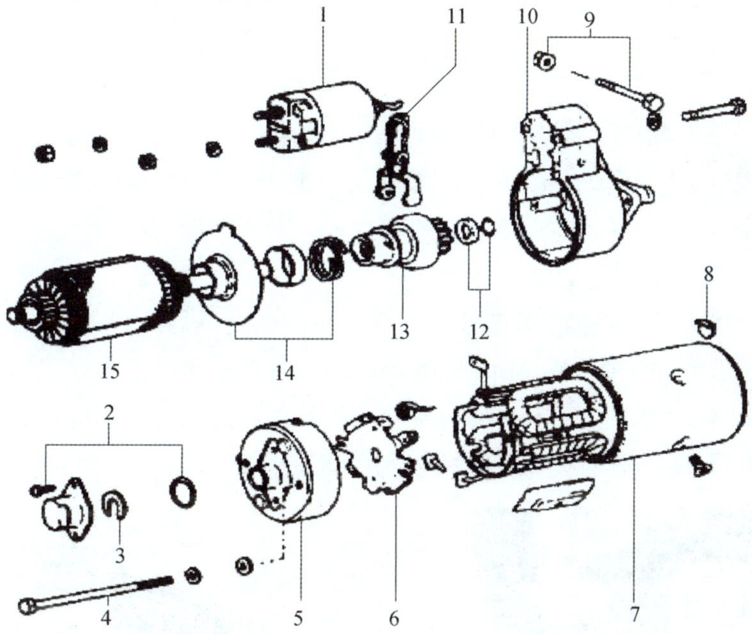

图 3.15 桑塔纳轿车用起动机的结构

1—电磁开关；2—密封圈；3—锁止垫圈；4—穿心螺栓；5—前盖；6—电刷架；7—电动机壳体；8—铜片；9—拨叉固定螺栓；10—后端盖；11—拨叉；12—止推垫圈；13—单向离合器总成；14—电动机前盖；15—电枢

2）直流电动机的检测

（1）励磁绕组的检测。励磁绕组的常见故障有接头脱焊、绕组短路、断路或搭铁等。

① 短路与断路故障的检查。首先观察绕组导线表面是否有烧糊的现象或气味，若有，则说明有短路的可能。连接万用表红、黑表笔至外接线柱与绝缘电刷之间，选择低电阻挡进行测量，所测结果应为导通，且有较小的阻值，如图 3.16 所示。如果阻值为 0，则说明有

短路；若阻值为∞，则说明绕组中有断路。

② 励磁绕组绝缘性能的检查。用万用表的高电阻挡进行励磁绕组的绝缘性测量，如图 3.17 所示。两个表笔分别接触机壳接线柱与一个定子电刷（另一只电刷不要碰机壳），若万用表显示导通，则说明该励磁绕组有搭铁故障，其绝缘性能不良；若万用表显示电阻为∞，则说明该励磁绕组无搭铁故障，其绝缘性能良好。

图 3.16　励磁绕组短路与断路故障的检查

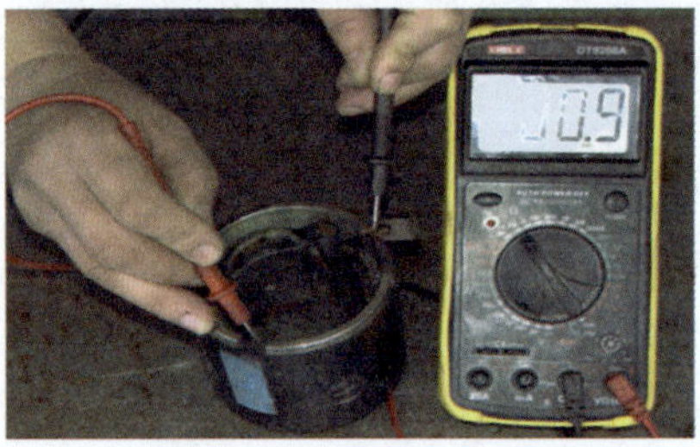

图 3.17　励磁绕组绝缘性能的检查

（2）电枢总成的检测。电枢绕组常见的故障是匝间短路、断路或搭铁，绕组接头与换向器铜片脱焊等。

① 电枢绕组断路故障的检查。使用万用表对电枢绕组断路的检查：采用电阻 $R\times1$ 挡，将两个表笔分别接触换向器相邻的铜片，如图 3.18 所示，测量每相邻两换向片间是否相通，如万用表指针指示“0”，说明电枢绕组无断路故障；若万用表指针在某处不摆动，即电阻值为∞，说明此处有断路故障，应更换电枢。

② 电枢绕组匝间短路故障的检查。可在电枢感应仪上进行，如图 3.19 所示。将测试电枢放在电枢感应仪上，接通开关，指示灯发亮。将钢片放于转子绕组顶部的槽上，慢慢转动转子，使钢片越过所有槽顶。若钢片越过某槽顶时发生电磁振动，则说明该处绕组有匝间短路故障；若无以上现象，则证明该电枢绕组无匝间短路故障。

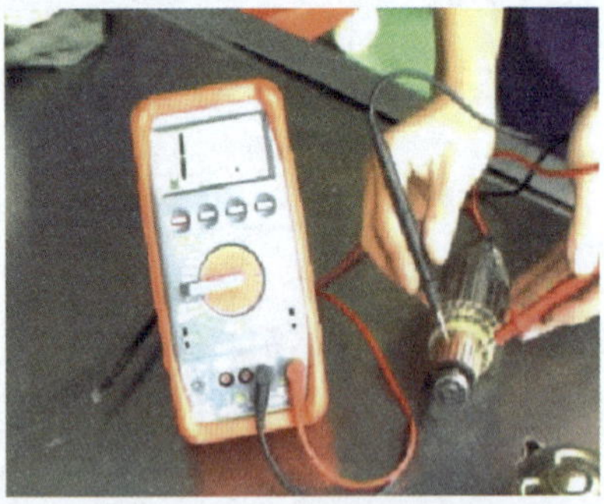

图 3.18　电枢绕组断路故障的检查

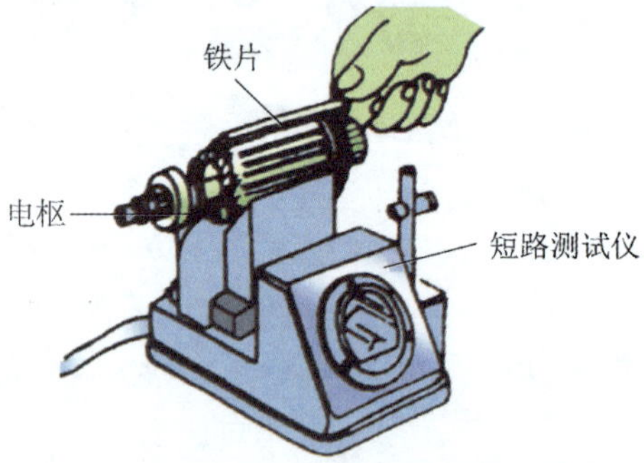

图 3.19　电枢绕组匝间短路故障的检查

③ 电枢绕组绝缘性能的检查。用万用表的高电阻挡进行测试，如图 3.20 所示。两测试表笔分别接触换向片和电枢轴，若万用表显示导通，则说明该电枢绕组有搭铁故障，其绝缘性能不良；若万用表显示电阻为∞，则证明该电枢绕组绝缘性能良好。

④ 电枢轴的弯曲度检查。如图 3.21 所示，使用百分表检查电枢轴的弯曲度，铁心处摆差不得大于 0.15mm，中间轴颈处摆差不得大于 0.05mm。

⑤ 换向器的检查。换向器的故障多为表面烧蚀、云母片突出等。轻微烧蚀的换向器用“00”号砂纸打磨即可；严重烧蚀的换向器应进行加工，但加工后换向器铜片厚度不得小于2mm。若测得的直径小于最小值，应更换电枢；换向片应洁净、无异物，绝缘片的深度为0.5 ~ 0.8mm，使用极限深度为0.2mm，太高应使用锉刀进行修整。

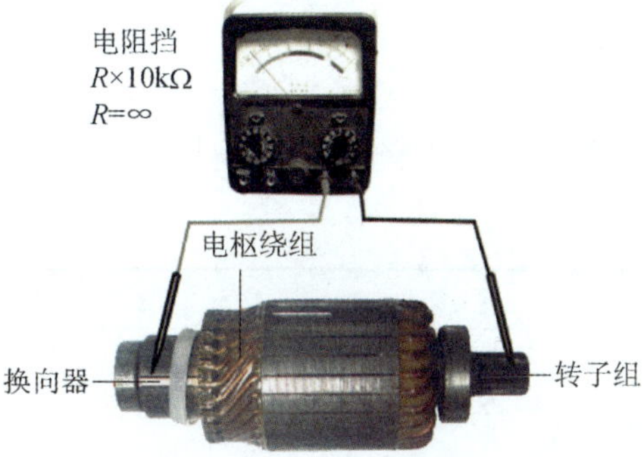

图 3.20　电枢绕组绝缘性能的检查

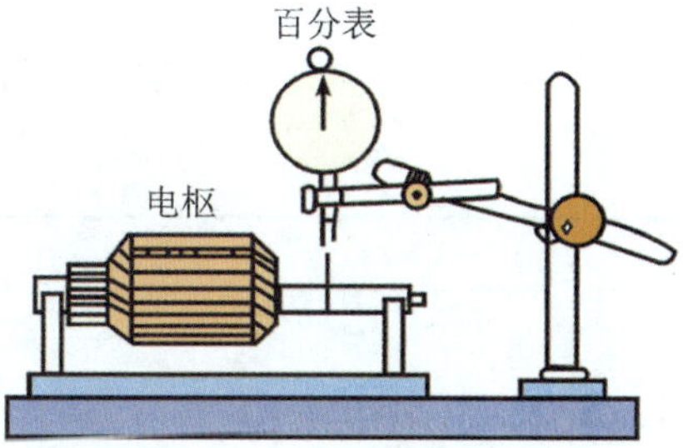

图 3.21　电枢轴的弯曲度检查

(3) 电刷、电刷架及电刷弹簧的检查。电刷的检查如图 3.22 所示。电刷高度应不低于标准高度的 2/3，接触面积应不少于 75%，电刷在电刷架内无卡滞现象，否则需进行修磨或更换。电刷架的检查如图 3.23 所示。用万用表或试灯可检查电刷架的绝缘性，正电刷和负电刷之间应不导通。若导通，应进行电刷架总成的更换。电刷弹簧的弹力可用弹簧秤检测，不同型号起动机的弹簧张力是不同的。若测得的张力不在规定范围之内，应更换电刷弹簧。

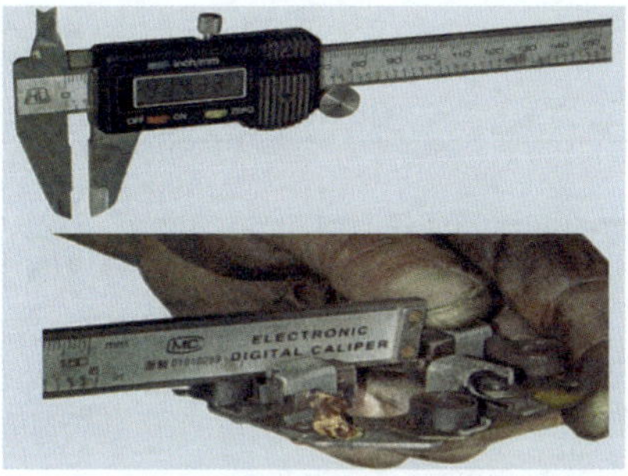

图 3.22　电刷的检查

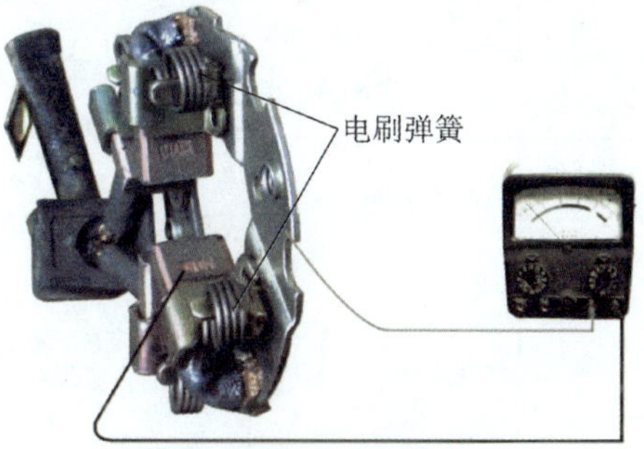

图 3.23　电刷架的检查

3) 传动机构的检测

单向离合器总成的常见故障为驱动齿轮磨损和离合器打滑。驱动齿轮齿长磨损不得超过其原尺寸的 1/4，否则，应更换。单向离合器打滑的检查方法如图 3.24 所示，否则应更换。

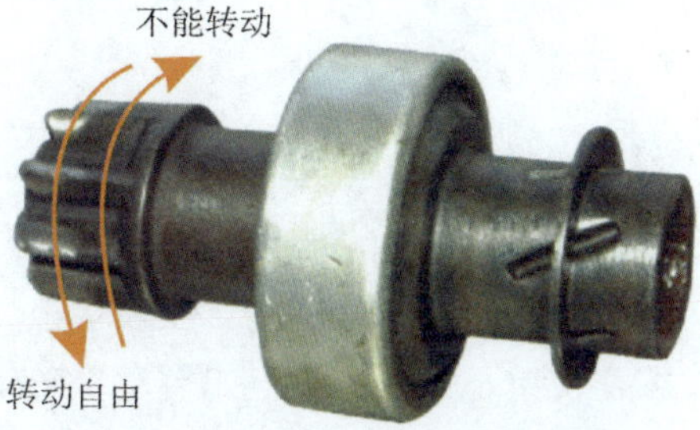

图 3.24　单向离合器打滑的检查

3.2.4 起动机的装复

按分解的相反顺序装复起动机，具体如下：

(1) 将离合器和移动叉装入后端盖内。

(2) 装入中间轴承支承板。

(3) 将电枢轴插入后端盖内。

(4) 装上电动机外壳和前端盖，并用长螺栓结合紧。

(5) 装电刷和防尘罩。

(6) 装起动机电磁开关。

任务实施

为解决情境导入中要求的掌握起动机的拆卸、解体与检测的问题，可按下述方式组织实施任务。

任务单元	项目 3.2 起动机的使用与检测	学时	2
任务目的	1. 掌握起动机的正确使用方法。 2. 熟悉起动机的拆卸、分解与装复的步骤。 3. 掌握起动机不解体检测的方法。 4. 掌握起动机解体检测的方法和标准		
设备器材	1. 汽车 5 辆。 2. 常用工具 5 套，万用表、游标卡尺、弹簧秤、百分表、支座各 6 个		
操作准备	1. 将设备与器材分别放于 5 个工作台。 2. 准备相应的耗材，如汽油、润滑油、密封胶等。 3. 将“任务工单”分发给每位学生		
注意事项	1.“油液、工具、零件”三不落地。 2. 拆卸的零件按顺序放好。 3. 注意拆装操作安全		
实施过程	1. 讲解和演示起动机的拆卸方法，并让学生进行拆卸操作。 2. 讲解和演示起动机不解体检测方法，包括吸引线圈的性能测试、保持线圈的性能测试、驱动齿轮复位测试和驱动齿轮间隙的检查，并让学生进行检测操作。 3. 讲解和演示起动机解体检测方法，包括起动机的解体、直流电动机的检测、传动机构的检测和电磁开关的检测，并让学生进行检测操作。 4. 监督学生按要求完成任务，并指导学生进行正确的操作。		

项目 3.3 起动系统常见故障的诊断

情境导入

对于客户报修车辆，仪表板上无发动机故障灯点亮，车辆起动异常，首先要排除是否是客户使用不当引起的，如自动挡车辆变速杆是否挂在 P/N，某些手动挡车辆起动时是否踩下离合器踏板、汽车防盗状态是否解除等，这些情况都与起动机的使用有密切关系。在排除这些非故障因素后，起动系统故障一般有以下几种：

（1）起动机电动机故障。

（2）起动机电磁开关故障。

（3）起动系统控制电路故障。

（4）起动开关及继电器故障。

（5）其他故障。

理论引导

下面以有起动继电器的起动系统为例，详细分析起动系统 3 种典型的起动故障。

3.3.1 起动机不转

1．故障现象及原因

起动时，起动机不转动，无动作迹象，可能故障如下：

（1）电源故障。蓄电池严重亏电或极板硫化、短路等，蓄电池极桩与线夹接触不良，起动电路导线连接处松动而接触不良等。

（2）起动机故障。换向器与电刷接触不良，励磁绕组或电枢绕组有断路或短路，绝缘电刷搭铁，电磁开关线圈断路、短路、搭铁或其触点烧蚀而接触不良等。

（3）起动继电器故障。起动继电器线圈断路、短路、搭铁或其触点接触不良等。

（4）点火开关故障。点火开关接线松动或内部接触不良。

（5）起动系统线路故障。起动线路中有断路、导线接触不良或松脱等。

2．故障诊断

（1）检查电源。按喇叭或开前照灯，如果喇叭声音小或嘶哑，灯光比平时暗淡，说明电源有问题。使用万用表检查蓄电池电压，电压应不低于 12.4V。若正常，检查起动机控制熔丝是否导通。若熔断，检查是否有短路故障，然后更换同样规格的新熔丝。若正常，检查蓄电池极桩与线夹及起动电路导线连接处是否有松动，若某连接处松动，则说明该处接触不良。

（2）检查起动机。如果判断电源无问题，用螺钉旋具短接端子 30 与端子 C，如果起动机不转，则说明是电动机内部有故障，应拆检起动机；如果起动机运转正常，则进行后面的步骤检查。

（3）检查电磁开关。用螺钉旋具将电磁开关上连接起动继电器的接线柱与连接蓄电池的接线柱短接，若起动机不转，则说明起动机电磁开关有故障，应检查电磁开关的吸引线圈，其阻值应符合规定值；如果起动机运转正常，则说明故障在起动继电器或有关线路上。

(4) 检查起动继电器。短接起动继电器上的“电池”和“起动机”接线柱,若起动机转动,则说明起动继电器内部有故障,否则应再进一步检查。

(5) 检查点火开关及线路。将起动继电器的“电池”与点火开关用导线直接相连,若起动机能正常运转,则说明故障在起动继电器至点火开关的线路中,可对其进行检修。

3.3.2 起动机起动无力

1. 故障现象及原因

起动时,起动机转速明显偏低甚至停转,起动机有类似打机枪的“咔嗒”声,可能有如下故障:

(1) 电源故障。蓄电池亏电或极板硫化短路导致蓄电池电压过低等。

(2) 起动机故障。换向器与电刷接触不良,电磁开关接触点和触点接触不良,电动机励磁绕组或电枢绕组有局部短路等。

(3) 起动继电器故障。起动继电器触点接触不良等。

(4) 点火开关故障。点火开关接线松动或内部接触不良。

(5) 起动系统线路故障。起动线路中有导线接触不良或锈蚀等。

2. 故障诊断

(1) 检查电源。使用万用表或蓄电池检测仪检查蓄电池存电是否正常,然后检查蓄电池极桩与线夹及起动电路导线连接处是否有松动,若某连接处松动或发热,则说明该处接触不良。

(2) 检查起动机。如果判断电源无问题,用螺钉旋具将起动机电磁开关上端子 30 和端子 C 接线柱短接,如果起动机运转不良,则说明是电动机内部有故障,应拆检起动机;如果起动机空转正常,则进行后面的步骤检查。

(3) 检查电磁开关。检查电磁开关保持线圈,如果保持线圈阻值正常,则说明故障在起动继电器或有关线路上。

(4) 检查起动继电器。将起动继电器上的“电池”和“起动机”两接线柱短接,若起动机转动,则说明起动继电器内部有故障,否则应再进一步检查。

(5) 检查点火开关及线路。将起动继电器的“电池”与点火开关用导线直接相连,若起动机能正常运转,则说明故障在起动继电器至点火开关的线路中,可对其进行检修。

3.3.3 起动机空转

1. 故障现象及原因

接通起动开关,起动机运转正常,发动机不转,发动机舱中有“嗡嗡”声,可能的原因如下:

（1）起动机单向啮合器打滑。

（2）飞轮齿圈轮齿严重磨损或损坏。

（3）由电磁开关控制的起动机，其电磁开关活动铁心行程太短。

（4）拨叉与铁心连接处脱开，或拨叉安装在单向离合器拨叉套外面。

2．故障诊断与排除

（1）起动机空转时，有较轻的摩擦声音，起动机驱动齿轮不能与飞轮轮齿啮合而产生空转，即驱动齿轮还没有啮合到飞轮轮齿中，电磁开关就提前接通，说明主电路的接触盘行程过短，应拆下起动机，进行起动机接通时刻的调整。

（2）起动机空转时，有严重的碰撞轮齿的声音，说明飞轮轮齿或起动机驱动齿轮严重磨损，应拆下起动机进一步检查，根据实际情况更换驱动齿轮或飞轮。

（3）起动机空转时，速度较快但无碰齿声音，说明起动机单向离合器打滑，即驱动齿轮已经啮入飞轮轮齿中，但不能带动飞轮旋转，致使起动机电枢轴在空转，此时应更换单向离合器总成。

任务实施

为解决情境导入中起动机的故障诊断问题，可按下述方式组织实施任务。

任务单元	项目 3.3　起动系统常见故障的诊断	学时	2
任务目的	1．能正确区分电磁开关上的 3 个接线柱。 2．掌握起动机的工作原理。 3．掌握起动继电器及保护继电器的作用及接线方法。 4．掌握起动机解体检查的方法和标准。 5．掌握起动机故障与其他故障的区分方法。 6．掌握起动系统故障诊断与排除的方法		
设备器材	1．汽车 5 辆。 2．常用工具 5 套，万用表、游标卡尺、弹簧秤、百分表、支座各 5 个。 3．车辆维修工艺手册、起动机教学挂图等		
操作准备	1．将设备与器材分别放于 5 个工作台。 2．将车辆安放好在举升机工位上。 3．教师事先设置好起动系统故障。 4．将“任务工单”分发给每位学生		
注意事项	1．“油液、工具、零件”三不落地。 2．拆卸的零件按顺序放好。 3．注意拆装操作安全		

续表

任务单元	项目 3.3　起动系统常见故障的诊断	学时	2
实施过程	1．讲解和演示起动机不转、起动机起动无力、起动机空转等故障的诊断方法，并让学生操作，将相关结果记录在“任务工单”中。 2．在实施过程中，要求学生： （1）掌握起动机故障与其他故障的区分方法。 （2）观察电磁开关 3 个接线柱，检测电磁开关性能。 （3）利用电路图检查起动控制故障。 （4）总结故障排除的思路和方法。 3．监督学生按要求完成任务，并指导学生进行正确的操作。		

任务评价

评价与考核项目		评价与考核标准	配分	得分
知识点	起动机的作用	熟知起动机的作用	2	
	起动机的结构与工作原理	熟悉起动机的组成；了解起动机的工作原理	10	
	起动机型号的含义	掌握起动机型号中各代号的含义	3	
	起动机的使用注意事项	熟悉起动机的使用方法和注意事项	6	
	起动机技术状态的检查方法	掌握起动机的检测方法，熟知起动机的不解体检测方法	12	
	起动机的使用、维修与检测方法	掌握起动机的正确使用、维护及故障检测方法	12	
技能点	起动机直流电动机的检测	能使用万用表对直流电动机的各组成部分进行检查	5	
	起动机传动机构的检查	能使用扭力扳手检查起动机传动机构的性能	12	
	起动机电磁开关的检查	能使用万用表检查电磁开关性能	8	
	起动系统常见故障的检修	能通过故障现象对起动机不能起动、起动无力及起动机空转等常见故障进行诊断	15	
情感点	纪律与劳动	不迟到、不早退，实训主动、积极、认真	5	
	职业道德与敬业精神	具备良好的道德标准、道德情操与道德品质；能认真对待实训、明确职责、勤奋努力	5	
	团结协作与创新精神	能与同学和谐相处、互补互助、协调合作，充分发挥自己的个性，圆满完成实训任务；能够综合运用自己的知识、信息、技能和方法，对遇到的问题能提出新方法、新观点	5	
合计			100	

任务工单

<table>
<tr><td>任务名称</td><td colspan="3">起动系统的的使用与检修</td><td>任务成绩</td><td></td></tr>
<tr><td>学生姓名</td><td></td><td>班级</td><td></td><td>学号</td><td></td></tr>
<tr><td>实训时间</td><td></td><td>实训地点</td><td></td><td>所在组号</td><td></td></tr>
<tr><td>资讯</td><td colspan="5">一、填空题
1. 按控制方法的不同，汽车用起动机可分为两种，即________和________。
2. 起动机主要由________、________和________3 个部分组成。
3. 起动系统常见故障有________、________和________。
二、选择题
1. 不会引起起动机运转无力的是（　　）。
A. 吸引线圈断路　B. 电磁开关中接触片变形、烧蚀严重
C. 蓄电池亏电　D. 换向器脏污
2. 直流串励式起动机中串励是指（　　）。
A. 吸引线圈与保持线圈串联连接　B. 励磁绕组与电枢绕组串联连接
C. 吸引线圈与电枢绕组串联连接　D. 吸引线圈与保持线圈串联连接
3. 起动瞬间，起动机的驱动齿轮的啮合位置由电磁开关的（　　）线圈的吸力保持。
A. 保持　B. 吸引　C. 初级　D. 次级
4. 永磁式起动机中用永久磁铁替代常规起动机中的（　　）。
A. 电枢绕组　B. 励磁绕组　C. 保持线圈　D. 吸引线圈
5. 在检测起动机时，（　　）是电枢的不正常的现象。
A. 换向器片与电枢轴之间绝缘
B. 换向器片和电枢铁心之间绝缘
C. 各换向器片之间绝缘
三、判断题
1. 起动机一定有励磁绕组且与电枢绕组完全串联。（　　）
2. 电磁操纵起动机单向离合器与电枢轴普遍用螺旋花键连接。（　　）
3. 电磁操纵起动机均设计有铁心断电行程。（　　）
4. 减速型起动机的转子动不平衡量应控制在 4g 以内。（　　）
5. 北京切诺基吉普车近期采用了行星齿轮减速型起动机。（　　）
6. 起动机有“哒哒”声响，但不能发动的原因一定是电磁开关中吸引线圈已烧断。（　　）
7. 将有匝间短路故障的起动机磁场绕组放在通电的电枢感应仪上 5min 后，会出现发热现象。（　　）
8. 起动机主电路导线截面积不得小于 $35mm^2$。（　　）
9. 弹簧式离合器驱动弹簧内径与套筒的过盈量应为 0.25 ～ 0.50mm。（　　）
10. 蓄电池搭铁极性接反会造成普通电磁式起动机转子反转。（　　）
四、简答题
1. 直流电动机主要由哪些部分组成？各组成元件各有什么作用？</td></tr>
</table>

续表

资讯	2．滚柱式单向离合器的作用是什么？它是如何动作的？ 3．电磁开关的作用是什么？它是如何控制驱动齿轮啮合与退出啮合的? 4．试说明起动机 QDJ132 的各代号的含义。 5．起动机组合继电器的作用是什么？
计划与决策	请根据任务要求，确定所需要的设备器材，并对小组成员进行合理分工，制订观察电源系统的检查与故障检修计划。 1．需要的设备器材 ____ 2．小组成员分工 ____ 3．实施计划 ____
实施	一、起动机解体 1．解体起动机，并思考： (1) 如何区分正极电刷与负极电刷？ ____ (2) 正极电刷架是如何与后端盖绝缘的? ____ (3) 电刷压力不足会引起何种不良后果? ____ (4) 电磁开关内部主接线柱接触不良会造成起动机什么故障? ____ 2．起动机解体后的检查 (1) 各接线头和接线柱是否氧化，接线是否松脱，焊端是否脱焊等，并记录检查情况。 ____ (2) 控制开关的触点是否脏污、烧蚀而导致接触不良，并记录检查情况。 ____ (3) 各轴颈和滑动轴承铜套磨损的程度及润滑情况，并记录检查情况。 ____ 二、总体认识 观察起动机上尾端的接线柱，共有几个接线柱，在画出的起动机尾端接线柱示意图上标明各个接线柱的名称及 2、3 两个接线柱与何处相接，填入附表 3.1 中。

续表

实施

附表 3.1　起动机尾端的接线柱认识

端子号	端子名称	与何处相连接
1		
2		
3		

三、元件检测

（1）检测电动机，将结果填入附表 3.2 中。

附表 3.2　电动机的检测记录表

检测项目	标准值	检查（测试）结果判断

（2）检测电磁开关，将结果填入附表 3.3 中。

附表 3.3　电磁开关的检测记录表

检测项目	标准值	检查（测试）结果判断

续表

实施

（3）检测传动机构，将结果填入附表 3.4 中。

附表 3.4　传动机构的检测记录表

检测项目	标准值	检查（测试）结果判断

（4）检测起动继电器，将结果填入附表 3.5 中。

附表 3.5　起动继电器的检测记录表

检测项目	标准值	检查（测试）结果判断

四、装复

起动机装复后应转动灵活，各摩擦部位涂润滑油予以润滑，电枢轴的轴向间隙应符合标准，记录检查情况____

五、故障分析

（1）结合电路图，分析导致“起动机不转”的原因。

（2）检查蓄电池电压及熔丝通断情况，将结果填入附表 3.6 中。

附表 3.6　蓄电池电压及熔丝通断情况检查记录表

检查项目	蓄电池电压检查	熔丝通断检查
检查结果		

（3）检查点火开关及继电器，将结果填入附表 3.7 中。

附表 3.7　点火开关及继电器检查记录表

检查项目	点火开关检查	起动继电器检查
检查结果		

（4）根据上述检测内容，填写附表 3.8。

续表

<table>
<tr><td>实施</td><td>
附表 3.8　总成检查结果
<table>
<tr><th>总成</th><th>检查内容</th><th>检查结果</th></tr>
<tr><td rowspan="4">电动机</td><td>励磁绕组</td><td></td></tr>
<tr><td>电枢绕组</td><td></td></tr>
<tr><td>电刷及电刷架</td><td></td></tr>
<tr><td>其他</td><td></td></tr>
<tr><td rowspan="2">传动机构</td><td>单向离合器</td><td></td></tr>
<tr><td>驱动齿轮</td><td></td></tr>
<tr><td rowspan="3">电磁开关</td><td>导电片</td><td></td></tr>
<tr><td>保持线圈</td><td></td></tr>
<tr><td>吸引线圈</td><td></td></tr>
</table>
(5) 起动线路、控制线路导线通断检查，结果如下：________________
</td></tr>
<tr><td>检查与评价</td><td>
以小组为单位对完成任务情况进行评价（包括自我评价、小组评价、教师评价）。
1. 是否完成了所有观察项目和检修项目？是否有漏项？
自我评价：
小组评价：
教师评价：
2. 检修计划制订是否合理？
自我评价：
小组评价：
教师评价：
3. 附表填写是否详细、准确？
自我评价：
小组评价：
教师评价：
</td></tr>
</table>

注：出现安全事故，或不按规范操作而损坏仪器、设备的，此任务成绩计 0 分。

拓展与提升

减速起动机

为了减小起动机的体积和质量，方便起动机安装，通常使用永磁铁代替绕线式的磁极线圈，但这样会使得电动机的转矩减小。为了获得同样的技术性能，起动机上增加了一套减速增矩装置，因此得名减速起动机。

减速起动机与常规起动机的主要区别是在传动机构和电枢轴之间安装了一套齿轮减速

装置，通过减速装置把力矩传递给单向离合器，这样可以降低电动机的速度，增大输出力矩，减小起动机的体积和质量。齿轮减速装置主要有平行轴外啮合齿轮减速装置和行星齿轮减速装置两种形式。

目前，采用减速起动机的汽车越来越多，如北京现代索纳塔、北京切诺基、奥迪、本田、丰田、东风标致与东风雪铁龙等都采用了减速起动机。下面分别结合实例讲解减速起动机的结构组成和工作原理。

1．外啮合式减速起动机

该起动机的传动中心距离为 30mm 左右，在电枢轴与驱动齿轮之间，利用惰轮作中间传动，且电磁开关铁心与驱动齿轮同轴心，电磁开关直接推动驱动齿轮与飞轮齿圈啮合，无须拨叉，起动机的减速传动效率高，成本适中，广泛应用于小功率的起动机上。图 3.25 所示为丰田汽车采用的外啮合减速起动机分解图。

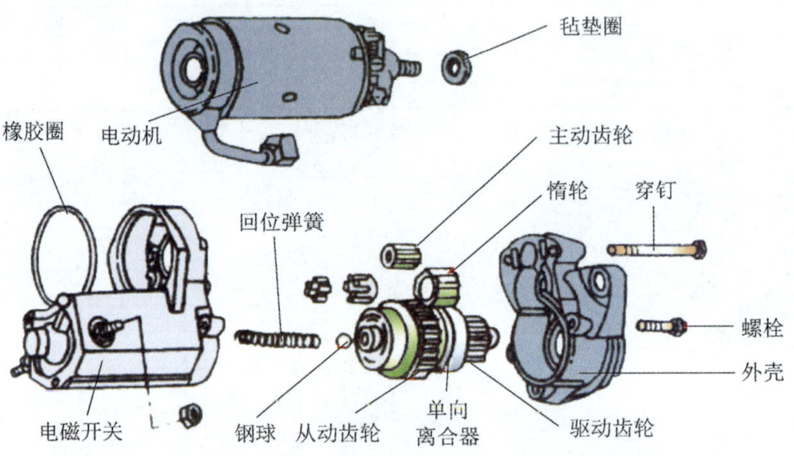

图 3.25　丰田汽车采用的外啮合减速起动机分解图

2．内啮合式减速起动机

该种起动机的传动中心距离为 20mm 左右，减速传动效率高，但成本也高，其结构如图 3.26 所示。

3．行星齿轮式减速起动机

该种起动机的传动中心距离为零，输出轴与电枢轴同心，可使整机尺寸减小。同时该种起动机传动比最大，可达 4.5∶1，大大减少了起动机的起动电流。行星齿轮减速器在电枢与驱动齿轮之间传递动力。行星齿轮总成由太阳轮、3 个行星齿轮、内齿圈组成，如图 3.27 所示。太阳轮装在电枢轴上，3 个行星齿轮装在行星齿轮架上，内齿圈固定不动。当电枢旋转时，太阳轮带动 3 个行星齿轮绕内齿圈的内齿旋转，行星齿轮绕内齿圈的运动带动行星齿轮架旋转，行星齿轮架与输出轴连接。动力传递路线：电枢轴（太阳轮）→行星齿轮及支架（与输出轴一体）→滚柱式单向离合器→驱动齿轮→飞轮。

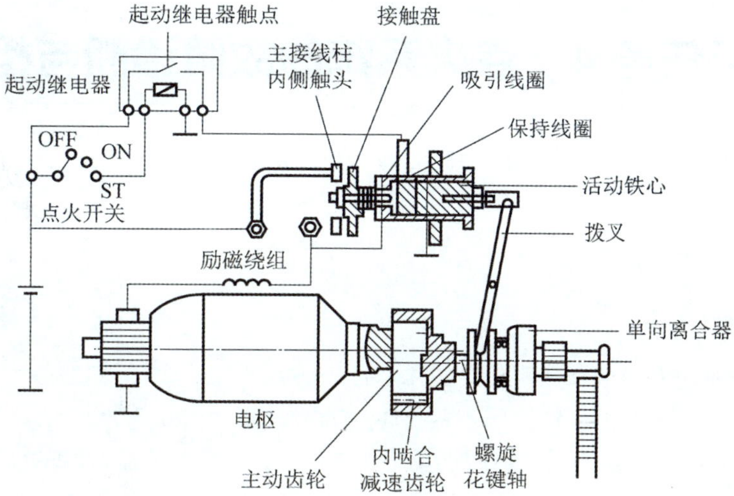

图 3.26　内啮合减速起动机的结构

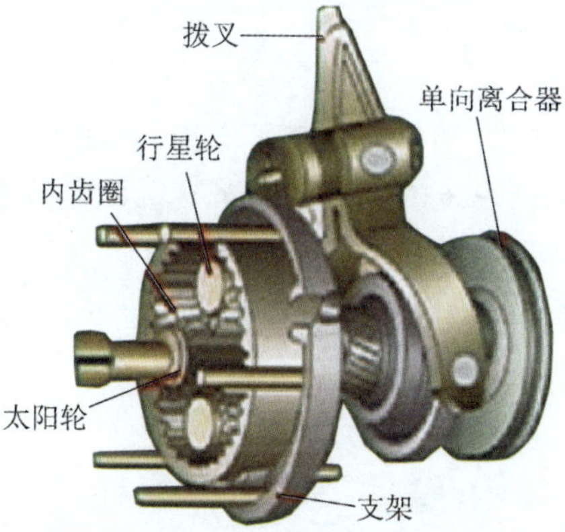

图 3.27　行星齿轮式减速起动机

学习任务 4　点火系统的故障诊断与检修

任务目标

了解：点火系统的组成、作用和类型。

熟悉：典型点火系统的工作原理、各部件的拆装方法。

掌握：3 种信号发生器的结构、原理及测试方法；点火系统常见故障的诊断方法。

任务描述

点火系统能正常工作是汽油发动机能正常工作的必备条件之一，点火系统性能的好坏直接影响发动机的工作性能。点火系统的主要功能是把低压电转变为高压电，产生电火花，点燃气缸内的可燃混合气。为了保障汽油发动机正常工作，必须了解点火系统的工作原理，熟悉点火系统的检修方法，掌握常见故障的诊断方法。

学时计划

项目	项目内容	参考学时			
		教学学时	实训学时	小计	合计
4.1	点火系统的组成与结构原理	6	2	8	14
4.2	点火系统的使用与检修	1	1	2	
4.3	点火系统常见故障的诊断	1	2	3	
拓展与提升	微机控制点火系统	1	0	1	

项目 4.1　点火系统的组成与结构原理

情境导入

2011 年 8 月 20 日，车主张先生把他的桑塔纳 GLi 轿车拖到汽车 4S 店，说是发动机起动时，无着火迹象。经初步诊断为点火系统故障，为此维修人员必须熟悉汽车点火系统的组成和结构原理，掌握点火系统常见故障的诊断方法。

理论引导

在汽油发动机中，气缸中的混合气是由点火系统产生的高压电火花点燃的，点火系统的作用是将蓄电池或发电机提供的低压电转变为高压电，按照发动机的工作顺序和点火时刻的要求，适时、准确地击穿各缸火花塞间隙，产生电火花，点燃混合气。

4.1.1　点火系统概述

1. 点火系统的分类

目前汽车上使用的点火系统按其组成和产生高压电方式的不同可分为传统蓄电池点火系统、电子点火系统和微机控制点火系统。

2. 对点火系统的基本要求

（1）能产生足以击穿火花塞间隙的电压。火花塞电极击穿而产生火花所需要的电压称为击穿电压。点火系统产生的二次电压必须高于击穿电压，这样才能使火花塞跳火。

（2）火花应具有足够的能量。为了保证可靠点火，电子点火系统一般应保证 50 ～ 80mJ 的火花能量，起动时应产生高于 100mJ 的火花能量，而且电火花还应有一定的火花持续时间，通常不少于 500μs。

（3）点火时刻应与发动机的工作状况相适应。发动机在不同的转速和负荷下工作时，所需点火提前角的大小是不同的，点火系统必须能自动调节点火提前角到最佳值。同时，点火系统应按发动机的工作顺序正确点火。一般直列六缸发动机的点火顺序为 1—5—3—6—2—4，四缸发动机的点火顺序为 1—3—4—2 或 1—2—4—3。

4.1.2 传统点火系统

1. 传统点火系统的组成与工作原理

1）传统点火系统的组成

传统点火系统主要由电源（蓄电池和发电机）、点火开关、点火线圈、分电器、火花塞、附加电阻和高低压导线等组成，如图 4.1 所示。

（1）电源：提供点火系统工作时所需的能量，由蓄电池和发电机构成。

（2）点火开关：用来控制点火系统的一次电路、仪表电路，以及起动继电器电路的开与闭。

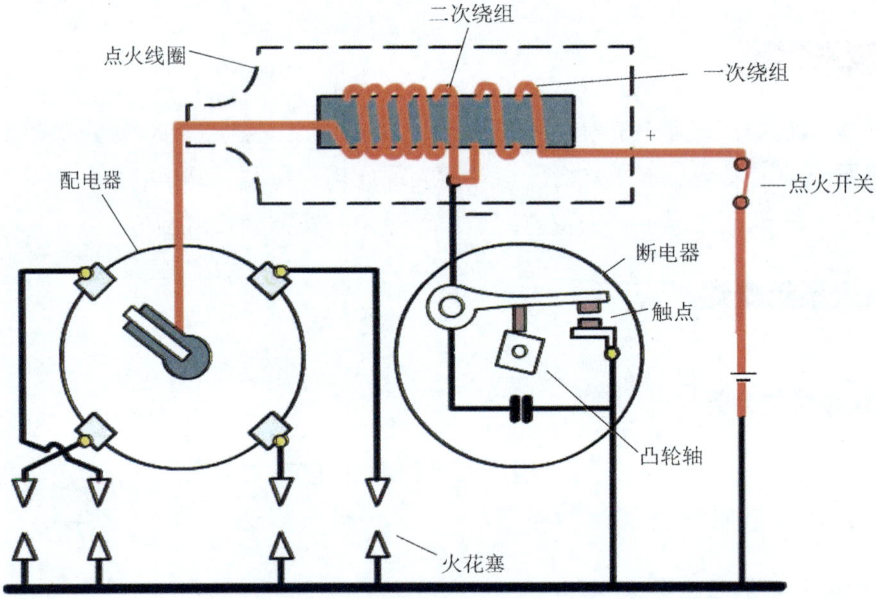

图 4.1　点火系统组成

（3）点火线圈：相当于自耦变压器，用来将电源供给的 12V、24V 或 6V 的低压直流电转变为 15 ~ 20kV 的高压直流电。

（4）分电器：由断电器、配电器、电容器和点火提前调节装置等组成。它用来在发动机工作时接通与切断点火系统的一次电路，使点火线圈的二次绕组中产生高压电，并按发动机要求的点火时刻与点火顺序，将点火线圈产生的高压电分配到相应气缸的火花塞上。

（5）火花塞：由中心电极和侧电极组成，安装在发动机的燃烧室中，用来将点火线圈产生的高压电引入燃烧室，点燃燃烧室内的可燃混合气。

（6）附加电阻：改善点火性能和起动性能。

2）传统点火系统的工作原理

传统点火系统是利用电磁感应原理，把来自蓄电池或发电机的 12V 低压电转变为 15 ~ 20kV 的高压电，并按点火顺序送入各缸火花塞，击穿其电极间隙点燃混合气，其工作原理如图 4.2 所示。发动机工作时，断电器凸轮在配气凸轮轴的驱动下旋转交替将触点 K 闭合或打开。接通点火开关后，在触点闭合时一次绕组内有电流流过，并在线圈铁心中形成磁场。触点打开时，一次电流被切断，使磁场迅速消失。此时，在一次绕组和二次绕组中均产生感应电动势。由于二次绕组匝数多，因而可感应出高达 15 ~ 20kV 的高压电。该高压电击穿火花塞间隙，形成火花放电。

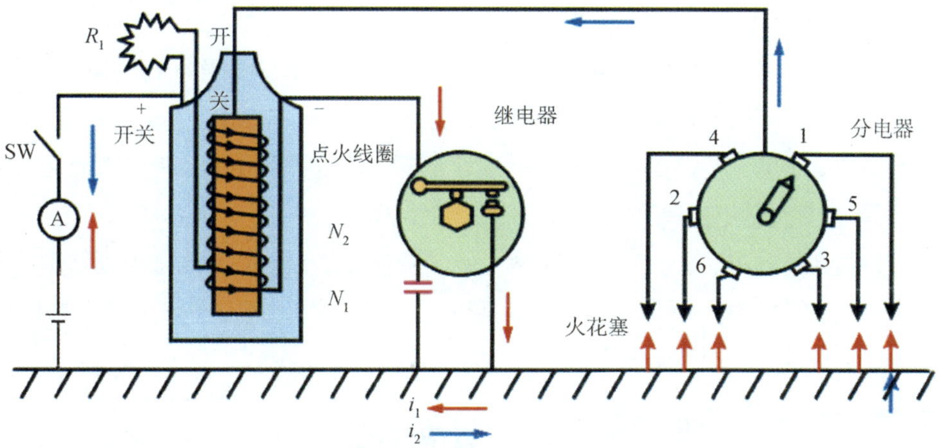

图 4.2　传统点火系统的工作原理

(1) 断电器触点闭合、一次电流增长的过程。

点火系统的一次侧电路包括蓄电池、点火开关、点火线圈一次绕组、附加电阻、分电器的断电触点及电容器。当触点闭合时，点火线圈一次绕组中有电流通过，流过一次绕组的电流称为一次电流。如果触点不分开，经过一段时间（约 20ms），一次电流将达到最大稳定值。其电路是低压电路，电流从蓄电池正极→电流表→点火开关 S →附加电阻→点火线圈一次绕组 N_1 →断电器触点 K →搭铁→蓄电池负极。

一次电流增长时，不仅在一次绕组 N_1 中产生自感电动势，同时在二次绕组中也会产生互感电动势，为 1.5 ~ 2kV，不能击穿火花塞间隙。

(2) 断电器触点断开、二次绕组产生高压电的过程。

当断电器凸轮顶开触点 K 时，一次电路被切断，一次电流迅速下降到零，铁心中磁通随之迅速衰减，以至消失，因而在匝数多（15000 ~ 23000 匝）、导线细的二次绕组中感应很高的电压，使火花塞电极之间的间隙被击穿，产生火花。一次绕组中电流下降的速率越大，铁心中磁通的变化越大，从而二次绕组中的感应电压也越高。

发动机工作时，在断电器触点分开瞬间，二次电路中分火头恰好与侧电极对准。高压电路在触点打开瞬间以点火线圈二次绕组为高压电源，以火花塞电极间隙为负载，其电流回路为点火线圈二次绕组“+”接线柱→附加电阻→点火开关→电流表→蓄电池→搭铁→火花塞旁电极、中心电极→配电器旁电极→分火头→点火线圈二次绕组“–”接线柱。

发动机工作期间，断电器凸轮每转一周（曲轴转两周），各缸按点火顺序轮流点火一次。

提示：如果要停止发动机的工作，只要断开点火开关、切断一次电路即可。

2. 传统点火系统主要元件的结构

1）点火线圈

点火线圈的作用是将电源提供的低压电转换成点火所需的高压电，使火花塞电极能击穿跳火。按其磁路结构形式的不同，分为开磁路点火线圈和闭磁路点火线圈。

（1）开磁路点火线圈。开磁路点火线圈主要由铁心、一次绕组、二次绕组、胶木盖、绝缘座等组成。胶木盖中央突出部分为高压插孔，其余的接线柱为低压接线柱。为了减少涡流和磁滞损失，点火线圈的铁心用 0.3 ~ 0.5mm 厚的硅钢片叠成，外面套有绝缘套管。铁心上绕有一次绕组和二次绕组。一次绕组通常用直径为 0.5 ~ 1.0mm 的漆包线绕 240 ~ 370 匝；二次绕组通常用直径为 0.06 ~ 0.10mm 的漆包线绕 11000 ~ 30000 匝。由于一次绕组中流过的电流较大，发热量大，所以绕在二次绕组绝缘层的外面，有利于散热。当低压电流过一次绕组时，铁心被磁化，其结构如图 4.3 所示。由于磁路上下都暴露在空气中并未构成闭合磁路，所以称为开磁路点火线圈。

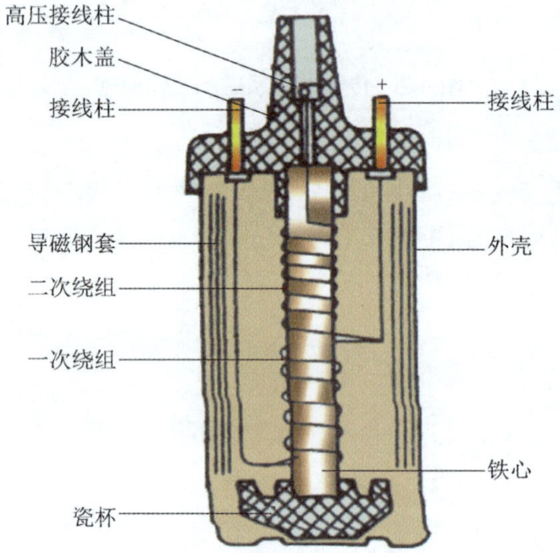

图 4.3 开磁路点火线圈的结构

根据低压接线柱的数目不同，点火线圈有两接线柱式和三接线柱式之分，如图 4.4 所示。

图 4.4（a）所示的三接线柱的点火线圈的胶木盖上有低压接线柱，它们分别接断电器、起动机附加电阻短路接线柱和点火开关。点火线圈附加电阻是具有正温度系数的热敏电阻，它与点火线圈的一次绕组串联，当其温度升高时电阻值迅速增大，温度降低时电阻值迅速减小。发动机工作时，利用附加电阻这一特点自动调节一次电流的大小，可以改善高速时的点火性能。当发动机低速工作时，一次电流大，附加电阻受热量大，其阻值增大，避免了一次电流过大，防止了一次绕组过热；反之，当发动机高速工作时，一次电流小，附加电阻受热量小，阻值减小，使一次电流增大，保证能产生足够的二次电压。当发动机起动时，由于蓄

电池的端电压会急剧下降，致使一次电流减小，点火线圈不能供给足够的高压电和点火能量。为了克服这一影响，在起动时将附加电阻短路，使一次电流最大，提高二次电压和点火能量，改善发动机的起动性能。

如图 4.4（b）所示，两接线柱式点火线圈无附加电阻，而用一根导线接至点火开关。这根导线是一根热敏电阻线，被称为附加电阻线，阻值为 1.7Ω，起到三接线柱点火线圈中的附加电阻的作用。

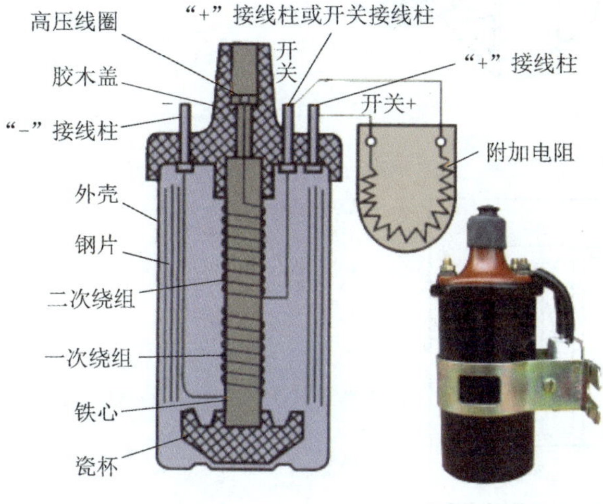

（a）三接线柱式

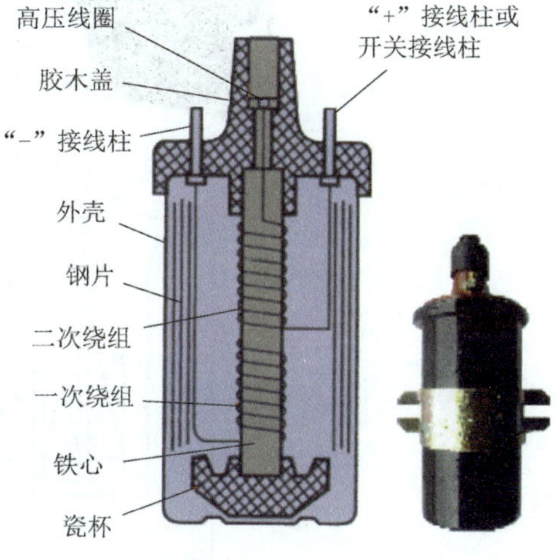

（b）两接线柱式

图 4.4　开磁路点火线圈

（2）闭磁路点火线圈。闭磁路点火线圈的结构如图 4.5 所示。在传统的开磁路点火线圈中，二次绕组在铁心中的磁通通过导磁钢套构成回路，磁力线的上、下部分从空气中通过，磁路的磁阻大，磁通损失大，转换效率低（约 60%）；闭磁路点火线圈的铁心是“日”字形或“口”字形，铁心内绕有一次绕组，在一次绕组外面绕有二次绕组，其铁心构成闭合磁路，磁路中只设有一个微小的气隙。闭磁路点火线圈漏磁少，磁阻小，能量损失小，变换效率高，可使点火线圈小型化。

2）分电器

分电器由断电器、配电器、电容器和点火提前角调节装置等组成。分电器由凸轮直接或间接控制。断电器控制点火线圈产生高电压，配电器将高压电分配到各缸缸线，点火提前调节装置随发动机转速、负荷等变化调节点火提前角。

（1）断电器。断电器由活动触点、固定触点及凸轮等组成，如图 4.6 所示。其作用是周期性地接通和切断点火线圈低压电路。断电器的触点由钨合金制成，固定触点经底板直接搭铁。活动触点与壳体之间是绝缘的，它通过触点臂，经触点弹簧片与分电器低压接线柱相通。活动触点臂有孔一端松套在活动底板的销轴上，通过触点臂弹簧片的弹力紧压在凸轮上。凸轮具有与发动机气缸数相同的凸角，凸轮与拨板制成一体，装在分电器轴上，经离心重块由分电器轴驱动。旋动偏心螺钉即可改变固定触点的位置，从而可以调整断电器触点的间隙。

触点之间的间隙一般为 0.35 ~ 0.45mm。

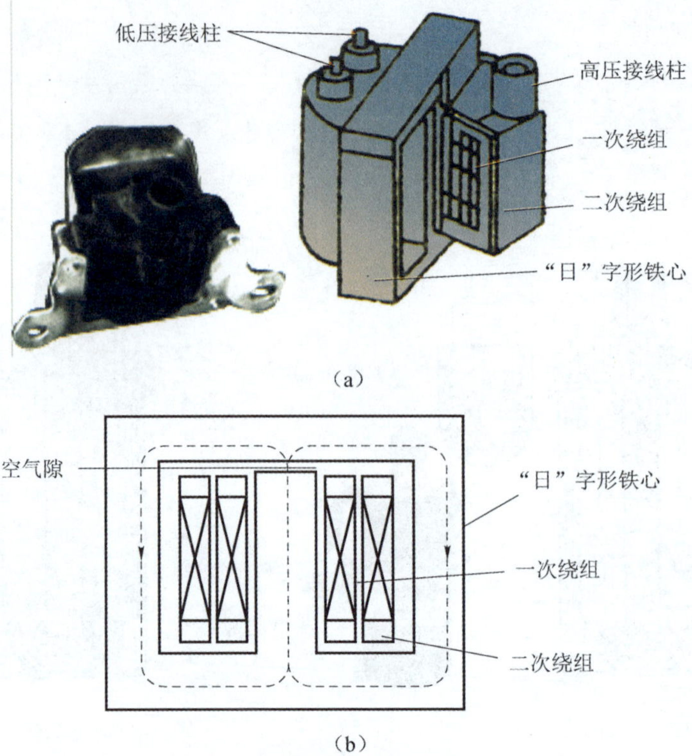

图 4.5　闭磁路点火线圈

提示：断电器在汽车上已被淘汰，被电子控制模块所取代。

(2) 配电器。配电器安装在断电器上方，由胶木质的分电器盖和分火头组成，如图 4.7 所示。配电器的作用是按发动机的点火顺序，将高压电分配到各缸火花塞上。分火头插装在凸轮的顶端，和凸轮一起旋转，其上有金属导电片。分电器盖的中央有高压线插孔，其内装有带弹簧的炭柱，压在分火头导电片上。分电器盖的外围有与发动机气缸数相同的旁电极插孔，以安装分缸高压线。分火头上的导电片离旁电极有 0.2 ~ 0.8mm 的间隙，当分火头旋转时，断电器触点打开，而此时分火头正好对准某一旁电极，于是高压电自导电片跳至与其相对的旁电极，再按点火顺序将高压电经高压线送至各缸相应的火花塞。

高压线有中央高压线和分缸高压线两种。一般为耐压绝缘包层的铜芯线或全塑高压阻尼线。常为竖直排列，也有水平布置，可避免折损、缩短长度，抗高电压，延长寿命。

(3) 电容器。电容器装在分电器壳体上，与断电器触点并联。电容器起到两方面的作用：①减小触点断开时产生的火花，减少触点烧蚀，延长其使用寿命；②当触点断开时，加速一次电流的消失，提高二次电压。

(4) 点火提前角调节机构的结构。只有使发动机处于最佳的点火时刻，才能保证发动机拥有良好的动力性和经济性，同时改善燃烧性能，降低排放。准确的点火提前角对发动机的性能起着至关重要的作用。提前角主要受发动机转速、负荷、燃油品质等因素影响。为了保证发动机在任何工况下都能实现最佳点火时刻，在分电器中设置点火提前调整装置。

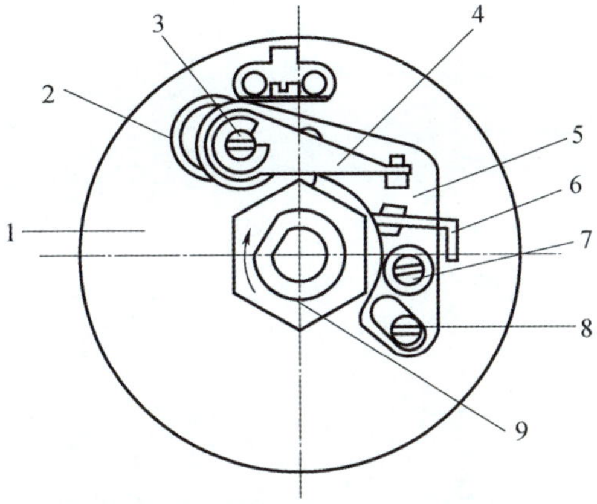

图 4.6 断电器

1—固定盘；2—片簧；3—销钉；4—活动触点臂；5—拨板；6 —固定触点；7—固定螺钉；8—调节螺钉；9—凸轮

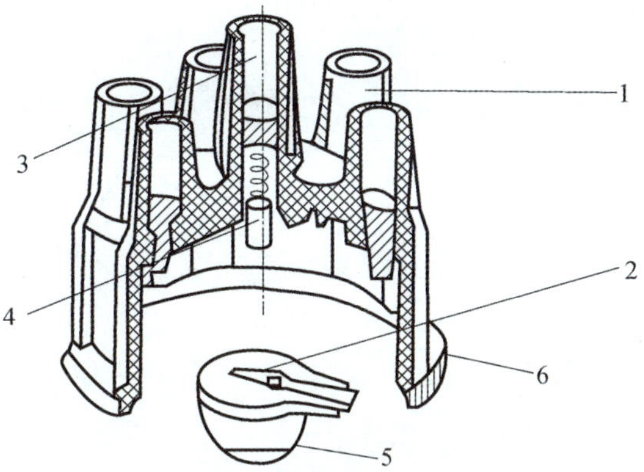

图 4.7 配电器的组成

1—高压旁电极；2—导电片；3—高压中心插孔；4—中心高压炭精触头；5—分火头；6—电器盖

断电器触点打开，从开始点火到活塞到达上止点的时间越长，其对应的曲轴转角越大，点火提前角越大，因此，通过调节触点与断电器凸轮或断电器凸轮与分电器轴之间的相对位置，便可实现点火提前角的调节。由于此类装置也被淘汰，在此只作简要介绍。

① 离心点火提前机构。离心点火提前机构的功能是在发动机转速发生变化时自动调节点火提前角，它通常装在断电器固定底板的下部，随着发动机转速升高，重块的离心力增大，克服弹簧拉力绕柱销转动一个角度，销钉推动拨板，使凸轮沿旋转方向相对于分电器轴转过一个角度，点火提前角增大。转速下降时，弹簧将重块拉回，使提前角自动减小。

② 真空点火提前机构。真空点火提前机构的功能是在发动机负荷变化时，自动调节点火提前角。它安装在分电器壳体的外侧，真空提前机构壳内装有膜片，膜片中心固装着拉杆，通过销钉和断电器活动底板连接在一起，拉杆运动可带动断电器活动底板随之转动。当发动机处于小负荷时，节气门开度小，小孔处真空度较大，吸动膜片向右拱曲，拉杆推动活动板带着断电器触点副逆分电器轴旋转方向转动一定角度，使点火提前角增大。节气门开度大时（负荷增大），小孔处真空度降低，膜片在弹簧力作用下，使点火提前角自动减小。怠速时，节气门接近全闭，小孔处于节气门上方，真空度几乎为零，使点火提前角很小或基本不提前，以保证怠速稳定运转。

③ 辛烷值选择器。点火提前角的手动调节装置也称辛烷值校正器。在换用不同品质的汽油时，为适应不同汽油的抗爆性能，常需调整点火时间。不同形式的分电器，其辛烷值校正器的结构也不同，但基本原理相同。通过转动分电器的壳体来带动触点，使触点与分电器轴做相对移动，从而改变点火提前角。逆凸轮旋转方向转动分电器外壳时，点火提前角增大；反之，则点火提前角减小。

3）火花塞

火花塞的作用是将高压电引入燃烧室，并形成电火花点燃混合气。火花塞装于气缸盖的火花塞孔内，下端电极伸入燃烧室，上端连接分缸高压线。火花塞是点火系统中工作条件最恶劣、要求高和易损坏的部件。

（1）火花塞的工作条件及其要求。

① 火花塞下部承受气体高压的冲击，要求火花塞必须有足够的机械强度。

② 火花塞承受着交变的高电压，要求它应有足够的绝缘强度，能承受 30kV 的高压。

③ 混合气燃烧时，燃烧室内温度很高，可达 1500 ～ 2200℃，进气时又突然冷却至 50 ～ 60℃，因此要求火花塞不但耐高温，而且能承受温度剧变。

④ 混合气的燃烧产物很复杂，易使电极腐蚀，因此要求火花塞要耐腐蚀。

⑤ 火花塞的电极间隙影响击穿电压，所以要有合适的电极间隙。火花塞安装位置要合适，以保证有合理的着火点。火花塞气密性应当好，以保证燃烧室不漏气。

（2）火花塞的结构和类型。

① 火花塞的结构。火花塞主要由接线帽、瓷绝缘体、中心电极、侧电极和壳体等部分组成。其结构如图 4.8 所示。在钢质壳体的内部固定有高氧化铝陶瓷绝缘体，金属杆位于绝缘体中心孔的上部，金属杆的上端有接线螺母，用来接高压导线，下端装有中心电极。中心电极与金属杆之间用导电玻璃密封，铜质内垫圈起密封和导热作用。钢质壳体的上部有便于拆装的六角平面，下部有螺纹、以便旋装在发动机气缸盖内，壳体下端固定有弯曲的侧电极，电极一般采用耐高温、耐腐蚀的镍锰合金钢或铬锰氮、钨、镍锰硅等合金制成，以提高散热性能。火花塞电极间隙为 0.6 ～ 0.7mm，电子点火间隙可增大 1.0 ～ 1.2mm。

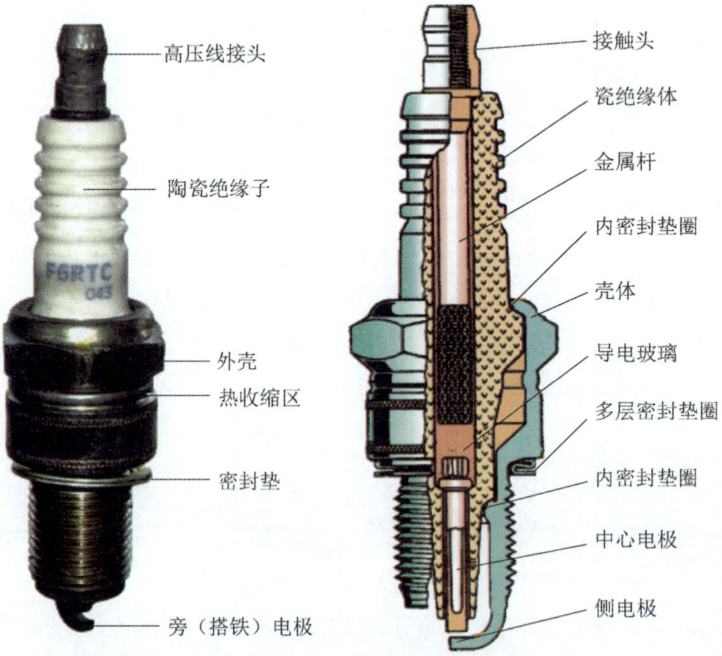

图 4.8　火花塞的结构

火花塞中心电极和侧电极之间是绝缘的。当在火花塞两电极间加上直流电压并且电压升高到一定值时，火花塞两电极之间的间隙就会被击穿而产生电火花，为了使发动机在各种工况下均能可靠地点火，作用在火花塞间隙的电压应达到 15 ～ 20kV。击穿电压的数值与电极间的距离、气缸内的压力和温度有关。电极间隙越大，气缸内压力越高，温度越低，则击穿电压越高。

发动机工作时，火花塞发火部位吸收热量并向冷却系统散发的性能，称为火花塞的热特性。火花塞要能正常工作，其下部绝缘体裙部的温度应保持在 500 ～ 600℃，这样才能使落在绝缘体上的油滴烧干净，不致形成积炭，通常把这个温度称为火花塞的“自净温度”。

② 火花塞的类型。影响火花塞热特性的主要因素是火花塞裙部的长度。裙部较长时，受热面积大，吸收热量多，而散热路径长，散热速度慢，裙部温度容易上升，把这种火花塞称为热型火花塞。反之，当裙部较短时，吸热少，散热路径短，散热速度快，裙部温度较低，把这种火花塞称为冷型火花塞。常用火花塞的结构形式如图 4.9 所示。

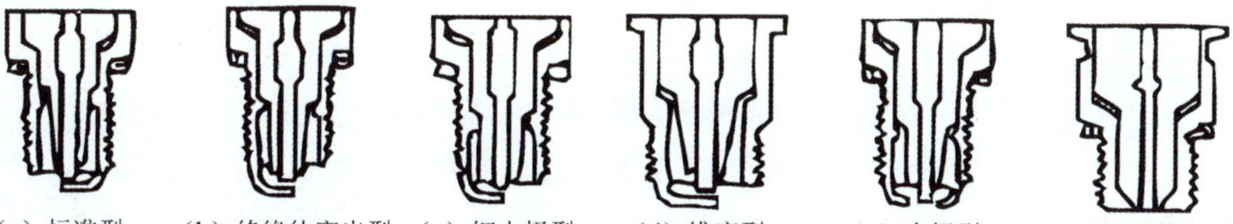

（a）标准型　（b）绝缘体突出型　（c）细电极型　（d）锥座型　（e）多极型　（f）沿面跳火型

图 4.9　常用火花塞的结构形式

热型火花塞适用于低速、低压缩比的小功率发动机；冷型火花塞适用于高速、高压缩比的大功率发动机。

火花塞的热特性常用热值或炙热数来标定。我国是以火花塞绝缘体的裙部长度来标定的，并以 1 ～ 11 以内的阿拉伯数值作为热值代号，见表 4.1。

表 4.1　火花塞热值代号

热值代号	1	2	3	4	5	6	7	8	9	10	11
热特值	热型 ······································· 冷型										

现在还有多极型火花塞，侧电极一般为两个或两个以上，优点是点火可靠，间隙不需经常调整。

根据 QC/T 430—2014《道路车辆 火花塞产品型号编制方法》标准规定，火花塞型号由三部分组成：

□　□　□
1　2　3

第 1 部分为汉语拼音，表示火花塞结构类型及主要形式尺寸。

第 2 部分为阿拉伯数字，表示火花塞热值。

第 3 部分为汉语拼音，表示火花塞派生产品结构、结构特征、材料特性及特殊技术要求。相关数据可查相应的技术手册。

例如，F5RTC 型火花塞，表示螺纹规格为 M14×1.25，旋合长度为 19mm，壳体六角对边为 20.8mm，热值为 5 的带电阻、镍铜复合电极、绝缘体突出型平座火花塞。

4.1.3 电子点火系统

1．概述

1）汽车电子点火系统的发展

由于传统点火系统存在触点易氧化烧蚀、二次电压低、可靠性不高等缺点，已不适应现代汽油机向高转速、高压缩比及多缸方向发展的需要。因此，近几十年来世界各国都在探索改进的途径，并生产了各种新型的电子点火系统。

2）汽车电子点火系统的种类与结构形式

目前汽油机电子点火系统种类繁多：从控制点火线圈一次电流的主要电子元件来看，可分为晶体管点火系统、晶闸管点火系统及集成电路点火系统三种；按点火系统有无触点，可分为有触点电子点火系统和无触点电子点火系统；按点火能量的储存方式来分，又可分为电子电感放电式点火系统和电容放电式点火系统，前者的储能元件是点火线圈本身，而后者的储能元件则是附加的电容器；按汽油机点火信号发生器的不同类型来分，无触点电子点火系统又可分为磁感应式（即磁脉冲式、感应式、发电式）电子点火系统、霍尔式电子点火系统、光电式电子点火系统和电磁式电子点火装置。

无触点电子点火系统利用大功率的晶体管代替断电器触点，作为开关来接通或断开点火系统的一次电路，通过点火线圈来产生高压电，自 20 世纪 80 年代以来，汽车上广泛应用无触点电子点火系统。

2．无触点电子点火系统

1）无触点电子点火系统的组成

神龙富康轿车 K2D 发动机采用磁感应式电子点火，其电路原理如图 4.10 所示，主要包括点火开关、点火线圈、装有磁感应式信号发生器的分电器、点火器、点火电容和火花塞等。

K2D 发动机采用的点火线圈为闭磁路点火线圈，其型号为 BTR05 型，牌号为 YALEO，一次绕组的电阻为 0.8Ω，二次绕组的电阻为 6.5kΩ；分电器为 Ducelier525275 型或 BOSCHC068-D047 型，分电器内装有磁感应式信号发生器；点火型号为 MTR02 型，牌号为 BOSCH-MAGNETIM-AREIJJ，点火器固定在分电器上。当点火信号发生器发出正脉冲时，点火器中的晶体管导通，接通点火一次电路，当点火信号发生器发出负脉冲时，点火器中的晶体管截止，切断一次电路，使二次侧感应出高压，完成点火。

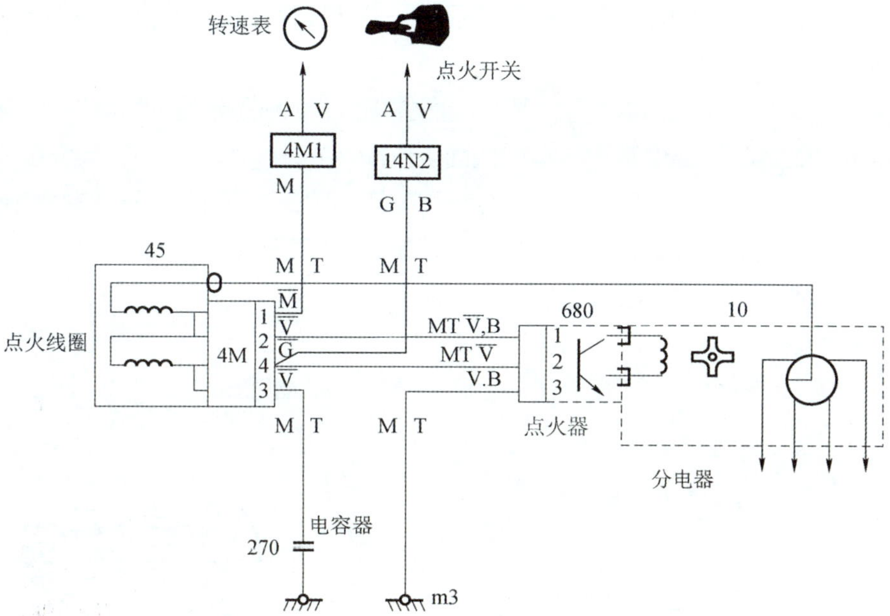

图 4.10　K2D 发动机电子点火系统

电子点火控制器取代了原来断电器的触点，由点火信号发生器输送来的脉冲信号控制大功率晶体管的导通与截止，来控制点火线圈一次电路的通断，以诱发二次绕组产生高压电。比较完善的点火控制器还具有恒电流控制、闭合角控制、停车断电保护等多项功能。

分电器主要包括配电器和离心提前装置、真空提前装置，它们的作用、结构和工作原理与传统点火系统对应部分完全相同。点火线圈、火花塞、点火开关和电源等部分的结构和作用与传统点火系统相同。

2）无触点电子点火系统的特点

无触点点火系统从根本上消除了由触点所引起的缺点，使发动机具有准确而稳定的点火正时。闭合角和恒流控制功能使发动机在所有转速下都有可靠的点火。但由于它仍采用真空和机械的方法来调节点火提前角，因而还存在以下缺点：

（1）点火提前角的控制不够精确，考虑影响点火提前角的因素不全面。

（2）为避免大负荷时的爆燃，必须采用妥协方式减小点火提前角。

3. 霍尔效应式电子点火系统

1）霍尔效应

霍尔效应式电子点火系统的信号发生器是利用霍尔效应（Hall Effect）原理制成的，它是目前国内外广泛使用的一种点火装置，桑塔纳、奥迪、捷达、红旗等轿车就采用了该点火系统。

1879 年美国约翰霍普金斯大学物理学家爱德华·霍尔博士发现在矩形金属薄板两端通以电流，并在垂直金属平面方向上加以磁场，则在金属的另外两侧之间会产生一个电位差，这就是霍尔效应，如图 4.11 所示。为了增强这一效应，霍尔元件由半导体材料薄片制成，常用的材料有硅、锗、砷化镓等。

当电流 I 通过放在磁场中的半导体基片（即霍尔元件），且电流方向与磁场方向垂直时，在垂直于电流与磁场的半导体基片的横向侧面上，即产生一个与电流和磁场强度成正比的霍尔电压，这一现象称为霍尔效应。霍尔电压与磁感应强度 B 成正比，与磁通的变化速率无关。利用这一效应即可制成霍尔发生器，能准确地控制发动机气缸的点火时间。

2）霍尔式点火信号发生器的结构

霍尔式点火信号发生器的结构如图 4.12 所示，它由触发叶轮和信号触发开关组成，触发叶轮与分火头制成一体，由分电器带动，又能相对分电器轴做少量转动，以保证离心调节装置正常工作。

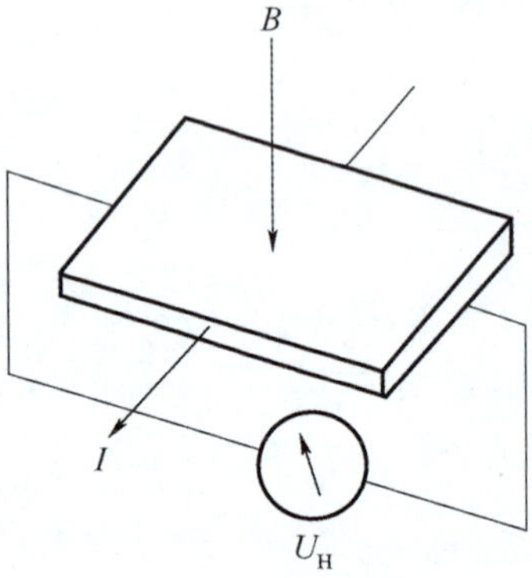

图 4.11　霍尔效应原理图

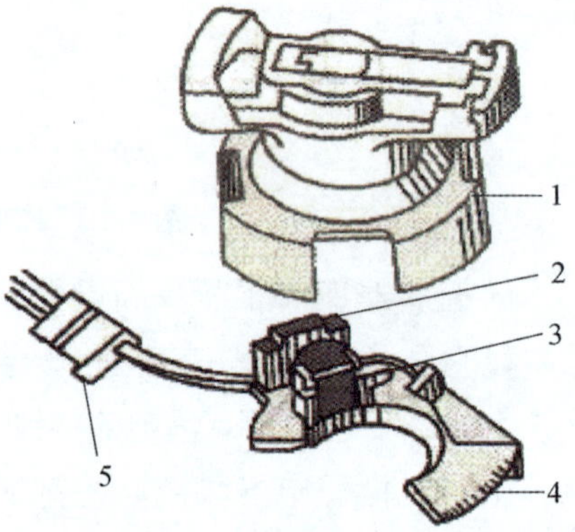

图 4.12　霍尔式点火信号发生器的结构示意图

1—触发叶轮；2—霍尔集成块电路；3—永久磁铁；4—触发开关；5—插接器

触发叶轮的叶片数与气缸数相同。触发开关由霍尔集成电路和带导板的永久磁铁组成。霍尔集成电路的外层为霍尔元件，同一基板的其他部分制成放大回路。触发叶轮的叶片则在霍尔集成电路和永久磁铁之间转动。

触发叶轮转动时，每当叶轮进入永久磁铁与霍尔集成块之间的空气隙时，霍尔集成块中的磁场即被触发叶轮的叶片所旁路（或称隔磁），如图 4.13（a）所示，这时，霍尔元件不产生霍尔电压，集成电路输出级的晶体管处于截止状态，信号发生器输出高电位。当触发叶轮的叶片离开空气隙时，永久磁铁的磁通便通过霍尔集成块和导板构成回路，如图 4.13（b）所示。这时，霍尔元件产生霍尔电压，集成电路输出级的晶体管处于导通状态，信号发生器输出低电位。

发动机工作时，转子不断旋转，转子的缺口交替地在永久磁铁与霍尔触发器之间穿过，使霍尔触发器中产生变化的电压信号（方波），并经内部的集成电路整形为规则的方波信号输入点火控制电路，控制点火系统工作。

由上可知，叶片进入空气隙时，信号发生器输出高电位；叶片离开空气隙时，信号发生器输出低电位。分电器不停地转动，方波便不断产生。

霍尔点火信号发生器输出的点火信号幅值、波形不受发动机转速的影响，即使在低速时也能输出稳定的点火信号，因此低速性能好，有利于发动机的起动。在任何工况下，霍尔式点火信号发生器均能输出高低电平时间比一定的方波信号，使点火正时精度高，易于控制。因此，霍尔效应式电子点火装置应用越来越广泛。

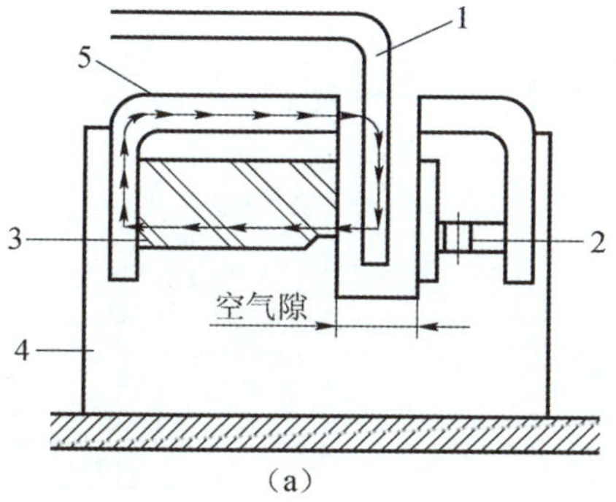

图 4.13　霍尔式点火信号发生器的工作原理

1—触发叶轮的叶片；2—霍尔集成块；3—永久磁铁；4—霍尔传感器底板；5—导板

3）霍尔电子系统中点火电子组件的功能

奥迪 200 轿车装用集成电路电子点火器，点火系统电路图如图 4.14 所示。该点火器除具有一般点火器的开关作用外，还增加了点火限流控制、闭合角控制、停车断电控制和过电压保护控制等功能。

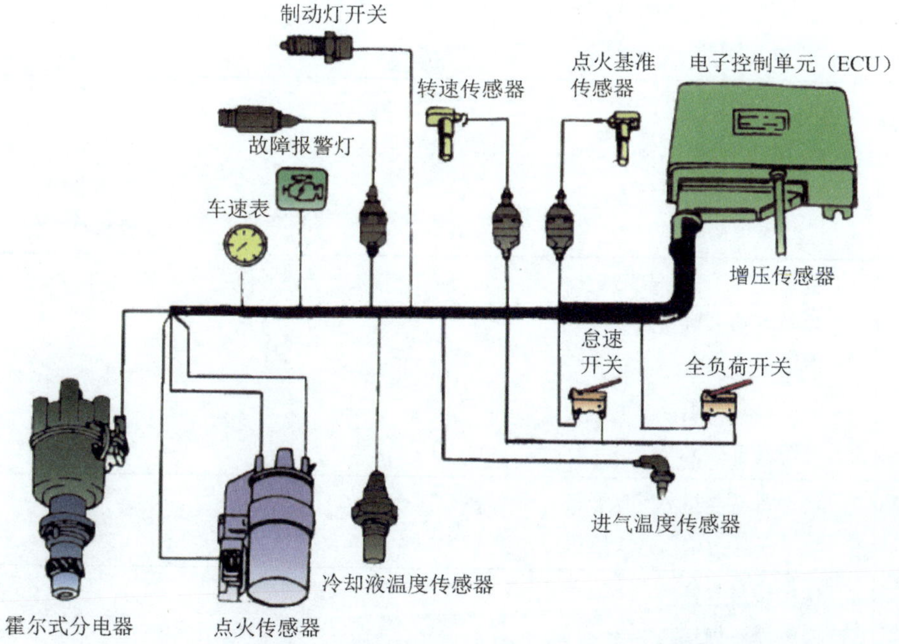

图 4.14　奥迪 200 轿车电子点火系统部件组成和线路连接图

4）霍尔效应式电子点火系统的特点

（1）工作可靠性高，霍尔信号发生器无磨损部件，不受灰尘、油污的影响，无调整部件，小型坚固，寿命长。

（2）发动机起动性能好，霍尔信号发生器的输出电压信号与叶轮叶片的位置有关，但与叶轮叶片的运动速度无关，也就是说它与磁通变化的速率无关。与磁感应信号发生器不同，它不受发动机转速的影响，明显地增强了发动机的起动性能，有利于低温或其他恶劣条件下起动。

任务实施

为解决情境导入中要求的掌握点火系统结构与原理的问题，可按下述方式组织实施任务。

任务单元	项目 4.1　点火系统的组成与结构原理	学时	2
任务目的	1. 熟悉点火系统的作用、要求、类型及组成。 2. 了解传统点火系统和电子点火系统的工作原理。 3. 掌握点火线圈的结构和功能。 4. 掌握断电器的结构和功能。 5. 熟悉配电器的结构和功能。 6. 了解电容器的结构和功能。 7. 了解附加电阻的结构和功能。 8. 了解点火提前机构的作用和工作原理。 9. 掌握点火信号发生器的工作原理和作用。 10. 熟悉点火器的工作原理		
技能要求	1. 点火系统各部件的作用、安装位置及型号。 2. 在汽车或发动机台架上找出点火系统的主要部件。 3. 熟练拆装分电器总成。 4. 绘制点火系统电路图		
设备器材	1. 汽车或发动机台架 5 台。 2. 常用拆装工具 5 套。 3. 点火系统示教台一台。 4. 点火系统各组件 5 套。 5. 万用表 5 只		
操作准备	1. 将设备与器材分别放于 5 个工作台。 2. 将“任务工单”分发给每位学生		
注意事项	1. 保持设备完好。 2. 遵守操作规程		

续表

任务单元	项目 4.1　点火系统的组成与结构原理	学时	2
实施过程	1. 教师引导学生学习。 (1) 结合工作台给学生讲解点火系统的工作原理。 (2) 通过生活实例，启发学生分析点火系统各部件的作用和工作原理。 例如，手机充电器用的是 220V 照明电，而我们手机使用的电压一般是 3.7V，这个手机充电器的工作原理是如何把高压电变成低压电的，它的结构和原理应该是怎样的？这样让学生明白点火线圈的结构和作用。 (3) 在工作台上对比传统点火系统和电子点火系统的特点，启发学生总结两者的异同。 2. 学生分组学习。 (1) 让学生在工作台、实车上体验点火系统的工作原理。 (2) 让学生观察解剖的点火线圈，验证和猜想的是否一致。 (3) 分解分电器，具体观察断电器各部分的结构，通过提问，让学生明白低压电路的工作原理。 (4) 观察配电器、分火头的结构。 (5) 观察点火提前机构的结构和工作原理。 (6) 观察火花塞和高压线的结构。 3. 解决学生遇到的问题。 4. 让学生将相关结果记录于“任务工单”。 5. 监督学生按要求完成任务，并指导学生进行正确的操作		

项目 4.2　点火系统的使用与检修

情境导入

一辆三菱轿车发动机无法起动。经过检查，发现油路正常。拔下中心高压线，用起动机起动发动机转动，中心高压线无火花，说明点火系统有故障。进一步检查得知低压电路良好，说明故障在高压电路部分。用备用的点火线圈更换，起动起动机，中心高压线仍然无火，这是为什么呢？针对此问题，汽车维修人员必须掌握点火系统的使用维修与常见故障的检查。

理论引导

4.2.1　点火系统的正确使用

在使用点火系统过程中，应该注意以下问题：

（1）安装或更换部件时，接线必须正确、牢固，尽量减少搭铁点的接触电阻。

（2）在拆接系统中的导线或拆接检测仪器时，必须先关闭点火开关。

（3）洗车时，应关闭点火开关，应尽量避免水溅到电子点火器和分电器内。

（4）发动机运转时，不可拆去蓄电池连接线，或用刮火的方法检查发电机的发电情况，以免损坏电子元件。在车上电焊作业时，应先拆去蓄电池搭铁线。

（5）电子点火器应安装在干燥、通风良好的部位，并保持其表面的清洁，以利散热。

（6）电子点火系统中所用点火线圈为高能点火线圈，应尽量避免用普通点火线圈代用。

（7）为防止无线电干扰，应使用规定阻值的高压导线、火花塞插头和分火头。

（8）高压导线必须连接可靠，否则高压电极易击穿分电器盖及点火线圈绝缘层。

（9）当怀疑点火系统有故障，而又必须拖动汽车时，应先拆下点火器插接件。

（10）使用带快速充电设备的起动辅助装置起动时，电压不得超过 16.5V，使用时间不得超过 1min。

（11）注意定期检查、维护点火系统的部件，保证其处于良好的技术状态。

4.2.2 点火系统元件的检修

1. 点火线圈的检修

点火线圈在工作时，温度升高属于正常现象。当需要判断点火线圈性能是否正常时，可以对其进行以下检查。

1）外部检查

目测点火线圈，若有绝缘盖破裂或外壳碰裂，则会使点火线圈受潮而失去点火能力，应予以更换。

2）一、二次绕组及附加电阻的检查。

（1）测量电阻法。如图 4.15 所示，用万用表测量点火线圈的一、二次绕组及附加电阻的电阻值，应符合技术标准，否则说明有故障，应予以更换。一次绕组阻值一般为 0.5 ～ 1.0Ω（高能点火线圈）和 1.5 ～ 3.0Ω（普通点火线圈）。二次绕组阻值一般为 2.5 ～ 4.0kΩ（高能点火线圈）和 6.0 ～ 8.0kΩ（普通点火线圈）。附加电阻的阻值一般为 1.4 ～ 1.7Ω。

（2）试灯检验法。用 220V 交流电试灯接在一次绕组的两接线柱上，若灯不亮，则表示有断路；当检查绕组是否有搭铁故障时，可将试灯的一端与一次绕组相连，一端接外壳，如灯亮，便表示有搭铁故障；短路故障用试灯不易查出。也可利用此方法来进行二次绕组的检查。

3）绝缘性能检查

点火线圈一、二次绕组与外壳应绝缘。检查时用绝缘电阻表检查接线柱与外壳的绝缘电阻。采用 500V 绝缘电阻表测量时，阻值不得小于 200MΩ。

电阻挡$R\times1\Omega$　正常值R=2.2Ω　（a）一次绕阻电阻值的测量

电阻挡$R\times1\text{k}\Omega$　正常值R=7.93kΩ　（b）二次绕阻电阻值的测量

电阻挡$R\times1\Omega$　正常值R=2.1Ω　（c）附加电阻值的测量

图 4.15　万用表检测点火线圈

4）发火强度检查

发火强度的检查一般在试验台上进行，也可以在车上用对比跳火法进行，将被检验的点火线圈与好的点火线圈分别接在车上进行对比试验，看其火花强度是否一样。

点火线圈经过检验，如内部有短路、断路、搭铁等故障，或发火强度不符合要求时，一般均应更换为新品。

2．配电器的检修

1）分电器盖的检修

在检查分电器盖性能是否正常时，主要进行两方面的检查，即外观检查和绝缘检查。

（1）外观检查时，用一块干燥洁净的棉布将分电器盖擦拭干净后仔细观察，分电器盖应无裂纹及烧蚀痕迹，内部各电极应无明显的磨损、腐蚀及烧蚀，否则应更换分电器盖；中心电极应无卡滞，当烧蚀磨损致使其长度较标准长度减小 2mm 以上时，也应更换新件。

（2）绝缘检查时，将高压触针分别插在分电器盖上的两个相邻的旁插孔内，或插在中央插孔与旁插孔内进行试火，若有火，说明绝缘损坏，应更换。也可用绝缘电阻表检测，万用表置 $R\times10\text{k}\Omega$ 挡，分电器中央插孔与各旁电极插孔之间的电阻应大于 50kΩ；否则说明分电器有裂纹或积污，应清洁或更换。

2）分火头的检修

分火头的检查包括外观检查、绝缘检查和分火头导电片电阻的检查。

在进行外观检查时，分火头应无任何裂纹、烧蚀及击穿（分火头顶部金属有一些焦状物是正常的）。

在进行绝缘检查时，将高压电源（10 ～ 20kV）的一根触针接分火头导电片，另一触针对准分火头座孔内，如图 4.16（a）所示，若有火花产生，则说明分火头漏电；也可将分火头倒放在缸体上，将分电器中央高压线距分火头 3 ～ 4mm，如图 4.16（b）所示，触点分开时若有火花产生，则说明分火头漏电；还可采用绝缘电阻表检测，如图 4.16（c）所示，电阻应大于 50kΩ，否则应予以更换。

在进行分火头导电片电阻检查时，可用万用表检查分火头顶部的导电片电阻，其应符合规定。分火头检查不符合要求的应予以更换。

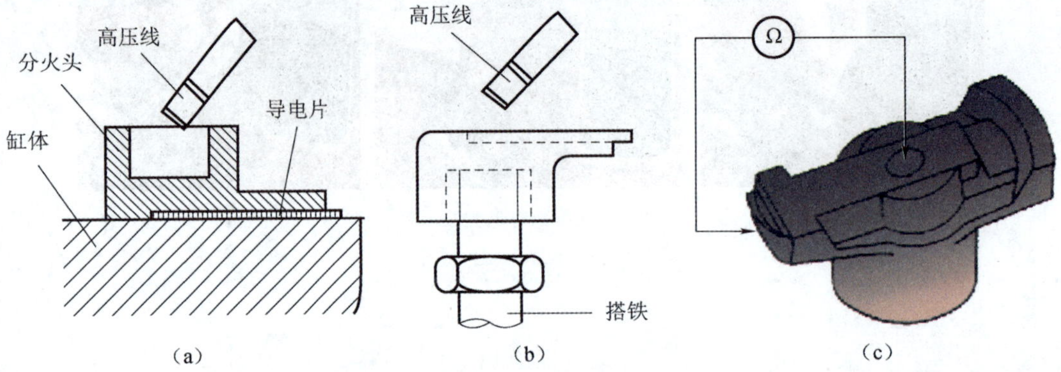

图 4.16　分火头的绝缘性能检查

3．点火信号发生器的检修

1）磁脉冲式点火信号发生器

磁脉冲式点火信号发生器性能是否良好，可以通过下面的检查进行判断：

（1）检查信号转子凸齿与线圈铁心之间的间隙值。如图 4.17 所示，可用塞尺进行测量，该间隙的标准值为 0.2 ～ 0.4mm；如不符合标准，可用与触点式分电器调整触点间隙类似的方法来进行调整。

（2）测量传感线圈的电阻值。用万用表电阻挡测量与分电器相连的两根导线之间的电阻值，阻值一般应为（800±400）Ω。在测量时，可用螺钉旋具轻敲分电器壳，以检查其内部有无松旷和接触不良的故障。如电阻值为∞，说明感应线圈有断路，一般断路点多在导线接头处，过大过小都需更换信号发生器总成。

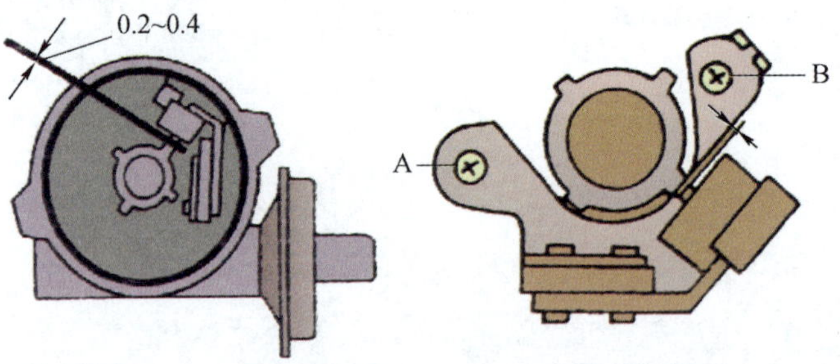

图 4.17　磁脉冲式点火信号发生器的性能检查

2）霍尔式点火信号发生器

霍尔式点火信号发生器属于有源式传感器，要检测其性能是否良好，可以在线路连接正常的情况下，就车检查。具体步骤如下：

（1）测量输入电压是否正常。接通电源开关，用电压表测与分电器相连接的插接器“+”

与“–”接线柱（红黑线端与棕白线端）之间的电压，如图 4.18 所示。无论触发叶轮的叶片是否进入空气隙，电压表读数都应接近电源电压，否则说明电子点火器没有给点火信号发生器提供正常的工作电压。

（2）检查输出信号电压。将分电器外壳搭铁，信号发生器接上电源后转动分电器轴，测其信号输出线“0”与“–”（绿白线与棕白线）间电压。车型不同，所采用霍尔式信号发生器的输出电压波动范围不一样，幅值会有所变化。一般在触发叶轮的叶片进入空气隙时，电压应为 9.8V；当触发叶轮的叶片离开空气隙时，电压应为 0.1 ～ 0.5V。

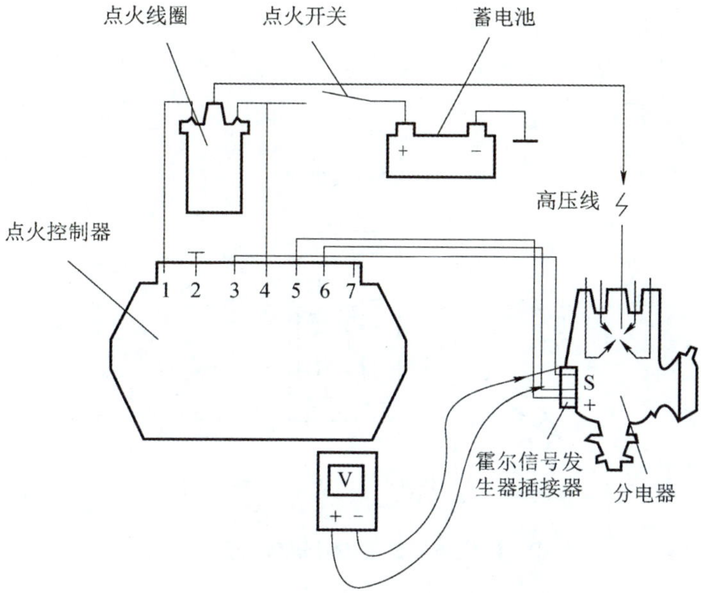

图 4.18　霍尔式点火信号发生器的检查

4．电子点火器的检修

1）磁感应式点火控制器的检查

磁感应式无触点点火系统中传感器输入信号为交变的电压信号，可以用 1.5V 干电池作为输入信号，用试灯或电压表检查控制器的状态。

用干电池和试灯进行检查：将 1.5V 干电池交替地接在点火控制器两个输入端子时，试灯也随着交替地亮、灭；否则说明点火控制器故障，应更换。

用干电池和电压表进行检查：如图 4.19 所示，将电压表接点火线圈“–”接线柱，当干电池交替地接在控制器输入端时，电压表的读数应在 1 ～ 2V 和 12V 之间交替变化；否则说明点火控制器故障。

用电阻和试灯进行检查：将 1kΩ 电阻接在点火控制器的输入端子“2”，以“a”端触碰一下蓄电池负极，试灯亮 0.5s 后熄灭；否则说明点火控制器故障。

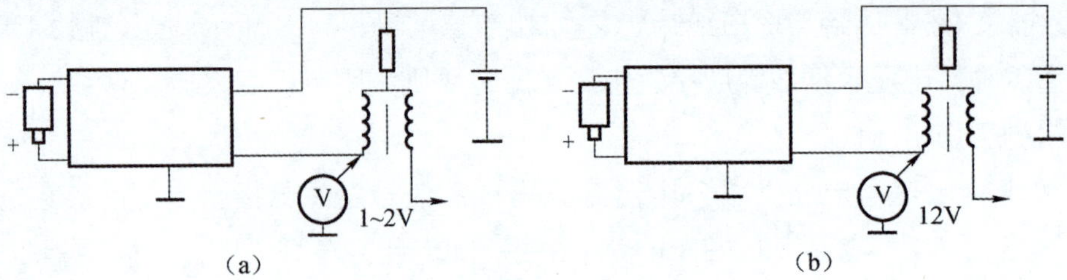

图 4.19　磁感应式点火控制器的检查

2）霍尔效应式点火控制器的检查

（1）用信号搭铁的方法试火。例如，对于桑塔纳轿车的电子点火器来说，也可以将分电器上信号发生器的插接器拔下，用一根电线与插接器中的绿白线相连，接通点火开关进行跳火试验，如图 4.20 所示。

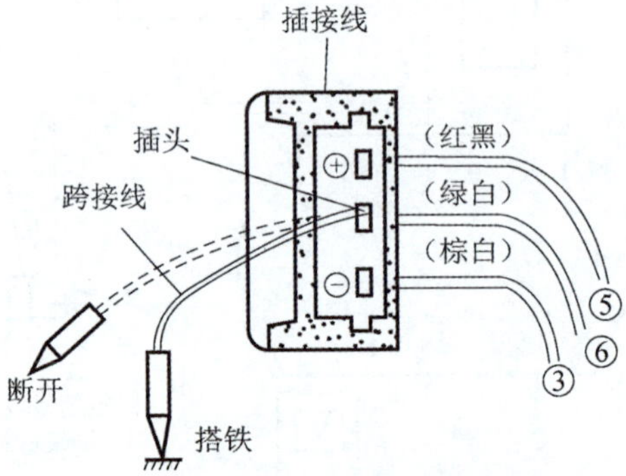

图 4.20　用信号搭铁的方法试火检查电子点火器

（2）高压试火法。在确认点火信号发生器和点火线圈等均良好的情况下，可采用跳火法判断电子点火器是否有故障。方法如下：将分电器中央高压线拔出，高压线端部距离缸体 5 ~ 8mm，接通点火开关，使分电器轴转动，使信号发生器产生点火脉冲，此时看高压线端是否跳火。霍尔式电子点火系统可以参照图 4.21 所示的方法操作。如果火花强，则说明电子点火器良好。

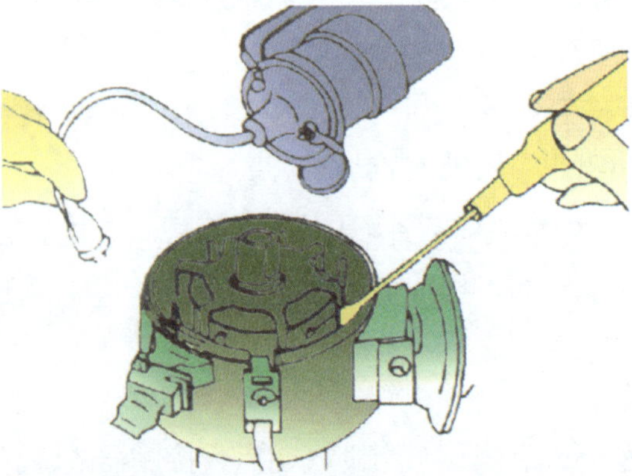

图 4.21　高压试火法示意图

(3) 加热法。电子点火器内细小的电子元件对高温极为敏感，检查时，可模拟发动机运转时其舱内的温度情况，用灯泡或电烙铁给电子点火器加热，这样可使电子点火器内部元件或线路的故障现象暴露出来，便于发现故障。一般检查间歇性出现的故障时，可采用此种方法。

(4) 替换法。即采用相同规格的新电子点火器替换怀疑有故障的点火器，如故障排除，则证明原电子点火器损坏。该方法是判断故障最简单、最有效的方法，但必须是在故障分析的基础上，有针对性地进行原件替换，不可盲目替换。

5. 火花塞的检修

1) 清除火花塞积炭

火花塞积炭较多时，相当于在电极间隙处并联了一个电阻（称为泄漏电阻），这使二次电压不易建立，甚至造成发动机断火。

清除火花塞积炭，不应使用钢丝等工具，以免损伤绝缘体，应当使用火花塞清洗试验器，如图 4.22 所示。将有积炭的火花塞装于试验器带有橡皮圈的清洗孔中，起动空气压缩机，待气压升至 60 ～ 70kPa 时，打开压缩空气阀门，让压缩空气鼓吹集砂袋中的砂粒喷射火花塞的裙部，同时缓缓转动火花塞，使内腔各表面上的积炭和积垢被清除干净。最后用压缩空气吹净火花塞内残存的砂粒、粉尘即可。

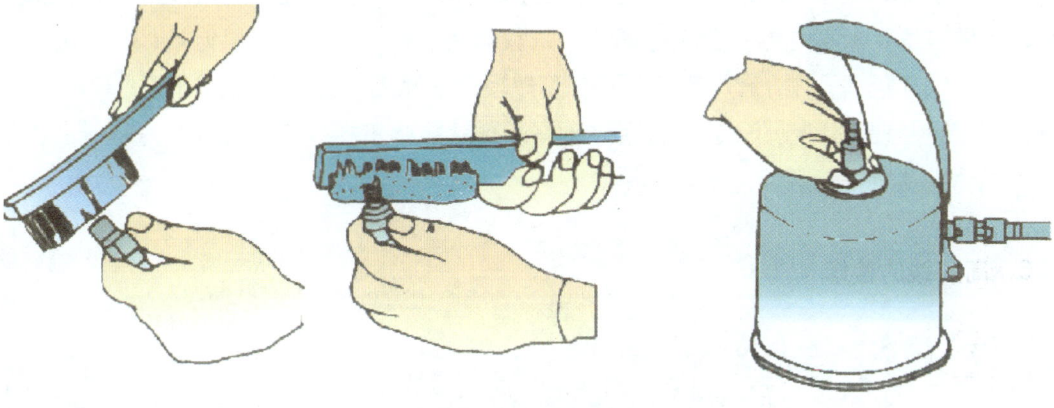

图 4.22　火花塞的清洗

2) 修整火花塞

用钢丝刷刷去火花塞螺纹沟槽中的积垢，所用刷丝的直径应为 0.015mm 以下。再用什锦锉刀修磨电极表面，使其显露出金属光泽，恢复中心电极和侧电极原有形状。这样有利于火花塞的使用和降低跳火的二次电压。

3) 火花塞间隙的调整

新型发动机的火花塞间隙一般为 0.80 ～ 1.20mm，测量时应用钢丝式专用量规，不得使用普通量规，如图 4.23 所示。火花塞间隙过小，穿透电压下降，电火花强度变弱，当气缸新鲜混合气受废气冲淡的影响较大时，可能产生缺火现象；若火花塞间隙过大，造成火花塞穿透电压升高，点火线圈绝缘击穿失效。

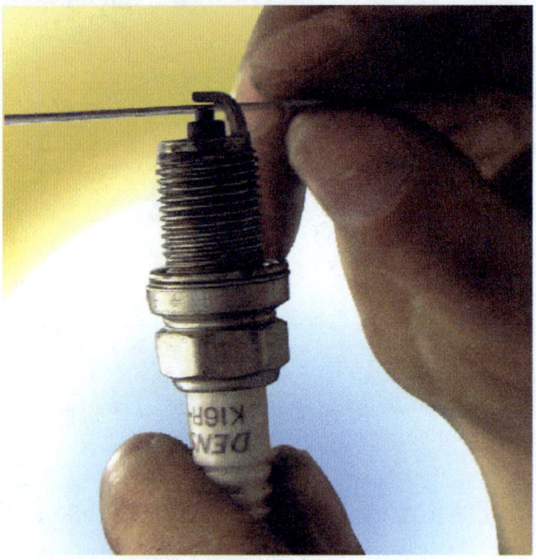

图 4.23　火花塞间隙调整

火花塞间隙不符合规定数值时，可以使用专用工具弯曲旁电极进行调整。

4）火花塞性能试验

火花塞工作时处于 800kPa 以上的气体压力下，所以试验火花塞的跳火需要模拟其工作环境，以便准确判断其性能。在火花塞清洗试验器上进行跳火试验，其方法如下：将火花塞拧入试验器的火花塞孔中，起动空气压缩机，慢慢调高箱内的充气压力，当到达 900kPa 时，打开开关，从观察窗 2 中看跳火情况。若火花塞间隙连续产生强烈的蓝色火花，说明性能良好；否则，说明火花塞性能欠佳，不宜使用。

6．高压线的检修

1）电阻测量

取下高压线，将万用表两触针分别接每条高压线的两端，测其电阻值。若电阻值小于 25kΩ，说明高压线性能良好。否则，应予以更换。

2）高压线的维护

现代发动机点火系统产生极高的电压和温度。长时间承受高压和高温的火花塞接头套（甚至高压线）会软化，并熔接在火花塞的瓷管上。因此，可以在高压线绝缘套、靠近热源的绝缘层表面涂上硅润滑剂，并注意高压线的排列，避免弯折。

任务实施

为解决情境导入中三菱轿车无法起动的故障，可按下述方式组织实施任务。

任务单元	项目 4.2　点火系统的使用与检修	学时	1
任务目的	1. 了解点火系统的使用注意事项。 2. 掌握点火系统各元件的检修方法。 3. 能够通过车辆“维修手册”“驾驶员手册”“新车说明书”等资料获取车辆点火系统的相关信息		
技能要求	1. 使用检测工具，正确检测点火系统各元件。 2. 借助车辆“维修手册”，正确判断各元件的好坏。 3. 正确记录、分析各种检测结果，填写工单		
设备器材	1. 汽车或发动机台架 5 台。 2. 常用检测工具 5 套。 3. 起动机教学挂图等		
操作准备	1. 将设备与器材分别放于 5 个小组。 2. 将“任务工单”分发给每位学生		
注意事项	1. 保持设备完好。 2. 遵守操作规程		
实施过程	1. 教师给学生讲解。 2. 通过学生猜想和模拟操作，教师引导学生对点火系统各元件进行检测。 3. 学生分组学习。 (1) 让学生通过检测判断点火线圈是否完好。 (2) 让学生通过检测判断配电器是否完好。 (3) 练习点火信号发生器和电子点火器的检测。 (4) 让学生观察和检测火花塞是否正常。 (5) 让学生检测高压线是否正常。 4. 解决学生遇到的问题。 5. 让学生将相关结果记录于“任务工单”。 6. 监督学生按要求完成任务，并指导学生进行正确的操作		

项目 4.3　点火系统常见故障的诊断

情境导入

在项目 4.1 中，桑塔纳 GLi 轿车无着火迹象。这是点火系统的常见故障之一，维修技师要熟练分析这类故障的原因。

理论引导

点火系统对发动机性能有十分重要的影响。当点火系统中出现一次电路短路、断路，一次电流过小，二次电压过低，点火提前调节失效及点火正时不当等故障时，将出现发动机运转不平稳、发动机运转无力、加速不良或产生回火、放炮等不正常现象，使发动机的动力性、经济性下降，排放污染增加，甚至发动机不能起动。

点火系统故障是汽油发动机比较常见的故障，其特点是发生突然、原因复杂。下面分别介绍几种点火系统的故障诊断方法。

4.3.1 点火系统故障常见诊断方法

1）试灯法或电压表测量法

用一只如图 4.24 所示的试灯或电压表来代替一根导线，逐段试验，若灯亮或电压表指针不动，则说明该段之前有断路。

2）高压试火法

将分电器中心高压线或火花塞上的高压线拔下，将线头对准缸体离开 5 ～ 8mm。然后打开点火开关，用起动机使发动机转动，观察线端间隙是否跳火及火花强弱程度。如果火花呈蓝白色，说明一次电路正常，故障在高压回路；如果火花红弱或无火花，则说明故障在一次回路。

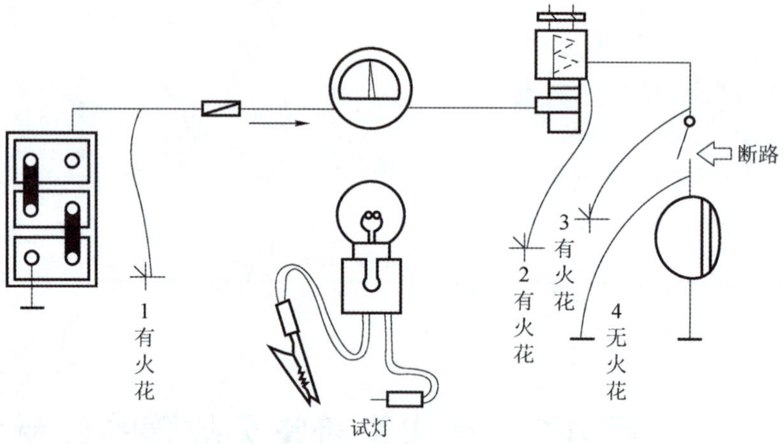

图 4.24　逐段搭铁试火法示意图

4.3.2 电子点火系统故障诊断

汽车电子点火系统的故障检查，与传统触点式点火系统有许多相同之处。除了对点火线圈、火花塞、高压线、点火正时等进行检查外，还应检查点火器、信号发生器及连接导线等。

1. 电子点火系统在故障检查时应注意的问题

（1）在发动机起动和工作时，不要用手触摸点火线圈高压线和分电器等，以免受电击。

（2）在检查点火系统电路故障时，不要用刮火的方式来检查电路的通断，这种做法容易损坏电子元器件。电路通断与否应该用万用表电阻挡来进行检查判断。

（3）进行高压试火时，最好用绝缘的橡胶夹子夹住高压线来进行试验，直接用手接触高压线容易造成电击。另一避免电击的方法是，将高压导线插入一只备用火花塞，然后将火花塞外壳搭铁。从火花塞电极间隙观察是否跳火。

（4）在点火开关接通的情况下，不要做连接或切断线路的操作，以免烧坏控制器中的电子元器件。

（5）在拆卸蓄电池时，必须确认点火开关和其他所有的用电设备及其开关都已关闭，然后才能进行拆卸。

（6）安装蓄电池时，一定要辨清正负极，负极搭铁。千万不能接错，蓄电池极性与线夹的连接一定要牢固，否则容易损坏电子设备。

（7）在检查点火信号发生器时应注意：

① 对于磁感应式的，在打开分电器盖时注意不要让垫圈、螺钉之类的金属物掉入其内。在检查导磁转子与定子之间的间隙时，要使用无磁性塞规，并注意不要硬塞强拉。

② 对于光电式的，不要轻易打开分电器盖子，若确需打开检查时，要注意避免尘土对发光二极管、光敏元件和遮光转子的污损。

③ 在用干电池模拟点火信号检查电子点火控制时，测量动作要快，干电池连接的持续时间一般不要超过 5s。

④ 霍尔效应式电子点火系统，在检查维修时可能会产生高压放电现象，造成对人身和点火系统本身的意外损害，所以必须注意以下几点：

a. 进行检查和维修前，应切断电源后再按要求进行。

b. 当使用外接电源供维修使用时，应严格限制其电压不大于 16V。当电压达到 16 ～ 16.5V 时，接通时间不允许超过 1min。

c. 磁脉冲式电子点火系统的汽车被拖动时，应首先切断点火系统电源。

d. 点火线圈负接线柱不允许与电容相连。

e. 任何条件下，只允许使用阻值为 1kΩ 的分火头，防止电磁干扰的 1kΩ 阻尼电阻电缆不得用其他代替，火花塞插头电阻值应在 1 ～ 5kΩ。

2. 电子点火系统常见故障

电子点火系统常见故障有点火系统无高压火花、高压火花弱、点火正时失准、点火性能随工况变化等。

对于点火系统常见故障，不同车型的电子点火系统线路结构不尽相同，但都可以按图

4.25 所示的检查方法和故障诊断程序准确、迅速地排除故障。

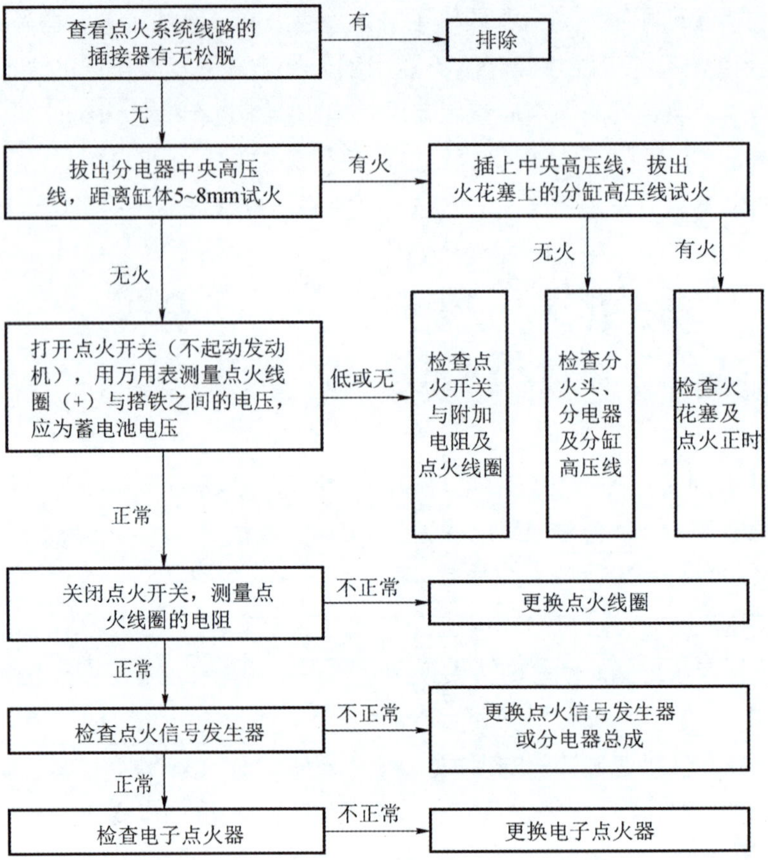

图 4.25　电子点火系统故障诊断的一般程序

任务实施

为解决情境导入中桑塔纳 GLi 轿车发动机无着火迹象的问题，可按下述方式组织实施任务。

任务单元	项目 4.3　点火系统常见故障的诊断	学时	2
任务目的	1．熟悉点火系统的常见故障。 2．掌握点火系统常见故障的诊断方法		
技能要求	1．正确判断点火系统的常见故障。 2．准确排除点火系统故障		
设备器材	1．汽车或发动机台架 5 台。 2．常用检测工具 5 套。 3．常用工具 5 套		

续表

任务单元	项目 4.3　点火系统常见故障的诊断	学时	2
操作准备	1. 将设备与器材分别放于 5 个小组。 2. 将“任务工单”分发给每位学生		
注意事项	1. 保持设备完好。 2. 遵守操作规程		
实施过程	1. 教师给学生讲解。 2. 通过学生猜想和模拟操作，教师引导学生对点火系统各元件进行检测。 3. 学生分组学习。 (1) 教师设置故障，让学生排除。 (2) 让学生自己相互设置和排除故障，熟悉原理和方法。 4. 解决学生遇到的问题。 5. 让学生将相关结果记录于“任务工单”。 6. 监督学生按要求完成任务，并指导学生进行正确的操作		

任务评价

评价与考核项目		评价与考核标准	配分	得分
知识点	点火系统的作用及主要组成元件的结构特点和工作原理	熟知点火系统的作用及各元件的工作原理	15	
	点火系统的工作原理	掌握点火系统的工作原理	5	
	点火系统的使用与检修方法	掌握点火系统的使用及检修方法	20	
技能点	点火元件在实车的位置	能识别汽车上的点火系统各元件	5	
	分电器结构拆装	能正确拆装分电器总成	10	
	点火系统电路图	能正确绘制点火系统电路图	5	
	点火正时的检测	能判断点火正时是否正确	5	
	点火系统各元件的检测	能正确检测点火系统各元件	10	
	点火系统的故障诊断	会判断处理点火系统常见故障	10	
情感点	纪律与劳动	不迟到、不早退，实训主动、积极、认真	5	
	职业道德与敬业精神	具备良好的道德标准、道德情操与道德品质；能认真对待实训、明确职责、勤奋努力	5	
	团结协作与创新精神	能与同学和谐相处、互补互助、协调合作，充分发挥自己的个性，圆满完成实训任务；能够综合运用自己的知识、信息、技能和方法，对遇到的问题能提出新方法、新观点	5	
合计			100	

任务工单

任务名称	点火系统的故障诊断与检修			任务成绩	
学生姓名		班级		学号	
实训时间		实训地点		所在组号	

资讯

一、填空题

1. 发动机点火系统按其组成及产生高压电方式的不同分为________、________和________。

2. 汽车分电器由________、________、________和________等组成。

3. 磁脉冲式信号转子凸齿与线圈铁心之间的间隙一般为________。

4. 配电器的作用________。

5. 火花塞由________、________、________及________等主要部件组成。

6. 一般六缸发动机的点火顺序为________。

7. 影响点火提前角的因素有________、________、________。

二、选择题

1. 对于“发动机对点火系统的要求”来说，下列说法错误的是（　　）。

A. 当发动机的工况发生变化时，点火提前角要随之变化

B. 火花塞跳火时，要有足够的能量

C. 按气缸工作顺序点火

D. 点火系统产生的高压电要达到 100 ～ 200V

2. 当发动机转速提高时，点火提前角应（　　）。

A. 变大　　B. 变小　　C. 不变　　D. 不能确定

3. 当发动机负荷增大时，点火提前角应（　　）。

A. 变大　　B. 变小　　C. 不变　　D. 不能确定

4. 蓄电池点火系统的每一点火过程可以划分的 3 个阶段是（　　）。

A. 触点闭合→火花放电→触点张开

B. 触点闭合→触点断开→火花放电

C. 触点断开→触点闭合→火花放电

5. 无分电器式电子点火系统中，点火提前角由（　　）来确定。

A. 发动机电子控制单元 ECU　　B. 点火模块

C. 真空提前装置　　D. 离心提前装置

6. 开磁路点火线圈高压绕组又称为（　　）次绕组，常绕在（　　）层；低压绕组称为（　　）次绕组，通常绕在（　　）层。

A. 二，外，一，内　　B. 二，内，一，外

C. 一，外，二，内　　D. 一，内，二，外

7. 点火线圈附加电阻是（　　）。

A. 正温度系数热敏电阻　　B. PTC 元件

C. 负温度系数热敏电阻　　D. 碳膜电阻

8. 附加电阻通常与点火线圈（　　）相连，采用（　　）连接方式?

A. 一次绕组，并联　　B. 一次绕组，串联

C. 二次绕组，并联　　D. 二次绕组，串联

续表

资讯

三、判断题

1. 发动机转速升高时，点火提前角应增大。　(　　)
2. 发动机负荷减小时，点火提前角应减小。　(　　)
3. 使发动机产生最大功率，不损失能量就应在活塞到达上止点时点火。　(　　)
4. 点火过迟会使发动机过热。　(　　)
5. 火花塞间隙过小，高压火花变弱。　(　　)
6. 断电器触点间隙过小，易使触点烧坏。　(　　)

四、简答题

1. 对比分析传统点火系统和电子点火系统的特点。

2. 什么是火花塞的热特性？

3. 电子点火系统常见故障有哪些？

计划与决策

请根据任务要求，确定所需要的设备器材，并对小组成员进行合理分工，制定观察电源系统的检查与故障检修计划。

1. 需要的设备器材

____

2. 小组成员分工

____

3. 实施计划

____

实施

1. 分组观察传统点火系统和电子点火系统的各元件，并填写附表4.1。

附表4.1　点火系统元件的观察

点火线圈		分电器			火花塞		
型号	接柱方式	型号	缸数	旋转方向	型号	类型	热特性

2. 分组观察点火系统的连线，熟悉点火系统的工作原理。

续表

<table>
<tr>
<td>实施</td>
<td>
3．分组对点火系统各元件进行检测，并填写附表 4.2。

附表 4.2　点火系统元件的检测

<table>
<tr><td rowspan="2">点火线圈
型　号</td><td colspan="2">一次绕组电阻 /Ω</td><td colspan="2">二次绕组电阻 /Ω</td><td rowspan="2">结果分析</td></tr>
<tr><td></td><td></td><td></td><td></td></tr>
<tr><td></td><td></td><td></td><td></td><td></td><td></td></tr>
<tr><td></td><td></td><td></td><td></td><td></td><td></td></tr>
<tr><td></td><td></td><td></td><td></td><td></td><td></td></tr>
</table>

4．分组练习诊断电子点火系统故障，并填写附表 4.3。

附表 4.3　点火系统的故障诊断

<table>
<tr><td>故障现象</td><td>诊断方法</td><td>故障原因</td></tr>
<tr><td></td><td></td><td></td></tr>
<tr><td></td><td></td><td></td></tr>
<tr><td></td><td></td><td></td></tr>
</table>
</td>
</tr>
<tr>
<td>检查与评价</td>
<td>
以小组为单位对完成任务情况进行评价（包括自我评价、小组评价、教师评价）。
1．是否完成了所有观察项目和检修项目？是否有漏项？
自我评价：
小组评价：
教师评价：
2．点火系统的观察、检查、检修计划制定是否合理？
自我评价：
小组评价：
教师评价：
3．附表填写是否详细、准确？
自我评价：
小组评价：
教师评价：
</td>
</tr>
</table>

注：出现安全事故，或不按规范操作而损坏仪器、设备的，此任务成绩计 0 分。

拓展与提升

微机控制点火系统

1．概述

发动机的最佳点火提前角与转速、负荷、水温、进气温度、空燃比、燃油的辛烷值等运行参数和使用因素有关。传统点火系统和无触点点火系统只考虑转速和负荷两种因素，用真空和机械离心的方法对点火提前角进行调节，由于机械调节的滞后、磨损等自身局限性，而与发动机所要求的理想点火特性相差甚远。20 世纪 20 年代后期得到广泛应用的微机控制点火系统，实现了点火提前角的自动控制，即根据发动机的工况对点火提前角进行适时控制。

微机控制点火系统具有响应速度快、运算和控制精度高、抗干扰能力强等优点，使发动机在各种工况和使用条件下的点火提前角都与相应的最佳点火提前角比较接近，并且不存在机械磨损等问题，使发动机的性能得到进一步改善和更加充分的发挥。因此，微机控制点火系统是继无触点的普通电子点火系统之后，点火系统发展的又一次飞跃。

微机控制点火系统按是否配有分电器分为有分电器微机控制点火系统和无分电器微机控制点火系统两种。

2．微机控制点火系统的组成与工作原理

1）微机控制点火系统的组成

微机控制点火系统是点火系统发展的重大突破，其最大成功在于取消了机械点火提前调节装置，实现了点火提前角的微机自动控制。目前，微机控制点火系统在设计和结构上，随着汽车生产厂家、生产年代不同都有所不同，但基本结构大同小异，一般由各类传感器、电子控制单元（ECU）和点火执行器三部分组成。系统的组成如图 4.26 所示。有分电器的微机控制点火系统中点火执行器是由电子点火器、点火线圈、分电器及火花塞组成的。

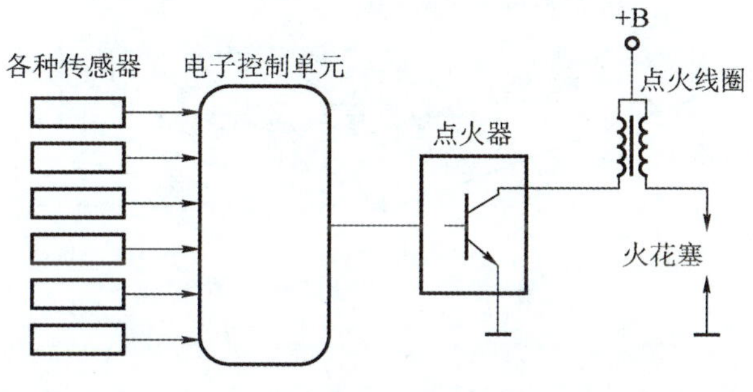

图 4.26　微机控制点火系统组成示意图

（1）传感器。传感器主要用于检测反馈发动机工况信息，为 ECU 提供点火提前角的控制依据。其中，最主要的传感器是转速传感器、曲轴位置传感器和空气进气量传感器。

（2）ECU。ECU 是点火系统的控制中枢，其作用是根据发动机各传感器的输入信息及内存数据进行运算、处理、判断，然后输出指令（信号），控制执行器（点火器）的动作，达到快速、准确控制发动机工作的目的。

（3）点火器。点火器为 ECU 的执行机构，它根据 ECU 输出的指令（信号），通过内部大功率管的导通与截止，控制一次电流的通断，完成点火工作。有些点火器还具有恒流控制、

闭合角控制、气缸判别和点火监视等功能。

2）微机控制点火系统的工作原理

发动机运行时，ECU 不断采集发动机的转速、负荷、冷却液温度、进气温度等信号，并与微机内存储器中预先存储的最佳控制参数进行比较，确定出该工况下最佳点火提前角和一次电路的最佳导通时间，并以此向点火控制模块发出指令。

点火控制模块根据 ECU 的点火指令，控制点火线圈一次回路的导通和截止。当电路导通时，有电流从点火线圈中的一次绕组流过，点火线圈此时将点火能量以磁场的形式储存起来。当一次绕组中的电流被切断时，二次绕组中将产生很高的感应电动势（15 ～ 30kV），送到工作气缸的火花塞，点火能量被瞬间释放，并迅速点燃气缸内的混合气，发动机完成做功过程。

3）微机控制点火系统的控制功能

（1）点火提前角控制。在 ECU 的 ROM 中存储着点火提前脉谱图，如图 4.27 所示。该图包含每个发动机工况点的点火提前角，这个点火提前角是在设计发动机时按照预定的准则要求，对燃油消耗、转矩、排放污染、距爆燃极限的安全余量、发动机温度及车辆的行驶性能等优化处理后得到的。根据实际需要，完整的点火脉谱图包含 1000 ～ 4000 个独立的、可重复使用的点火提前角数值。

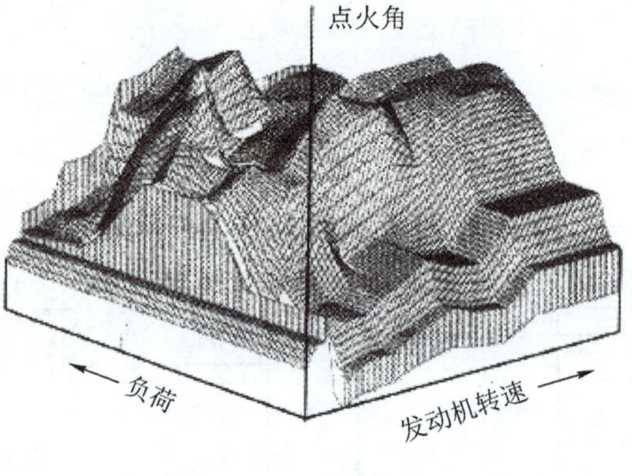

图 4.27　点火提前脉谱图

发动机工作时，ECU 综合各传感器的输入信息，从 ROM 中选出最适当的点火提前角，再根据曲轴转速与位置传感器和凸轮轴位置传感器（同步信号传感器、判缸传感器）的信号，控制大功率晶体管的导通与截止，即控制点火线圈一次电流的通与断。

下面以 NISSAN 公司的 ECCS（电子控制发动机系统）点火系统为例加以叙述。

例如，在某种运转工况下，ECU 选出的最佳点火提前角是 30°。因曲轴转速与位置传感器的 120°信号是在上止点前 70°时发出的，因此，ECU 在接收到 120°信号时，即可知道某缸活塞处于压缩上止点前 70°的位置。又因为 ECU 在 120°信号输入以后，再经过 4°的曲轴转角才开始计数 1°信号。因此，当 ECU 计数到 36 个 1°信号后，在第 37 个 1°信号输入的同时，截止大功率管切断一次电路。

又如，在电源电压为 14V 时，导通时间为 5ms。若此时曲轴转速为 2000r/min，则导通时间相当于 60°的曲轴转角。因为六缸发动机的发火间隔角为 120°，所以在大功率管截止期间，曲轴转过角度为 120° −60° =60°。因此，ECU 从大功率管截止时开始计数 1°信号，当数到第 61 个 1°信号时，大功率管开始导通，如图 4.28 所示。

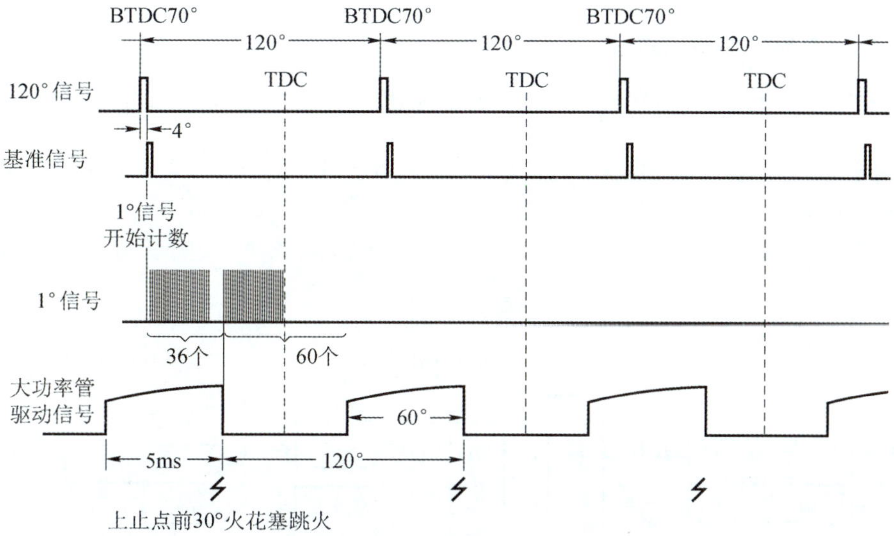

图 4.28　点火提前角为 30° 、曲轴转速为 2000r/min、导通时间为 5ms 时的点火控制原理

在微机控制点火系统中，点火提前角的控制按照发动机起动期间和正常运行工况期间两种基本工况实现控制。发动机正常运行期间，ECU 要根据实测的有关发动机各种工况信息确定最佳点火提前角。最佳点火提前角包括基本点火提前角和修正点火提前角。修正点火提前角又包括暖机修正、过热修正和怠速稳定修正。

（2）通电时间控制。根据点火原理，微机控制的点火系统点火线圈的一次电路被接通后，其一次电流是按指数规律增长的，一次断开电流直接影响点火能量和二次电压的最大值 U_{2max}。一次电路被断开瞬间，一次电流所能达到的值（即断开电流）与一次电路接通的时间长短有关。只有通电时间达到一定值时，一次电流才可能达到饱和，进而获得较高的二次电压。因此，必须保证有足够的通电时间。但如果通电时间过长，点火线圈又会发热并使电能消耗增大。考虑到上述两方面的要求，必须要控制一个最佳通电时间。

对通电时间进行控制就是对点火闭合角进行控制。系统对闭合角进行控制，ECU 的内存中存储了根据电源电压和发动机转速确定的点火闭合角三维数据表格。ECU 通过查找表格内的数据，即可计算确定最佳的点火闭合角。

另外，蓄电池电压变化也会影响一次电流，如蓄电池电压下降时，在相同的通电时间里一次电流所达到的值将会减小，因此必须对通电时间进行修正。

（3）爆燃控制。汽油发动机获得最大功率和最佳燃油经济性的有效方法之一是增大点火提前角，但是点火提前角过大又会引起发动机爆燃。爆燃的主要危害一是噪声大，二是导致发动机使用寿命缩短甚至损坏，发动机在大负荷状态工作时，这种可能性更大。消除爆燃最有效的方法就是推迟点火提前角。理论与实践证明：剧烈的爆燃会使发动机的动力性和经济性严重恶化，而当发动机工作在爆燃的临界点或有轻微的爆燃时，发动机热效率最高，动力性和经济性最好。因此，利用点火提前角的爆燃控制能够有效地控制点火提前角，从而使发动机工作在爆燃的临界状态。

3．微机控制点火系统的类型

微机控制点火系统主要有两种形式：有分电器微机控制点火系统和无分电器微机控制点火系统。

1）有分电器微机控制点火系统

有分电器微机控制点火系统一般由传感器、微机控制器、点火执行器等组成，如图 4.29 所示。

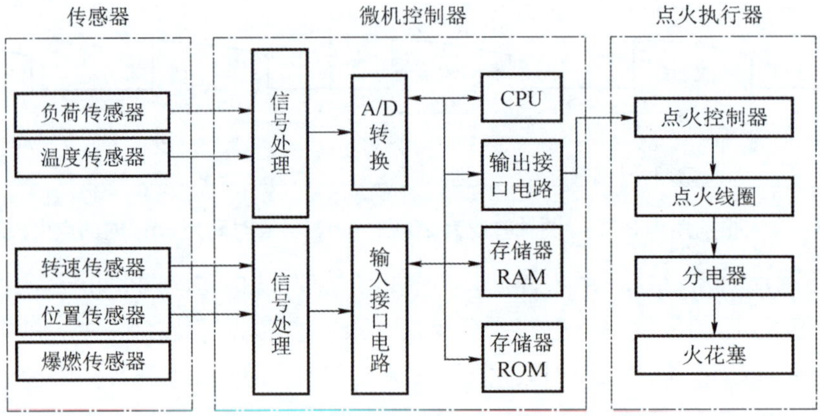

图 4.29　有分电器微机控制点火系统

在微机控制的有分电器点火系统中，分电器唯一的用途是产生一次电路的开关信号和把二次电压分配到各个火花塞。这种机械配电方法具有点火能量损失大、高速时火花能量不易保证、电磁干扰严重、易产生漏电和磨损后影响点火正时的缺陷。

桑塔纳 GLi、红旗 CA7220E 型轿车和切诺基 Cherokee 吉普车点火系统都采用了这种配电方式。

2）无分电器微机控制点火系统

无分电器点火系统［丰田公司称为 DLI（Distributor-less Ignition System），通用公司称为 DIS（Direct Ignition System）］取消了传统的分电器，没有分火头和分电器盖，它将点火线圈产生的高压电直接输送给火花塞，因此又称微机控制直接点火系统。我国一汽大众生产的部分奥迪轿车和捷达轿车、上海大众汽车公司生产的部分桑塔纳 2000 型轿车等也相继采用了无分电器点火系统。无分电器点火系统正逐步成为点火系统的主流。

无分电器微机控制点火系统由低压电源、点火开关、微机控制单元（ECU）、点火控制器、点火线圈、火花塞、高压线和各种传感器等组成。有的无分电器点火系统还将点火线圈直接安装在火花塞上方，取消了高压线。

无分电器微机控制点火系统有二极管分配式和点火线圈分配式两大类。

（1）二极管分配式。二极管分配式是利用二极管的单向导通特性，对点火线圈产生的高压电进行分配的同时点火的方式。与二极管分配式相配的点火线圈有两个一次绕组、一个二次绕组，相当于是共用一个二次绕组的两个点火线圈的组件。二次绕组的两端通过 4 个高压二极管与火花塞组成回路，其中配对点火的两个活塞必须同时到达上止点，即一个处于压缩行程上止点时，另一个处于排气行程上止点。ECU 根据曲轴位置等传感器输入的信息，经计算、处理，输出点火控制信号，通过点火控制器中的两个大功率晶体管，按点火顺序控制两个一次绕组的电路交替接通和断开。利用 4 个高压二极管的单向导电性，交替地对 1、4 缸和 2、3 缸进行点火，如图 4.30 所示。由于点火线圈有两组一次绕组，且电流方向相反，所以点火时在二次绕组产生的电压极性相反。当功率晶体管 VT_1 截止时，点火线圈二次绕组产生上正下负的高压电，这时，高压二极管 VD_1、VD_4 导通，1、4 缸火花塞跳火；当功率晶体管 VT_2 截止时，点火线圈二次绕组产生下正上负的高压电，这时，高压二极管 VD_2、VD_3 导通，2、3 缸火花塞跳火。

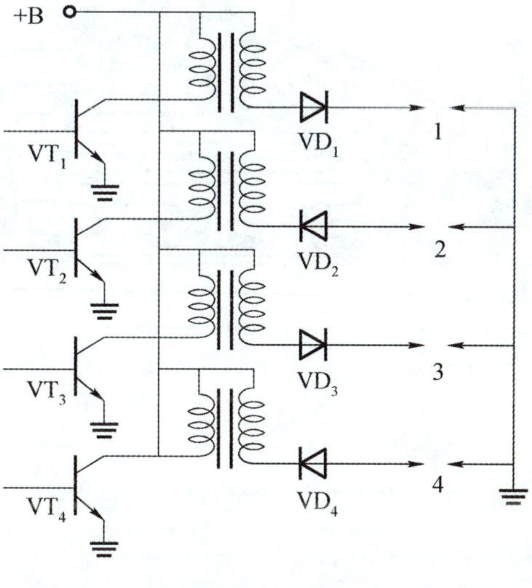

图 4.30　二极管分配式无分电器微机控制点火系统

二极管分配式与同时点火方式具有相同的特点，但对点火线圈的要求更高。二极管分配式配用的点火线圈有两个一次绕组（或一个一次绕组被中心抽头分成两个部分，组成两个一次绕组）和一个二次绕组。二次绕组有两个输出端，每个输出端又分别接两个方向相反的高压二极管，这样二次绕组通过 4 个高压二极管与火花塞组成回路；两个一次绕组的电路由点火控制器中的两个大功率晶体管控制轮流接通和断开。点火线圈有两种形式：一种是点火线圈只包含一次绕组和二次绕组，不包含高压二极管，高压二极管装在火花塞上方，便于高压二极管检修，点火线圈有两个高压插座；另一种是点火线圈既包含一次绕组和二次绕组，又包含 4 个高压二极管，点火线圈有 4 个高压插座，这种结构有利于简化线路结构，高压线连接简便，但是一旦有一个高压二极管损坏，点火线圈就需要更换。

(2) 点火线圈分配式。点火线圈分配式无分电器点火系统是将来自点火线圈的高压电直接分配给火花塞，有单独点火和同时点火两种方式。

① 单独点火方式。BOSCH 公司于 1983 年开发并采用了单独点火方式，即一个火花塞配用一只点火线圈。这种点火方式的优点如下：

a. 由于可以取消高压导线，将点火线圈直接安装在火花塞顶上，因此能量损失小，电磁干扰也大大减少。

b. 特制的点火线圈的充放电时间极短，能在高达 9000r/min 的宽转速范围内，提供足够的点火电压和点火能量。

单独点火方式特别适合在双凸轮轴发动机上配用，点火线圈安装在两根凸轮轴中间，每个点火线圈压装在各缸火花塞上，在布置上很容易实现。奥迪轿车四气门五缸发动机点火线圈的安装：每个点火线圈通过导向座用 4 个螺钉固定在气缸盖的盖板上，然后扣压到各缸火花塞上，如图 4.31 所示。

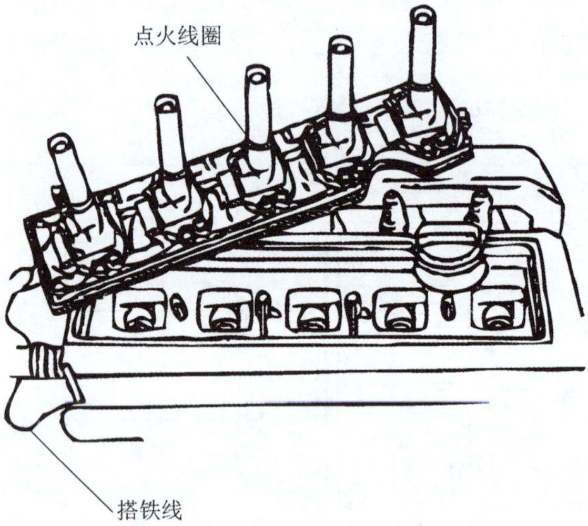

图 4.31 奥迪五缸发动机点火线圈的安装

② 同时点火方式（浪费火花的点火方式）。所谓同时点火方式是指，两个点火线圈有两个高压输出端，它们分别与两个火花塞相连，同时为两个气缸点火，如图 4.32 所示。这种方式要求共用一个点火线圈的两个气缸的工作相位差 360°曲轴转角，这样一缸火花塞在压缩上止点跳火的同时，另一缸则在排气上止点跳火。由于压缩缸内的压力高，所需的击穿电压也较高；而排气缸内的压力很小，并且在燃烧末期气体中有导电离子存在，使得火花塞很容易跳火，能量损失小。因此，跳火时的大部分电压降都加在压缩缸的火花塞上，从而保证了压缩缸的正常点火。

在大功率晶体管导通的瞬间，点火线圈的二次绕组会产生大约 1000V 的电压。由于无分电器点火系统没有附加的配电器间隙，1000V 电压全部作用在火花塞上。如果此时活塞正处于进气行程末期与压缩行程初期之间，缸内的压力较小，则很可能使火花塞跳火，产生回火现象，造成发动机不正常运转。为了防止这种现象的产生，在电路中串联一个二极管，如图 4.32（b）所示。当大功率管导通时，由于二极管的反向截止功能，1000V 的高压电无法使火花塞跳火。而当大功率管截止时，高压电可顺利地通过二极管使火花塞跳火。

双缸同时点火方式只用于气缸数为双数的发动机上。图 4.32（c）所示是四缸发动机双缸同时点火方式。发动机采用同时点火方式时，点火线圈实际是由若干个相互屏蔽的、独立的点火线圈组装起来形成的一个点火线圈组件。每个独立的点火线圈一次绕组的一端通过点火开关与电源正极相连，另一端点火由控制器的大功率晶体管控制搭铁；二次绕组两端分别接到两个气缸的火花塞上，使两个气缸的火花塞同时跳火。

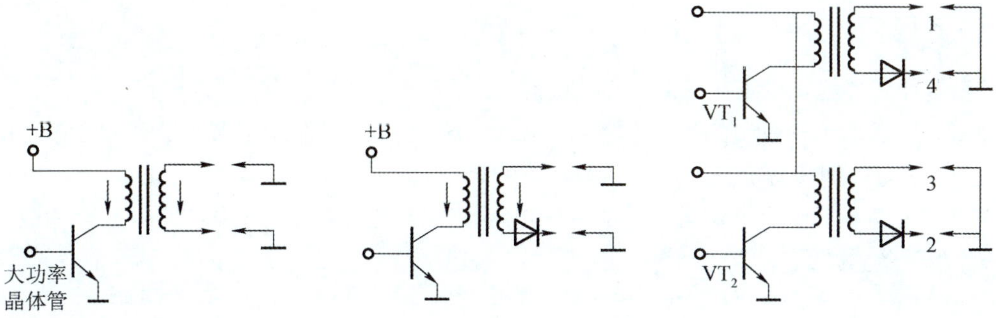

（a）双缸点火时的放电电路　（b）高压二极管的作用　（c）四缸发动机的两个点火线圈

图 4.32　双缸同时点火方式示意图

学习任务 5　照明与信号系统的结构原理与检修

任务目标

了解：照明与信号系统在车上的安装位置。

掌握：照明与信号系统的组成及各主要部件的作用及工作原理；各主要部件在车上的拆装方法；前照灯的调整方法。

学会：正确分析照明与信号系统的系统电路图；掌握照明与信号系统常见故障的故障原因及排除故障的方法。

任务描述

照明与信号系统涉及行车和驾驶的安全，由于使用、维护、调整方法不当，常常会出现灯光不亮、线路老化及接触不良等故障。为了合理使用照明与信号系统，延长前照灯、闪光器、电喇叭等部件的使用寿命，必须了解它们的结构原理，熟悉其正确的检查、维护与调整方法，并掌握常见故障的诊断方法。

学时计划

项目	项目内容	参考学时			
		教学学时	实训学时	小计	合计
5.1	照明系统的结构原理与检调	3	1	4	10
5.2	转向信号系统的结构原理与检修	1	1	2	
5.3	制动与倒车信号系统的结构原理	0.5	1	1.5	
5.4	电喇叭的结构原理与检调	1	1	2	
拓展与提升	前照灯新技术	0.5	0	0.5	

项目 5.1　照明系统的结构原理与检调

情境导入

2012 年 12 月 20 日，车主李先生来到汽车 4S 店反映，他的汽车前照灯亮度和照明距离不够，售后服务经理递交给学员一个检测、维修前照灯系统的任务，要求检查各零部件是否正常，确定是否可再用。如果可用，则进行拆检、调整，并排除前照灯出现的故障。制订检修计划，得到经理确认后，完成此任务，提交一份分析报告并归档。

理论引导

为了保证行车安全，在汽车上都装有多种照明及信号设备。汽车照明及信号装置构成了汽车电气设备中一个独立的电路系统。一般轿车有 15 ~ 25 个外部照明灯和约 30 个内部照明灯。这就说明了该系统在现代汽车上的重要作用。

前部照明灯的安装位置如图 5.1 所示，后部照明灯的安装位置如图 5.2 所示。外部照明灯主要有前照灯、雾灯、牌照灯、倒车灯等；内部照明灯主要有仪表灯、阅读灯、顶灯等。在所有照明装置中，前照灯是最重要的照明装置。

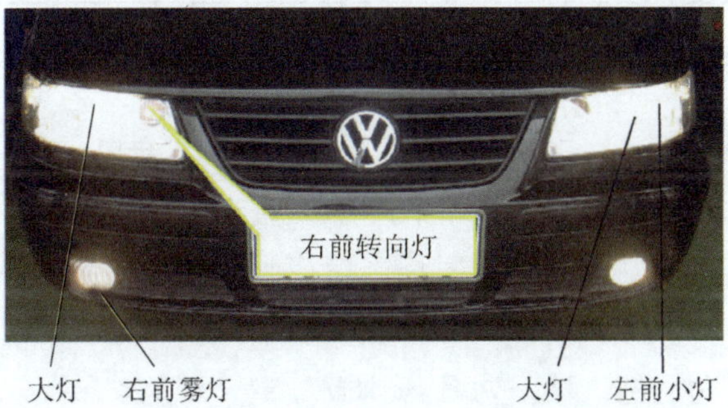

图 5.1　前部照明灯的安装位置

图 5.2　后部照明灯的安装位置

常见的照明灯及信号灯工作时的特点及用途见表 5.1 和表 5.2。

表 5.1 常见照明灯工作时的特点及用途

种类	外部照明灯			内部照明灯		
	前照灯	雾灯	牌照灯	顶灯	仪表灯	行李箱灯
工作时的特点	白色常亮，远近光变化	黄色常亮	白色常亮	白色常亮	白色常亮	白色常亮
用途	为驾驶员安全行车提供保障	雨、雪、雾天保证有效照明及提供信号	用于夜间照亮汽车尾部牌照	用于夜间车内照明	用于夜间照亮仪表	用于夜间行李箱的照明

表 5.2 常见信号灯工作时的特点及用途

种类	外部照明灯					内部照明灯	
	转向灯	示宽灯	停车灯	制动灯	倒车灯	转向指示灯	其他指示灯
工作时的特点	琥珀色交替闪烁	白色或黄色常亮	白色或红色常亮	红色常亮	白色常亮	白色闪亮	白色常亮
用途	告知路人或其他车辆将转弯	标志汽车宽度轮廓	表明已减速或者将停车	用于警告尾随的车辆，防止追尾	告知路人或其他车辆将倒车	提示驾驶员车辆的行驶方向	提示驾驶员车辆状况

5.1.1 照明与信号系统的组成和用途

照明与信号设备除了美观、实用外，还必须满足两个要求，一个是保证运行安全，另一个是符合交通法规。汽车照明与信号系统的基本组成如下：

（1）前照灯：又称前大灯、头灯，其任务是夜间运行时照亮道路，功率为 40 ～ 60W。

（2）小灯：又称驻车灯、示廓灯，其任务是汽车夜间行车或停车时，标示车辆轮廓或存在，前小灯为白色，后小灯为红色，功率为 5 ～ 10W。

（3）牌照灯：安装在汽车尾部的牌照上方，灯光为白色，其作用是夜间照亮汽车牌照，功率为 5 ～ 15W。

（4）仪表灯：安装在汽车仪表上，用于夜间照亮仪表，灯光为白色，功率为 2 ～ 5W。

（5）顶灯：安装在驾驶室的顶部，其作用是驾驶室内部照明，灯光为白色，功率为 5 ～ 8W。

（6）雾灯：其作用是雨、雾天气用来照明，灯光为黄色，因为黄色有良好的透雾性，功率为 35 ～ 55W。

（7）转向信号灯：又称方向指示灯，简称转向灯。安装在汽车的前、后、左、右四角，有独立式、一灯两用式和组合式等几种。

转向信号灯的作用是在汽车转弯时，发出明暗交替的闪光信号，使前后车辆、行人、交通警察知其行驶方向。转向灯的灯光为橙色，后转向灯也可以为红色，灯泡的功率一般不小于 20W。

对转向灯光的射角范围，国家标准有明确要求，即偏离灯具轴线左、右 5°时，可指示 35m 以远的距离；当偏角为 30°时，则应指示 10m 以远的距离。

（8）制动灯：又称刹车灯，安装于汽车后面，其作用是在汽车制动停车或制动减速行驶时，向后车发出灯光信号，以警告尾随的车辆，防止追尾。灯光为红色，功率为 20W 以上。

（9）倒车灯：其作用有两个，一个是向其他的车辆和行人发出倒车信号，另一个是夜间倒车照明，灯光为白色，功率为 20W。

（10）指示灯：指示某一系统是否处于工作状态，灯光为绿色、橙色、白色，功率为 2W，如远近光指示灯、转向指示灯、雾灯工作指示灯、空调工作指示灯、驻车制动指示灯（红色）、收放机工作指示灯、自动变速器操作手柄位置指示灯等。

（11）警告灯：安装在仪表板上，其作用是监测汽车各系统的技术状况，当某一系统出现异常情况时，对应的警告灯亮，提醒驾驶员该系统出现故障，灯光为红色或黄色，功率为 2W，如发动机故障警告灯、机油压力警告灯、冷却液温度警告灯等。

此外，还有工作灯、门灯、踏步灯、行李箱灯、阅读灯、电喇叭、蜂鸣器等。

国产主要车型各种照明及灯光信号的灯泡功率配用情况见表 5.3。

表 5.3　国产主要车型各种照明及灯光信号的灯泡功率配用情况

汽车型号	电压/V	功率/W								
		前照灯		示宽灯	转向灯	牌照灯	制动灯	仪表灯	顶灯	其他灯具
		远光	近光							
切诺基	12	55	45	3.8	6.1	4.9	26.9	2.7	—	尾灯 6.1，警告灯 1.4
CA1091	12	外侧 60、55	55	5	21	5	21	2	5	后尾灯兼倒车灯 21，临时停车示宽灯 3
EQ1090	12	50	35	20	20	8	20	2	5	前照灯 28，后照灯 28，工作灯 20，发动机舱照明灯 8
BJ2020	12	50	40	8	20	8	20	2	5	防空与防雾灯 35，工作灯 8，阅读灯 2
NJ130	12	50	40	8	20	8	20	2	5	工作灯 20
NJ150	12	50	40	8	20	8	20	2	5	防雾灯 35，侧示宽灯 8

5.1.2 前照灯

1. 对前照灯的要求

由于前照灯的照明效果直接影响夜间的行车安全，故世界各国都以法律的形式规定了前照灯的照明标准，以确保夜间行车时的交通安全。其基本要求如下：

（1）汽车前照灯的夜间照明必须保证车前 100m 以内的路面上有明亮而均匀的光照，使驾驶员能够看清车前 100m 以内的路面情况。随着汽车行驶速度的提高，对汽车前照灯照明距离的要求也将相应增加，现代高速汽车的照明距离应达到 200 ～ 250m 及以上。

（2）前照灯应具有防眩目的装置，以免夜间两车相会时，使对面汽车驾驶员眩目而肇事。

2. 前照灯的结构

前照灯的光学组件由灯泡、反射镜和配光镜三部分组成。

1）灯泡

目前汽车前照灯的灯泡有两种：充气灯泡和卤钨灯泡，其构造如图 5.3 所示。

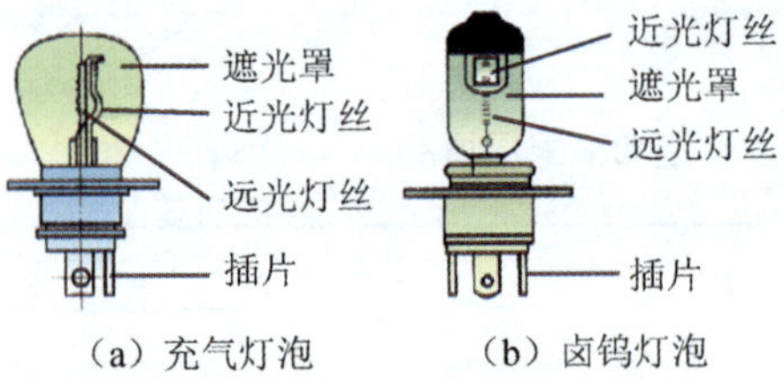

图 5.3 前照灯灯泡的结构

（1）充气灯泡。充气灯泡采用钨丝作为灯丝，灯泡内充满氩和氮的混合惰性气体。在灯泡工作时，由于惰性气体受热后膨胀会产生较大的压力，这样可减少钨的蒸发，从而延长灯泡的使用寿命，而且还使灯丝温度升高，提高了发光效率。

（2）卤钨灯泡。充气灯泡虽已充入惰性气体，但仍然有少量钨丝蒸发而使灯泡变黑。为了防止钨丝的蒸发，近年来又发明了卤钨灯泡。

所谓卤钨灯泡，就是在充入灯泡的气体中掺入某一卤族元素，如氟、氯、碘等。在灯泡工作时，其内部可形成卤钨再生循环反应：从钨丝上蒸发出来的气态钨与卤族元素反应生成了一种挥发性的卤化钨，它扩散到灯丝附近的高温区后又受热分解，使钨又重新回到灯丝上。被释放出来的卤素继续参与下一次循环反应，如此周而复始地循环下去，从而防止了钨丝的蒸发和灯泡的黑化现象。卤钨灯泡的玻璃由耐高温、高强度的玻璃制成，且灯泡内的充气压力较大，工作温度高，可更有效地抑制钨的蒸发量，延长使用寿命，提高发光效率。在相同功率的情况下，卤钨灯泡的亮度是充气灯泡的1.5倍，使用寿命是充气灯泡的2～3倍。

2）反射镜

反射镜是用薄钢板冲压而成的，如图 5.4 所示。其表面镀银、铬、铝等，然后抛光。反射镜的作用是尽可能多地收集灯泡发出的光线，并将这些光线聚合成很强的光束射向远方。

反射镜的表面形状大多是旋转抛物面，位于反射镜焦点上的灯泡所发出的光线，经反射镜后的情况如图 5.5 所示。无反射镜的灯泡，其光度只能照清周围 6m 左右的距离，而经反射镜反射后的平行光束可照清前方 150m 以上的距离，经反射镜后，尚有少量的散射光线，其中向上方的光线完全无用，向侧方和下方的光线则有助于照明 5 ～ 10m 范围内的路面和路缘。

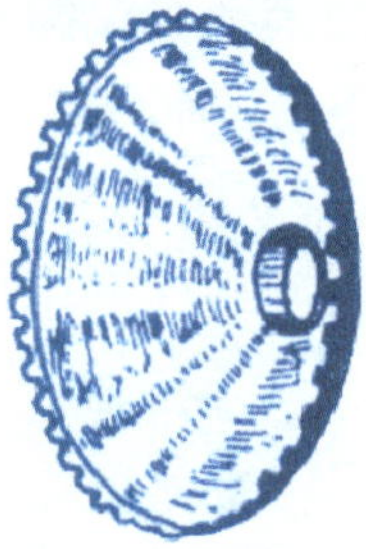

图 5.4　反射镜

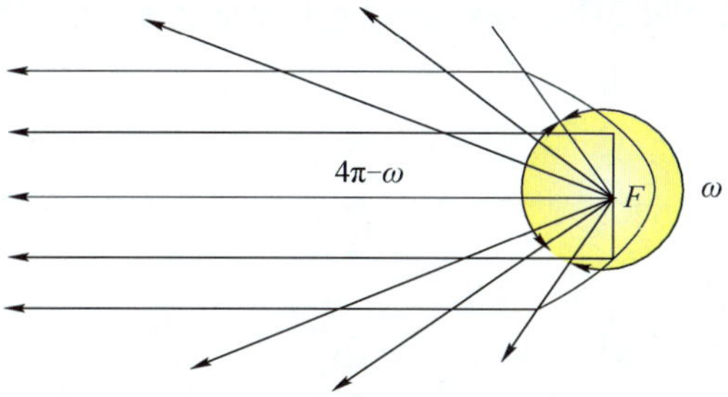

图 5.5　反射镜反射光线的情况

3）配光镜

配光镜也称散光玻璃，是由透明玻璃压制而成的棱镜和透镜的组合体。配光镜的作用是将反射镜反射出的光束进行折射，以扩大光线的照射范围，使车前 100m 以内的路面有良好而均匀的照明。为了弥补具有反射镜的前照灯光束太窄、照明范围不大的缺点，前照灯都采用了配光镜。经配光镜作用后反射光束的分布如图 5.6 所示。

有些国外汽车的配光镜上还设有调整凸块，以便更好地达到均匀配光的效果。

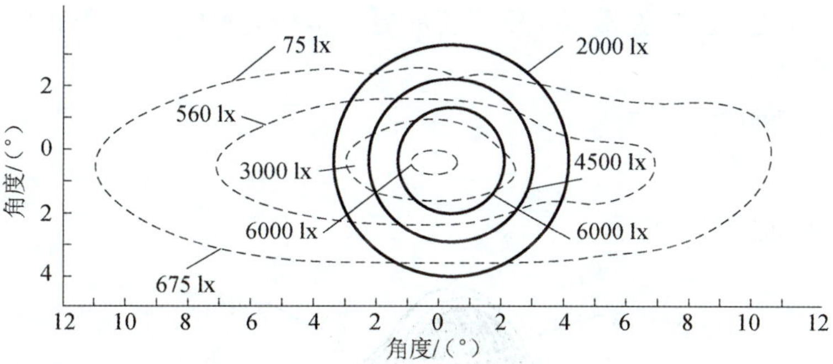

图 5.6　配光镜的光形分配

3. 前照灯的防眩目措施

夜间会车时，前照灯强光会造成迎面驾驶员眩目，而发生交通事故。所以前照灯必须采取有效的防眩目措施。我国交通法规中明确规定：夜间会车，须在距离对面来车 150m 以外关闭远光灯，改用近光灯。

1）采用双丝灯泡

前照灯采用双丝灯泡，远光灯丝位于反射镜的焦点上，功率为 45 ～ 60W；近光灯丝位于反射镜焦点的上方或前方，功率为 20 ～ 50W。这样夜间行车，当对面无来车时，使用远光灯可照亮车前方 150m 以上的路面；当对面来车时，使用近光灯，由于光线较弱，经反射后的光线大部分射向车前的下方，所以可避免使对面驾驶员眩目。

2）采用带配光屏的双丝灯泡

上述双丝灯泡中，近光灯丝射向反射镜下部的光线经反射后，将射向斜上方，仍会使对面的驾驶员轻微眩目。为了克服上述缺陷，在近光灯丝的下方装有金属配光屏。当近光接通时，配光屏能让上部分光线经反射后照亮车前 30m 的路段，而下部分光线则完全被配光屏遮住，无法反射，根本就不会产生眩光。使用远光时，配光屏不起作用，反射光仍直射前方。由于带配光屏的灯泡防眩目效果好，非常可靠，现代汽车几乎全部采用这种灯泡。

3）非对称配光屏双丝灯泡

现在国内又生产了一种新型的防眩目前照灯 WD170F-2 型。其配光屏安装时偏转一定的角度，使其近光的光形分布不对称，符合非对称型配光要求，即联合国欧洲经济委员会制定的 ECE 配光标准。其光形有一条明显的明暗截止线，即上方区 Ⅲ 是一个明显的暗区。该区点 B50L 表示相距 50m 处，迎面驾驶员的眼睛的位置。下方区域 Ⅰ、Ⅱ 、Ⅳ 及右上方 150 内是一个亮区，可将车前面和右方人行道照亮。

4. 前照灯的分类

1）可拆式前照灯

可拆式前照灯由于密封性不好，反射镜易受灰尘和湿气的污染而变黑，严重影响照明效果，目前已很少采用。

2）全封闭式前照灯

全封闭式前照灯又称真空灯，它的反射镜和配光镜制成一体，里面装有灯丝，并充以惰性气体。其结构如图 5.7 所示。

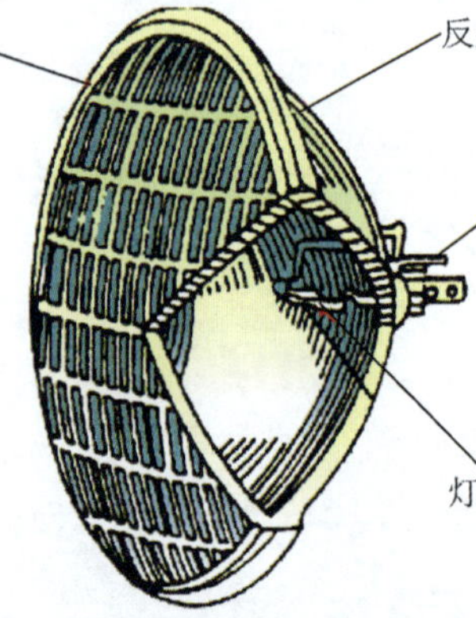

图 5.7　全封闭式前照灯

3）半封闭式前照灯

半封闭式前照灯的结构如图 5.8 所示。其配光镜由反射镜边缘上的齿簧固定在反射镜上。更换灯泡时，不能用手触摸灯泡玻璃壳部分。

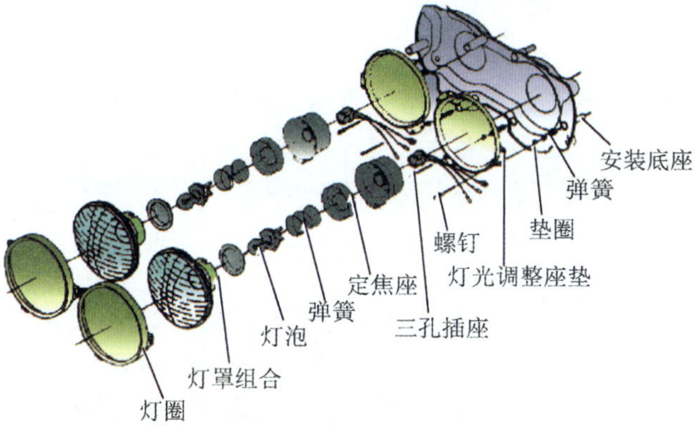

图 5.8　半封闭式前照灯

4）投射式前照灯

如图 5.9 所示，在第二焦点附近设有遮光板，可遮挡上半部分光，形成明暗分明的配光。由于具有这种配光特性，因此投射式前照灯也可作为雾灯。

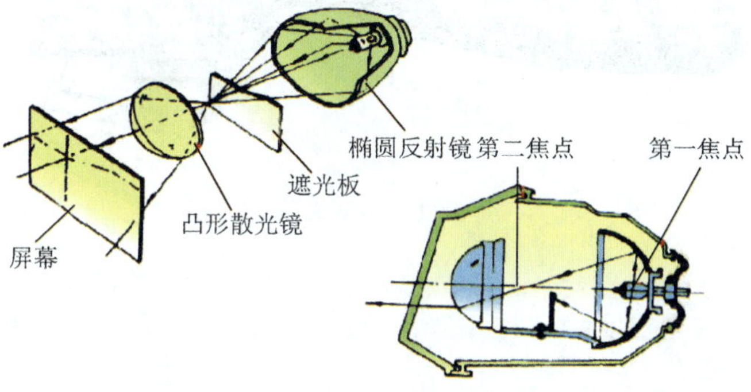

图 5.9　投射式前照灯的结构

5）弧光式前照灯

弧光式前照灯的结构如图 5.10 所示。这种灯的灯泡里没有灯丝，取而代之的是装在石英管内的两个电极，管内充有氙及微量金属（或金属卤化物）。弧光式前照灯由弧光灯组件、电子控制器和升压器三大部分组成。其灯泡的光色和荧光灯相似，亮度是目前卤钨灯泡的 2.5 倍，使用寿命是卤钨灯泡的 5 倍，灯泡的功率为 35W，可节能 40%。

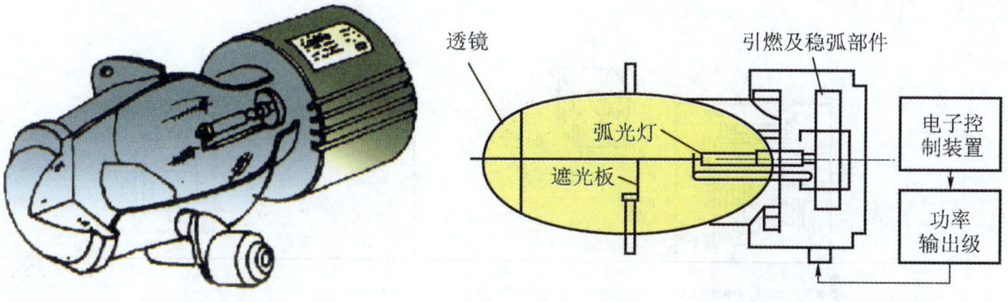

（a）外形　　（b）原理示意图

图 5.10　弧光式前照灯的结构

5．前照灯电路

前照灯电路主要由灯光开关、变光开关、前照灯继电器及前照灯组成。

1）灯光开关

灯光开关的形式有拉钮式、旋转式和组合式等多种，现代汽车上使用较多的是将前照灯、尾灯、灯及变光开关等制成一体的组合式开关，如图 5.11 所示。该组合式开关是丰田汽车使用的组合开关，转动开关端部，便可依次接通尾灯（包括位灯）、尾灯（包括位灯）相前照灯，将开关向下压，便由近光变为远光，将开关向上扳，也可变为远光，其不同之处是，松手后，开关自动弹回近光位置，此位置用来作为夜间行车时的超车信号。前后扳动开关，可使左右转向灯工作。

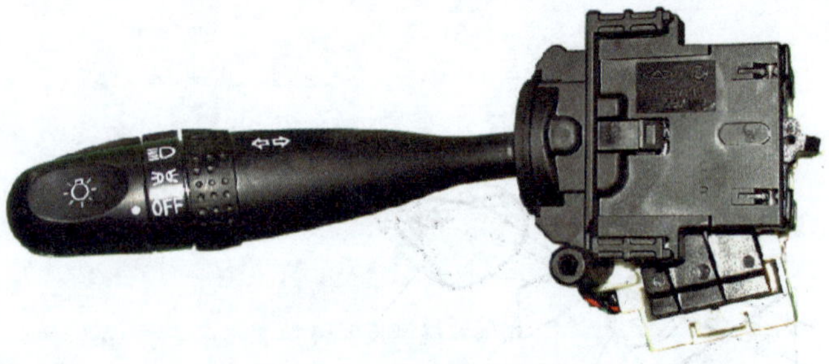

图 5.11　组合式开关

2）变光开关

变光开关可以根据需要切换远光和近光。它有脚踏变光开关和组合式开关两种。普通脚踏变光开关已被淘汰，目前车辆上多采用组合式开关，安装在转向盘下方，便于驾驶员操作。组合式开关的功能前已述及，此处不再重复。

3）前照灯继电器

前照灯的工作电流较大，特别是四灯制的汽车，如用车灯开关直接控制前照灯，车灯开关易烧坏，因此在灯光电路中设有灯光继电器。

图 5.12 为触点常开式前照灯继电器的结构和引线端子。端子 SW 与前照灯开关相连，端子 E 搭铁，端子 B 与电源相连，端子 L 与变光开关相连。当接通前照灯开关后，继电器铁心通电，触电闭合，通过变光开关向前照灯供电。

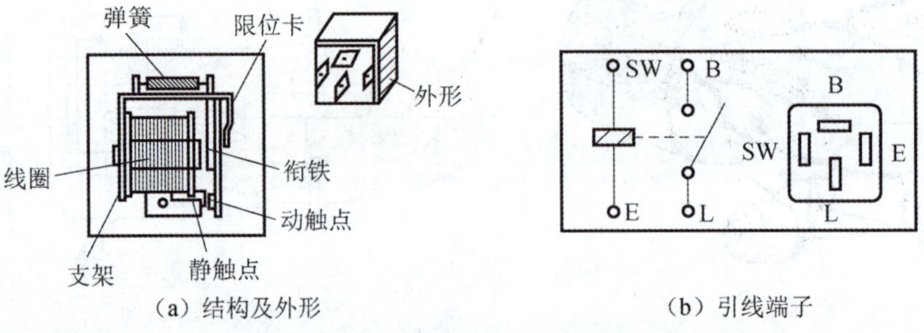

图 5.12　触点常开式前照灯继电器

4）前照灯电路

照明系统的大部分电路是由灯光开关来控制的，最常用的灯光开关一般有 Off（关闭）挡、Park（小灯）挡和 Head（前照灯）挡三个挡位。对大部分车来说，灯光开关上的两个相线接线柱与蓄电池正极直接相连，灯光电路不受点火开关控制，即点火开关在 Off 挡时，灯光开关也能开、关照明电路。

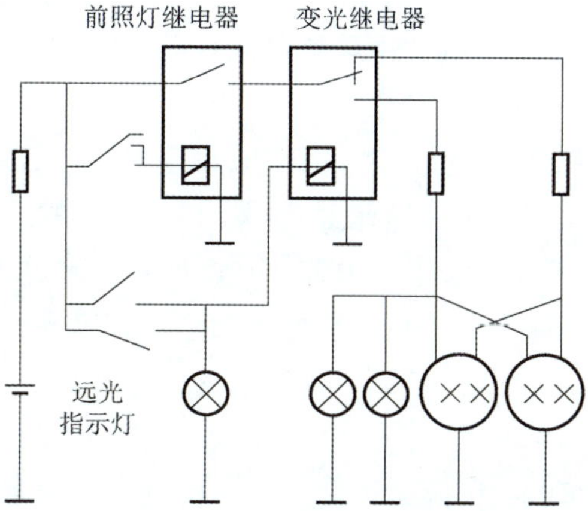

图 5.13　前照灯电路的结构原理

6．前照灯的检测与调整

1）前照灯的检测

在使用前照灯的过程中，会因灯泡老化、反射镜变暗、照射位置不正而使前照灯的发光强度不足或照射位置不正确，影响汽车行驶速度和行车安全，因此必须对前照灯进行检测和调整。

前照灯的发光强度是指光源在给定方向上所能发出的光线强度（单位为坎，符号为 cd）。国家标准 GB 7258—2012《机动车运行安全技术条件》对汽车前照灯远光光束的发光强度有明确的要求，具体标准见表 5.4。

表 5.4　前照灯远光光束发光强度最小值要求　　单位：cd

车辆类型	新注册机动车		在用机动车	
	两灯制	四等制	两灯制	四等制
汽车、无轨汽车	15000	12000	12000	10000
四轮农用运输车	10000	10000	8000	6000

前照灯的发光强度一般用前照灯检测仪进行检测。它的工作原理是光电池受光线照射后产生电动势，再由光度计（实质上是一个电流表）来指示前照灯的发光强度。前照灯的发光强度高，光电池产生的电流大，光度计指示的值就高。前照灯的光束照射位置是光轴中心

相对于前照灯配光镜几何中心在垂直方向偏上或偏下、水平方向偏左或偏右的距离。

对于对称配光特性的前照灯，一般把光束最亮区域的中心作为光轴中心，用此检测光束的照射位置。对于非对称配光特性的前照灯，一般以光束明暗截止线交点或中心作为光轴中心，用此检测光束照射位置。

前照灯的远光一般都采用对称式配光，光形分布具有水平方向宽、垂直方向窄等特点。我国规定：前照灯的近光采用非对称式配光，光形分布是近光光束最亮部分向右下方向偏移，在配光屏幕上具有明显的明暗截止线。用屏幕可以检测前照灯的光束照射位置。国家标准对汽车前照灯光束照射位置的规定如下：

在检验前照灯近光光束的照射位置时，被测车辆空载（允许乘坐一名驾驶员），轮胎气压正常，汽车正对屏幕 10m 处，光束明暗截止线转角或中心的高度应为 0.6 ～ 0.8H（H 为前照灯中心高度），其水平方向位置向左偏或向右偏均不得超过 100mm。四灯制前照灯远光单束灯的调整。要求在屏幕上光束中心离地面高度为 0.85 ～ 0.90H，水平位置要求左灯向左或向右偏均不得大于 170mm。前照灯光束照射位置不符合规定要求时，应利用上下、左右调整螺钉进行调整，装用远、近双丝灯的前照灯以调整近光光束为主。

用屏幕只能检测前照灯的光束照射位置，不能检测发光强度。目前汽车维修企业和汽车检测站广泛采用前照灯检测仪来检测前照灯的发光强度和光束照射位置，据此来检验和调整汽车前照灯的发光强度和光轴偏斜量。前照灯检测仪检测前照灯的光束位置一般是将 4 块光电池组合在一起，位于上、下的光电池接有上、下偏斜指示计，位于左、右的光电池接有左、右偏斜指示计，当前照灯照射在光电池上后，上、下偏斜指示计和左、右偏斜指示计将发生摆动，据此可测出前照灯的光束照射位置。

前照灯检测仪按测量方法不同分为聚光式、屏幕式、投影式、自动追踪光轴式、全自动式等多种，使用方法虽各不相同，但检测原理大同小异，具体的使用方法可以参考其说明书操作。目前应用较多的是全自动式检测仪。

2）前照灯的使用与调整

（1）前照灯的使用注意事项。

① 在使用前照灯时要注意密封，防止水分及灰尘进入。

② 光学组件要配套使用，不要随意更换不同功率的灯泡及其他光学组件。

③ 前照灯在车上要安装牢固。

（2）前照灯的故障现象及排除。

① 前照灯不亮：原因有熔丝烧断、变光开关故障、前照灯搭铁不良等。

排除方法：若熔丝烧断或变光开关故障，应更换；若搭铁不良，酌情修理。

② 只有远光灯亮或只有近光灯亮：原因有熔丝烧断、变光开关故障。

排除方法：更换熔丝或变光开关。

（3）前照灯的调整。

在使用前照灯的过程中，光轴方向偏斜（或更换新前照灯总成）时，应进行调整。调整部位一般分外侧调整式和内侧调整式两种，内侧调整如图 5.14 所示。

图 5.14　前照灯的调整部位

7．前照灯电子控制装置

为了提高汽车夜间行驶的速度，确保行车安全，不少新型车辆都采用电子控制装置对前照灯进行自动控制。根据所要实现的控制功能，电子控制装置有前照灯会车自动变光器、前照灯昏暗自动发光器、前照灯自动关闭延时器等。

无论哪一种汽车灯光电子控制装置，其基本结构大致相同，通常由光敏器件、电子控制电器、电磁继电器（执行机构）和前照灯等组成。

光敏器件一般采用光敏电阻、光敏二极管、光敏晶体管或光敏晶闸管，其功用是进行光电转换。根据汽车前方的灯光或自然光的强弱，将光信号转换成电信号，并送至电子电路的输入端，作为电子控制器的输入信号。

1）前照灯会车自动变光器

汽车前照灯会车自动变光器是一种夜间行车在会车过程中，能自动将前照灯的远光变为近光，或由近光变为远光的电子控制装置。采用该装置的明显优点是不需驾驶员操纵那种机械式变光控制器，其次是体积小、性能稳定可靠、灵敏度高等。

汽车夜间行驶，一般相会两车距离为 150 ～ 200m 时，迎面驶来车辆的灯光一旦照射到本车自动变光器上，即对方来车的灯光信号一旦被自动变光器上的光敏元件所接收，这种电子式变光器应即刻自动变光，即把前照灯原来的远光变为近光。从而有效地避免了前照灯的远光给对方驾驶员所带来的眩目、看不清路面等危害安全的现象，待两车交会后，该变光器又自动恢复前照灯的远光，汽车即可恢复原来的速度在夜间进行正常行驶。

图 5.15 所示为具有光敏电阻的自动变光器电路，其电子电路由光敏电阻 R、晶体管 VT_1 ～ VT_6、二极管 VD 及电阻 R_1 ～ R_{15} 等组成。该装置仍保留有脚踏式机械变光开关。这种脚踏、自动两用的前照灯变光器装于美国凯迪拉克（Cadilac）汽车上。其工作原理如下：

（1）假定继电器如图 5.15 所示为前照灯远光灯工作。继电器的作用是将电源“+”极与远光灯丝接线柱接通。

（2）若对面驶来的车辆在 150 ～ 200m 处，其灯光照射到光敏电阻 R 上，使其电阻值突然减小，于是 VT_1 获得正向偏压而导通，VT_2 也导通，故使由 VT_3 和 VT_4 所组成的多谐振荡器（施密特触发器）开始翻转，即 VT_3 截止，VT_4 导通，并把低电平信号送至 VT_5 的基极，VT_5 导通，使继电器线圈通过较大电流，从而产生较大电磁力，将与远光灯接线柱 1 接通的触点 K 打开，使其立即与近光灯接线柱 2 保持接触。此时，汽车前照灯由远光转换成近光照明。

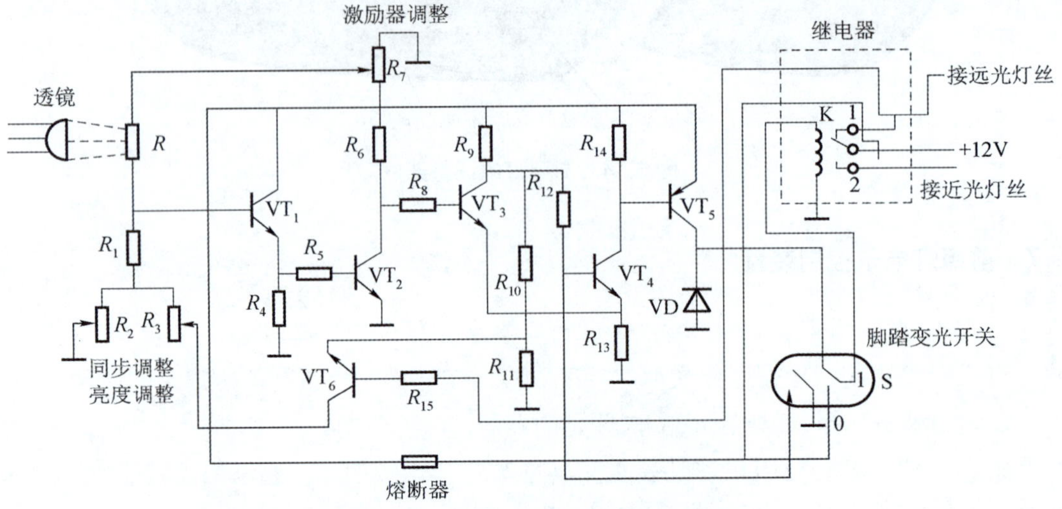

图 5.15　具有光敏电阻的自动变光器电路

(3) 当两车交会之后，该光敏电阻 R 上的光信号消失，其电阻值增大，使 VT_1 截止，于是 VT_2 也截止，多谐振荡器又翻转一次；VT_3 导通，VT_4 截止，VT_5 也截止。故切断了继电器中的电流，其电磁力减退，其触点 K 又恢复与远光灯接线柱 1 保持闭合，即恢复前照灯远光照明。

在前照灯处于远光灯工作情况下，当用脚踏下机械式变光开关 S 时，S 就由“1”位置转至“0”位置，此时继电器线圈可由电源“+”极通过“0”到 S 的“1”而获得电流。于是继电器产生电磁力而动作，将电源“+”与“2”接线柱接通，使前照明由远光变为近光。与此同时，VT_4 的基极直接接地，使多谐振荡器停振。

2）前照灯昏暗自动发光器

前照灯昏暗自动发光器的作用是在汽车并非夜间行驶过程中，当汽车前方自然光的强度减低到一定程度，如汽车通过高架桥、林荫道、森林或突然乌云密布天气昏暗等，发光器便自动将前照灯电路接通，开灯行驶，以确保行车安全。

前照灯昏暗自动发光器早已成为美国通用汽车（GM）公司和克莱斯勒（Chrys1er）汽车公司的轿车选装件，一般在汽车仪表盘上。

图 5.16 所示为前照灯昏暗自动发光器电路图。主要由光电传感器和晶体管放大器两大部分组成。

光电传感器由光敏元件、延时电路、控制开关等组成。在往汽车上安装光电传感器时，应注意将其感光面朝上，用以接收从汽车风窗玻璃射进来的自然光。其光通量的大小可由传感器前面的光阀进行调整，以适应各种情况（包括季节）的变化。

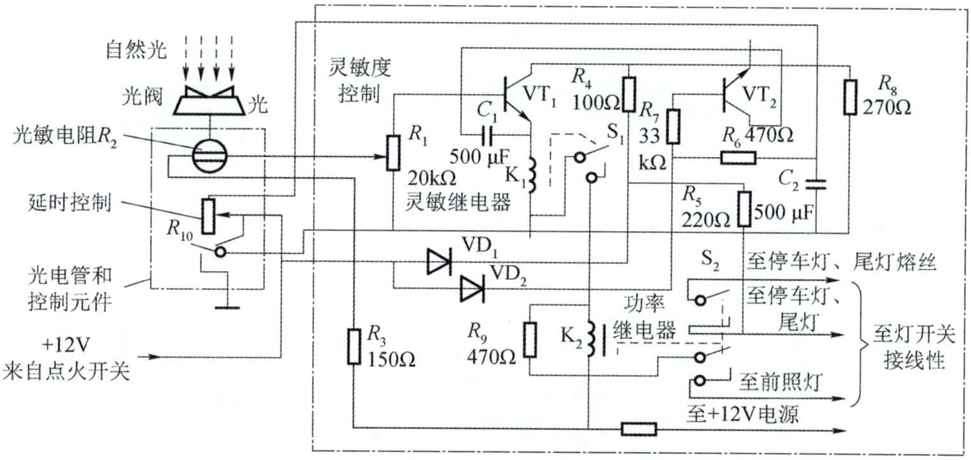

图 5.16　前照灯昏暗自动发光器电路

晶体管放大器主要由晶体管 VT_1 和 VT_2，二极管 VD_1 和 VD_2，电阻 R_1 ～ R_9，电容 C_1 和 C_2 及灵敏继电器 K_1 和功率继电器 K_2 等组成。

前照灯昏暗自动发光器的工作原理如下：

（1）汽车行驶时，当自然光的强度降低至某一程度而被光电传感器接收时，传感器中光敏电阻 R_2 的阻值减小到一定数值，它便以需要发光的电压信号输出给晶体管放大器。

（2）当晶体管传感器接收到光电传感器的输出信号后，晶体管 VT_1 的基极电位迅速下降而使 VT_1 导通，于是灵敏继电器 K_1 线圈电路被接通。

（3）当灵敏继电器 K_1 被接通后，它便产生电磁吸力使其触点 S_1 闭合；当 S_1 闭合后，功率继电器 K_2 的电路也被接通，故开关 S_2 也被吸合将接至前照灯的电路接通，前照灯即被点亮。

电路中，VT_2 的作用是延时，即当点火开关切断时，VT_2 使 VT_1 保持导通，直到电容器 C_2 上的电压减小到不足使其导通为止。VT_2 截止后，VT_1 也截止，由于继电器 K_2 和 K_1 的作用，故使触点 S_1、S_2 均打开，以使前照灯自动熄灭。其延时时间的长短可由电位器 R_{10} 进行调节。

3）前照灯自动关闭延时器

前照灯自动关闭延时器实为一种自动关闭前照灯的控制装置。其主要功用是当汽车停驶后，为驾驶员下车离去时提供一段照明时间，以免摸黑离开车辆。

图 5.17 所示为美国得克萨斯（Taxas）仪表公司制作的前照灯自动关闭延时器电路。该电路主要由晶闸管（SCR）和单结晶体管 VT_2 等组成。其中 SCR 主要用来控制前照灯继电器 K，而 VT_2 则与 R_3 和 C_1 等组成延时电路，其延时时间为 1s ～ 15min，可由电位器 R_3 进行调整。

其工作原理如下：

当汽车停下，切断点火开关时，VT_1 处于截止状态。此时，电容器 C_1 立即经电位器 R_3 和电阻 R_4 开始充电，当 C_1 上的电压充至单结晶体管 VT_2 的导通电压时，C_1 则通过 VT_2 的发射极、基极和电阻 R_7 放电。于是在 R_7 上产生一个电压脉冲，故使其瞬时导通，消除加于 SCR 上的正向阳极电压，使 SCR 关断。以后很快恢复截止，SCR 还来不及导通，前照灯继电器线圈失电而使其触点 S 打开，前照灯电路切断，实现自动延时关闭的功能。

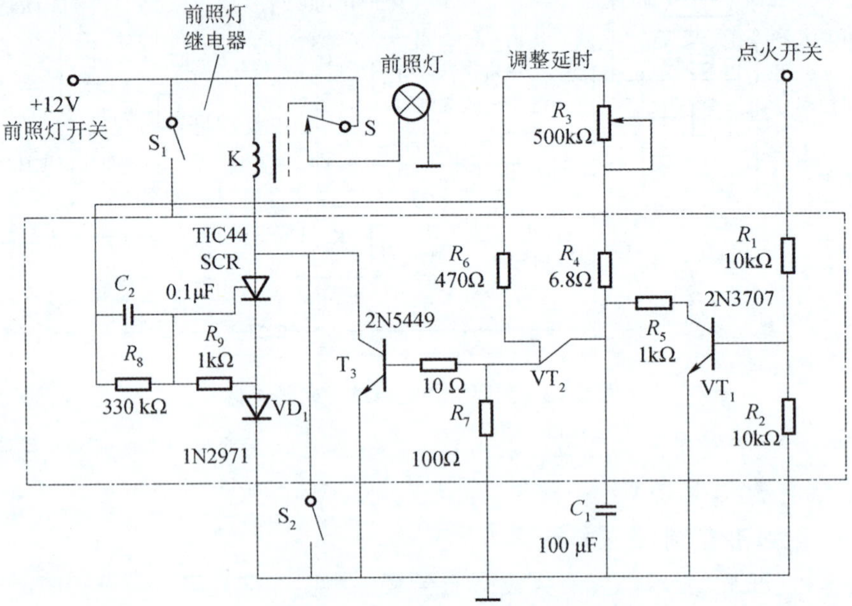

图 5.17　前照灯自动关闭延时器电路

5.1.3　光纤照明装置

光纤照明装置是一种远距离传输光线的装置，它以普通车用灯泡为光源，让光线通过光导纤维传到末端，发生微光，照亮一定范围。

在只需要微弱光线且不便安装灯泡的地方，如仪表表面、烟灰盒、门锁孔等处，往往采用光纤照明。光纤照明装置由光导纤维和照明灯组成，如图 5.18 所示。

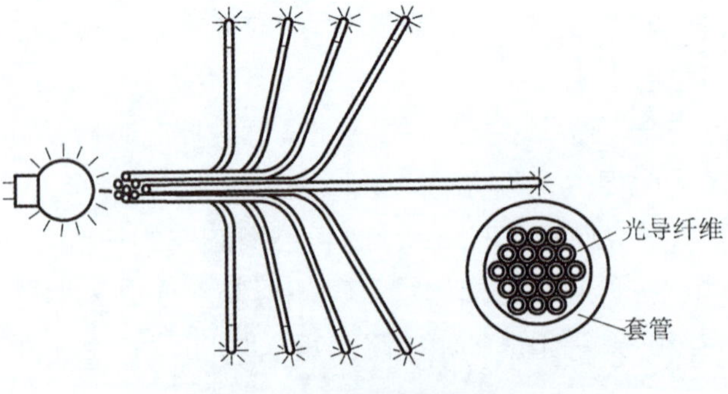

图 5.18　光纤照明装置

光导纤维由有机玻璃丝制成，其外部包有具有隔光作用的透明聚合物质。当灯泡产生的光线通过光导纤维时，在其内部经过多次反射，曲折前进而传到末端即可达到照明目的。

将多根光导纤维组合在一起就组成了光缆。光缆外部包有不透明的软管，可以任意弯曲或扭转，而不会影响光线的传输。增加光导纤维的数量就可增加光缆输出端的亮度，故在不便安装甚至无法安装灯泡的地方已得到广泛的应用。

任务实施

为解决情境导入中要求的掌握前照灯的检调与故障检修问题，可按下述方式组织实施任务。

任务单元	项目 5.1　照明系统的结构原理与检调	学时	1
任务目的	1. 了解照明系统的组成。 2. 掌握前照灯的工作原理。 3. 掌握前照灯电路分析方法。		
设备器材	1. 自制前照灯实训台架 5 台。 2. 导线若干。 3. 开关若干。 4. 蓄电池 5 个		
操作准备	1. 将设备与器材分别放于 5 个工作台。 2. 将“任务工单”分发给每位学生		
注意事项	1. 操作过程谨防短路。 2. 在拆装前照灯时，要轻拆轻放，避免前照灯损坏		
实施过程	1. 让学生按下列要求操作，并将相关结果记录于“任务工单”。 (1) 观察前照灯台架的组成并对照熟悉其电路图。 (2) 熟悉前照灯电路的接线方式。 (3) 试分析可能出现的故障及原因。 2. 监督学生按要求完成任务，并指导学生进行正确的操作		

项目 5.2　转向信号系统的结构原理与检修

情境导入

售后服务经理分配给学员一个检测、维修信号系统的任务，要求其检查各零部件的损坏程度，确定是否可再用，并进行组装与试验，排除出现的故障。

理论引导

为了指示车辆的行驶方向，汽车上都装有转向信号灯。汽车转向信号灯装于汽车前后或侧面，采用灯光闪烁的方式来指示车辆左转或右转，以引起其他车辆或行人的注意，提高行车安全性。我国交通法规中规定在汽车行驶过程中，如遇危险情况，可使前后左右四个转向灯同时闪烁，以此作为危险报警信号，请求其他车辆避让。

5.2.1 转向信号灯电路的组成及常见闪光器

转向信号灯电路主要由转向信号灯、闪光器、转向灯开关等组成。转向信号灯是由闪光器控制的，闪光器有热丝式、电容式、翼片式和电子式等类型。热丝式闪光器结构简单、成本低，但闪光频率不够稳定、使用寿命短、信号明暗不明显，现已淘汰；电容式和翼片式闪光器闪光频率较为稳定，翼片式闪光器还具有结构简单、体积小、工作时伴有响声可起监控等特点；电子式闪光器具有性能稳定和工作可靠的特点，目前已得到广泛应用。

1．电容式闪光器

电容式闪光器及其结构原理如图 5.19 所示。它主要由一个继电器和一个电容器组成，利用电容器充、放电延时特性，使继电器的两个线圈产生的电磁力时而相加，时而相减，从而使触点周期性地打开或关闭，形成转向信号灯的闪烁。其工作原理如下：

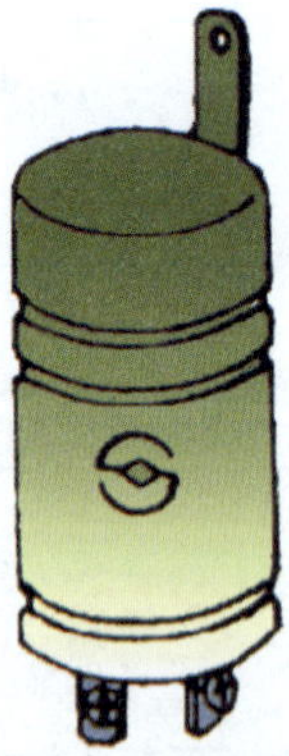

（a）电容式闪光器

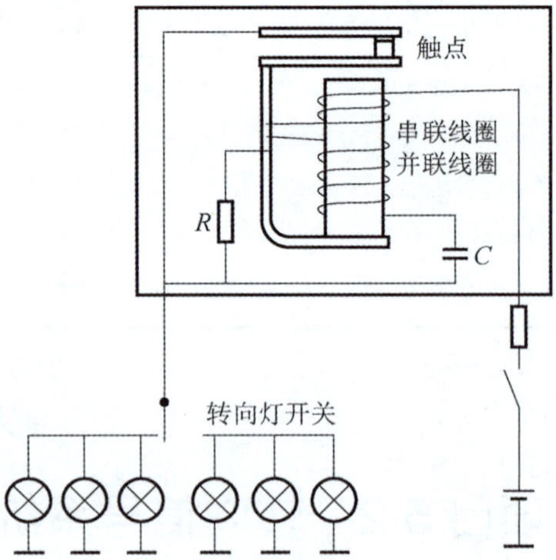

（b）结构原理

图 5.19 电容式闪光器及其结构原理

接通转向灯开关后，串联线圈经触点与转向信号灯构成回路，从而产生较强磁场，吸动衔铁，使触点断开，转向信号灯不亮。这时，电容经串联线圈、并联线圈、转向灯开关、转向灯及转向指示灯构成充电回路。由于电流很小，此时转向灯与转向指示灯不亮。触点在串、并联线圈的同向合成磁场作用下，仍保持断开状态。电容器充足电后，并联线圈电流消失，铁心吸力减小，触点在复位弹簧作用下闭合，转向灯与转向指示灯亮，同时电容器经并联线圈及触点放电。由于串、并联线圈产生的磁场方向相反，触点仍保持闭合状态。电容器放电结束后，并联线圈电流消失，铁心吸力在串联线圈的磁场作用下增强，触点再次断开，转向灯与转向指示灯变暗，电容再次充电。如此循环，转向灯与转向指示灯不断闪烁。

2. 翼片式闪光器

翼片式闪光器利用电流的热效应，使热胀条通电时热胀、断电时冷缩，通过翼片产生变形动作来控制触点的开闭。根据热胀条受热情况的不同，翼片式闪光器可分为直热式和旁热式两种。

1）直热翼片式闪光器

直热翼片式闪光器及其结构原理如图 5.20 所示。接通转向灯开关时，转向信号灯通电，其通路如下：蓄电池正极→闪光器接线柱 B →翼片 2 →热胀条 3 →动触点→静触点→闪光器接线柱 L →转向灯开关 7 →转向信号灯和转向指示灯→搭铁→蓄电池负极，转向信号灯变亮。这时，热胀条因通电受热而伸长，当热胀条伸长至一定长度时，翼片突然绷直，使触点断开，转向信号灯电流被切断，于是转向信号灯熄灭；触点断开时，热胀条由于断电而逐渐冷却收缩，最终又使翼片弯曲成弓形，触点又闭合，又接通了转向信号灯电路，转向信号灯变亮。如此交替变化，使转向信号灯闪烁。

直热翼片式闪光器工作时的突然伸直和弯曲所发出的弹跳声，可从声音上提示驾驶员“转向灯在工作”。

（a）直热翼片式闪光器

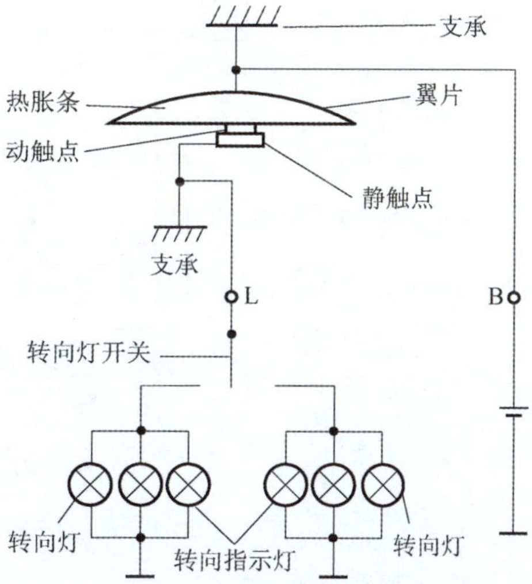

（b）结构原理

图 5.20　直热翼片式闪光器及其结构原理

5.2.2 危险信号报警电路

危险信号报警电路一般由左、右转向灯，闪光器，危险报警开关等组成。当危险报警开关闭合时，左、右转向灯同时闪烁。转向信号闪光器与危险报警闪光器可以共用，也可以单独设置，其电路如图 5.21 所示。

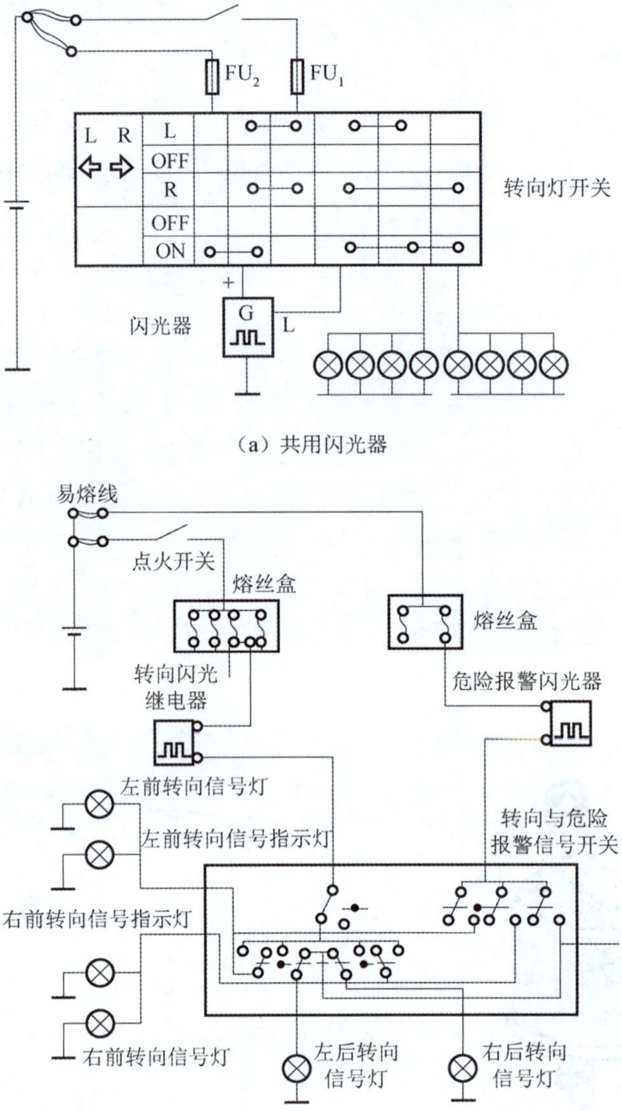

（a）共用闪光器

（b）单独闪光器

图 5.21 危险信号报警电路

5.2.3 转向信号灯电路的常见故障

1．转向灯开关打到左侧或右侧时，转向指示灯闪烁比正常情况快

这种故障现象说明这一侧的转向灯灯泡烧坏，或转向灯的接线、搭铁不良。

排除方法：若灯泡烧坏，更换灯泡；若接线、搭铁不良，酌情处理。

2. 左、右转向灯均不亮

这种故障的原因可能是熔丝烧断、闪光器损坏、转向灯开关出现故障、线路有断路的地方。检查方法：

（1）检查熔丝，如果熔断予以更换。

（2）检查闪光器，将闪光器的两个接线柱 B、L 短接，打转向灯开关，转向信号灯若亮，说明闪光器损坏，需要更换。

（3）若以上检查结果均正常，再检查转向灯开关及其接线，酌情修理或更换。

左、右转向灯均不亮，除以上检查方法外，还可以先打开危险报警开关。若左、右转向灯仍不亮，说明闪光器有故障。

任务实施

为解决情境导入中要求的检查转向信号系统的问题，可按下述方式组织实施任务。

任务单元	项目 5.2　转向信号系统的结构原理与检修	学时	1
任务目的	1. 认识转向信号系统的组成。 2. 掌握常见闪光器的组成和工作原理。 3. 掌握危险报警信号电路。 4. 熟悉转向信号灯电路的常见故障。 5. 能正确分析常见故障的故障原因并排除故障		
设备器材	1. 自制转向信号台架 5 台。 2. 各种正常闪光器若干。 3. 导线若干。 4. 开关若干。 5. 蓄电池 5 个		
操作准备	1. 将设备与器材分别放于 5 个工作台。 2. 将“任务工单”分发给每位学生		
注意事项	1. 操作过程谨防短路。 2. 在进行故障检修时，不要用刮火的方法来判断电路的通断		
实施过程	1. 让学生按下列要求操作，并将相关结果记录于“任务工单”。 （1）观察转向信号台架的组成并对照熟悉其电路图。 （2）熟悉信号电路的接线方式。 （3）试分析出现的故障及原因。 2. 监督学生按要求完成任务，并指导学生进行正确的操作		

项目 5.3　制动与倒车信号系统的结构原理

情境导入

售后服务经理分配给学员一个检测、维修制动与倒车信号系统的任务，要求检查各零部件的损坏程度，确定是否可再用，并进行组装与试验，排除出现的故障。因此，必须掌握制动与倒车信号的结构原理。

理论引导

制动信号灯是与汽车制动系统同步工作的，它通常由制动信号灯开关控制。制动信号灯安装在汽车的尾部，当汽车制动时，红色信号灯亮，给尾随其后的车辆发出制动信号，以避免造成追尾事故。目前，一些发达国家还规定了轿车必须安装高位制动信号灯，它装在后窗中心线、靠近窗底部附近。这样当前、后两辆车靠得太近时，后面汽车驾驶员就能从高位制动信号灯的工作情况，判断前面汽车的行驶状况。

5.3.1　制动信号系统

1．制动信号装置的组成及分类

制动信号装置主要由制动信号灯和制动信号灯开关组成。制动信号灯由制动信号灯开关控制，常见的制动信号灯开关有以下几种情况。

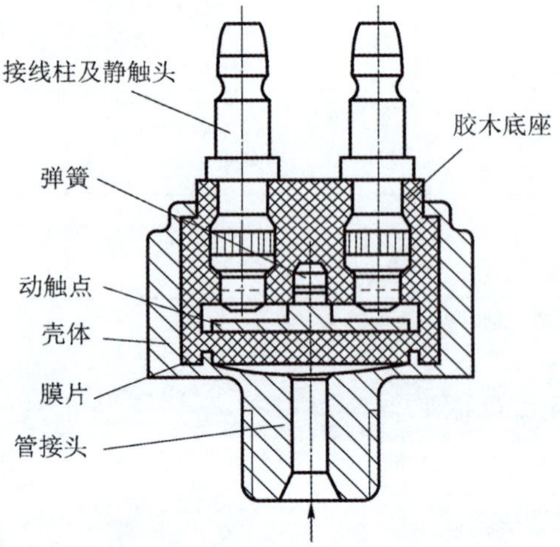

图 5.22　液压式制动信号灯开关

1）液压式制动信号灯开关

图 5.22 所示为液压式制动信号灯开关，用于采用液压制动系统的汽车上，装在液压制动主缸的前端，或制动管路中。当踩下制动踏板时，由于制动系统的压力增大，膜片向上弯曲，动触点同时接通接线柱，使制动信号灯通电发亮。松开制动踏板时，制动系统压力降低，动触点在回位弹簧的作用下复位，制动信号灯电路被切断。

2）气压式制动信号灯开关

图 5.23 所示为气压式制动信号灯开关，用于采用气压制动系统的汽车，通常被安装在制动系统的气压管路上。制动时，制动压缩空气推动橡胶膜

片向上弯曲，使触点闭合，接通制动信号灯电路。

3）弹簧式制动信号灯开关

弹簧式制动信号灯开关是一种较为常用的制动开关，装在制动踏板的后面，如图 5.24 所示。当踏下制动踏板时，开关闭合，制动信号灯亮。

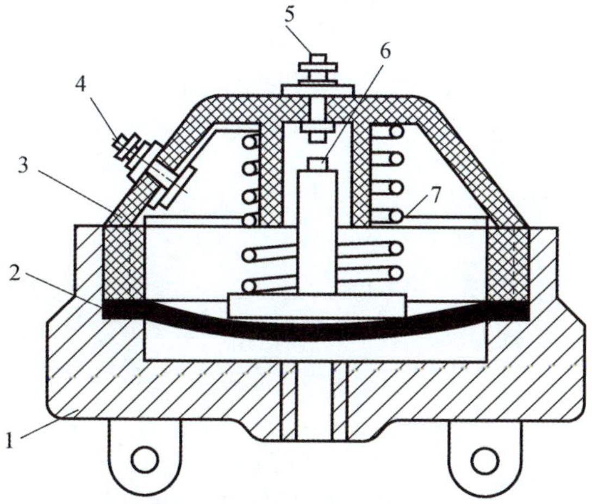

图 5.23　气压式制动信号灯开关

1—壳体；2—膜片；3—胶木盖；4，5—接线柱；6—触点；7—弹簧

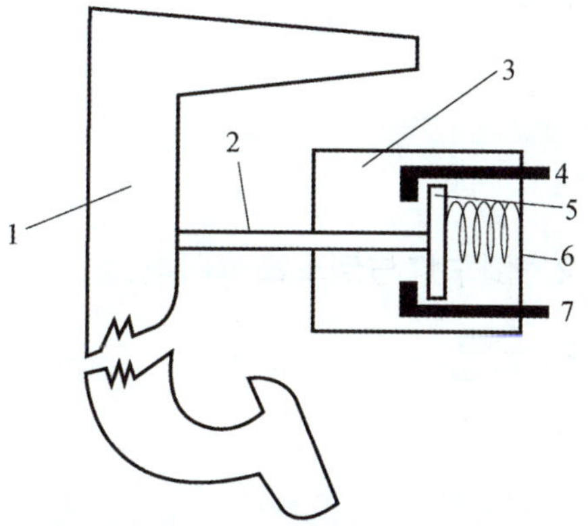

图 5.24　弹簧式制动信号灯开关

1—制动踏板；2—推杆；3—制动信号灯开关；4，7—接线柱；5—接触桥；6—回位弹簧

2. 制动信号灯电路

制动信号灯电路一般不受点火开关控制，直接从电源、熔丝到制动信号灯开关。制动信号灯根据尾灯的组合形式分为三灯组合式尾灯和双灯尾灯。

三灯组合式尾灯中采用单丝灯泡，每个灯泡只有一个功能，随着功能的增加，尾灯灯泡的数量还要增加，如图 5.25 所示。在双丝灯泡中，大功率的灯丝既用于制动信号灯，也用于转向信号灯。

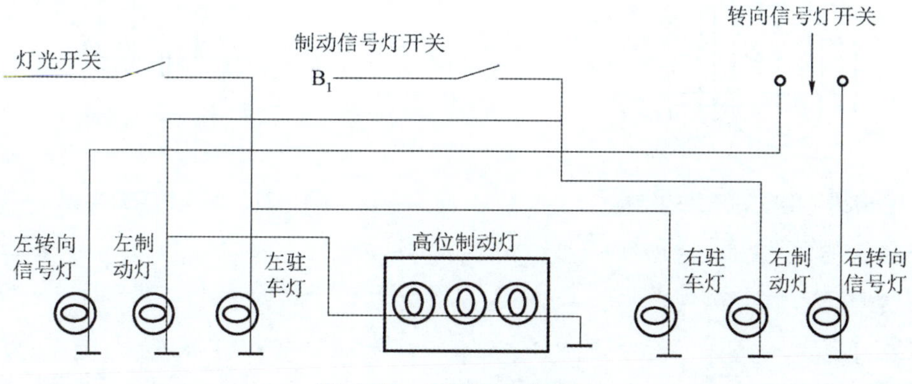

图 5.25　三灯组合式尾灯

5.3.2 倒车信号系统

为了在倒车时警告车后的行人和后面车辆驾驶员注意，在汽车尾部装有倒车灯，有些汽车上还装有倒车蜂鸣器，它们均由倒车灯开关控制。

1. 倒车灯开关

倒车灯开关的结构如图 5.26 所示。倒车灯开关一般安装在变速器上，钢球 8 平时被倒车挡叉轴顶起，而当变速杆拨至倒车挡时，倒车挡叉轴上的凹槽对准钢球 8，钢球 8 被松开，在弹簧 4 的作用下，触点 5 闭合，将倒车信号电路接通。

2. 倒车灯与倒车蜂鸣器电路

倒车信号灯电路如图 5.27 所示。其工作原理如下：倒车时，安装在变速器上的倒车灯开关 2 闭合，倒车灯 3 亮；同时，电流经继电器 7 中的触点 4 到蜂鸣器 5，使蜂鸣器 5 发出响声。此时，线圈 L_1 和 L_2 中均有电流通过，流经 L_2 的电流同时向电容器 6 充电，由于流入 L_1 和 L_2 的电流大小相等，方向相反，产生的磁通量互相抵消，故触点 4 继续闭合。随着电容器 6 两端电压的逐渐升高，L_2 中的电流逐渐减小，当 L_1 中磁通量大于 L_2 的磁通量一定值时，磁吸力大于弹簧弹力，触点 4 打开，蜂鸣器 5 停止发响。

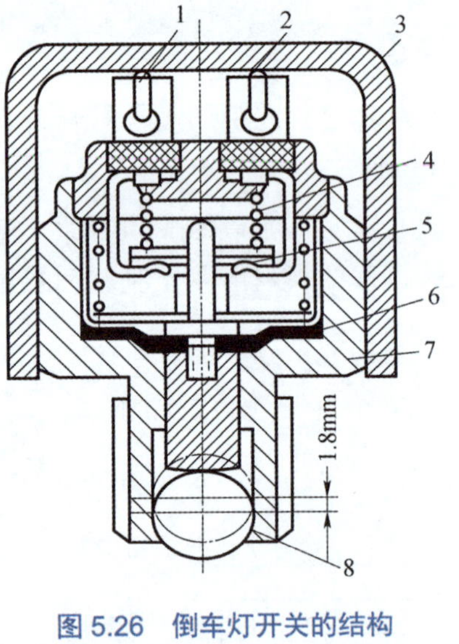

图 5.26　倒车灯开关的结构

1，2—接线柱；3—外壳；4—弹簧；5—触点；6—膜片；7—底座；8—钢球

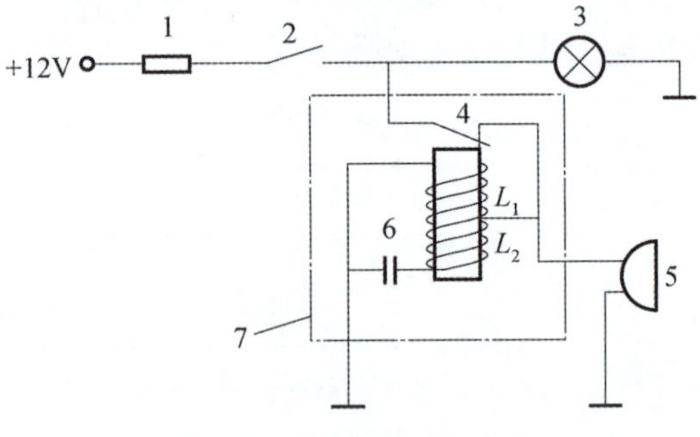

图 5.27　倒车信号灯电路

1—熔断器；2—倒车灯开关；3—倒车灯；4—触点；5—蜂鸣器；6—电容器；7—继电器

触点 4 打开后，电容器 6 经 L_1 和 L_2 放电，使 L_1 和 L_2 中的电流方向相同，电磁力方向相同，触点 4 继续打开；当电容器两端的电压下降到一定值时，磁吸力小于弹簧弹力，触点 4 又重新闭合，蜂鸣器 5 又发响。电容器 6 又开始充电，重复上述过程。如此可知，蜂鸣器 5

是利用电容器 6 的充电和放电使 L_1 和 L_2 的磁场时而相加、时而相减，使触点 4 时开时闭，从而控制电磁振动式蜂鸣器间歇发声，以警告行人和其他车辆的驾驶员注意。

在倒车时，倒车灯不受继电器控制，一直发亮，在夜间时，倒车灯还兼有照明作用。

任务实施

为解决情境导入中要求的掌握制动与倒车信号系统结构原理的问题，可按下述方式组织实施任务。

任务单元	项目 5.3　制动与倒车信号系统的结构原理	学时	1
任务目的	1．认识制动和倒车系统组成。 2．掌握信号灯开关的组成和工作原理。 3．掌握制动和倒车信号灯电路		
设备器材	1．自制制动和倒车信号灯电路台架 5 台。 2．剖开的制动和倒车信号灯开关若干。 3．导线若干。 4．制动和倒车信号灯开关各 5 个。 5．蓄电池 5 个		
操作准备	1．将设备与器材分别放于 5 个工作台。 2．将“任务工单”分发给每位学生		
注意事项	1．操作过程谨防短路。 2．灯具轻拿轻放，防止损坏		
实施过程	1．让学生按下列要求操作，并将相关结果记录于“任务工单”。 （1）观察台架的组成并对照熟悉其电路图。 （2）熟悉信号电路的接线方式。 2．监督学生按要求完成任务，并指导学生进行正确的操作		

项目 5.4　电喇叭的结构原理与检调

情境导入

售后服务经理分配给学员一个检测、维修电喇叭的任务，要求检查并调整其音量和音调，确定是否可再用，进行连线安装和试验并排除可能出现的故障。

理论引导

汽车上一般采用电喇叭，它具有结构简单、使用维修方便、体积小、声音悦耳等优点。汽车电喇叭按外形分有螺旋（蜗牛）形、筒形和盆形 3 种，按声音分有高音和低音两种，按接线方式分有单线和双线两种。

5.4.1 电喇叭的结构原理

电喇叭的原理基本相同，图 5.28 所示为盆形电喇叭的结构。其原理如下：

按下电喇叭按钮 10，电喇叭内部电路接通，电路：蓄电池正极→线圈 2 →触点 7 → 电喇叭按钮 10 →搭铁→蓄电池负极。线圈 2 通电后产生电磁力，吸动上铁心 3 及衔铁 6 下移，使膜片向下弯曲。衔铁 6 下移将触点 7 顶开，线圈 2 电路被切断，其电磁力消失，上铁心 3、衔铁 6 及膜片 4 又在触点臂和膜片 4 自身弹力的作用下复位，触点 7 又闭合。触点 7 闭合后，线圈 2 又通电产生电磁力吸引上铁心 3 和衔铁 6 下移，再次将触点 7 顶开。如此循环，使上铁心 3 与下铁心 1 不断碰撞，产生一个较低的基本频率，并激励膜片 4 与共鸣板 5 产生共鸣，从而发出比基本频率强且分布比较集中的谐音。

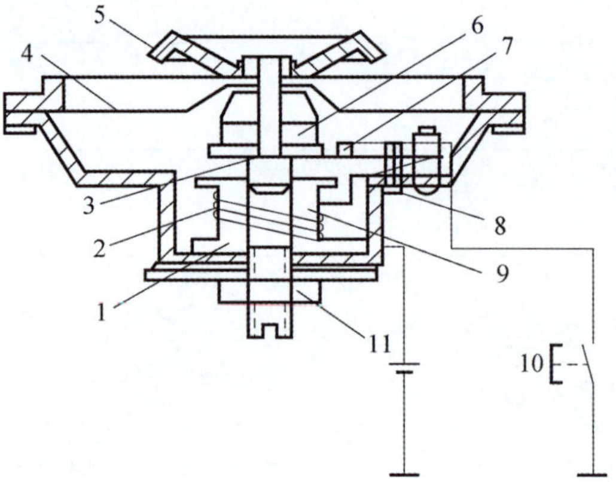

图 5.28 盆形电喇叭的结构

1—下铁心；2—线圈；3—上铁心；4—膜片；5—共鸣板；6—衔铁；7—触点；8 —调整螺钉；9—电磁铁心；10—按钮；11—锁紧螺母

为了得到较为和谐悦耳的声音，在汽车上一般装有高、低音两个电喇叭。由于电喇叭工作电流较大，为保护电喇叭按钮，一般在电喇叭电路中设有电喇叭继电器，电喇叭的应用电路如图 5.29 所示。

当按下电喇叭按钮 3 时，线圈 2 通电，产生的电磁力使触点 5 闭合，接通电喇叭电路而使电喇叭发声。电喇叭电路：蓄电池正极→熔丝→接线柱 B →触点臂 I →触点 5 →接线柱 H →电喇叭→搭铁→蓄电池负极。电喇叭工作电流不经电喇叭按钮，从而保护了电喇叭按钮。

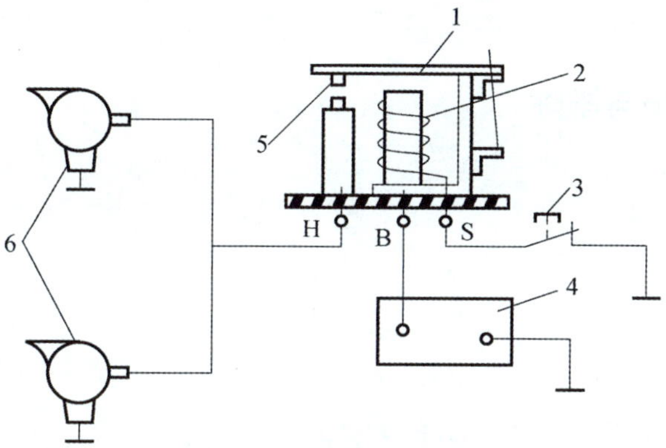

图 5.29　电喇叭的应用电路

1—触点臂；2—线圈；3—电喇叭按钮；4—蓄电池；5—触点；6—电喇叭

5.4.2　电喇叭的调整

电喇叭的调整包括音调调整和音量调整两部分，以盆形电喇叭为例，如图 5.30 所示。

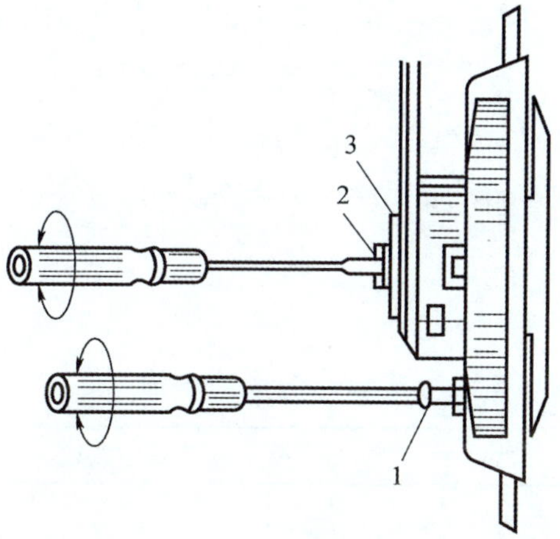

图 5.30　盆形电喇叭的调整

1—音量调整螺钉；2—音调调整螺钉；3—锁紧螺母

1．音调调整

音调的高低取决于膜片的振动频率。盆形电喇叭通过改变上、下铁心之间的间隙就可改变膜片的振动频率。将上、下铁心之间间隙调小，可提高电喇叭的音调。调整方法：松开锁紧螺母，旋转铁心，调至合适的音调时，旋紧锁紧螺母即可。

2．音量调整

电喇叭的音量与通过电喇叭线圈的电流的大小有关，电喇叭的工作电流大，电喇叭发出的音量也就大。电喇叭线圈电流可以通过改变电喇叭触点的接触压力来调整。压力增大，流过电喇叭线圈的电流增大，电喇叭音量增大，反之音量减小。调整时不要过急，每次调整 1/10 圈。

5.4.3 电喇叭的故障与排除

1. 电喇叭音量小

故障原因：电喇叭触点烧蚀，电喇叭搭铁不良。

排除方法：电喇叭触点烧蚀，更换电喇叭；搭铁不良，视情形处理。对于螺旋形电喇叭，使用中不要进水，安装时注意方向，开口朝下。

2. 电喇叭不响

故障原因：熔丝断、继电器或电喇叭按钮有故障。

排除方法：先检查熔丝、电喇叭搭铁情况及线路连接，以上情况都正常时进行下列检查（参见图 5.29）。

（1）将继电器“S”接线柱直接搭铁，若电喇叭响，说明电喇叭按钮有故障，可能是电喇叭按钮搭铁不良，需处理；若电喇叭仍不响，则进行下一步检查。

（2）将继电器上的“B”接线柱与“H”接线柱短接，若电喇叭响，说明继电器有故障，更换继电器；若仍不响，则可能是继电器与电喇叭之间的线路有故障。

任务实施

为解决情境导入中要求的掌握电喇叭的检查与调整问题，可按下述方式组织实施任务。

任务单元	项目 5.4 电喇叭的结构原理与检调	学时	1
任务目的	1. 认识电喇叭的组成结构。 2. 掌握电喇叭的工作原理。 3. 掌握电喇叭的电路图。 4. 掌握电喇叭的调整方法。 5. 熟悉电喇叭的常见故障及其排除方法		
设备器材	1. 电喇叭 5 个。 2. 剖开的电喇叭 5 个。 3. 导线若干。 4. 螺钉旋具等常用维修工具。 5. 蓄电池 5 个		
操作准备	1. 将设备与器材分别放于 5 个工作台。 2. 将“任务工单”分发给每位学生		
注意事项	供电过程中不要短路		

续表

任务单元	项目 5.4　电喇叭的结构原理与检调	学时	1
实施过程	1．让学生按下列要求操作，并将相关结果记录于“任务工单”。 （1）对照剖开的电喇叭观察其结构。 （2）熟悉电喇叭电路的接线方式。 （3）分析可能出现的故障及原因。 2．监督学生按要求完成任务，并指导学生进行正确的操作		

任务评价

评价与考核项目		评价与考核标准	配分	得分
知识点	转向灯、倒车灯、制动灯和电喇叭的作用	熟知转向灯、倒车灯、制动灯和电喇叭的作用	2	
	各系统结构与工作原理	熟悉转向灯电路、制动倒车和电喇叭的组成；掌握其结构特点及安装要求；了解其工作原理	8	
	各系统常见故障	能正确分析常见故障产生的原因并掌握其排除方法	10	
	各系统应用电路图的画法	熟知转向灯电路、制动灯电路、倒车灯电路及电喇叭的电路图	10	
	电喇叭的调整方法	掌握电喇叭音调和音量的调整方法	10	
技能点	能正确连接转向信号灯和危险警告灯电路	用导线连接相应电路使转向信号灯和危险警告灯正常工作	10	
	电喇叭音调和音量的调整	能正确使用工具进行调整	12	
	能正确连接制动和倒车信号电路	用导线连接相应电路，使倒车灯和制动灯正常工作	8	
	转向灯、电喇叭常见故障的检修	能通过故障现象分析故障产生的原因，并能对常见故障进行诊断	15	
情感点	纪律与劳动	不迟到、不早退，实训主动、积极、认真	5	
	职业道德与敬业精神	具备良好的道德标准、道德情操与道德品质；能认真对待实训、明确职责、勤奋努力	5	
	团结协作与创新精神	能与同学和谐相处、互补互助、协调合作，充分发挥自己的个性，圆满完成实训任务；能够综合运用自己的知识、信息、技能和方法，对遇到的问题能提出新方法、新观点	5	
合计			100	

任务工单

任务名称	照明与信号系统的结构原理与检修			任务成绩	
学生姓名		班级		学号	
实训时间		实训地点		所在组号	

资讯

一、填空题

1. 汽车常见的外部灯具有________、雾灯、牌照灯、倒车灯、制动灯、转向灯、示廓灯等。

2. 制动灯安装在汽车的尾部，制动时发出________色光。

3. 汽车前照灯必须具备防________的功能。

4. 请说出下面灯泡的类型和各部分名称。

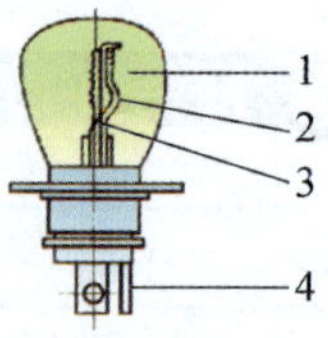

类型________

1—________　　2—________　　3—________　　4—________

5. 无反射镜的灯泡，其光度只能照清周围________m 左右的距离，而经反射镜反射后的平行光束可照清前方________m 以上的距离。

6. 汽车电喇叭按外形可分为________、________、________3 种，按声音分为________、________两种。

二、选择题

1. 汽车前照灯的夜间照明必须保证车前（　）m 以内的路面上有明亮而均匀的光照。

A. 50　　B. 100　　C. 150　　D. 200

2. 卤钨灯泡是在充入灯泡的气体中掺入了（　）。

A. 卤族元素　　B. 惰性气体　　C. 荧光粉　　D. 钨

3. 转向信号灯电路主要由转向信号灯、（　）、转向灯开关等组成。

A. 继电器　　B. 断电器　　C. 闪光器　　D. 电容器

4. 电喇叭的音量调整主要是调节电喇叭的（　）大小。

A. 上下铁心间隙　　B. 工作电压　　C. 工作电阻　　D. 工作电流

5. 牌照灯要确保行人在车后（　）m 处看清牌照上的文字及数字。

A. 10　　B. 20　　C. 30　　D. 40

6. 雾灯的光色为（　）色。

A. 红　　B. 黄　　C. 白　　D. 无

7. 前照灯的远光灯灯丝装于呈旋转抛物面的反射镜的（　）。

A. 焦点上方　　B. 焦点上　　C. 焦点下方　　D. 焦点后方

三、判断题

1. 远光前照灯一般有 2 只或 4 只。（　）

2. 雾灯的光色为白色。（　）

3. 汽车的前照灯应有近光、远光变换装置。（　）

4. 反射镜的作用是将灯泡的光线聚合并导向前方。（　）

5. 当接通危险报警开关时，只有前转向灯闪烁。（　）

6. 电喇叭的基本原理是通过控制电磁线圈激励膜片振动而产生声音。（　）

续表

<table>
<tr><td>资讯</td><td>7．常见的闪光器有电容式、翼片式和晶体管式 3 类。（　　）
8．电喇叭音调的高低与铁心气隙有关，气隙大时，膜片振动的频率小，音调高。（　　）
9．电喇叭音量的大小与通过喇叭线圈的电流大小有关。（　　）
四、简答题
1．试说明电喇叭的故障诊断与排除方法。
故障一：电喇叭音量小。
故障原因：

排除方法：

故障二：电喇叭不响。
故障原因：

排除方法：

2．简述电喇叭的调整方法。</td></tr>
<tr><td>计划与决策</td><td>请根据任务要求，确定所需要的设备器材，并对小组成员进行合理分工，制订观察电源系统的检查与故障检修计划。
1．需要的设备器材
____
2．小组成员分工
____
3．实施计划
______________________________</td></tr>
<tr><td>实施</td><td>1．绘制相应电路图。
(1) 绘制前照灯电路图。

(2) 绘制转向信号灯电路图。

(3) 绘制电喇叭电路图。

2．对照上述绘制的电路图进行相应的电路连接训练。

3．试述电喇叭的调整过程。</td></tr>
</table>

续表

<table>
<tr><td>实施</td><td>4. 分组进行转向信号灯故障检修，并正确填写附表 5.1。

附表 5.1　点火系统的故障诊断

<table><tr><td>故障现象</td><td>原因</td><td>排除方法</td></tr><tr><td>两侧转向灯同时亮</td><td></td><td></td></tr><tr><td>两侧转向灯闪烁频率不同</td><td></td><td></td></tr><tr><td>转向灯常亮不闪</td><td></td><td></td></tr><tr><td>转向灯闪频过高或过低</td><td></td><td></td></tr></table></td></tr>
<tr><td>检查与评价</td><td>以小组为单位对完成任务情况进行评价（包括自我评价、小组评价、教师评价）。
1. 绘制的电路图是否正确？是否能正确连接相应的电路？
自我评价：

小组评价：

教师评价：

2. 电喇叭的调整过程是否合理？
自我评价：

小组评价：

教师评价：

3. 转向信号电路故障原因的分析及排除是否合理？附表 5.1 的填写是否详细、准确？
自我评价：

小组评价：

教师评价：</td></tr>
</table>

注：出现安全事故，或不按规范操作而损坏仪器、设备的，此任务成绩计 0 分。

拓展与提升

前照灯新技术

1. 随动转向前照灯

随动转向前照灯也称为自适应前照灯或车灯主动转向系统（Adaptive Front-lighting System，AFS）。随动转向前照灯能够不断对前照灯进行动态调节，保持与汽车的当前行驶方向一致，以确保驾驶员在任何时刻都拥有最佳的可见度，而普通前照灯具有固定的照射范围，当夜间汽车在弯道上转弯时，由于无法调节照明角度，常常会在弯道内侧出现“盲区”，极大地威胁了驾驶员夜间的安全驾车。

随动转向前照灯能够根据行车速度、转向盘转动方向及角度等自动调节前照灯的偏转，以便能够提前照亮“未到达”的区域，提供全方位的安全照明。最初只有宝马 5451、33D1 等高档车型上装有这种先进的汽车照明装备，现在，东风雪铁龙的凯旋、广州丰田的凯美瑞和东风日产的新天籁等几款中高档级别轿车上也装有随动转向前照灯。

随动转向前照灯能够不断对前照灯进行动态调节，保持与汽车的当前行驶方向一致，以确保对前方道路提供最佳照明，从而显著增强了黑暗中驾驶的安全性。

在汽车转向盘转动方向及角度、车辆偏转率和行驶速度的控制下，随动转向前照灯能像眼睛一样自动移动到正确的方向以照亮前方道路。为避免对面来车造成的眩目危险，随动转向前照灯带有前照灯照明高度动态调节和前照灯清洗系统。

2. 氙气前照灯

氙气前照灯进入中国汽车市场的时间不长，晚上所见到的一些发出蓝白色亮光的车灯，一般就是氙气灯。氙气前照灯（High Intensity Discharge Lamp，HID）是由飞利浦公司花费 5 年时间研制的一种气体放电前照灯，最早应用在工业建筑的照明上，而后发展为供给汽车用的氙气前照灯。海拉（HELLA）、飞利浦（PHILIPS）、欧司朗（OSRAM）、博世（BOSCH）公司为目前欧洲的 4 大氙气灯制造厂家，也是全球知名的氙气灯品牌，目前的国内中级轿车中，厂家原配的氙气灯也多由这 4 家生产。

那么氙气前照灯与普通的卤素灯相比有什么优点呢？

（1）高亮度：同功率的氙气灯产生的光照流明度为卤素灯的 3 倍。

（2）长寿命：利用气体电离发光的氙气灯寿命为卤素灯的 6 倍以上。

（3）低功耗：同亮度的氙气灯比卤素灯的功耗小一半。

（4）高色温：氙气灯最高能到 12000K 的色温，远远超过卤素灯的 3000K，接近日光的 6000K，是人眼看起来最舒服的频段，也是使用率最高、最为常见的一类。

早些年时，氙气灯属于高级配置，只有在进口的奔驰、宝马等高端车型上才会有，这几年，随其成本的下降和国内汽车数量的增加，氙气灯逐渐成为热门配置，国内的中型车甚至紧凑型车也已开始装备。

学习任务 6　汽车仪表与报警系统的检修

任务目标

了解：各种汽车仪表和报警系统。

掌握：汽车普通仪表和报警系统的组成、电路及工作原理；普通仪表传感器的结构和工作原理。

学会：汽车仪表和报警系统的正确使用与维护方法及其常见故障的检修方法。

任务描述

汽车使用过程中，各系统的工作、运行情况主要通过仪表及报警系统反映出来，因此，了解各种汽车仪表和报警系统，熟悉汽车仪表和报警系统的正确使用与维护方法显得特别重要。

学时计划

项目	项目内容	参考学时			
		教学学时	实训学时	小计	合计
6.1	汽车仪表系统的结构与原理	1	1	2	6
6.2	汽车报警系统的结构与原理	1	1	2	
6.3	汽车仪表与报警系统的检修	0	1	1	
拓展与提升	汽车电子显示装置	1	0	1	

项目 6.1　汽车仪表系统的结构与原理

情境导入

车主张先生来到 4S 店反映，他的汽车仪表在使用过程中总是有警告闪烁。为了正确地使用、维护汽车，汽车维修人员必须全面认识汽车仪表系统的结构与工作原理。

理论引导

汽车仪表能使驾驶员掌握车辆的各种状况，并能及时发现和排除潜在的故障，在驾驶员座位前方的仪表板上装有各种仪表、计量表、警告灯和警示灯等。这些仪表除应具有结构简单、工作可靠、耐震、抗冲击性好等优点外，仪表的显示数字还必须准确，在电源电压波动时所引起的变化应尽可能小，而且不随周围温度的变化而改变。

现代汽车大多采用各种组合仪表。组合仪表将车速里程表、冷却液温度表、燃油表、机油压力表、发动机转速表等不同的仪表表芯、指示灯和警告灯等安装在同一外壳内组合而成，具有结构紧凑、体积小、便于安装和组合接线等特点，容易实现仪表的多功能要求。组合仪表中的仪表可单独更换，各种指示灯、警告灯和仪表灯的灯泡从组合仪表、总成外部可单独更换。

汽车仪表按其工作原理分为机电模拟式仪表和电子式仪表。机电模拟式仪表在汽车上应用最为广泛，但随着汽车电子技术的不断发展，近年来电子仪表在汽车上，特别是高档轿车上的应用越来越多。

图 6.1 所示为通用轿车用组合仪表，仪表板上有燃油表、冷却液温度表、车速里程表、发动机转速表，以及发动机冷却液温度过高、机油压力不足、制动系统等警告灯和转向、充电、远光等指示灯。

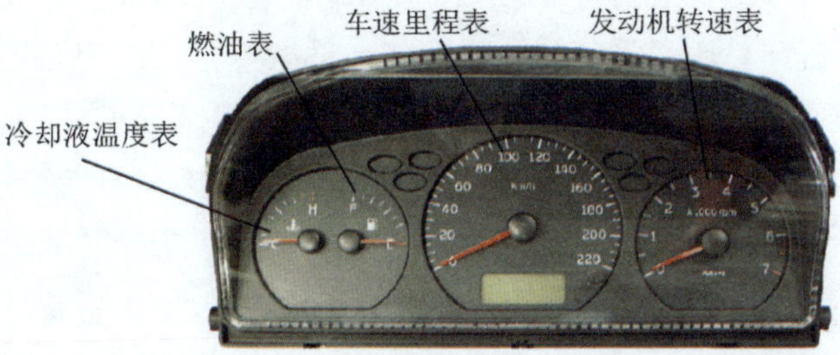

图 6.1　轿车用组合仪表

6.1.1 机油压力表

机油压力表是监控发动机机油道内机油压力的装置，因为机油压力是决定发动机能否运转的重要因素，发动机机油压力偏低会造成发动机轴承烧毁，严重缺油会使发动机出现过热和气缸拉缸等故障，机油压力是监视发动机在运转时的重要信息。目前进口汽车基本上已取消了机油压力表而用机油压力警告灯代替，大多数国产汽车还同时装有机油压力表和机油警告灯。

机油压力表用来指示发动机机油压力的大小，由装在仪表板上的油压指示表和装在发动机主油道中或粗虑器上的机油压力传感器两部分组成。

油压表及其传感器按其工作原理可分为双金属式油压表与双金属式传感器；电磁式油压表与可变电阻式传感器；动磁式油压表与可变电阻式传感器 3 种。其中以第一种应用最为广泛。

双金属式油压表与双金属式传感器的构造与工作原理如图 6.2 所示。

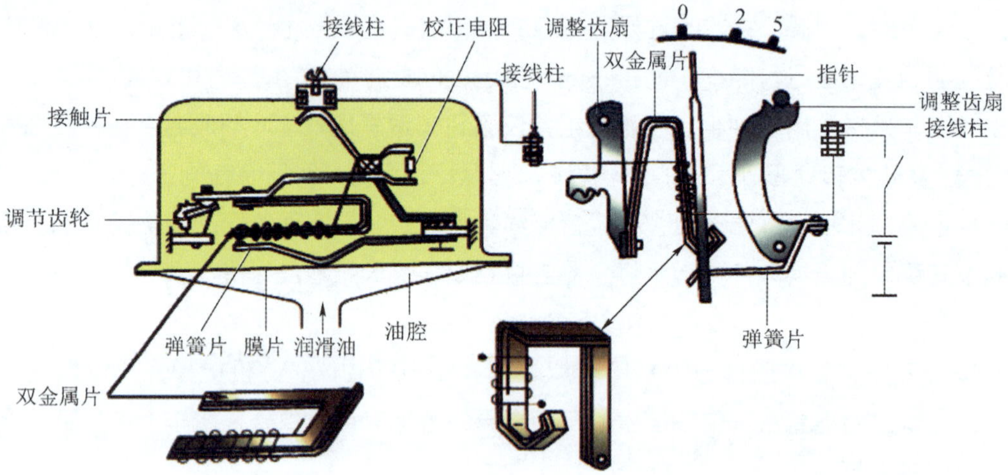

图 6.2 油压表结构原理图

当电源开关接通时，电流经指示表双金属片的加热线圈后，一路经传感器双金属片的加热线圈，另一路经校正电阻。由于电流流过双金属片上面的加热线圈，使双金属片受热变形。如果油压很低时，则传感器中的膜片几乎没有变形，这时作用在触点上的压力变小。电流通过不久，温度略有上升，双金属片就弯曲，使触点分开，电路被切断。

经过一段时间后，双金属片冷却伸直，触点又闭合，电路又被接通。但不久触点又分开，如此循环，开闭频率为 5～20 次 /min。因此当油压较低时，只要流过加热线圈较小的电流，温度略升高，触点就会分开，这样使触点打开的时间长，闭合的时间短，因而电路中电流有效值小，使指示表中双金属片因温度较低而弯曲程度小，指针向右偏移角度就小，即指出较低油压。当油压增高时，膜片向上拱曲，加在触点上的压力增大，双金属片向上弯曲程度增大，这样，只有在双金属片温度较高时，也就是要加热线圈通过较大的电流，较长的时间后，触点才能分开，而且当触点分开不久，双金属片稍一冷却，触点又很快闭合。因而当油压高时，触点断开状态的时间缩短，频率增高，通过绕于双金属片上的加热线圈的电流有效值增加，使双金属片向右弯曲的程度也增大，于是，指针指示较高的油压。

6.1.2　冷却液温度表及温控开关

发动机冷却液温度是发动机能正常运转和减小机件磨损及发动机混合气正常燃烧的重要保证。发动机冷却系统有一套控制机构，使发动机快速升温和温度保持在一定工作范围内，并用冷却液温度表指示冷却液温度的高低。轿车中散热风扇电动机的工作及冷启动喷油器的工作也要靠温控开关来控制。

1．电热式冷却液温度表

1）电热式冷却液温度表及双金属片式传感器

图 6.3 所示为电热式冷却液温度表及双金属片式传感器，右边的电热式温度表与电热式机油压力表完全一样，它们的工作原理也一样。左边是传感器，双金属片 4 上绕有加热线圈。传感器安装在发动机水道上。当发动机温度高时，双金属片 4 上的加热线圈加热时间长才能使固定触点和活动触点分离；当发动机温度低时，双金属片上的线圈加热时间短即可使两触点分离。这样发动机温度高，通过双金属片 4 上的加热线圈通电时间长，双金属片的变形大，双金属片 9 勾动指针 10 的位移大，指针表示的温度高，反之，指针表示的温度低。

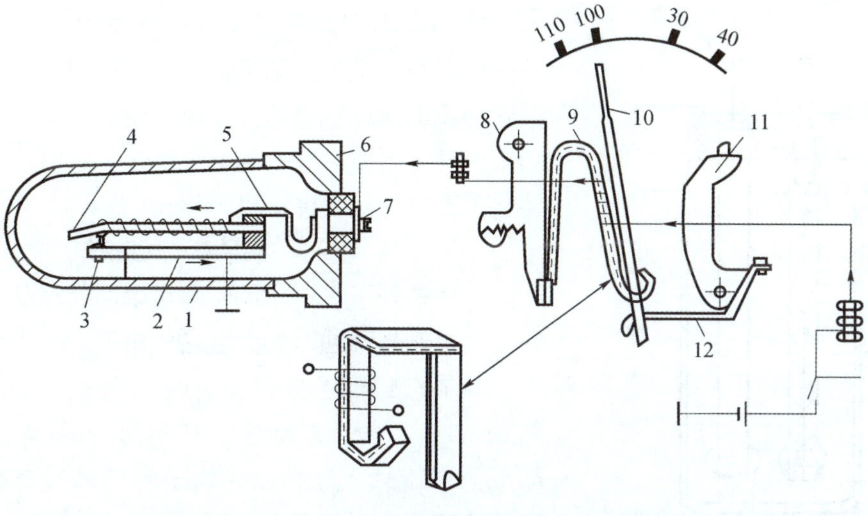

图 6.3　电热式冷却液温度表及双金属片式传感器

1—壳体；2—底板；3—固定触点；4，9—双金属片；5—接触片；6—传感器壳座；7—接线柱；8，11—调整扇齿；10—指针；12—弹簧片

2）双金属式冷却液温度表及热敏电阻式传感器

双金属式热敏电阻式冷却液温度表如图 6.4 所示。接通点火开关，电流由蓄电池正极经

点火开关到达稳压器触点后分为两路：一路经稳压器加热搭铁构成回路，另一路经指示表的加热线圈、热敏电阻等构成回路。当发动机冷却液温度较低时，传感器的热敏电阻阻值大，所以电路中电流的有效值小，则冷却液温度表双金属片弯曲变形小，使指针指向低温。当冷却液温度升高时，热敏电阻阻值变小，电路中电流的有效值变大，冷却液温度表的双金属片弯曲变形增大，使指针指向高温。

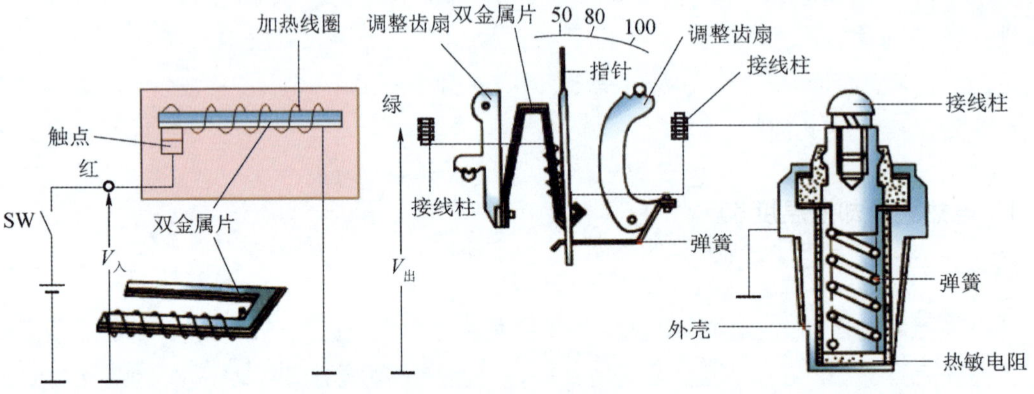

图 6.4　双金属式热敏电阻式冷却液温度表

2．温控开关

1）温控开关的类型与构造

温控开关有两大类：接通型和断路型。

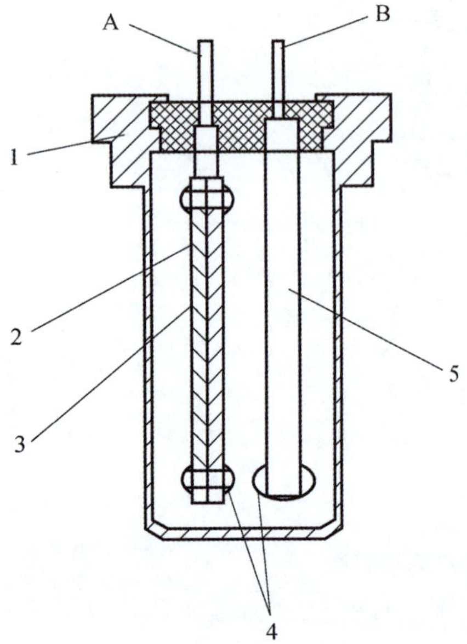

图 6.5　温控开关

1—外壳；2、3—金属片；4—触点；5—固定触点臂；A、B—接线柱

接通型温控开关主要应用于发动机散热器上，当发动机温度达到某一高度值时，温控开关被接通，开关控制的风扇电动机通电，使风扇旋转为散热器排风而冷却散热器；当散热器的温度下降到一定值时，温控开关关闭，风扇电动机停止工作。

断路型温控开关多用于电喷汽车冷起动喷油系统中，在汽车处于冷车起动时，可以控制起动冷喷油系统向发动机额外喷油以加大混合气浓度。

一般散热器温控开关有两个温控点：一个温控点是 85℃，另一个温控点为 105℃。低温时控制风扇电动机低速旋转，而高温时风扇电动机会高速旋转，加快散热速度。温控开关一般为双金属片构造，如图 6.5 所示，活动触点臂由温度膨胀系数不同的双金属片连接而成，金属片 2 膨胀系数大于金属片 3 的膨胀系数，当温控开关所在环境温度升高，活动触点臂就向右边弯曲，温度达到一定值时两触点接触，A、B 接线柱接通，反之温度下降，两触点分离。

断路型温控开关的构造与接通型温控开关的构造基本相同，区别是常温时两触点是接触的，活动触点臂两金属片的位置是相反的，即膨胀系数较大的金属片在内侧，膨胀系数小的金属片在外侧，当温控开关所处环境的温度升高到一定值时，两触点分离，使 A、B 点断路。

冷起动喷油器就是由断路型温控开关控制的。当冷车起动时，由于发动机温度低，温控开关处于接通状态，使冷起动喷油器工作；当发动机温度升高到一定值时，温控开关断路，使冷起动喷油器停止喷油，既降低了油耗，又避免了热车时发动机因混合气的混合比过高而难以起动。

2）温控开关及温敏电阻式传感器的检查

当汽车发动机温度高而风扇电动机不转动时，应首先检查温控开关是否正常工作。当有冷起动喷油器的汽车冷车起动困难而冷喷油又不工作时，也应先检查温控开关。

检查热敏电阻式温度传感器电阻的方法就是将温度传感器置于有一定温度要求的盛水器皿内，用万用表的 Ω 挡测量温控开关的导通情况，如图 6.6 所示。

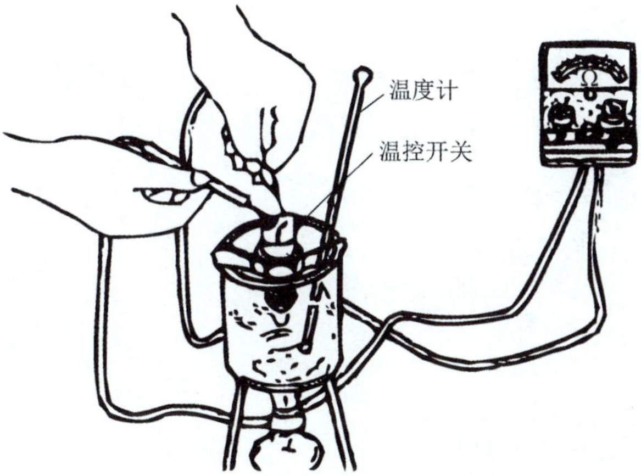

图 6.6　检测冷却液温度传感器电阻的方法

6.1.3　燃油表及传感器

燃油表是指示油箱存油多少的仪表，有铁心电磁式燃油表和电热式燃油表两种。它们的工作原理和冷却液温度表类似，它由装在仪表板上的燃油指示表和装在燃油箱内的传感器配合工作。燃油指示表有电磁式和电热式两种，现代汽车常用电热式燃油指示表和相配套的可变电阻式传感器，电热式燃油指示表的结构原理如图 6.7 所示。

当油箱无油时，传感器中的浮子处于最低位置，此时接通点火开关，电流便从蓄电池正极（+）→点火开关→稳压器触点→稳压器双金属片→燃油指示表加热线圈→传感器电阻→滑片→搭铁→蓄电池负极（–）。由于传感器电阻全部串入电路中，流过燃油指示表加热线圈的电流很小，所以双金属片几乎不变形。指针指在 0 位，表示油箱无油。

当油箱的油量增加时，传感器的浮子上浮，滑片移动，使部分电阻被接入电路，于是流入加热线圈的电流大，双金属片受热而带动指针向 1 方向摆动，指示油量的多少。

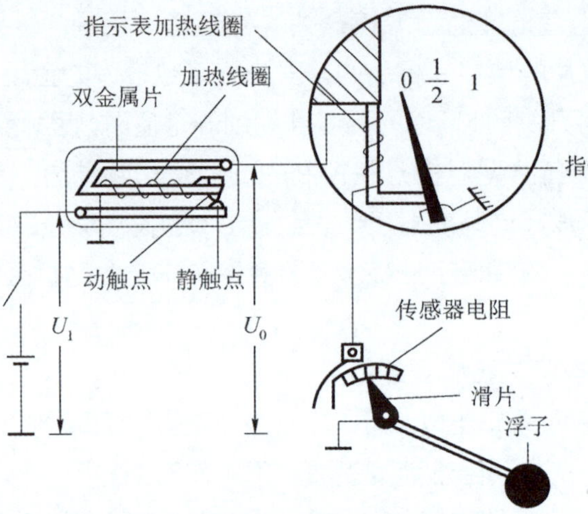

图 6.7 电热式燃油表

6.1.4 车速里程表

车速里程表包括汽车速度表和里程表两个计量表，主要测试汽车行驶速度和汽车行驶里程。

根据指针的摆动情况，车速里程表可分为摆针式车速里程表和液晶显示式车速里程表。

摆针式车速里程表又可分为磁感应式车速里程表和电传动动圈式车速里程表。

1．摆针式车速表

1）磁感应式车速里程表

车速里程表由车速表和里程表两部分组成。

磁感应式仪表没有电路连接，由汽车的变速器或分动器经软轴驱动仪表的主动轴。

汽车行驶时，主动轴带动 U 形永久磁铁旋转，在感应罩上产生涡流，涡流受永久磁铁作用产生转矩，驱动感应罩克服盘形弹簧弹力作同向偏转，从针带动指针在刻度盘上指示相应的车速值。车速越快，永久磁铁旋转越快，感应罩上的涡流转矩越大，感应罩带动指针偏转的角度越大，指示的车速值也越大。

里程表主动轴旋转还带动三套蜗轮蜗杆按一定传动比传动，从而逐级带动数字轮转动，计数器为十进制。计数器的结构和原理如图 6.8 所示，右边数字轮每旋转一周，相邻的左边数字轮指示数便自动增加 1，从右往左其单位依次为 1/10km，1km，10km，……依此类推。

汽车停驶时，永久磁铁及蜗轮蜗杆均停止转动，感应罩上的涡流转矩消失。在盘形弹簧作用下使转速表指针回到 0 位置，同时里程表也停止计数。

注意：车速里程表的示值直接受车轮半径的影响，不同半径车轮车辆的车速里程表不能互换使用。

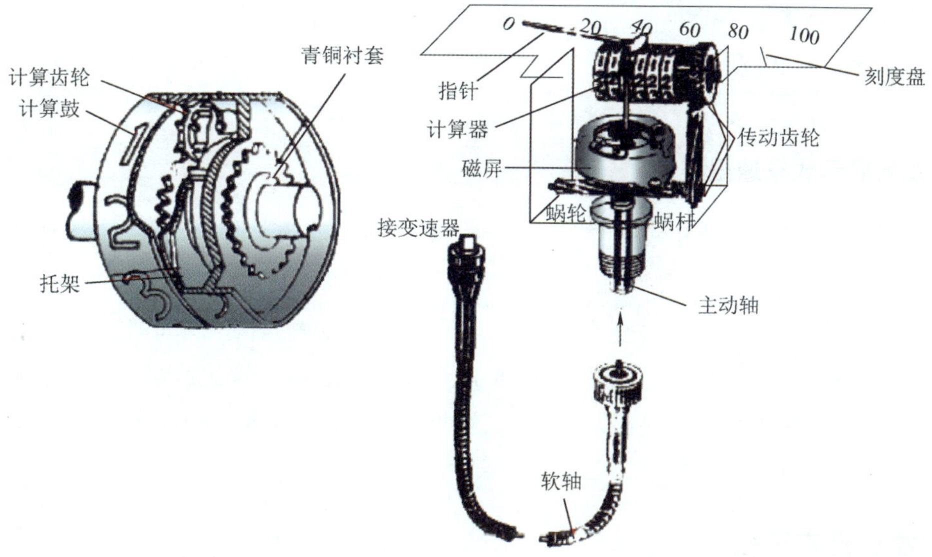

（a）结构　　　　（b）原理

图 6.8　感应式车速里程表计数器

2）电传动动圈式车速里程表

磁感应式车速里程表是通过软轴将变速器的车速里程情况传递到仪表上的，而电传动动圈式车速里程表是靠电功原理把变速器的车速里程情况传递到仪表上的。

图 6.9 所示为电传动动圈式车速里程表。变速器上的车速传感器其实是台小型发电机，变速器带动永久磁铁旋转，永久磁铁是转子，在转子的周围有线圈绕成的定子，转子转速的快慢决定定子线圈生成的交流电压大小。把传感器生成的交流电经二极管整流就变成了直流电，输出的直流电经电阻线圈，通过游丝到动圈产生磁场，动圈的磁场和永久磁铁的磁场产生力矩，推动动圈向顺时针方向转动。动圈上安装有指针，这样车速越快，传感器发出的电压越高，动圈旋转的角度越大。在游丝的作用下，指针平衡在一定的位置上，车速越慢，指针偏移的角度越小，这就是电传动车速里程表原理。

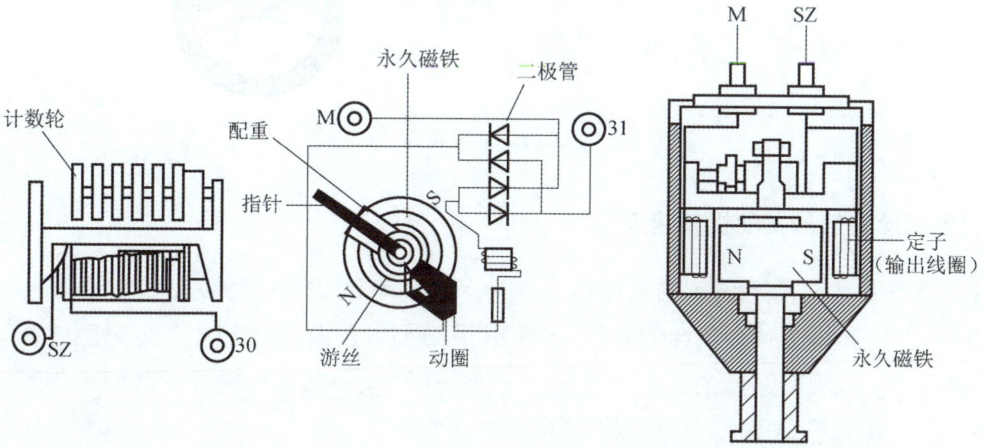

图 6.9　电传动动圈式车速里程表

计数器由一电磁铁不断地吸引和断开推动启动叉，启动叉不断拨动 6 个计数轮组成了里程计，而电磁铁的电源接通和断开由断电器控制，断电器和微型发电机都装在传感器中。

2. 液晶显示式车速里程表

在高档汽车上很少采用机械式车速里程表，而是采用彩色液晶显示式车速里程表。

工作原理：在汽车变速器的输出部分装有一个传感器，传感器是磁脉冲式，传感器通过磁场的变化使传感器磁感应线圈产生脉冲电压信号，信号经中心处理器的放大、整理后经执行器在显示屏上显示车速，里程表也是根据传感器的脉冲信号次数经中心处理器的运算、比较得出汽车行驶里程数显示在液晶屏上。这种设备控制精度高，科技含量大，目前还不能在所有汽车上推广。

6.1.5 发动机转速表

发动机转速表用来获得发动机的转速信号，获得转速信号的方法有两个：一是利用气缸点火时点火线圈的点火次数算出发动机转速，二是用在曲轴上（或飞轮）安装电磁脉冲信号传感器来测定发动机转速。

1. 点火信号发动机转速表

图 6.10 所示为轿车转速表原理图。转速表的信号取自点火线圈一次绕组上电流通断的脉冲信号，经脉冲整形电路整形后经频率 / 电压转换器，使频率信号转换成直流电压信号，该电压随点火频率的升高而加大，电流再经直流毫安表显示出来，这就是点火信号变换成发动机转速信号的原理。

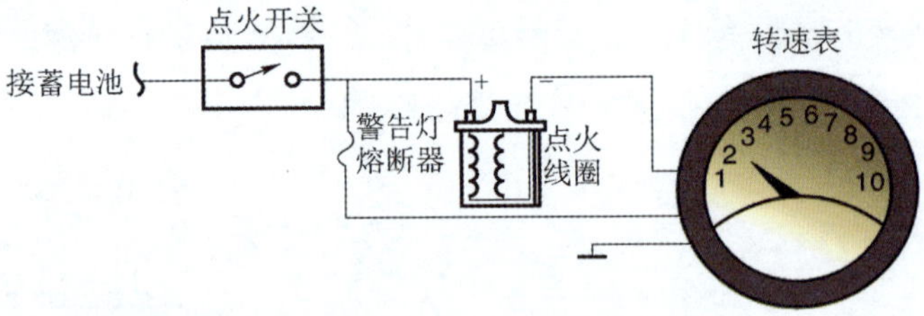

图 6.10 轿车转速表电路接线原理图

2. 电磁脉冲信号发动机转速表

不论是汽油发动机还是柴油发动机，都可以使用电磁脉冲信号发动机转速表。其工作原理如下：在发动机曲轴上安装信号感应盘或利用发动机飞轮在感应盘的相对应位置安装电磁脉冲传感器。利用传感器的交变电压信号进行整形处理→放大→整流→频率 / 电压转换→毫安表，制成摆针式转速表；也可将电磁脉冲信号经中心处理器（ECU）→执行器在液晶显示屏或真空荧光管上显示发动机转速。

任务实施

为解决情境导入中要求的掌握汽车仪表的结构与原理的问题，可按下述方式组织实施任务。

任务单元	项目 6.1　汽车仪表系统的结构与原理	学时	1
任务目的	1．认识汽车仪表组成件结构。 2．掌握各种汽车仪表的特点。 3．认识各种汽车仪表的指示方式。 4．能正确区分各种汽车仪表的优缺点。 5．熟悉各种汽车仪表的工作原理与特性。 6．了解汽车仪表的发展趋势		
设备器材	1．各种汽车仪表各 5 台。 2．各种汽车仪表线束各 5 个。 3．蓄电池 10 个。 4．万用表 10 块。 5．附件若干。 6．工具若干		
操作准备	1．将设备与器材分别放于 5 个工作台。 2．将“任务工单”分发给每位学生		
注意事项	1．与仪表线束相关的线束及附件应事先连接好。 2．操作时只要求进行仪表线束的连接		
实施过程	1．让学生按下列要求观察汽车仪表，并将相关结果记录于“任务工单”。 (1) 观察汽车仪表线束及相关附件。 (2) 观察汽车仪表线束及相关附件的连接特点。 (3) 观察汽车仪表线束及相关附件的连接方法。 (4) 观察汽车仪表线束及相关附件的影响因素（保险、继电器）。 2．监督学生按要求完成任务，并指导学生进行正确的操作		

项目 6.2　汽车报警系统的结构与原理

情境导入

车主刘先生来到汽车 4S 店反映，他的冷却液温度警告灯总是点亮。为了正确检修汽车故障，汽车维修人员必须全面熟悉汽车报警系统的结构与原理。

理论引导

现代汽车为了保证行车安全和提高车辆的可靠性，安装了许多报警装置，通过一些指示灯及蜂鸣器辅助仪表一起工作，它主要用来指示汽车的一些参数的极限工况或非正常工况。例如，冷却液温度过高、机油压力过低、发电机不充电、燃油液位过低、制动液液面位置过低时，汽车报警系统将及时点亮安装在组合仪表上相应的指示灯发出报警信号，提醒驾驶员注意或停车维修。报警装置一般由传感器和安装在组合仪表上红色和黄色的报警指示灯组成。

1．冷却液温度警告灯

冷却液温度警告灯，主要是当冷却液温度不正常时，发出灯光信号，以示警告。其传感器与冷却液温度传感器相似，由双金属片作为温度敏感元件。图 6.11（a）中当冷却液温度升高到 90 ～ 95℃ 时，双金属片 1 向静触点 4 方向弯曲，使两触点相接触，红色警告灯亮。图 6.11 (b) 则是改进后的指示灯。双金属片开关组成一单刀双掷动作。当冷却液低于 60℃时，开关电路经绿色指示灯搭铁，绿色指示灯亮，向驾驶员提供发动机过冷的警告，使驾驶员不至于突然加速。随着冷却液温度的升高，双金属开关臂脱离“冷”和“热”触点之间的某一位置。当发动机冷却液温度超过 95℃时，双金属片向“热”触点闭合，红色指示灯亮，表示发动机过热。

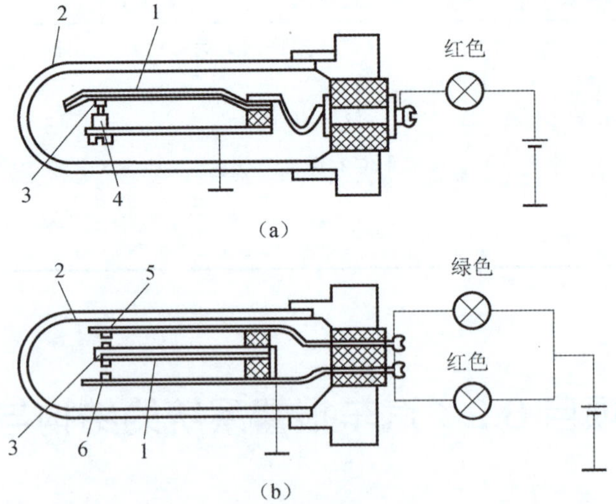

图 6.11　冷却液温度报警灯

1—双金属片；2—壳体；3—动触点；4—静触点；5—冷触点；6—热触点

2．机油压力警告灯

机油压力警告灯用于提醒驾驶员注意发动机的机油压力异常偏低。机油压力报警装置的报警开关一般装在主油道上，弹簧管式机油压力报警开关如图 6.12 所示。其传感器为盒式，内有一管形弹簧，一端与接头相连，另一端与动触点相连，静触点与接线柱经接触片与接线柱相连。当机油压力低于 0.05 ~ 0.09MPa 时，管形弹簧变形很小，触点闭合，警告灯电路接通，警告灯亮；当油压超过该值时，动触点和静触点分电路断开，警告灯熄灭。

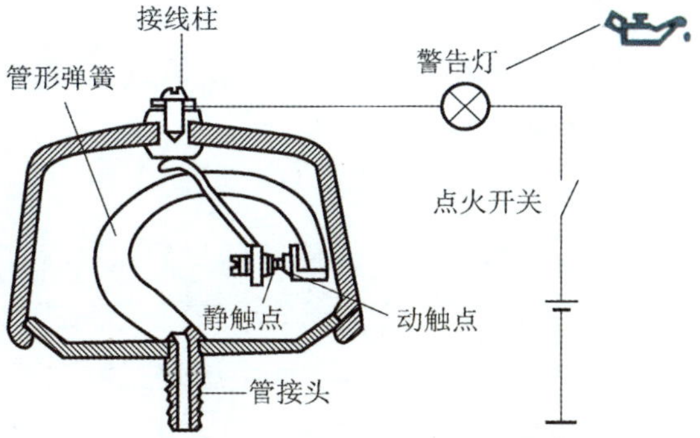

图 6.12　弹簧管式机油压力报警开关

3．充电指示灯

充电指示灯反映蓄电池和发电机的工作状态，当蓄电池放电时，充电指示灯点亮。当发电机的电压达到正常充电电压时，该指示灯熄灭。如果正常行驶时，该指示灯亮，可以提醒驾驶员充电系统功能有故障。图 6.13 为其电路图。接通点火开关 S 后，当发电机不发电时，指示灯亮。当发电机电压达到正常后，指示灯灭，表示发电机正常发电了。

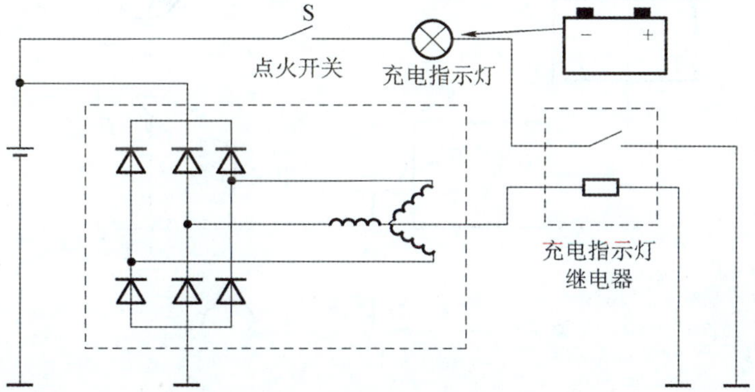

图 6.13　电子式充电指示灯

4．燃油低液位警告灯

燃油低液位警告灯的作用是当燃油箱内燃油减少到规定值以下时，仪表板上的燃油量警告灯点亮，提醒驾驶员注意。常用的有以下两种。

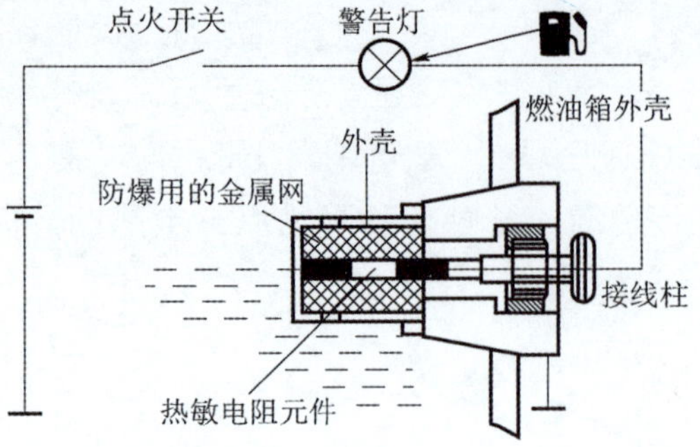

图 6.14　热敏电阻式燃油低液位警告灯

1）热敏电阻式燃油低液位警告灯

图 6.14 所示为热敏电阻式燃油低液位警告灯。当燃油箱燃油存量多时，热敏电阻元件浸在燃油中，散热快，其温度低，电阻值大，所以电路中电流很小，警告灯不亮。当燃油减少到规定值以下时，热敏电阻元件露出油面，散热慢，温度升高，电阻值减小，电路中电流增大，警告灯亮，以示警告。

2）晶闸管式燃油低液位警告灯

热敏电阻式燃油低液位警告灯需增加一个传感器，而且在工作中，一直通有电流到燃油箱，不是很安全。晶闸管式燃油低液位警告灯与汽车上已有的燃油液位表和传感器一起工作，是一种新颖的燃油警告灯设计。它适用于双金属表式燃油表，如图 6.15 所示。每当燃油表的电压调节器输送一个脉冲时，在传感器的可变电阻上出现一个与燃油液位成比例的电压。燃油液位下降时，控制极上的脉冲振幅增大，R_1 用来调整晶闸管的导通脉冲电平，使它与燃油表的任何读数相一致。当脉冲振幅达到导通电平时，晶闸管导通，闪光灯点亮。随之晶闸管阳极电位迅速下降，使晶闸管截止，闪光灯电路断开（闪光灯熄灭）。之后，又接收由电压调节器送来的第二个脉冲。如此反复，一直到油箱内加进了燃油以后，控制极上的脉冲振幅减小，晶闸管无法导通，才停止闪光。

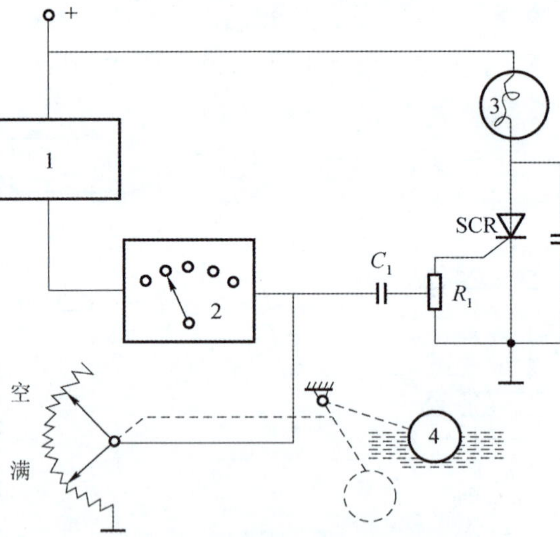

图 6.15　晶闸管式低液位指示灯

1—电压调节器；2—双金属表式燃油表；3—自闪灯；4—浮子

5．制动液液面警告灯

制动液液面警告灯的作用是当制动液液面过低时，发出报警信号，防止制动效能下降而出现事故。制动液液面指示灯电路由传感器和警告灯组成。传感器安装在制动液储液罐内，其结构如图 6.16 所示。

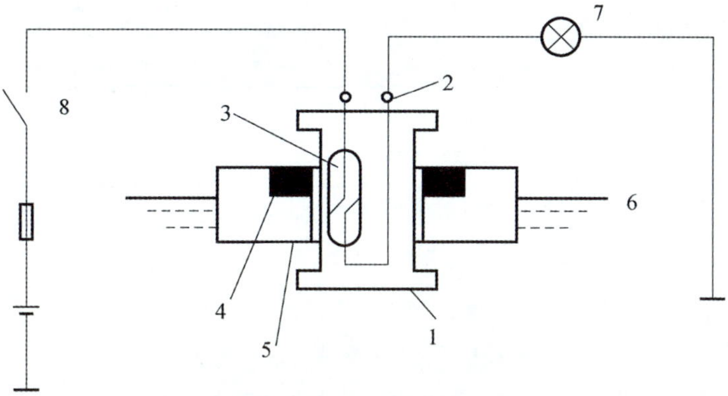

图 6.16　制动液液面传感器

1—外壳；2—接线柱；3—舌簧开关；4—永久磁铁；5—浮子；6—液面；7—警告灯；8—点火开关

舌簧开关外壳 1 内装有舌簧开关 3，舌簧开关 3 的两个接线柱 2 分别与警告灯、电源相连接，在浮子 5 上安装有永久磁铁 4。

在制动液充足时，浮子的位置较高，此时永久磁铁 4 高于舌簧开关 3 的位置，舌簧开关 3 处于断开状态，警告灯电路断开，警告灯 7 不亮。当浮子随着液面下降到规定值以下时，永久磁铁 4 就接近了舌簧开关 3，吸引舌簧开关 3 使之闭合，接通警告灯电路，警告灯 7 发光报警。

任务实施

为解决情境导入中要求的掌握汽车仪表报警指示系统的结构与原理的问题，可按下述方式组织实施任务。

任务单元	项目 6.2　汽车报警系统的结构与原理	学时	1
任务目的	1. 认识汽车报警系统的组成件结构。 2. 掌握各种报警系统的特点。 3. 认识各种报警系统的指示方式。 4. 能正确区分各种报警系统的优缺点。 5. 熟悉各种报警指示系统的工作原理与特征。 6. 了解汽车报警指示系统的发展趋势		
设备器材	1. 各种汽车仪表各 5 台。 2. 各种汽车仪表线束各 5 个。 3. 蓄电池 10 个。 4. 万用表 10 块。 5. 附件若干。 6. 工具若干		

续表

任务单元	项目 6.2　汽车报警系统的结构与原理	学时	1
操作准备	1. 将设备与器材分别放于 5 个工作台。 2. 将“任务工单”分发给每位学生		
注意事项	1. 与仪表线束相关的线束及附件应事先连接好。 2. 操作时只要求进行仪表线束的连接		
实施过程	1. 让学生按下列要求观察汽车报警指示装置，并将相关结果记录于“任务工单”。 (1) 观察汽车仪表报警系统线束及相关附件。 (2) 观察汽车仪表报警系统线束及相关附件的连接特点。 (3) 观察汽车仪表报警系统线束及相关附件的连接方法。 (4) 观察汽车仪表报警系统线束及相关附件的影响因素（保险、继电器）。 2. 监督学生按要求完成任务，并指导学生进行正确的操作		

项目 6.3　汽车仪表与报警系统的检修

情境导入

客户报修：

售后服务经理接到客户反映：汽车起动时，有些仪表不工作，有些警告灯常亮，经询问得知：车辆走合期结束后，行驶 1 万 km 检修过一次且未及时维护。

故障原因分析：

根据客户报修情况，可以初步诊断为仪表线路、机械传动装置和传感器故障，主要故障原因如下：

(1) 仪表线路连接松动。

(2) 仪表电源电路线路故障。

(3) 仪表线路搭铁不良。

(4) 汽车自诊断系统故障。

(5) 汽车电控系统故障。

(6) 汽车传感器及线路故障。

理论引导

6.3.1　仪表与报警系统电路

当仪表不工作或工作不正常时，应对其线路、机械传动装置和传感器进行检查。线路的通断情况可用万用表或试灯进行检查；机械传动装置用常规的检查方法检查即可；传感器的检查相对复杂，故本部分的检查以传感器的检查为主。若线路、机械传动装置和传感器工作正常，而仪表不工作或工作不正常，则应更换仪表。

仪表与报警系统的一般电路如图 6.17 所示。仪表与报警系统电路的特点可以归纳如下：

（1）所有的电气仪表都要经过点火开关控制，在点火开关的工作挡（ON）和启动挡（ST）与电源接通，在附件专用挡（Acc）与电源断开。

（2）汽车仪表常用双金属片电热丝结构，表头一般只有 2 根线；中间有一个磁性指针的，多为 3 条线引出，其中一条接点火开关 15 号线（IG 线），另一条线搭铁，还有一条接传感器。

（3）各仪表的表头与其传感器串联，燃油表、冷却液温度表一般还串有电源稳压器。

（4）指示灯、警告灯常与仪表装配在一个总成或在附近布置，它们与仪表一起同受点火开关控制。在 ON 挡，能检验大多数仪表、指示灯、警告灯是否良好。

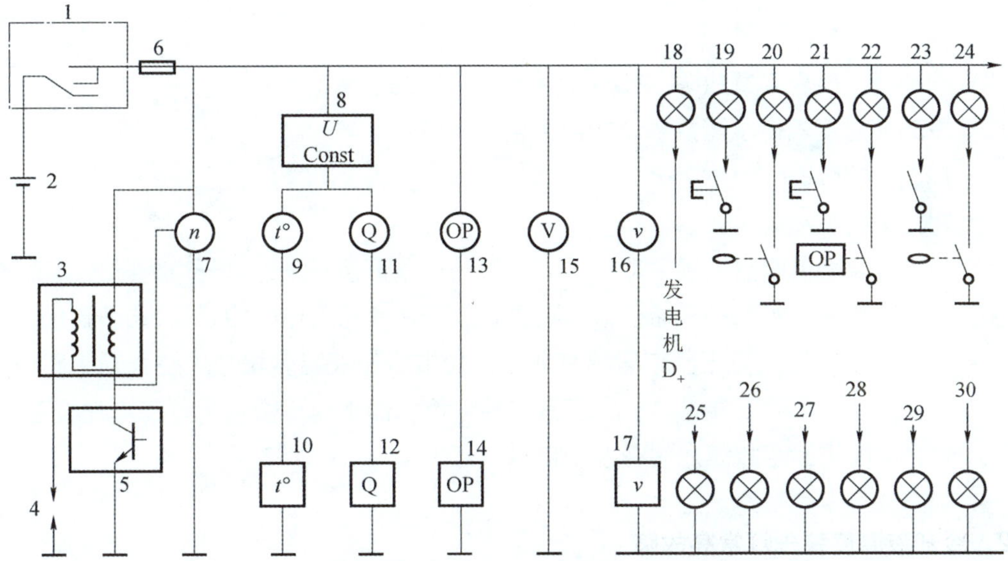

图 6.17　仪表与报警系统的一般电路

1—点火开关；2—蓄电池；3—点火线圈；4—火花塞；5—点火模块；6—熔断器；7—发动机转速表；8—仪表稳压器；9—发动机冷却液温度表；10—温度表传感器；11—燃油表；12—燃油表传感器；13—机油压力表；14—机油压力表传感器；15—电压表；16—车速表；17—车速表传感器；18—充电指示灯；19—停车制动指示灯；20—制动液液面警告灯；21—门未关警告灯；22—机油压力警告灯；23—备用警告灯；24—水位过低警告灯；25—远光指示灯；26，27—左、右转向指示灯；28—座椅安全带未系警告灯；29—防抱死制动指示灯；30—巡航控制指示灯

（5）指示灯与警告灯按照电路接法可分为两种：一种是灯泡由点火开关（15 号线或 IG 线）供电，外接传感器开关。开关接通时，线路搭铁而构成通路，灯亮，如充电指示灯 18、停车制动指示灯 19、制动液液面警告灯 20、门未关警告灯 21、机油压力警告灯 22、水位过低警告灯 24 等。另一种接法是指示灯接地，控制信号来自控制开关的正极端，如远光指示灯 25，转向指示灯 26（左）、27（右），座椅安全带未系警告灯 28，防抱死制动指示灯 29，巡航控制指示灯 30 等。

6.3.2 常见故障诊断与分析

在掌握仪表与报警系统工作电路和工作原理之后，对该系统进行故障诊断就比较容易。下面以冷却液温度表、燃油表、发动机机油压力警告灯的常见故障为例，介绍仪表与报警系统的故障诊断方法。

1. 冷却液温度表指针不动故障

1）故障现象

发动机工作时冷却液温度表指针不动，反映不出发动机冷却液的工作温度。

2）故障原因

（1）稳压器工作不正常。

（2）冷却液温度表自身故障（如双金属片发热线圈断路或脱落）。

（3）冷却液温度表传感器故障（如热敏电阻失效）。

（4）线路有故障。

3）故障诊断

将冷却液温度表传感器的接线端子拔下，使该导线直接搭铁，打开点火开关，观察冷却液温度表的指针情况，如指针开始移动，则说明故障在冷却液温度传感器；如表针仍无指示，则说明故障在仪表自身，稳压器或线路有断路。如果冷却液温度表与燃油表同时出现故障，稳压器或线路出现故障的可能性较大，应首先检查稳压器工作是否正常。在排除检查稳压器和线路故障之后即可断定故障发生在仪表自身。

2. 冷却液温度警告灯常亮故障

1）故障现象

汽车在行驶过程中发动机无论冷态还是热态，冷却液温度警告灯常亮。

2）故障原因

（1）冷却液温度报警开关故障。

（2）线路有搭铁故障。

（3）储液罐中冷却液液面过低。

（4）冷却液液面位置开关故障。

3）诊断方法

首先检查冷却液温度是否真的过高，储液罐冷却液液面是否过低。这些都正常，但警告灯仍然常亮，可拔下储液罐液面位置开关插头。如果警告灯熄灭，说明故障在液位开关；如仍然亮，接好储液罐液面位置开关插头，拔下冷却液温度报警开关插头。如果警告灯熄灭，说明故障在冷却液温度报警开关；若警告灯仍然亮，则说明警告灯线路有搭铁故障。

3. 燃油表指针总指向无油位置故障

1）故障现象

无论油箱内燃油多少，燃油表指针总指向无油位置不动。

2）故障原因

（1）燃油表自身故障。

（2）稳压器工作不正常。

（3）线路有断路故障。

（4）燃油表传感器故障或浮子机构被卡住。

3）诊断方法

首先拔下燃油表传感器接线端子，使该导线直接搭铁，打开点火开关，观察燃油表指针情况。如指针开始向满油刻度移动，则说明故障在燃油表传感器；如表针仍无反应，则说明故障在仪表自身，稳压器或线路有断路，需进一步采用排除法进行诊断。

4. 机油压力警告灯常亮故障

1）故障现象

汽车在行驶过程中，发动机机油压力警告灯常亮。

2）故障原因

（1）机油压力报警开关故障（有些车辆采用两个报警开关同时监控，如桑塔纳、捷达、奥迪轿车装有低压30kPa报警开关和高压180kPa报警开关）。

（2）润滑油油压力达不到规定要求。

（3）线路故障。

3）诊断方法

以桑塔纳轿车发动机为例介绍机油压力警告灯常亮故障的诊断方法。

发动机机油压力警告灯受安装在发动机缸盖油道的低压报警开关（30kPa开关）和安装在机油滤清器附件的高压报警开关（180kPa开关）控制。发动机工作时，当低压报警开关处油压低于30kPa时，低压报警开关触点闭合，警告灯被点亮；当发动机转速超过2000r/min时，如果高压报警开关处的油压低于180kPa，高压报警开关的触点被断开，仪表板内的控制单元控制警告灯也被点亮，同时蜂鸣器也发出响声以示警告。当出现机油压力警告灯亮故障时，首先要区分是润滑系统故障还是报警系统自身故障，通常采用测量油压的方法进行诊断，可在车上做如下检查：

（1）拆下低压开关（30kPa 低压），将其拧入检测仪。把检测仪拧到气缸盖上的机油低压开关处，并将检测仪的褐色导线接地。

（2）用辅助导线将二极管测试灯 V.A.G1527 接到蓄电池正极及低压开关 A 上时，发光二极管被点亮；起动发动机，慢慢提高转速，当压力达到 15 ～ 45kPa 时，发光二极管应熄灭，若不熄灭说明低压开关有故障。再令发动机怠速运转，机油压力应大于 45kPa，发光二级管应熄灭。若压力低于 15kPa，说明润滑系统有故障。

（3）线路故障。将二极管试灯连接到高压开关（180kPa 开关）B 上，慢慢提高发动机转速，当机油压力达到 160 ～ 200kPa 时，发光二极管应点亮，若不亮说明高压开关有故障。进一步提高发动机转速，当发动机转速超过 2000r/min 时，机油压力应达到 200kPa，若压力达不到，说明润滑系统有故障。

任务实施

为解决情境导入中要求的掌握汽车仪表报警系统的故障诊断问题，可按下述方式组织实施任务。

任务单元	项目 6.3　汽车仪表与报警系统的检修	学时	1
任务目的	1. 仪表系统电路分析与常见故障诊断。 2. 报警系统电路分析与常见故障诊断		
设备器材	1. 汽车整车仪表、报警电路各 5 个。 2. 各种汽车仪表线束各 5 个。 3. 蓄电池 10 个。 4. 万用表 10 块。 5. 附件若干。 6. 工具若干		
操作准备	1. 将设备与器材分别放于 5 个工作台。 2. 将“任务工单”分发给每位学生		
注意事项	1. 与仪表线束相关的线束及附件应事先连接好。 2. 操作时只要求进行仪表线束的连接		
实施过程	1. 讲解和演示冷却液温度表指针不动的故障检查方法，并让学生进行故障检查。 2. 讲解和演示冷却液温度报警灯常亮的故障检查方法，并让学生进行故障检查。 3. 讲解和演示燃油表指针总指向无油位置的故障检查方法，并让学生进行故障检查。 4. 讲解和演示机油压力报警灯常亮的故障检查方法，并让学生进行故障检查。 5. 监督学生按要求完成任务，并指导学生进行正确的操作		

任务评价

评价与考核项目		评价与考核标准	配分	得分
知识点	仪表与报警装置的作用	熟知仪表与报警装置的作用	2	
	仪表与报警的结构与工作原理	熟悉仪表与报警装置的组成；掌握仪表与报警装置的结构特点及安装要求；了解仪表与报警装置的工作原理	10	
	仪表与报警装置的含义	掌握仪表与报警装置各代号的含义	3	
	仪表与报警装置的正确使用方法	熟知仪表与报警装置的使用方法	6	
	仪表与报警装置的常规检查方法	掌握仪表与报警装置的常规检查方法	12	
	仪表与报警装置的使用、维护与检修方法	掌握仪表与报警装置的正确使用、维护及故障检修方法	12	
技能点	传感器的检查	能借助万用表及其设备进行传感器的检查	5	
	仪表自身检查	能进行仪表自身检查	12	
	仪表与报警装置线路的检查	能对仪表线路及报警线路进行检查	8	
	仪表与报警装置常见故障的检修	能通过故障现象对仪表线路、报警装置线路等常见故障进行诊断	15	
情感点	纪律与劳动	不迟到、不早退，实训主动、积极、认真	5	
	职业道德与敬业精神	具备良好的道德标准、道德情操与道德品质；能认真对待实训、明确职责、勤奋努力	5	
	团结协作与创新精神	能与同学和谐相处、互补互助、协调合作，充分发挥自己的个性，圆满完成实训任务；能够综合运用自己的知识、信息、技能和方法，对遇到的问题能提出新方法、新观点	5	
合计			100	

任务工单

任务名称	汽车仪表与报警系统的检修			任务成绩	
学生姓名		班级		学号	
实训时间		实训地点		所在组号	
资讯	一、填空题 1. 下图为冷却液温度警告灯：1—________；2—________；3—________；4—________；5—________；6—________。				

续表

资讯

2. 冷却液温度表指针不动的故障原因有：①________；②________；③________；④________。

3. 燃油表指针总指向无油位置的故障原因有：①________；②________；③________；④________。

4. 冷却液温度警告灯常亮的故障原因有：①________；________②________；③________；④________。

5. 机油压力警告灯常亮的故障原因有：①________；②________；③________；④________。

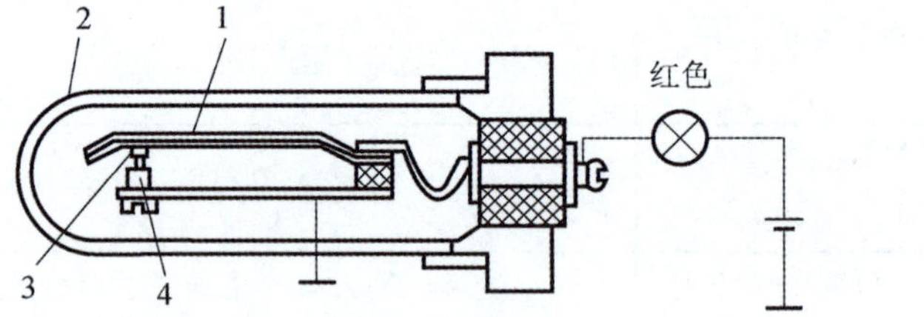

（a）

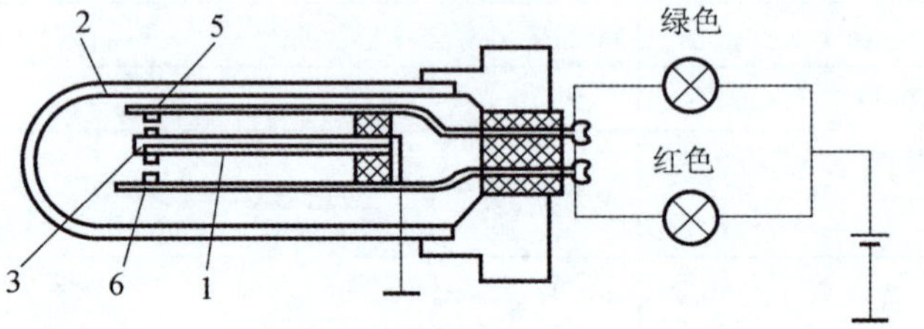

（b）

冷却液温度警告灯

二、选择题

1. 机油压力表主要用来了解（　　）系统工作是否正常。

A. 润滑　　B. 冷却　　C. 点火　　D. 起动

2. 负温度系数冷却液温度传感器当温度升高时，其电阻值（　　）。

A. 变大　　B. 变小

C. 不变　　D. 温度达到一定值时才改变

3. 机械传动磁铁式车速里程表内部有（　　）对蜗轮蜗杆减速机构。

A. 1　　B. 2　　C. 3　　D. 4

4. 温控开关有（　　）种类型。

A. 1　　B. 2　　C. 3　　D. 4

5. 当蓄电池放电时，充电指示灯将（　　）。

A. 点亮　　B. 不亮　　C. 先亮后灭　　D. 先灭后亮

6. 热敏电阻式燃油低液位指示灯中的热敏电阻在油箱燃油存量较多时，其电阻值（　　）。

A. 大　　B. 小

C. 不变　　D. 流过电流较大

续表

<table>
<tr><td>资讯</td><td>7. 制动液液面警告灯在制动液液面（　　）时，发出报警信号。
A. 过低　　B. 过高
C. 不变　　D. 与存量无关
三、判断题
1. 正温度系数热敏电阻的特征是温度越低，其电阻值越大。（　　）
2. 一般散热器温控开关有两个温控点：一个温控点是 85℃，另一个温控点为 105℃。（　　）
3. 车速里程表包括汽车速度表和里程表两个计量表，主要测试汽车行驶速度和汽车行驶里程。（　　）
4. 将冷却液温度表传感器的接线端子拔下，使该导线直接搭铁，打开点火开关，观察冷却液温度表的指针情况，如指针开始移动，则说明故障在冷却液温度传感器。（　　）
5. 将冷却液温度表传感器的接线端子拔下，使该导线直接搭铁，打开点火开关，观察冷却液温度表的指针情况，如指针不动，则说明故障在冷却液温度传感器。（　　）
6. 拔下燃油表传感器接线端子，使该导线直接搭铁，打开点火开关，观察冷燃油表指针情况。如指针开始向满油刻度移动，则说明故障在燃油表传感器。（　　）
7. 拔下燃油表传感器接线端子，使该导线直接搭铁，打开点火开关，观察冷燃油表指针情况。如指针无反应，则说明故障在燃油表传感器。（　　）
四、简答题
1. 机油压力表的作用是什么？

2. 温控开关有哪些类型？

3. 试说明冷却液温度表指针不动的故障诊断方法。

4. 试说明燃油表指针总指向无油位置故障的诊断方法。</td></tr>
<tr><td>计划与决策</td><td>请根据任务要求，确定所需要的设备器材，并对小组成员进行合理分工，制定观察电源系统的检查与故障检修计划。
1. 需要的设备器材
____
2. 小组成员分工
____
3. 实施计划
______________________________</td></tr>
</table>

续表

1．分组连接汽车仪表电路，并正确读写附表 6.1。

附表 6.1　汽车仪表电路的连接

线路连接是否正确	
能否分析警告灯线路的电流走向	
能否全面检测警告灯线路	

2．分组检查汽车仪表电路、警告灯电路是否符合原车技术标准，并正确填写附表 6.2。

附表 6.2　汽车仪表电路、警告灯电路的检查

名称	作业内容	技术要求	原车技术标准	是否合格
仪表电路	连接			
警告灯电路	连接			

3．分组进行冷却液温度表指针不动故障的设置、诊断，并正确填写附表 6.3。

附表 6.3　冷却液温度表指针不动故障的设置与诊断

名称	作业内容	诊断思路	原车技术标准	是否排除
仪表电路	故障设置			
警告灯电路	故障设置			

4．分组进行燃油表指针总指向无油位置故障的设置、诊断，并正确填写附表 6.4。

附表 6.4　燃油表指针总指向无油位置故障的设置与诊断

名称	作业内容	诊断思路	原车技术标准	是否排除
仪表电路	故障设置			
警告灯电路	故障设置			

5．分组进行机油压力警告灯常亮故障的设置、诊断，并正确填写附表 6.5。

附表 6.5　机油压力警告灯常亮故障的设置与诊断

名称	作业内容	诊断思路	原车技术标准	是否排除
仪表电路	故障设置			
警告灯电路	故障设置			

检查与评价	以小组为单位对完成任务情况进行评价（包括自我评价、小组评价、教师评价）。 1．是否完成了所有实训项目？观察、检查、检修是否有漏项？ 自我评价：

续表

检查与评价	小组评价： 教师评价： 2. 汽车仪表与报警系统的故障检修计划制订是否合理？ 自我评价： 小组评价： 教师评价： 3. 附表填写是否详细、准确？ 自我评价： 小组评价： 教师评价：

注：出现安全事故，或不按规范操作而损坏仪器、设备的，此任务成绩计 0 分。

拓展与提升

汽车电子显示装置

1. 汽车电子显示装置的特点

随着现代汽车电气设备的不断增加，电气系统也变得越来越复杂。特别是在汽车上大量应用电子控制技术后，常规指针式仪表已远远不能满足现代汽车技术发展的要求。因此，汽车电子显示装置的使用比例正在逐年提高。

电子显示组合仪表的特点：易于辨认、精确度高，由于电子显示器中没有可动部件，故可靠性高，每个测量仪表和计量仪表都具有最佳的显示结构形式。电子显示组合仪表利用各种传感器传来的信号，并根据这些信号进行计算，以测量车辆的行驶速度、发动机转速、发动机冷却液温度、燃油量及车辆其他情况的数据，并将这些数据以数字或条形图形式显示出来。

汽车仪表电子显示的优点如下：

(1) 电子显示装置能提供大量、复杂的信息，显示直观清晰。

(2) 电子显示装置能迅速、准确地处理备种复杂的信息，并以数字、文字或图形形式显示出来，供汽车驾驶员了解并及时处理。

(3) 能满足小型、轻量化的要求。为了使有限的驾驶室空间尽可能得宽敞些，用于汽车的各种仪表及部件都必须小型化、轻量化。电子显示装置不仅能适应各种传感器或控制系统的电子化，而且能够实现小型轻薄化，这样既能加大汽车仪表台附近的空间利用率，还能处理日益增多的信息。

(4) 具有高精度和高可靠性。实现汽车仪表电子化可为操作者提供高精度的数据信息。由于没有运动部件，因此电子显示装置反应快、准确度高。

(5) 具有一“表”多用的功能。采用电子显示器显示，易于用一组数字去分时显示几种信息，并可同时显示几个信息，不必对每个信息都设置一个指示表，故使组合仪表得以简化。

2. 汽车常用电子显示器件

电子显示器件大致分为两类：第一类为主动显示型，第二类为被动显示型。主动显示型的显示器件本身辐射光线，如发光二极管（LED）、真空荧光管（VFD）、阴极射线管（CRT）、等离子显示器件（PDP）等；被动显示型器件相当于一个光阀，它的显示靠另一个光源来调制，如液晶显示器件（LCD）和电致变色显示器件（ECD）等。这些都可作为汽车电子显示器件使用。

1）发光二极管

发光二极管的结构如图 6.18 所示。发光的颜色有红、绿、黄、橙，可单独使用，也可组合使用，用来组成数字。

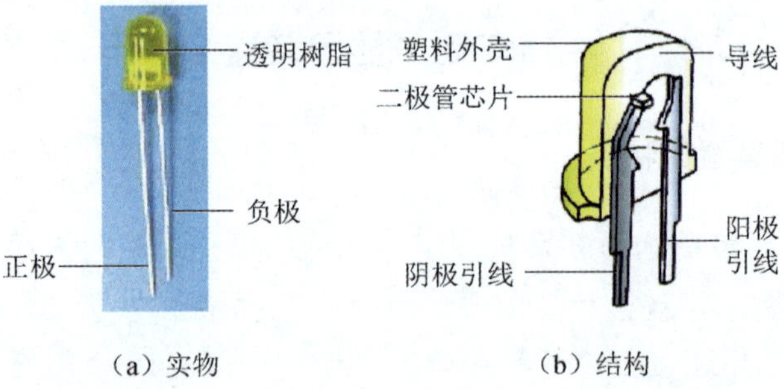

图 6.18 发光二极管

2）真空荧光管

真空荧光管实际是一种真空低压管，它由玻璃、金属等材料构成。其发光原理与电视机中的显像管相似。汽车上使用的数字式车速表的真空荧光显示屏如图 6.19 所示。

3）液晶显示器件

液晶是一种有机化合物，在一定温度范围内，它具有普通液体的流动性质，也具有晶体的某些光学特性。液晶显示器是一种被动显示装置，具有显示面积大，耗能少，显示清晰，通过滤光镜可显示不同颜色，在阳光直射下不受影响等特点，应用十分广泛。

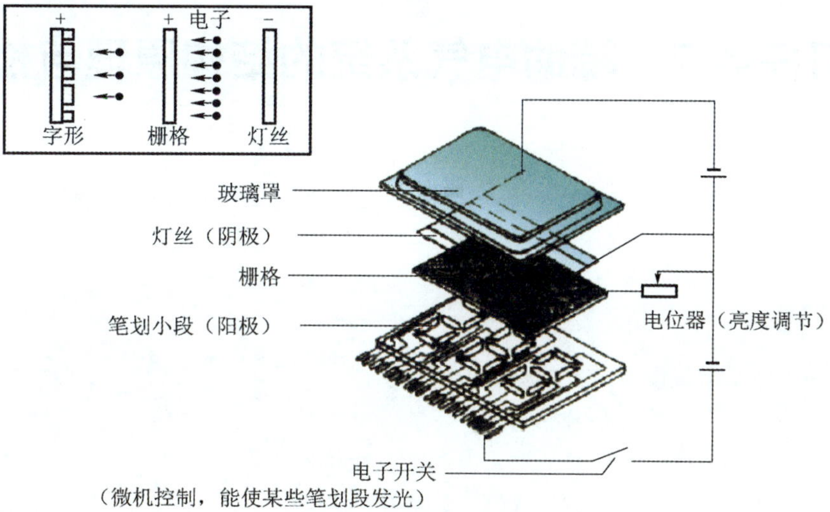

图 6.19　真空荧光显示屏

学习任务 7　辅助电气系统的结构原理与检修

任务目标

了解：常用辅助电气设备装置的安装位置。

熟悉：辅助电气系统的电路分析方法。

掌握：汽车辅助电气设备装置的作用、组成、结构及工作原理。

学会：典型辅助电气设备的常见故障及诊断排除方法。

任务描述

汽车辅助电气系统由于使用、维护及寿命等原因，常常会出现无法工作、工作性能不良等故障。为了合理使用各辅助电气系统，提高使用方便性与舒适性，必须了解各常用辅助电气系统的结构原理，熟悉其正确的使用与维护方法，并掌握常见故障的检修方法。

学时计划

项目	项目内容	参考学时			
		教学学时	实训学时	小计	合计
7.1	风窗玻璃清洁装置的结构原理与检修	1	1	2	14
7.2	电动车窗的结构原理与检修	1	1	2	
7.3	电动座椅的结构原理与检修	1	0.5	1.5	
7.4	电动后视镜的结构原理与检修	1	0.5	1.5	
7.5	电控门锁系统的结构原理与检修	2	1	3	
7.6	防盗系统的结构原理与检修	2	1	3	
拓展与提升	汽车新型辅助系统	1	0	1	

项目 7.1 风窗玻璃清洁装置的结构原理与检修

情境导入

客户报修：

2012 年 9 月 15 日，车主王先生来到汽车 4S 店反映，他的汽车刮水器在开关断开或者在间歇挡时刮水片不能停在风窗底部。作为汽车维修人员，接到刮水器检修任务后，必须全面熟悉刮水器的结构与工作原理，并能对常见故障进行检修与排除。制订检修计划，得到经理确认后，完成此任务，提交一份分析报告并归档。

故障原因分析：

根据客户报修情况，可以初步诊断为刮水器故障，主要故障原因如下：

（1）刮水器电动机自动停位机构损坏。

（2）刮水器开关损坏。

（3）刮水器摆杆调整不当。

（4）线路连接错误。

理论引导

汽车风窗玻璃清洁装置是一种能够在雨天、雪天、雾天或扬沙天气时，仍能够保证驾驶员有良好视线，能够清洁风窗玻璃的一种汽车辅助装置。它包括电动刮水器、风窗玻璃清洁装置和风窗除霜装置。

风窗玻璃清洁装置具备以下功能：

（1）电动刮水器能清除风窗玻璃上的雨水、雪或尘土，确保驾驶员有良好的视线。

（2）风窗玻璃洗涤器用于消除风窗玻璃上的污物。

（3）在天气较冷时，去除风窗玻璃上的霜或雾。

7.1.1 电动刮水器

刮水器有前风窗刮水器和后风窗刮水器，按驱动方式不同有真空式、气动式和电动式 3 种。电动式刮水器因其刮水器动力大，不受发动机工况影响，易控制而在汽车上广泛应用。电动刮水器普遍具有高速、低速及间歇 3 个工作挡位，而且除了变速之外，还有自动回位的功能。

1. 电动刮水器的结构

电动刮水器主要由直流电动机和传动装置组成，如图 7.1 所示。电动机的旋转运动经由

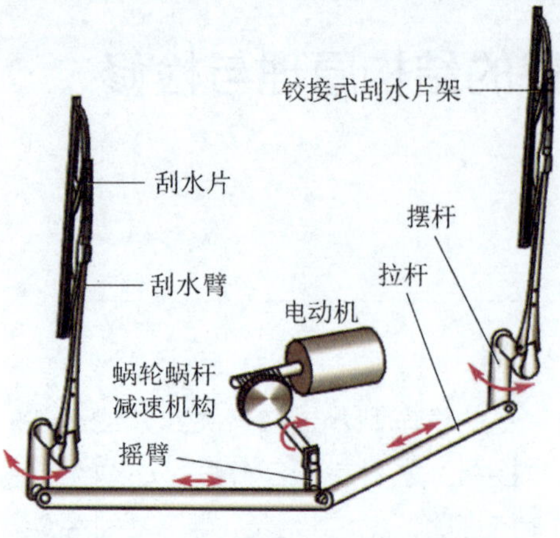

图 7.1 典型电动刮水器的结构原理图

蜗杆、蜗轮、拉杆和摆杆等杆件转变为摆臂的往复摆动，使摆臂上的刮水片实现刮水动作。

2. 电动刮水器的变速原理

刮水器的变速是利用直流电动机的变速原理来实现的，改变电动机磁极磁通量的强弱或通过改变两电刷之间的绕组数的多少就可以实现变速。

1）改变磁通量变速

采用改变电动机磁极磁通量变速的方法只适合于绕线式直流电动机，其工作原理如图 7.2 所示。

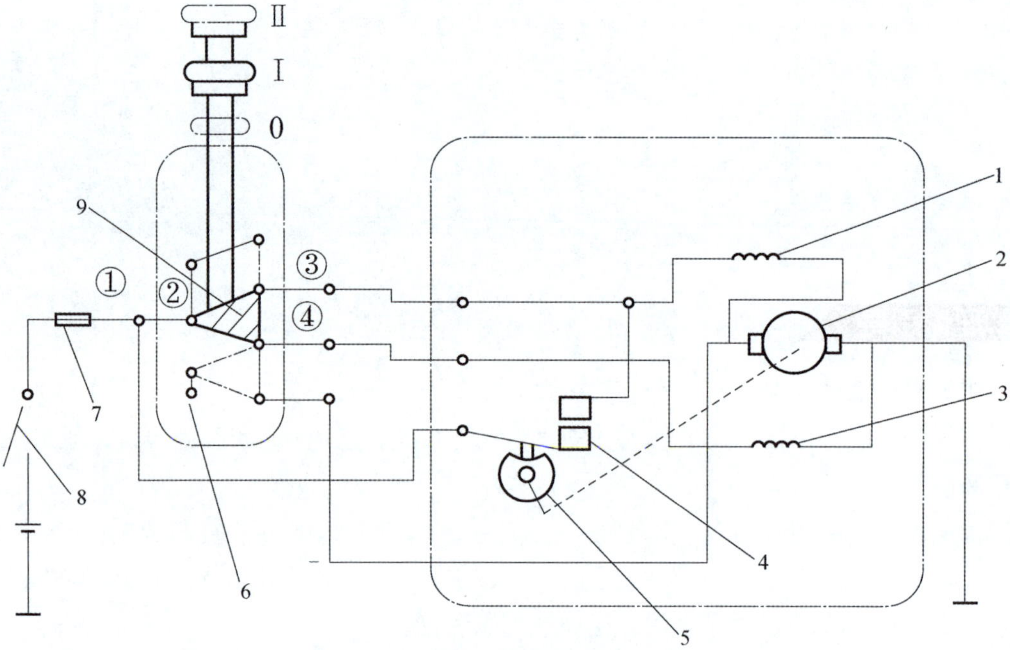

图 7.2 绕线式电动刮水器的工作结构原理图

1—串励绕组；2—电枢；3—并励绕组；4—触点；5—凸轮；6—刮水器开关；7—熔断器；8—电源开关；9—接触片

当刮水器开关在“Ⅰ”挡位置（低速）时，电流由蓄电池正极经电源开关 8 →熔断器 7 →接线柱②→接触片 9，然后分成两路：一路通过接线柱③→串励绕组 1 →电枢 2 →蓄电池负极形成回路；另一路通过接线柱④→并励绕组 3 →蓄电池负极形成回路。此时，串励绕组和并励绕组共同作用，使磁场增强，电动机低速运转。

当刮水器开关在“Ⅱ”挡位置（高速）时，电流由蓄电池正极经电源开关 8 →熔断器 7 →接线柱②→接触片 9 →接线柱③→串励绕组 1 →电枢 2 →蓄电池负极形成回路。此时，并励绕组 3 被断开，磁场减弱，电动机高速运转。

2）改变电刷间的绕组数变速

刮水器电动机有绕线式和永磁式，改变电刷间绕组数变速的方法只能用于永磁式。永磁式刮水电动机体积小，质量小，结构简单，使用广泛。永磁式刮水电动机主要由永久磁铁、电枢、电刷等组成，其结构如图 7.3 所示。

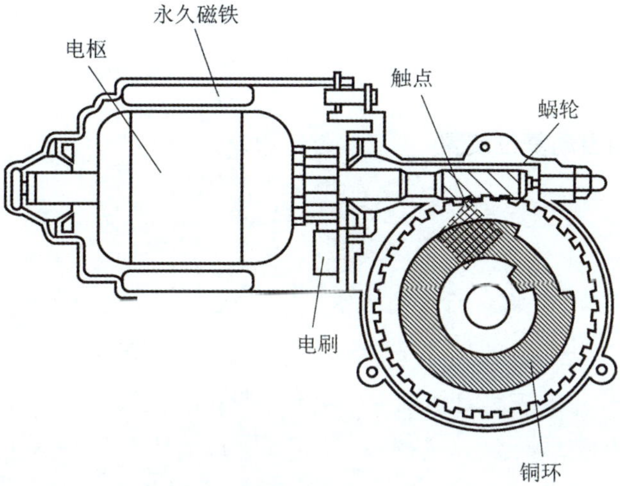

图 7.3　永磁式刮水电动机的结构

为满足实际使用的要求，刮水电动机有低速、高速和间歇 3 个挡位，且在任意时刻刮水结束后，刮水片均能回到风窗玻璃最下端，即自动复位。

永磁式刮水电动机是利用 3 个电刷来改变正、负电刷之间串联线圈的个数来实现变速的，其工作原理图如图 7.4 所示。

在图 7.4（c）中，刮水器电动机有高速电刷、低速电刷和公共电刷。

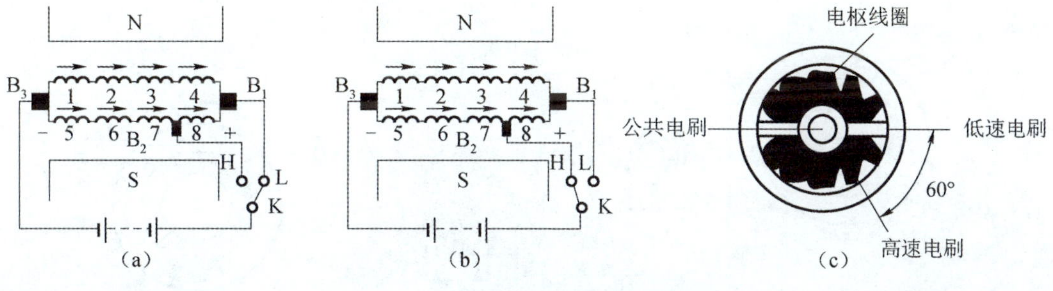

图 7.4　永磁式刮水电动机工作原理图

在刮水电动机工作时，在电枢内会同时产生反电动势，每个小线圈都产生相等的反电动势，其方向与电枢电流的方向相反。若要电枢转动，外加电压必须克服反电动势的作用。当电动机转速升高时，反电动势增大，只有当外加电压等于反电动势时，电枢的转速才能稳定。

当将刮水器开关拨向 L（低速）时，则蓄电池电压加在电刷 B1 和 B3 之间，在电刷 B1 和 B3 之间的两条并联支路中，每条支路中各有 4 个线圈串联，其反电动势的大小与支路中反电动势的大小相等。由于外加电压需要平衡 4 个线圈所产生的反电动势，故电动机转速较低。

当将刮水器开关拨向 H（高速）时，则蓄电池电压加在电刷 B2 和 B3 之间。线圈 1、2、3、4、8 同在一条支路中，其中线圈 8 与线圈 1、2、3、4 的反电动势方向相反，相互抵消后，使每条支路变为 3 个线圈。由于电动机内部的磁场方向和电枢的旋转方向没有变化，所以各线圈内反动势的方向与低速时相同。但是，外加电压只需平衡 3 个线圈所产生的反电动势，因此电动机的转速升高。

3．电动刮水器的自动复位装置

汽车上装用的电动刮水器都设有自动复位装置。自动复位指在切断刮水器开关时，刮水片能自动停在驾驶员视线以外的指定位置。

图 7.5 所示为铜环式刮水器的控制电路。刮水器的开关有 3 个挡位，它可以控制刮水器的速度和自复位。0 挡为复位挡，I 挡为低速挡，II 挡为高速挡。4 个接线柱分别接复位装置、电动机低速电刷、搭铁、电动机声速电刷。复位装置在减速蜗轮上嵌有铜环，铜环分为两部分，与电动机的外壳相连（搭铁）。触点臂用磷铜片或其他弹性材料制成，一端铆有触点。由于触点臂具有弹性，因此当减速蜗轮转动时，触点与减速蜗轮端面的铜环保持接触。

当刮水器开关处于“I”挡位置时，电流从蓄电池的正极→电源开关→熔丝→电刷 B3 →电枢绕组→电刷 B1 →刮水器开关接线柱 II →接触片→刮水器开关接线柱 III →搭铁→蓄电池负极。电动机以低速运转。

当刮水器开关处于“II”挡位置时，电流从蓄电池的正极→电源开关→熔丝→电刷 B3 →电枢绕组→电刷 B2 →刮水器开关接线柱 IV →接触片→刮水器开关接线柱 III →搭铁→蓄电池负极。电动机以高速运转。

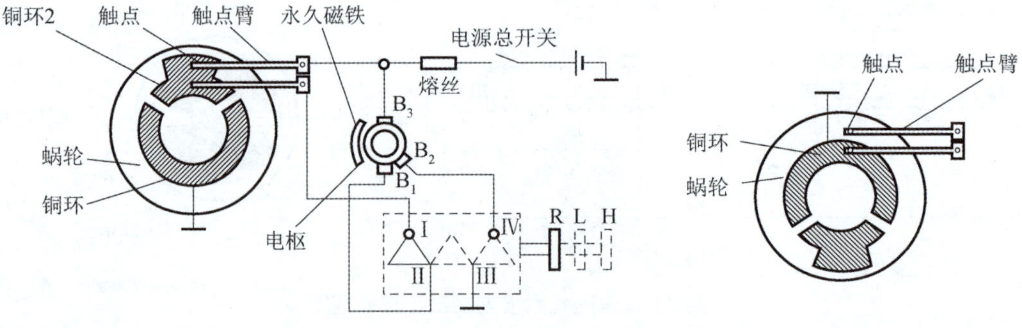

（a）　　（b）

图 7.5　铜环式刮水器的控制电路

当将刮水器开关退回到“0”挡时，如果刮水片没有停在规定的位置，由于触点与铜环相接触，则电流继续流入电枢。其电路：蓄电池正极→电源开关→熔丝→电刷 B3 →电枢绕组→电刷 B1 →接线柱 II →接触片→接线柱 I →触点臂→铜环→搭铁。此时，电动机以低速运转至蜗轮旋转到规定位置，即触点臂都和铜环接触。此时电动机电枢绕组短路。但是，若电枢由于其惯性而不能立刻停下来，则电枢绕组通过触点臂与铜环接触而构成回路，电枢绕组产生感应电流，产生制动转矩，电动机将迅速停止转动，刮水器的刮水片停止在规定的位置。

4．刮水器电子间歇控制系统

汽车在小雨或雾天行驶，风窗玻璃上微量水分和灰尘会形成一层发黏的表面，如果刮水器仍按原来那样不断地工作，会使玻璃模糊影响视线，引起刮水片的颤动，同时也会对玻璃有损伤。现代汽车刮水器上均加装了电子间歇控制系统，使刮水器能按照一定的周期停止和刮水，如此在小雨或雾天中行驶时，能使驾驶员获得更好的视线。

电动刮水器的间歇控制电路按间歇时间能否调节可分为不可调式和可调式。

1）不可调式间歇控制电路

下面以同步振荡电路控制的间歇刮水器为例介绍其工作过程，电路如图 7.6 所示。

当刮水器开关处于间歇挡位置（开关处于“0”位，且间歇开关闭合）时，电源将通过自动复位开关向电容 C 充电，其电路为：蓄电池“+”→电源开关→熔丝→自动复位开关常闭触点（上）→电阻 R_1→电容 C→搭铁→蓄电池“–”，随着充电时间的增长，电容器两端的电压逐渐升高。当电容器 C 两端的电压升高到一定值时，晶体管 VT_1 和 VT_2 先后相继由截止转为导通，从而接通继电器磁化线圈的电路，其电路为：蓄电池“+”→电源开关→熔丝→电阻 R_5→晶体管 VT_2→继电器磁化线圈→间歇刮水器开关→搭铁→蓄电池“–”。在电磁力的作用下，继电器常闭触点打开，常开触点闭合，从而接通了刮水器电动机的电路，其电路为：蓄电池“+”→电源开关→熔断丝→B3→B1→刮水继电器常开触点→搭铁→蓄电池“–”，此时，电动机将低速运转。

当复位装置将自动复位开关的常开触点（下）接通时，电容器 C 通过二极管 VD、自动复位装置的常开触点迅速放电，此时刮水电动机的通电回路不变，电动机继续转动。随着放电时间的增长，晶体管 VT_1 基极电位逐渐降低。当晶体管 VT_1 基极电位降低到一定值时，VT_1、VT_2 由导通转为截止，从而切断了继电器磁化线圈的电路，继电器复位，常开触点断开，常闭触点闭合。此时，由于自动复位开关的常开触点处于闭合状态，电动机仍将继续转动，其电路为：蓄电池“+”→电源开关→熔丝→B3→B1→继电器常闭触点→搭铁→蓄电池“–”。只有当刮水片回到原位（不影响驾驶员视线位置），自动复位开关的常开触点断开，常闭触点闭合，电动机方能停止转动。继而电源将再次向电容器 C 充电，重复上述过程，实现刮水器的间歇动作。

2）可调式间歇控制电路

不可调式电子间歇刮水器能够实现间歇控制，但不能够根据雨量的变化及时调整刮水器的刮水频率，可调式电子间歇刮水器则可以根据雨量的大小自动调节刮水器的刮水频率，使驾驶员始终可以获得良好的视线。

图 7.6 所示为刮水自动开关与调速控制电路。

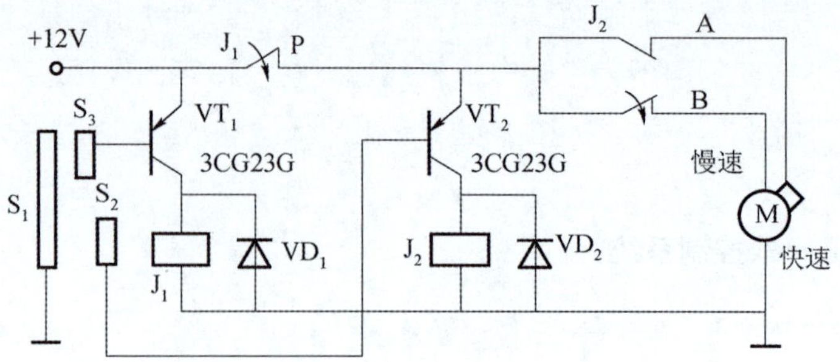

图 7.6　刮水自动开关与调速控制电路

电路中 S_1、S_2 和 S_3 是安装在风窗玻璃上的雨滴流量检测电极，雨滴落在两检测电极之间，其阻值相应减小，雨滴流量越大，其阻值越小。

S_1 和 S_3 之间的距离较近，因此，晶体管 VT_1 首先导通，继电器 J_1 通电，在电磁吸力作用下，P 点闭合，刮水电动机低速运转。当雨量增大时，S_1、S_2 之间的电阻减小到使晶体管 VT_2 也导通，于是继电器 J_2 通电，在电磁吸力的作用下，A 点断开，B 点接通，刮水电动机高速运转。雨停时，检测电阻之间的阻值均增大，晶体管 VT_1、VT_2 截止，继电器复位。刮水电动机自动停止工作。

5．电动刮水器的检修

刮水器常见故障有刮水器各挡位都不工作、个别挡位不工作、不能自动停位等。

1）各挡位都不工作

（1）故障现象。接通点火开关后，刮水器开关置于各挡位，刮水器均不工作。

（2）主要原因。熔断器断路；刮水电动机或开关有故障；机械传动部分锈蚀或与电动机脱开；连接线路断路或插接件松脱。

（3）诊断与排除。首先检查熔断器，应无断路，线路应无松脱；再次检查刮水器电动机及开关的电源线和搭铁线，应接触良好，没有断路；然后检查开关各个接线柱在相应挡位能否正常接通；最后检查电动机和机械连接情况。

2）个别挡位不工作

（1）故障现象。接通点火开关后，刮水器个别挡位（低速、高速或间歇挡）不工作。

（2）主要原因。刮水电动机或开关有故障；刮水器继电器有故障；间歇继电器有故障；连接线路断路或插接件松脱。

（3）诊断与排除。如果刮水器是高速挡或低速挡不工作，首先检查刮水器电动机及开关对应故障挡位的线路是否正常；其次检查开关接线柱在相应挡位能否正常接通；最后检查电动机电刷是否个别接触不良。

如果刮水器在间歇挡不工作，应顺序检查间歇开关（或刮水器开关的间歇挡）、线路和间歇继电器。

3）不能自动停位

（1）故障现象。刮水器开关断开或在间歇挡工作时刮水器不能自动停止在设定的位置。

（2）主要原因。刮水电动机自动停位机构损坏；刮水器开关损坏；刮水器摆杆调整不当；线路连接错误。

（3）诊断与排除。首先检查刮水臂的安装及刮水器开关线路的连接是否正确；其次检查刮水器开关在相应挡位的接线柱能否正常接通；最后检查电动机自动停位机构触点能否正常闭合和接触良好。

6. 刮水器的维护及使用注意事项

使用刮水器应注意以下事项：

（1）须经常检查刮水片，可用清水和中性肥皂水清理刮水片。

（2）检查刮水器电动机的固定及各传动杆的连接情况。如有松动，应予拧紧。

（3）检查刮水片与玻璃贴附情况。刮水片应无老化、破裂、磨损等损伤，否则应更换。

（4）刮水器仅可在湿润和清洁的车窗上使用，否则将损坏玻璃和橡胶刮片。

（5）检查刮水器的性能，如果刮水片的性能已经变差，必须更换；刮水片一般每年更换一次。

（6）更换刮水片时，先将旧橡胶条拉出来，然后把新橡胶条插进去。注意，安装方向不能弄错，同时一定要把固定卡夹安装牢靠，否则橡胶条很容易脱落。

（7）打开刮水器开关，刮水器摆杆应摆动正常。操纵刮水器开关，刮水器电动机应以相应的转速工作，否则，应检查刮水器电动机及其线路。

(8) 检查后，在各运动铰链处滴注 2 ～ 3 滴润滑油或涂抹润滑脂，并再次打开刮水器开关，使刮水器摆杆摆动，使润滑油或润滑脂均匀分布，并清洁。

7.1.2　风窗玻璃洗涤器

1. 作用

汽车在灰尘较多的环境中行驶时，会造成一些灰尘飘落在风窗上影响驾驶员的视线。为此许多汽车的刮水系统中增设了清洗装置，必要时向风窗表面喷洒专用清洗液或水，在刮水器配合下，保持风窗表面洁净。

2. 组成

风窗玻璃洗涤器的组成如图 7.7 所示。它由储液箱、洗涤泵、输液管、喷嘴等组成。

洗涤泵俗称喷水电动机，其作用是将清洗液加压，通过输液管和喷嘴喷洒到风窗玻璃表面。洗涤泵一般由永磁电动机和离心叶片泵组装成为一体，喷射压力可达 70 ～ 88kPa。洗涤泵的喷嘴安装在风窗玻璃的下面，其喷嘴方向可以根据使用情况调整，洗涤泵的连续工作时间不应超过 1min。对于刮水和洗涤分别控制的汽车，应先开启洗涤泵，再接通刮水器。

喷水停止后，刮水器应继续刮动 3 ～ 5 次，以便达到良好的清洁效果。

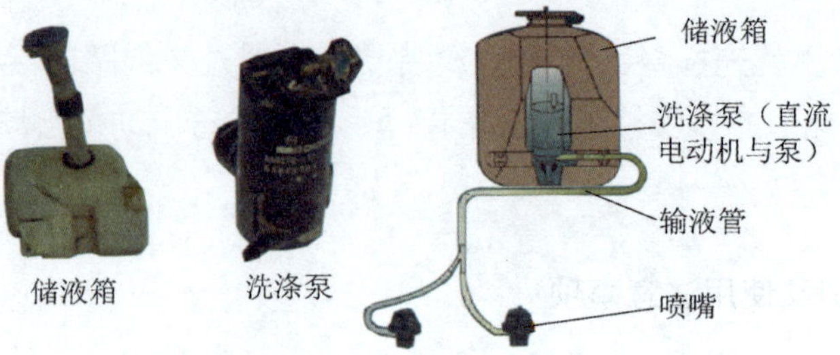

图 7.7　风窗玻璃洗涤器的组成

储液箱由塑料制成，其内盛有用水、酒精或洗涤剂等配制的洗涤液。有些储液箱上装有液面传感器，以便监视储液箱洗涤液的多少。常用的洗涤液是硬度不超过 205mg/L 的清水。为能刮掉风窗玻璃上的油、蜡等物，可在水中添加少量的去垢剂和防锈剂。强效洗涤液的去垢效果好，但会使风窗密封条和刮水片胶条变质，还会引起车身喷漆变色及储液箱、喷嘴等塑料件开裂。冬季使用洗涤器时，为了防止洗涤液结冰，应添加甲醇、异丙醇、甘醇等防冻剂，再加少量的去垢剂和防锈剂，即成为低温洗涤液，可使凝固温度下降到 −20℃以下。当冬季不用洗涤器时，应将洗涤管中的水倒掉。

3．工作原理

风窗玻璃洗涤器一般和电动刮水器共用一个熔丝。有的车清洗开关单独设置安装，有的则和刮水器开关组合在一起，便于操作。当清洗开关接通时，清洗电动机带动液压泵转动，将清洗液加压，通过输液管和喷嘴喷洒到风窗玻璃表面。

工作过程如下：

以上海桑塔纳汽车为例，其刮水器及洗涤器电路图如图 7.8 所示。该装置由刮水器电动机 V、洗涤泵 V_5、刮水器开关 E_{22}、间歇刮水继电器 J_{31}、熔丝 S 及刮水器机械传动装置等组成。刮水器组合开关 E_{22} 是三掷五位开关，不使用刮水器和洗涤器时，E_{22} 处在第四位（空挡），第一位是高速工作挡，第二位是低速工作挡，第三位是点动工作挡，第五位是间歇工作挡。刮水电动机 V 为双速永磁直流电动机，空载高速时刮水器曲柄转速为 62 ～ 82r/min，空载低速时为 42 ～ 52r/min。电路与 X 相线连接，当点火开关处于 2 挡（点火）时，中间继电器 J_{59} 的线圈有电流通过，J_{59} 触点闭合，这时 V 才可以投入工作。

1）快速刮水

当刮水器开关 E_{22} 处于第一位时（开关手柄推至最前端），刮水器电动机的电路被接通，这时由于电动机合成磁场较弱，故电动机转速较高。

2）低速刮水

当刮水器开关 E_{22} 处于第二位时，电流由 E_{22} 的第二掷经间歇继电器 J_{31} 的常闭触点进入低速电刷 53，电动机转速较低。

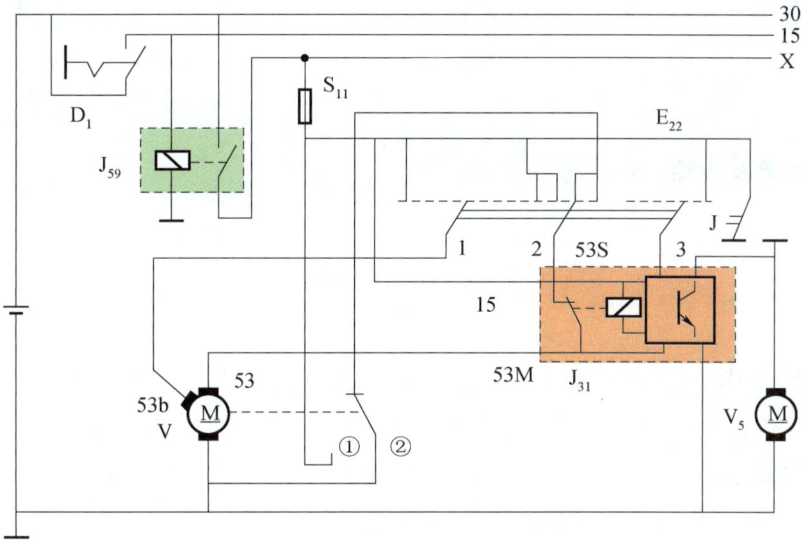

图 7.8　风窗刮水器及洗涤器电路

3）点动刮水

驾驶员按下开关手柄，E_{22} 处于第三位，电动机工作状态与第二位相同，但当驾驶员松开手柄时，在开关弹簧的作用下，E_{22} 自动回到空挡第四位上。

4）停机复位

刮水电动机总成内附设单掷二位自动开关，只有当刮水片处于风窗玻璃的右下端位置时，该开关才处在第二位，其他情况均处在第一位。当刮水开关 E_{22} 处于第四位而刮水片不在右下端位置时，则刮水电动机总成内部开关处在第一位，刮水电动机电路仍接通，刮水电动机低速运转。而当刮水片运动至右下端时，自动复位开关刚好处于二位，通过 E_{22} 的第二掷、间歇继电器 J_{31} 的常闭触点将电动机短接制动，电动机立即停止转动，刮水片即停在右下端，以确保刮水片不阻挡驾驶员的视线。

5）间歇刮水

E_{22} 处于第五位时，E_{22} 的第二掷、第三掷都与电源接通，第二掷的第五位与第四位相同，第三掷接通间歇刮水继电器 J_{31} 控制电路，J_{31} 中的继电器线圈 L 上有电流，使常闭触点打开，常开触点闭合，将电源通过 15 和 53M 接线柱、53 与电动机接通，相当于低速刮水。随着间歇继电器工作，J_{31} 中的继电器线圈 L 断电，则常闭触点闭合，常开触点打开，待刮水片停在风窗玻璃右下端时，电动机即停止工作，相当于停机复位。随着间歇继电器的工作，则 J_{31} 中的继电器线圈 L 上又有电流通过，则电动机又低速运转……以上过程不断重复，刮水片每隔 5 ~ 6s 往返一次。

6）喷水洗涤

向上拨动组合开关手柄（组合开关处于第四位）时，控制洗涤泵的点动触点闭合，将洗涤泵 V5 与电源接通，洗涤泵工作，位于发动机罩上的 4 个喷头同时向风窗玻璃喷注洗涤液。同时，点动触头也将间歇继电器 J_{31} 接通，刮水电动机低速运转。当点动触头断开时，洗涤泵停止工作，喷水停止。这样，在喷水同时，刮水电动机低速运转，刮水器低速刮水，停喷后，刮水片能自动刮水 2 ～ 3 次。E_{22} 开关在任意位置时，点动触头都能独立工作，并不相互干扰。

4. 常见故障及排除

风窗玻璃洗涤器的常见故障有所有喷嘴都不工作和个别喷嘴不工作。

主要故障原因：清洗电动机或开关损坏；线路断路；清洗液液面过低或连接管脱落；喷嘴堵塞。

诊断步骤：如果所有喷嘴都不工作，先检查清洗液液面和连接管是否正常；然后检查清洗电动机搭铁线和电源线有无断路、松脱，开关和电动机是否正常。如果个别喷嘴不工作，一般是喷嘴堵塞所致。

有些轿车还有前照灯清洗装置，原理和常见故障及诊断方法与风窗清洗装置相同。

5. 风窗玻璃洗涤器的检查与调整

（1）检查洗涤器的管路连接情况，如有松动或脱落，应予以安装并固定好；塑料管路若有老化、折断或破裂，应予以更换。

（2）检查洗涤器喷嘴，脏污时可用干净的毛刷清洗喷嘴，喷嘴角度不合适时应进行调整。

7.1.3 风窗除霜装置

1. 作用

在较冷的季节，有雨、雪或雾的天气，空气中的水分会在冷的风窗玻璃上结成细小的水滴甚至结冰，从而影响驾驶员的视线。为了防止水蒸气在风窗玻璃上凝结，设置风窗除霜（雾）装置，需要时可以对风窗玻璃加热。

2. 组成和原理

在装有空调或暖风装置的汽车上，可以通过风道向前面及侧面风窗玻璃吹热风以加热玻璃，防止水分凝结。对后风窗玻璃的除霜，多使用电热式除霜装置。在风窗玻璃内表面均匀间隔地镀有数条很窄的导电膜，形成电热丝，在需要时接通电路，即可对风窗进行加热。这种后窗除霜装置耗电量为 50 ～ 100W，在轿车和面包车上应用很广。

自动控制除霜装置由开关、传感器 1 控制器、电热丝和连接线路等组成。传感器安装在后风窗玻璃上，采用热敏电阻，结霜越厚，阻值越小。电热丝采用正温度系数的细小镍铬丝，自身具有一定的电流调节功能。后风窗玻璃除霜装置电路如图 7.9 所示。

工作过程如下：

(1) 除霜开关置“+”位置时，控制电路及指示灯电路被断开，除霜装置及指示灯均不工作。

(2) 除霜开关置“手动”位置时，继电器线圈可经手动开关直接搭铁，继电器触点闭合，使除霜电路及指示灯接通，除霜装置及指示灯均工作。

(3) 除霜开关置“自动”位置时，若结霜达到一定厚度，传感器电阻值急剧减小到某一设定值，控制电路使继电器线圈通电，继电器触点闭合。由点火开关 IG 接线柱向电热丝供电，同时点亮仪表板上的指示灯，表示除霜装置正在工作。当玻璃上结霜减少到某一程度后，传感器电阻值增大，控制电路切断继电器线圈回路，触点断开，电热丝断电，除霜装置停止工作，同时指示灯灭。

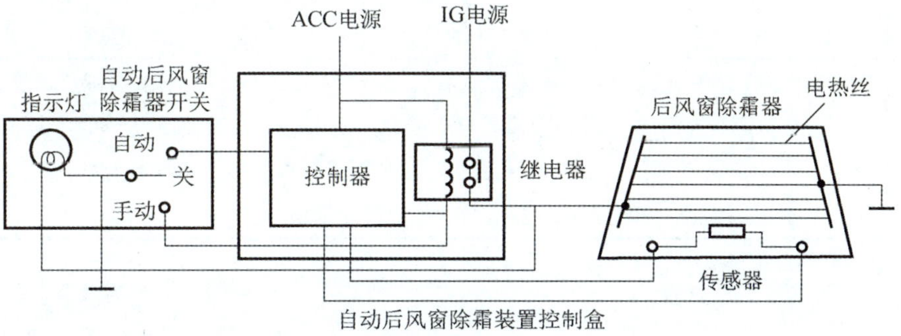

图 7.9　后风窗除霜（雾）装置电路

3. 常见故障与排除

风窗除霜（雾）装置常见故障是不工作。

主要故障原因：熔断器或控制线路断路；电热丝或开关损坏。

诊断步骤：首先检查熔断器是否正常，然后将开关接通后检查电热丝电源电压是否正常。如果电压为零，应检查开关和电源线路；否则检查电热丝是否断路。若电热丝断路，可用润滑脂清理电热丝端部，并用蜡和硅脱膜剂清理电热丝断头，再用专用修理剂进行修补，将断点处连接起来，保持适当时间后即可使用。

任务实施

为解决情境导入中要求的熟悉刮水器的结构原理与常见故障检修问题，可按下述方式组织实施任务。

任务单元	项目 7.1　风窗玻璃清洁装置的结构原理与检修	学时	1
任务目的	1. 了解风窗玻璃清洁装置的安装位置。 2. 掌握风窗玻璃清洁装置的作用、组成、结构与工作原理。 3. 熟悉风窗玻璃清洁装置电路的分析方法。 4. 学会风窗玻璃清洁装置常见故障的检查与排除方法		

续表

任务单元	项目 7.1　风窗玻璃清洁装置的结构原理与检修	学时	1
设备器材	1. 丰田威驰轿车 2 辆（能正常起动）。 2. 刮水片每组 4 副（其中 1 副正常，3 副有不同程度的损坏），清洗液若干。 3. 丰田威驰轿车维修手册 5 本。 4. 万用表 5 只，跨接线若干，二极管试灯 5 个		
操作准备	1. 检查整车是否能正常起动，刮水器是否良好，洗涤器是否正常。 2. 将"任务工单"分发给每位学生		
注意事项	1. 清洗液应处于正常液位。 2. 检修时，重点关注刮水片的刮水痕迹和洗涤器的喷水压力、喷水区域		
实施过程	1. 洗涤器工作性能的检查。重点检查清洗液液位、喷水压力、喷水区域及喷嘴。 2. 刮水器工作性能的检查。重点检查各挡位工作情况、刮水痕迹及与喷水器的联动性能。让学生分组进行检查，必要时更换部件，并对常见故障进行初步诊断与排除。 3. 监督学生按要求完成任务，并指导学生进行正确的操作		

项目 7.2　电动车窗的结构原理与检修

情境导入

客户报修：

2012 年 8 月 10 日，车主张先生来到汽车 4S 店反映，他的电动车窗某一个车窗不能正常工作。维修人员接到维修任务后，经分析初步怀疑是分开关到主开关的电路出现故障。为正确地使用、维护与检修电动车窗，汽车维修人员必须全面认识电动车窗的结构与工作原理，并能排除诊断电动车窗的常见故障。制订检修计划，得到经理确认后，完成此任务，提交一份分析报告并归档。

故障原因分析：

根据客户报修情况，主要故障原因如下：

（1）该车窗按键开关损坏。

（2）连接导线断路。

（3）安全开关故障。

（4）线路连接错误。

理论引导

7.2.1　电动车窗的组成与功用

电动车窗是指以电为动力使车窗玻璃自动升降的车窗。它是由驾驶员或乘员操纵开关接通车窗升降电动机的电路，电动机产生动力通过一系列的机械传动，使车窗玻璃按要求进行升降。其优点是操作简便，有利于行车安全。

电动车窗的操作基本上都是靠一个或多个永磁电动机来完成的，这些电动机都安装在同一个电路中。当拨动开关时，其中一个继电器就会被激发，从而改变电动机一端的极性；而当开关拨到另一个位置时，电动机另一端的极性也会相应改变；在停止位置时，电动机两端电位相等，形成再生制动，电动机立即停止转动。

电动车窗主要由车窗玻璃、车窗玻璃升降器、电动机、控制开关等组成。

1. 电动机

作用：为车窗玻璃的升降提供动力。

类型：采用双向转动的电动机，有永磁型和双绕组型两种。永磁型的电动机是外搭铁，双绕组型的电动机则是各绕组搭铁。这两种电动机都是通过改变电流方向来实现正反转以实现车窗玻璃的升或降的。

每个车门各有一个电动机，通过开关控制电动机中的电流方向，从而控制玻璃的升降。

2. 控制开关

作用：控制电动机中电流的方向。

控制开关一般有两套：一套为总开关，装在仪表板或驾驶员侧的车门上，驾驶员可以控制每个车窗玻璃的升降；另一套为分开关，分别安装在每个车窗上，以便乘客对每个车窗进行升降控制。一般在主开关上还安装有控制分开关的总开关，如果它断开，分开关就不起作用。若为带有延迟开关的电动车窗系统，可在点火开关关断后约 10min 内，或在车门打开以前，仍提供电源，使驾驶员和乘客有时间关闭车窗。

为了防止电动机过载，在电路或电动机内装有一个或多个双金属片式热敏断路器，用以控制电动机中的电流。若车窗玻璃因某种原因卡住（如结冰），即使操纵开关没有断开，双金属片式热敏断路器也会因电流过大发热，双金属片变形自动断路。

3. 车窗玻璃升降器

车窗玻璃升降器常见的有钢丝滚筒式和交叉传动臂式两种，如图 7.10 和图 7.11 所示。

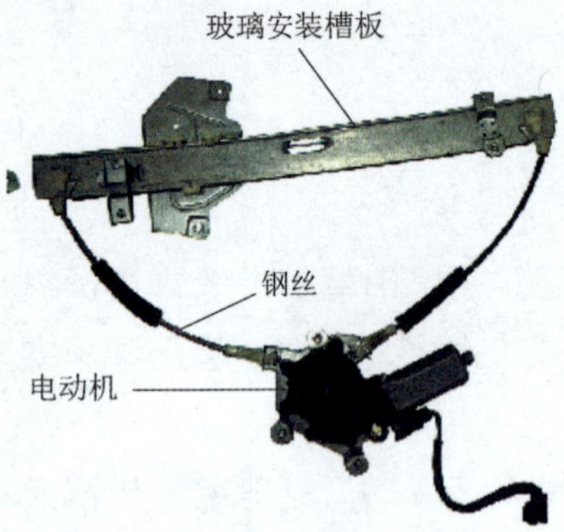

图 7.10　钢丝滚筒式电动车窗玻璃升降器

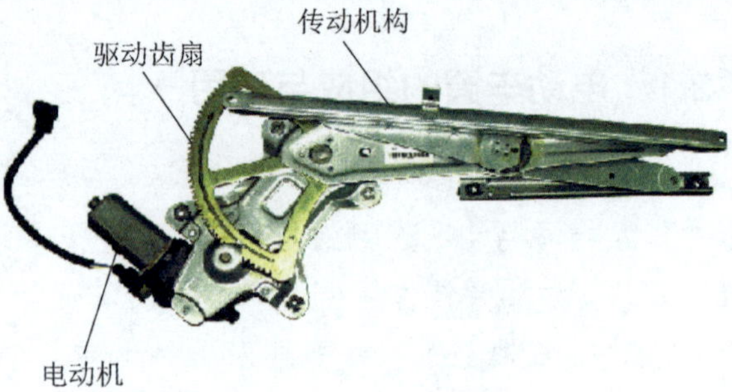

图 7.11　交叉传动臂式电动车窗玻璃升降器

7.2.2　电动车窗的控制电路及工作原理

电动车窗的控制有手动控制和自动控制两种。所谓手动控制是指按下相应的手动按钮，车窗可以上升或下降，若中途松开按钮，上升或下降的动作即停止。自动控制是指按下自动按钮，松开手后车窗会一直上升至最高或下降至最低。图 7.12 所示为四车门电动车窗的控制电路。

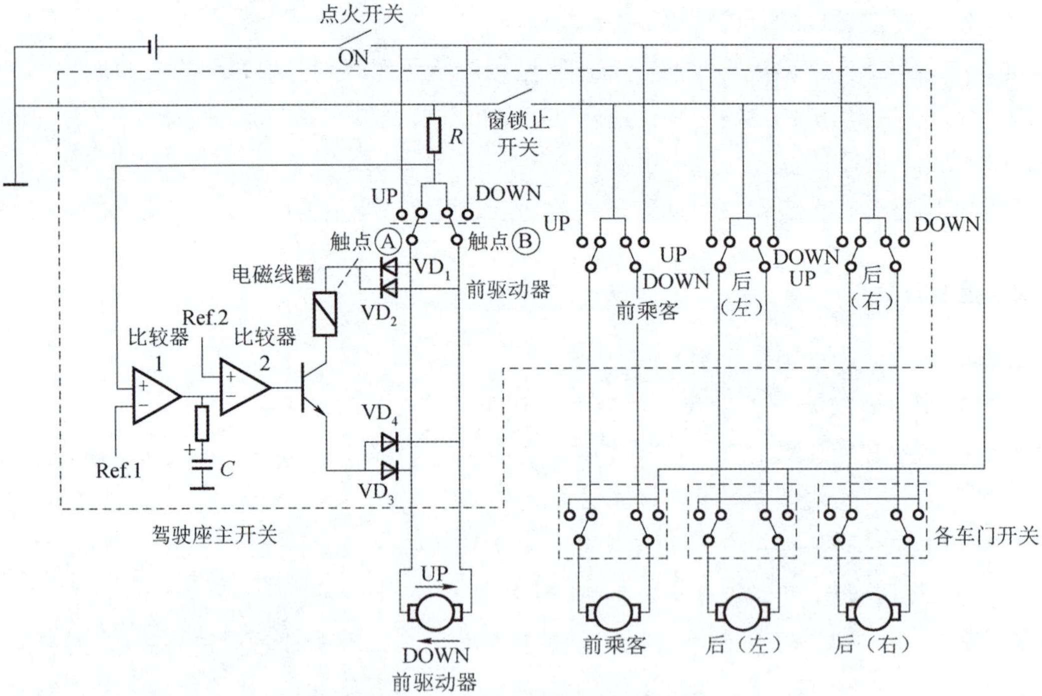

图 7.12　四车门电动车窗的控制电路

1. 手动控制玻璃升降

向前按下手动按钮后，触点Ⓐ与开关的 UP 接点相连，触点Ⓑ处于原来状态，电动机按 UP 箭头方向通过电流，车窗玻璃上升直至关闭；当将手离开旋钮时，利用开关自身的回复力回到中立位置，电动机停转。

若将手动按钮推向车辆后方，触点Ⓐ保持原位不动，而触点Ⓑ则与 DOWN 侧相连，电动机按 DOWN 箭头所示的方向通过电流，电动机反转，车窗玻璃向下移动，直至下降到底。

2．自动控制玻璃升降

向前方按下自动按钮后，触点 A 与开关的 UP 接点相连，触点Ⓑ处于原来状态，电动机按 UP 箭头方向通过电流，车窗玻璃上升。与此同时，检测电阻 R 上的电压降低，此电压通过比较器 1 的一端，它与参考电压 Ref.1 进行比较。Ref.1 的电压值设定为相当于电动机锁止时的电压，通常情况下，比较器 1 的输出电位为负电位。而比较器 2 的基准电压 Ref.2 设定为小于比较器 1 的输出电位，所以比较器 2 的输出电压为正电压，晶体管导通，电磁线圈通过较大电流，其路径为：蓄电池“+”→点火开关→ UP →触点Ⓐ→二极管 VD_1 →电磁线圈→晶体管→二极管 VD_4 →触点Ⓑ→电阻 R →搭铁。线圈通电后产生较大的电磁吸力，吸引驱动器的开关柱塞，于是将止板向上顶压，越过止板凸缘的滑动销而将按钮锁定。此时，即使将手移开自动按钮，开关仍会保持原来的状态。

当玻璃上升至终点位置时，在电动机上有锁止电流流过，检测电阻 R 上的电压降增大，当此电压超过参考电压 Ref.1 时，比较器 1 输出低电位，此时，电容 C 开始充电，当 C 两端电压上升至超过比较器 2 的参考电压 Ref.2 时，比较器则输出低电位，晶体管立即截止，电磁线圈中的电流被切断，止板被弹簧通过滑销压下，自动按钮自动回复到中立位置，触点 A 搭铁，电动机停转。

在自动上升过程中，若想中途停止，则向反方向扳手动按钮，然后立刻放松，则触点Ⓑ将短暂脱离搭铁，使电动机因回路被切断而自动停转。同时，通过电磁线圈的电流已被切断，止板弹簧通过滑销压下，自动旋钮自动回复到中立位置，触点Ⓐ、Ⓑ均搭铁，电动机停转。电动车窗自动下降的工作情况与上述情况相反。

7.2.3　常见故障及排故

电动车窗的常见故障有所有车窗均不能升降，部分车窗不能升降或只能一个方向运动。

1．所有车窗均不能升降

主要故障原因：熔断器断路；有关继电器、开关损坏；搭铁点锈蚀、松动。

诊断步骤：首先检查熔断器是否断路。若熔断器良好，则应将点火开关接通，检查有关继电器和开关相线接线柱上的电压是否正常。若电压为零，应检查电源线路；若电压正常，则应检查搭铁线是否良好。搭铁不良时，应清洁、紧固搭铁线；搭铁良好时，应对继电器、开关和电动机进行检测。

2．部分车窗不能升降或只能一个方向运动

主要故障原因：该车窗按键开关损坏；连接导线断路；安全开关故障。

诊断步骤：如果车窗不能升降，首先检查安全开关是否工作，该车窗的按键开关工作是否正常；其次通电检查该车窗的电动机正反转是否运转稳定。若有故障，应检修或更换新件；若正常，则应检修连接导线。如果车窗只能一个方向运动，一般是按键开关故障或部分线路断路或接错所致，可以先检查线路连接是否正常，再检修开关。

任务实施

为解决情境导入中要求的熟悉电动车窗的结构原理与常见故障检修的问题，可按下述方式组织实施任务。

任务单元	项目 7.2　电动车窗的结构原理与检修	学时	1
任务目的	1．了解电动车窗的安装位置。 2．掌握电动车窗的作用、组成、结构与工作原理。 3．熟悉电动车窗电路的分析方法。 4．学会电动车窗常见故障的检查与排除方法		
设备器材	1．丰田威驰轿车 5 辆（能正常起动）。 2．丰田威驰维修手册 5 本。 3．万用表 5 只，跨接线若干，二极管试灯 5 个		
操作准备	1．检查整车是否能正常起动，电动车窗是否工作正常。 2．将“任务工单”分发给每位学生		
注意事项	1．操作时谨防车窗夹伤人。 2．切勿用刮火法检查线路故障		
实施过程	1．接通点火开关，起动发动机，正常运转。 2．分别按下主开关上控制每个车窗的开关，观察车窗是否能正常工作。 3．分别按下每个车窗的分开关，观察车窗是否能正常工作。 4．按下主开关上的安全断路开关，再按下控制车窗的开关，观察车窗是否动作。 5．监督学生按要求完成任务，并指导学生进行正确的操作		

项目 7.3　电动座椅的结构原理与检修

情境导入

客户报修：

2012 年 10 月 5 日，车主刘先生来到汽车 4S 店反映，他的电动座椅在调节时完全没有动作。为了正确地使用、维护与检修电动座椅，汽车维修人员必须全面认识电动座椅的结构与工作原理，并能对常见故障进行诊断和排除。制订检修计划，得到经理确认后，完成此任务，提交一份分析报告并归档。

故障原因分析：

根据客户报修情况，主要故障原因如下：

（1）线路断路。

（2）搭铁不良。

（3）电动机故障。

（4）安全开关故障。

（5）ECU 故障。

理论引导

为了提高乘坐汽车的舒适性，通过操作方便的控制开关调整座椅位置或改变坐姿，尽可能地减小驾驶或长时间乘车的疲劳，现代轿车都安装有电动座椅装置。电动座椅前、后方向的调节量一般为 100 ～ 160mm，座位上、下的调节量为 30 ～ 50mm。

7.3.1　电动座椅的作用、类型与组成

1．电动座椅的作用与类型

作用：为驾驶员及乘员提供便于操作、舒适而又安全的驾驶空间。

类型：按调节方式的不同分为手动调节式和动力调节式；按动力源的不同分为真空式、液压式和电动式；按座椅电动机和调节方向数目的不同分为两向、四向、六向、八向和多向可调等。

2．电动座椅的组成

电动座椅主要由双向直流电动机、传动装置和座椅调整开关、控制器（ECU）等组成（详见图 7.13）。

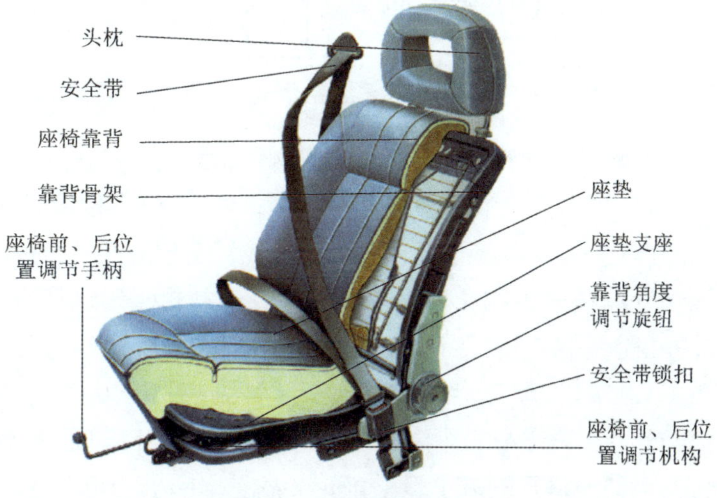

图 7.13　电动座椅的组成

（1）双向电动机。双向电动机产生动力，并将动力通过传动装置传至座椅，通过控制开关实现座椅不同位置的调节。电动机一般为永磁式双向直流电动机，它通过控制开关来改变流经电动机内部的电流方向，从而实现转动方向的改变。

（2）传动装置。传动装置主要包括变速器、联轴节、软轴及齿轮传动机构等。变速器的作用是降速增矩。电动机分别与不同的软轴相连，软轴再与变速器的输入轴相连，动力经过变速器降速增矩后，从变速器的输出轴输出，变速器的输出轴与蜗杆轴或齿轮轴相连，

最终蜗轮蜗杆或齿轮、齿条带动座椅支架产生位移。

7.3.2 电动座椅的控制电路

电动座椅控制电路的原理与电动车窗的控制电路相似，通过调整开关控制双向直流电动机的电流方向。图 7.14 所示为别克轿车驾驶员座椅控制电路，它有 6 种可调方式，座椅前部上、下调节，后部上、下调节，座椅前、后调节。

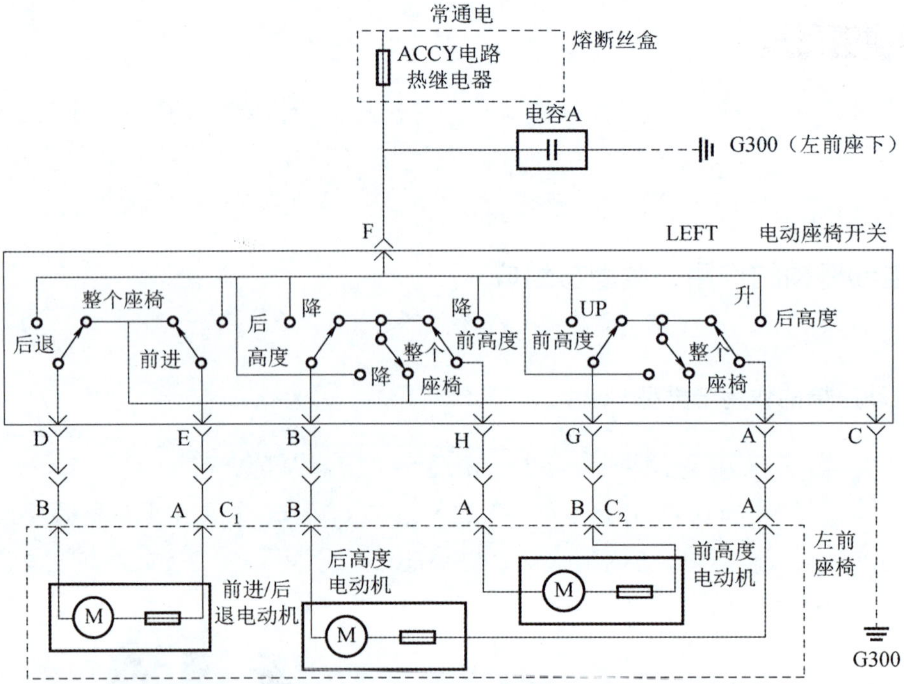

图 7.14 别克轿车驾驶员座椅控制电路

下面以电动座椅前、后调节为例说明其调节过程：

(1) 向前调节。将电动座椅开关拨到“前进”位置时，电路中的电流路径：蓄电池“+”→熔断丝盒（发动机盖下熔断器继电器盒）→电动座椅开关端子 F→前后调节开关“前进”位→电动座椅开关端子 E→前进 / 后退电动机→电动座椅开关端子 D→电动座椅开关端子 C→搭铁→蓄电池“–”。前进 / 后退电动机工作，座椅向前移动。

(2) 向后调节。将电动座椅开关拨到“后退”位置时，电路中的电流路径：蓄电池“+”→熔断丝盒（发动机盖下熔断器 / 继电器盒）→电动座椅开关端子 F→前后调节开关“后退”位→电动座椅开关端子 D→前进 / 后退电动机→电动座椅开关端子 E→电动座椅开关端子 C→搭铁→蓄电池“–”。前进 / 后退电动机工作，座椅向后移动。

7.3.3 电动座椅的主要故障及排除

1) 操纵系统不工作或出现噪声

主要故障原因：搭铁不良；线路出现断路；开关损坏。

诊断步骤：检查电磁阀与车身搭铁情况。如搭铁不良，操纵系统不可能工作。再使用测试灯在熔断丝板上检查断路器，指示灯发亮，如果座椅继电器有吸合声，故障可能出现在电动机上。在检测继电器和电动机之前，还应检测开关上的电压，故障也可能出现在开关上。

2）座椅电动机运转，但座椅不能移动

主要故障原因：橡胶联轴节损坏；座椅调节连杆氧化或润滑不足。

诊断步骤：先检查电动机相变速器之间的橡胶联轴节是否磨损或损坏，再检查座椅调节连杆是否存在氧化或润滑不足。

3）座椅继电器有接合响声，但电动机不工作

主要故障原因：线路断路；搭铁不良；电动机故障；ECU 故障。

诊断步骤：先检查电动机、电动机与继电器之间的线路。双磁场绕组型电动机搭铁不良也容易引起这类故障。需要进行电动座椅维修时，如果空间有限，不便在车内进行，可将电动座椅的某一部分拆下进行检修。若使用 ECU 控制的电动座椅，还应检查 ECU 是否有故障，若有故障则应进行排除。

任务实施

为解决情境导入中要求的熟悉电动座椅的结构原理与常见故障检修问题，可按下述方式组织实施任务。

任务单元	项目 7.3　电动座椅的结构原理与检修	学时	0.5
任务目的	1. 了解电动座椅的安装位置。 2. 掌握电动座椅的作用、组成、结构与工作原理。 3. 熟悉电动座椅电路的分析方法。 4. 学会电动座椅常见故障的检查与排除方法		
设备器材	1. 丰田威驰轿车 2 辆（能正常起动）。 2. 电动座椅试验台架 1 台。 3. 丰田威驰维修手册 5 本。 4. 万用表 5 只，跨接线若干，二极管试灯 5 个		
操作准备	1. 检查整车是否能正常起动，电动座椅工作是否良好。 2. 将“任务工单”分发给每位学生		
注意事项	1. 检修时，谨防电路短路。 2. 检修时，重点关注电动座椅各个工作状态是否正常		
实施过程	1. 讲解和演示电动座椅操纵系统不工作及出现噪声的故障检查方法，并让学生进行故障检查。 2. 讲解和演示座椅电动机运转但座椅不能移动的故障检查方法，并让学生进行故障检查。 3. 讲解和演示座椅继电器有接合响声但电动机不工作的故障检查方法，并让学生进行故障检查。 4. 监督学生按要求完成任务，并指导学生进行正确的操作		

项目 7.4　电动后视镜的结构原理与捡修

情境导入

客户报修：

2012 年 9 月 28 日，车主刘先生来到汽车 4S 店反映，他的电动后视镜部分功能不正常，经检查发现左边后视镜不能上、下倾斜。为了正确地使用、维护与检修电动后视镜，汽车维修人员必须全面认识电动后视镜的结构与工作原理，并能对常见故障进行诊断和排除。制订检修计划，得到经理确认后，完成此任务，提交一份分析报告并归档。

故障原因分析：

根据客户报修情况，主要故障原因如下：

（1）搭铁不良。

（2）电动机损坏。

理论引导

7.4.1　电动后视镜的作用与组成

采用电动后视镜，可使驾驶员获得理想的后视线，确保行车的安全且操作起来十分方便。目前，电动后视镜已被广泛应用。

电动后视镜一般由镜片、驱动电动机、控制电路及操纵开关等组成。在每个后视镜镜片的背后均有两个可逆电动机，可操纵其上、下及左、右运动。通常垂直方向和水平方向的倾斜运动各由一个永磁电动机控制。通过改变电动机的电流方向，就可完成对后视镜的上、下、左、右方向的调整。

有的电动后视镜还带有伸缩功能，由伸缩开关控制伸缩电动机工作，使整个后视镜回转伸出或缩回。

7.4.2　电动后视镜的控制电路及工作原理

图 7.15 所示为丰田皇冠轿车电动后视镜控制电路。电动后视镜控制开关状态见表 7.1。下面以调节驾驶席侧（左侧）后视镜垂直方向的倾斜程度为例介绍其工作情况。

（1）向上倾斜过程。当按下电动后视镜向上按钮时，控制开关分别与向上端子、左上端子结合。此时电流的方向：蓄电池“+”→熔断器→点火开关→ 2 号收音机熔断丝→控制开关向上端子→左 / 右调整开关→电动后视镜开关 7 号端子→左侧后视镜上下调整电动机→端子 1 →电动后视镜开关 2 号端子→控制开关左上端子→电动后视镜 3 号端子→蓄电池

“–”。左侧后视镜上下调整电动机运转，后视镜向上倾斜。

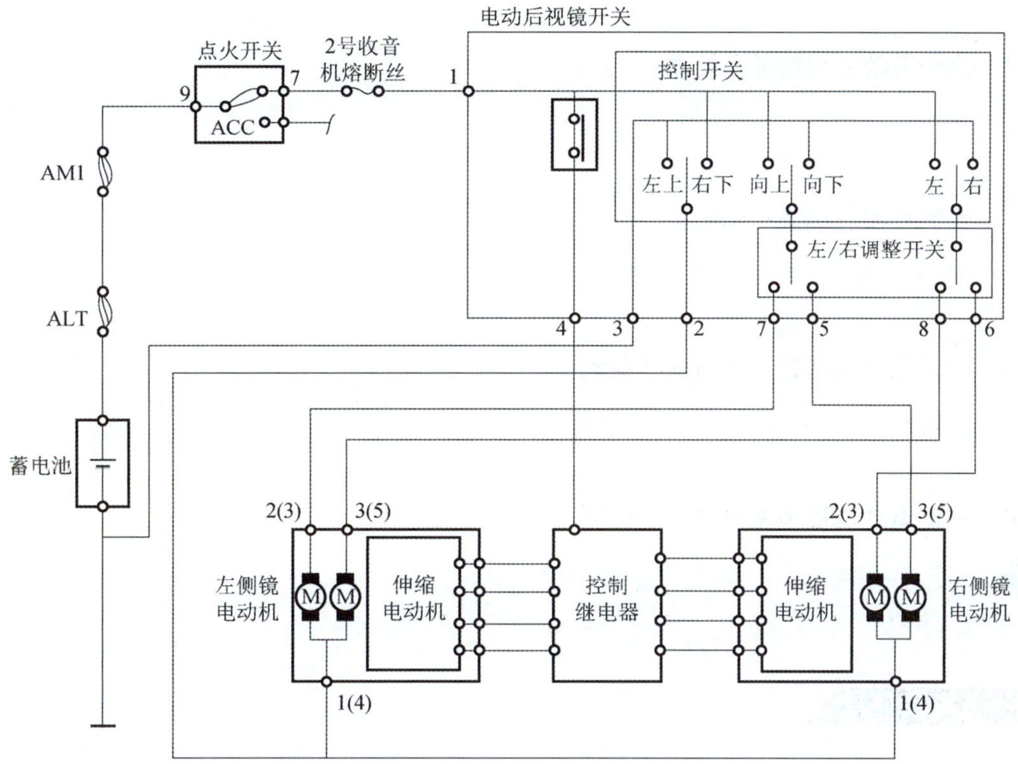

图 7.15　丰田皇冠轿车电动后视镜电路

表 7.1　电动后视镜控制开关状态

触点 / 调整状态	左上	右下	向上	向下	左	右
向左调整	·				·	
向右调整		·				·
向上调整	·		·			
向下调整		·		·		

（2）向下倾斜过程。当按下电动后视镜向下按钮时，控制开关分别与向下端子、右下端子结合。此时的电流方向：蓄电池“+”→熔断器→点火开关→ 2 号收音机熔断丝→控制开关右下端子→电动后视镜开关 2 号端子→端子 1 →左侧后视镜上下调整电动机→电动后视镜开关 7 号端子→左 / 右调整开关→控制开关向下端子→电动后视镜 3 号端子→蓄电池“–”。左侧后视镜上下调整电动机运转，后视镜向下倾斜。

7.4.3 电动后视镜的故障诊断

1. 两个电动后视镜都不能动

故障原因：熔断丝熔断、搭铁不良、后视镜开关损坏、电动机损坏。

2. 一侧电动后视镜不能动

故障原因：搭铁不良、后视镜开关损坏、电动机损坏。

3. 一侧电动后视镜上下方向不能动

故障原因：搭铁不良、上下调整电动机损坏。

4. 一侧电动后视镜左右方向不能动

故障原因：搭铁不良、左右调整电动机损坏。

当所有诊断和修理完成后，检查系统是否正常工作。

任务实施

为解决情境导入中要求的熟悉电动后视镜的结构原理与常见故障检修问题，可按下述方式组织实施任务。

任务单元	项目 7.4 电动后视镜的结构原理与检修	学时	0.5
任务目的	1. 了解电动后视镜的安装位置。 2. 掌握电动后视镜的作用、组成与工作原理。 3. 熟悉电动后视镜电路的分析方法。		
设备器材	1. 丰田威驰轿车 2 辆（能正常起动）。 2. 电动后视镜每组 4 副（其中 1 副正常，3 副有不同程度的损坏）。 3. 丰田威驰维修手册 2 本。 4. 万用表 5 只，跨接线若干，二极管试灯 5 个		
操作准备	1. 检查整车是否能正常起动，电动后视镜工作是否良好。 2. 将“任务工单”分发给每位学生		
注意事项	1. 后视镜表面应清洁、无脏污。 2. 检修时，重点关注左右后视镜的动作，包括向下倾斜、左右倾斜及伸缩功能		
实施过程	1. 讲解和演示两个电动后视镜都不能动的故障检查方法，并让学生进行故障检查。 2. 讲解和演示一侧电动后视镜不能动的故障检查方法，并让学生进行故障检查。 3. 讲解和演示一侧电动后视镜上下方向不能动的故障检查方法，并让学生进行故障检查。 4. 讲解和演示一侧电动后视镜左右方向不能动的故障检查方法，并让学生进行故障检查。 5. 监督学生按要求完成任务，并指导学生进行正确的操作		

项目 7.5　电控门锁系统的结构原理与检修

情境导入

客户报修：

车主刘先生来到汽车 4S 店反映，他用遥控无法开门，然后用钥匙把门打开后，防盗报警器就一直在响。为了正确地使用、维护与检修门锁系统，汽车维修人员必须全面认识电控门锁系统的结构、工作原理与检修方法。

故障原因分析：

根据客户报修情况，主要故障原因如下：

（1）遥控器电源故障。

（2）遥控器损坏。

（3）执行机构失灵。

（4）门锁控制系统损坏。

（5）控制开关损坏。

理论引导

汽车电控门锁系统采用集中控制方式控制所有车门、尾门及油箱盖一起上锁或开锁，并具有钥匙禁闭安全功能。所有车门的门锁可以通过驾驶室侧门上钥匙或无线遥控钥匙来操纵，达到同时开闭功能，并且当有一侧前门打开，如果点火钥匙仍在锁内，即使已执行了锁门操作，所有的车门也不会上锁，防止点火钥匙被锁在车内。

7.5.1　电控门锁系统的作用与分类

1. 电控门锁系统的作用

为了提高汽车的使用安全和方便性，现代轿车多数安装了电控门锁系统。装置电控门锁后可实现下列功能：

（1）按下驾驶员车门锁扣时，其他几个车门及行李箱门都能自动锁定；如用钥匙锁门，也可同时锁好其他车门和行李箱门。

（2）拉起驾驶员车门锁扣时，其他几个车门及行李箱门锁扣都能同时打开；用钥匙开门，也可实现该动作。

（3）需在车室内打开个别车门时，可分别拉开各自的锁扣。

2．电控门锁系统的分类

电控门锁系统种类很多，按发展过程一般可分为普通电控门锁系统、电子式电控门锁系统、车速感应式电控门锁系统和遥控式电控门锁系统。

按控制方式不同，可分为不带防盗系统的电控门锁系统和与防盗系统成一体的电控门锁系统。

按结构不同，可分为双向空气压力泵式中控门锁、直流电动机式中控门锁和车速感应式中控门锁。

7.5.2 电控门锁系统的组成和工作原理

电控门锁系统由门锁控制开关、门锁控制器、执行机构等主要部分组成，如图 7.16 所示。

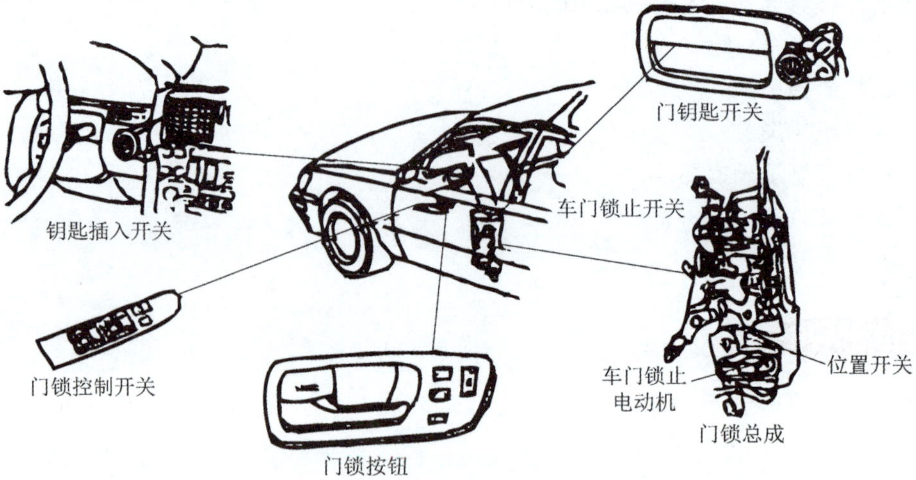

图 7.16 电控门锁系统的组成

1．门锁控制器

1）晶体管式门锁控制器

图 7.17 所示为晶体管式门锁控制器，其内部有两个继电器，一个控制锁门，另一个控制开门。继电器由晶体管开关控制，它利用电容器的充放电过程控制一定的脉冲电流持续时间，使执行机构完成锁门和开门动作。

2）电容式门锁控制器

图 7.18 所示为电容式门锁控制器。它利用电容充放电特性，使开锁或闭锁继电器线圈产生电磁力，接通执行机构电磁线圈，完成开锁或闭锁动作。平时电容器充足电，工作时把它接入控制电路使电路放电，使两电路中之一的触点短时吸合而向门锁执行机构通电。电容器完全放电后，通过继电器线圈的电流中断而使其触点断开，门锁系统不再工作。

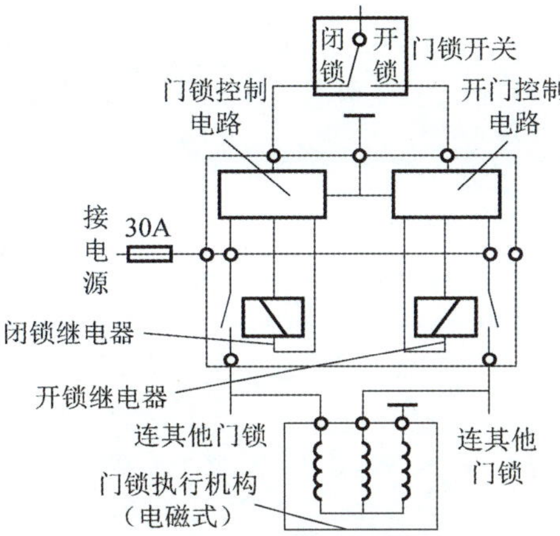

图 7.17　晶体管式门锁控制器

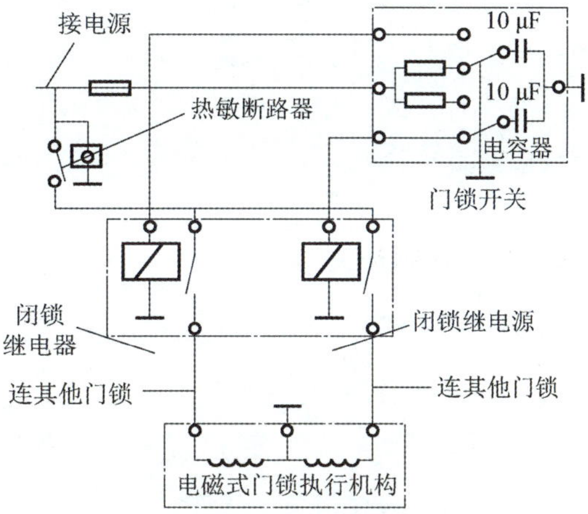

图 7.18　电容式门锁控制器

3）车速感应式门锁控制器

图 7.19 所示为车速感应式门锁控制器。在中央集控门锁系统中加载车速为 10km/h 的感应开关，当车速在 10km/h 以上时，若车门未上锁，驾驶员不需动手，则门锁控制器自动将门上锁。如果个别车门要自行开门或锁门，可分别操作。

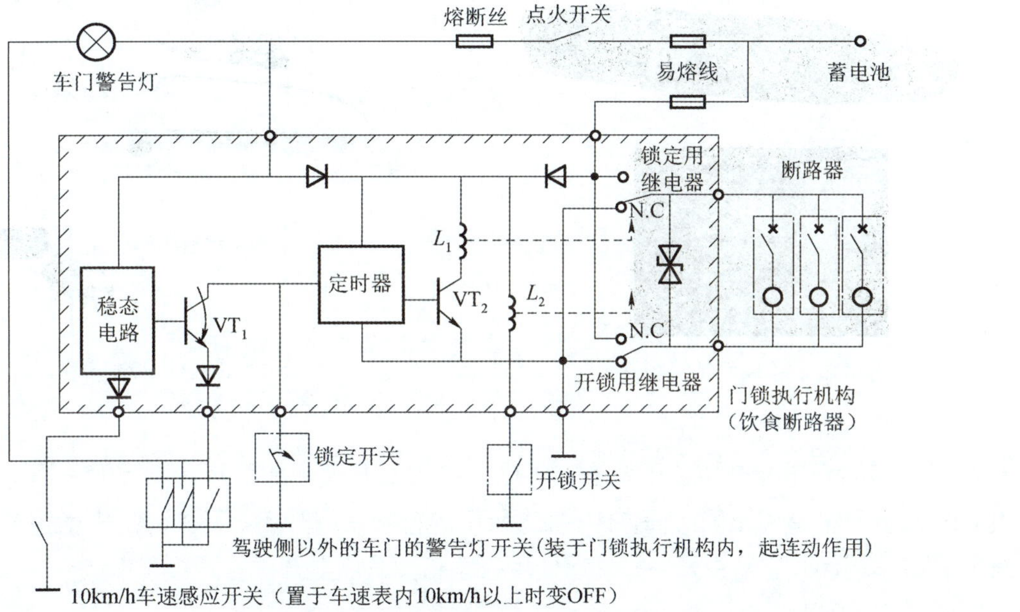

图 7.19　车速感应式门锁控制器

当点火开关接通时，电流流经警告灯可使 3 个车门的警告灯开关（此时门未锁）搭铁，报警指示灯亮。若按下锁门开关，定时器使晶体管 VT_2 导通，在晶体管 VT_2 导通期间，锁定继电器线圈 L_1 通电，常开触点闭合，门锁执行机构通正向电流，执行锁门动作。当按下开锁开关，则开锁继电器线圈 L_2 通电，常开触点闭合，门锁执行机构通反向电流，执行开门动作。汽车行驶时，若车门未锁，且车速低于 10km/h 时，置于车速表内的车速感应开关闭合，此时稳态电路不向晶体管 VT_1 提供基极电流；当行车速度高于 10km/h 时，车速感应开关断开，此时稳态电路给晶体管 VT_1 提供基极电流，VT_1 导通，定时器触发端经 VT_1 和车门报警开关搭铁，如同按下锁门开关一样，使车门锁定，从而保证行车安全。

2. 门锁控制开关

门锁控制器的工作状况是由门锁控制开关控制的。

1）中央门锁控制开关

中央控制门锁开关安装在左前门和右前门的内侧扶手上，如图 7.20 所示，是在车内用来控制全车车门的开启与锁止的。

2）钥匙控制开关

钥匙控制开关装在左前门和右前门的外侧门锁上，如图 7.21 所示。当从车外面用车门钥匙开车门或锁车门时，钥匙控制开关便发出开门或锁门的信号给门锁控制 ECU，实现车门打开或锁止。车门钥匙的功能是实现在车门外面锁车或打开车门锁，同时车门钥匙也是点火开关、燃料箱、行李箱等全车设置锁共用的钥匙。

图 7.20　中央门锁控制开关

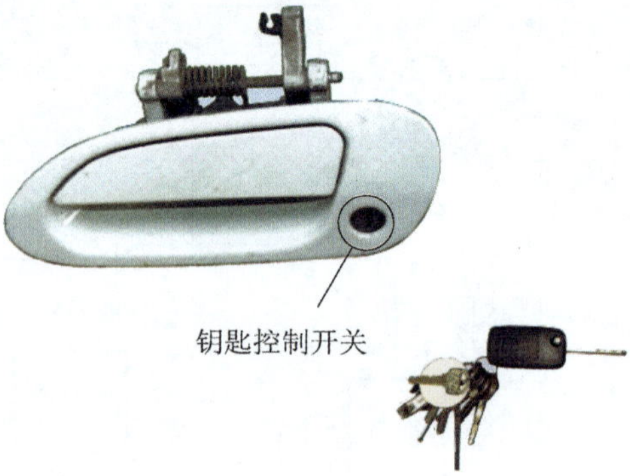

图 7.21　钥匙控制开关

3）行李箱门开启器开关

行李箱门开启器开关位于仪表板下面，拉动此开关便能打开行李箱门。不同车的行李箱门开启器开关有所不同，操作图 7.22 所示的行李箱门开启器开关时，先用钥匙顺时针旋转打开行李箱门开启器主开关，然后使用行李箱门开启器开关打开行李箱。

4）门控开关

门控开关用来检测车门的开闭情况。车门打开时，门控开关接通；车门关闭时，门控开关断开。

3. 门锁执行机构

门锁执行机构的任务是在外电路的控制下，使其通电极性发生改变，从而改变运动方向，带动门锁连杆机构完成开锁和闭锁的功能。

1）电磁线圈式门锁执行机构

如图 7.23 所示，其内部有两个电磁线圈，分别用于开启和关闭门锁。当给锁门线圈通电时，衔铁带动连杆左移，即锁门；当给开门线圈通电时，衔铁带动连杆右移，即开锁。

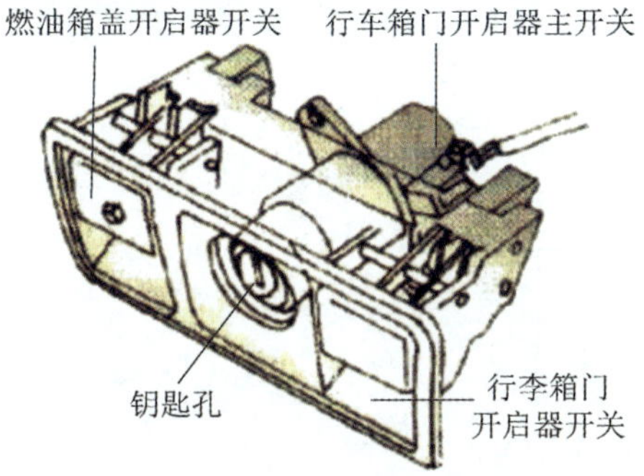

图 7.22　行李箱开启器开关

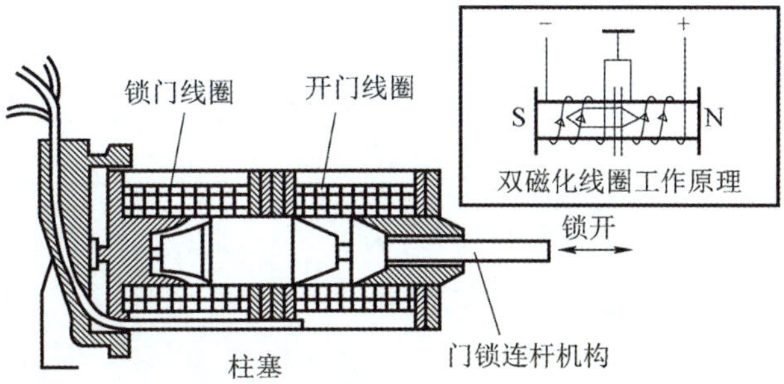

图 7.23　电磁线圈式门锁执行机构

2）双向空气压力泵式门锁执行机构

双向空气压力泵式门锁执行机构利用双向空气压力泵产生压力或真空，通过膜盒来完成门锁的开、闭动作。其结构如图 7.24 所示。以奥迪 100 轿车为例，其前门锁执行机构如图 7.25 所示，控制电路原理如图 7.26 所示。

（1）开锁原理。当用钥匙或拉出两前门的任一门锁操纵杆时，连接杆被向上拉起，车门锁执行元件中的门锁开关的开锁触点 I 闭合。控制单元收到此信号后，立即控制双向压力泵转动，系统管路中的气体呈正压，气体进入 4 个车门及行李箱的执行元件（膜盒）内，膜片推动连接杆向上运动将门锁打开。

（2）锁车原理。当用钥匙或按下两前门的任一门锁操纵杆时，连接杆被压下，车门锁执行元件中的门锁开关的门锁触点 II 闭合，ECU 收到此信号后，立即控制双向压力泵向另一个方向运转，用以抽吸空气，系统管路中呈负压，各门锁的执行元件进入真空状态，膜片带动连接杆向下运动而将车门锁住。

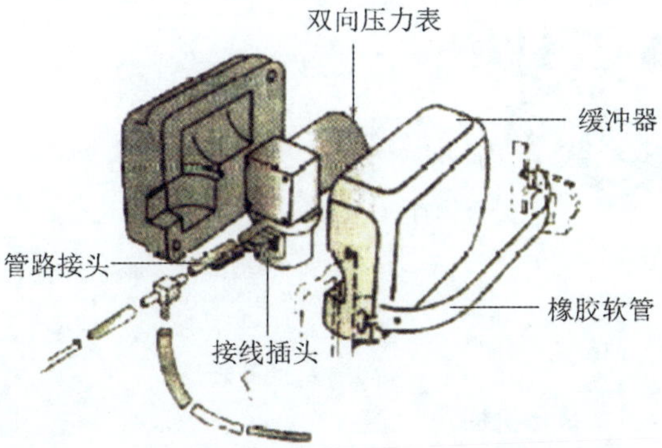

图 7.24　双向空气压力泵式中控门锁的结构

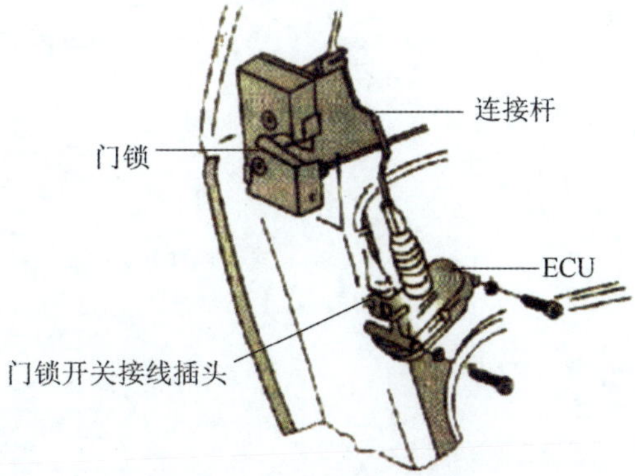

图 7.25　前门锁执行机构

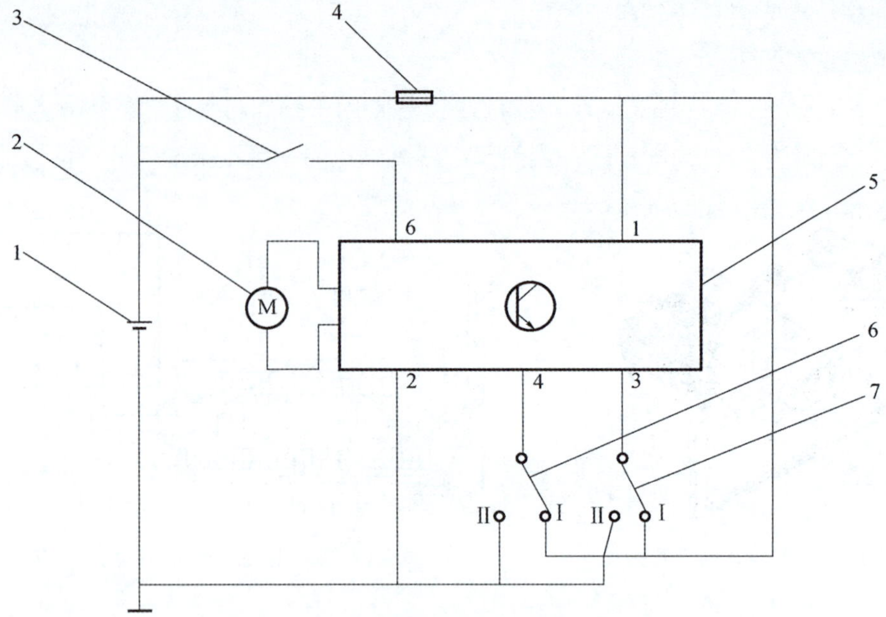

图 7.26　奥迪 100 轿车前门锁控制电路原理

1—蓄电池；2—双向压力泵；3—点火开关；4—熔断器；
5—中央门锁 ECU；6—左前门锁开关；7—右前门锁开关

3）直流电动机式执行机构

直流电动机式执行机构的结构如图 7.27 所示，主要由双向门锁电动机、继电器、位置开关、门锁开关及连接杆等组成。

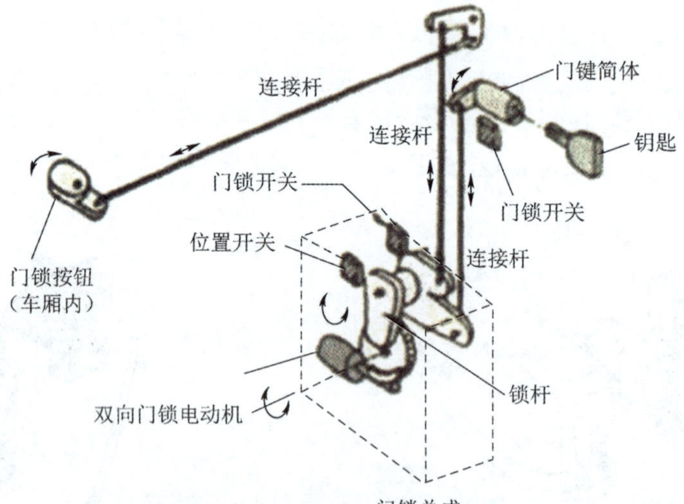

图 7.27　直流电动机式执行机构

在门锁总成中（装在车门侧）由锁杆控制转动，决定门锁开 / 关状态。位置开关用于检测锁杆是否进行门锁开 / 关；门锁开关用于检测锁止机构是否进行门锁的开 / 关；车门开关用于直接检测车门的开关。此外，锁杆随着双向门锁电动机的通电，做正向或逆向旋转；或把钥匙插入钥匙孔中以手动方法进行操作，也可按动车厢内的按钮进行多种操作。

7.5.3　电控门锁系统的控制电路

别克君威电控门锁系统控制电路如图 7.28 所示。

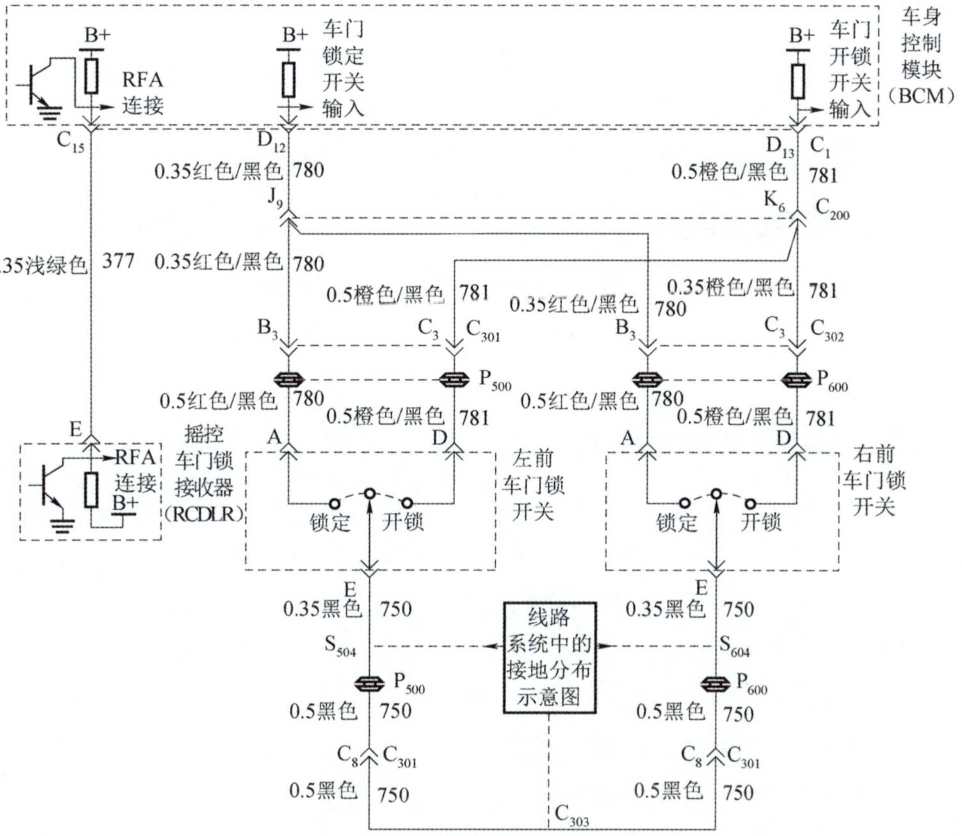

图 7.28　别克君威电控门锁系统控制电路

在别克君威中控门锁系统中，门锁控制是由车身控制模块（BCM）控制的。车身控制模块接收来自遥控器、钥匙插入信号开关、门锁开关信号及动力控制模块（PCM）输出的挡位信号，经过内部电脑的分析计算，通过其输出电路实现对门锁执行器、行李箱释放继电器、门控灯、喇叭及前照灯的控制。

1．所有车门开锁

在此系统中，左、右两侧前门各有一个门锁开关，按压任何一门锁开关上的开锁按钮时，车身控制模块使所有车锁开锁。

按任意门锁开关上的 UNLOCK 开锁按钮时，通过电路 781 向车身控制模块插头 C_1 端子 D13 发送接地信号。车身控制模块接通驾驶员座开锁继电器和乘客座车门开锁继电器，从而分别通过电路 694 和 294 向左前车门锁执行电动机和其他门锁执行电动机供电。4 个车门锁执行电动机通过电路 295 至车身控制内部所有门锁继电器常闭触点，经电路 1750 与 G_{201} 搭铁。电流通过四门门锁执行电动机使所有车门同时开锁。车身控制模块可单独接通驾驶员座开锁继电器，使驾驶员车门单独开锁。

2. 所有车门上锁

同理，按动门锁开关上的 LOCK 锁止按钮后，通过电路 780 向车身控制模块插头 C_1 端子 D_{12} 发送接地信号。接收上锁信号后，车身控制模块从电路 295 向四门门锁执行电动机供电，使电流方向通过电动机，所有车门同时上锁。

7.5.4 电控门锁系统的检修

由于车型不同，电控门锁系统的结构及原理有较大的差异。因此，在检修之前应查阅制造厂家的维修手册，准确找出故障部位和产生故障的原因，然后进行必要的修理。

1. 电控门锁系统主要部件的检查

(1) 门锁控制开关。用万用表测量开关在不同位置时的工作状态。首先应根据维修资料，找到开关的接线端子，一般开关处于“LOCK”或“UNLOCK”位置时对应的接线端子间的电阻值应为零，处于“OFF”位置时对应的接线端子间的电阻值应为∞。检测结果符合上述要求的开关是好的；只有一个符合要求，则表示开关损坏，一般直接更换。

(2) 门锁控制继电器。门锁控制继电器是由电子电路控制的继电器，它包括控制电路和继电器两个部分，为门锁执行器提供脉冲工作电流，也称门锁定时器。检测时测量其输出状态从而判断是否有故障，然后做出相应的处理。

(3) 门锁执行器。门锁执行器有电磁铁机构、直流电动机等，可以用直接通电方法检查其是否有开锁和闭锁两种工作状态，从而判断其是否损坏。

2. 电控门锁系统故障的检修

电控门锁系统的常见故障如下：

1) 操作门锁控制开关，所有门锁均不动作

这种故障一般发生在电源电路中。首先检查熔断器是否熔断，熔断器熔断应予以更换。若更换熔断器后又立即熔断，说明电源与门锁执行器之间的线路有搭铁或短路故障，用万用表查找出搭铁部位，即可排除。

若熔断器良好，再检查线路接头是否松脱、搭铁是否可靠、导线是否折断。可在门锁控制开关电源接线柱和定时器或门锁继电器电源接线柱上测量该处的电压，判断输入电控门锁系统的电源线路是否良好。

2）操作门锁控制开关，不能开门（或锁门）

这种故障是由于开门（或锁门）继电器、门锁控制开关损坏所致，可能是继电器线圈烧断、触点接触不良、开关触点烧坏或导线接头松脱引起的。

3）操作门锁控制开关，个别车门锁不能动作

这种故障仅出现在相应车门上，可能是连接线路断路或松脱、门锁电动机（或电磁铁式执行器）损坏、门锁连杆操纵机构损坏等造成的。

4）速度控制失灵

当车速高于规定车速时，门锁不能自动锁定。故障原因是由于车速感应开关触点烧蚀、车速传感器损坏或车速控制电路出现故障。首先应检查电路中各接头是否接触良好，搭铁是否良好，电源线路是否有故障。然后检查车速感应开关、车速传感器。车速传感器的检查可采用试验的方法进行，也可采用代换法，即以新传感器代换被检传感器，若故障消除，则说明旧传感器损坏，若故障仍存在，则应进一步检查速度控制电路中的各个元器件是否损坏。

任务实施

为解决情境导入中要求的熟悉电控门锁系统的结构原理与常见故障检修问题，可按下述方式组织实施。

任务单元	项目 7.5　电控门锁系统的结构原理与检修	学时	1
任务目的	1. 了解电控门锁系统的分类。 2. 掌握电控门锁系统的组成与工作原理。 3. 熟悉电控门锁系统控制电路。 4. 学会电控门锁系统常见故障的检查与排除方法		
设备器材	1. 丰田威驰轿车 2 辆（能正常起动）。 2. 电控门锁系统组成件 5 套。 3. 电控门锁系统台架 5 台。 4. 万用表 5 只，跨接线若干，二极管试灯 5 个		
操作准备	1. 检查整车是否能正常起动，电控门锁系统工作是否良好。 2. 将“任务工单”分发给每位学生		
注意事项	1. 无论电控门锁系统出现什么故障，应先通过检查使故障可能存在的部位缩小到一定范围以内，然后拆下车门内饰，露出门锁机构。 2. 在测试电路前，应结合故障诊断图表，先弄清线路图，然后试加蓄电池电压或用欧姆表测量。如果盲目地测试，将会损坏昂贵的电子元器件		
实施过程	1. 讲解和演示操作门锁控制开关所有门锁均不动作的故障检查方法，并让学生进行故障检查。 2. 讲解和演示操作门锁控制开关不能开门（或锁门）的故障检查方法，并让学生进行故障检查。 3. 讲解和演示操作门锁控制开关个别车门锁不能动作的故障检查方法，并让学生进行故障检查。 4. 讲解和演示速度控制失灵的故障检查方法，并让学生进行故障检查。 5. 监督学生按要求完成任务，并指导学生进行正确的操作		

项目 7.6 防盗系统的结构原理与检修

情境导入

客户报修：

售后服务经理接到客户反映：雷克萨斯 LS400 防盗系统不能设定。

故障原因分析：

根据客户报修情况，主要故障原因如下：

（1）指示灯电路故障。

（2）后备箱盖钥匙操纵开关电路故障。

（3）后备箱盖控灯开关电路故障。

（4）门控灯开关电路故障。

（5）位置开关电路故障。

（6）发动机盖控制灯开关电路故障。

理论引导

为了提高车辆的安全性，目前许多汽车都装有防盗报警系统。当有人擅自打开任何一个车门时，报警系统及与其相连接的声光电路立即启动报警，且不允许发动机起动或在发动机起动后几秒会自行熄火，以达到防盗的目的。

7.6.1 防盗系统的分类

汽车防盗系统主要有以下几种类型：机械式防盗系统、电子式防盗系统、机电结合的防盗装置和电子跟踪定位监控防盗系统。

机械式防盗系统是用机械的方法对油路、变速杆、转向盘、制动器等进行控制的，如变速杆锁是锁住变速杆使其不能移动，转向盘锁也称拐杖锁，挂在转向盘和离合器踏板之间等。这些方法，虽然费用低，但是使用不便，安全性差，已经逐渐被淘汰。

当前主要采用的是电子式防盗系统，按功能分为以下 3 类：

（1）防止非法进入汽车的防盗系统。主要为红外线监视系统或各监控处防盗报警开关。在防盗系统启动时，监视是否有移动物体进入车内或非法开启各监控部位。

（2）防止破坏或非法搬运汽车的防盗系统。主要通过布置在车内的超声波传感器、振动传感器或倾斜传感器等，监测是否有人企图破坏或非法搬运汽车。

（3）发动机防盗锁止控制系统。发动机防盗锁止控制系统又称防止车辆被非法开走系统，当不用合法钥匙起动发动机时，防盗锁止系统将起作用发出报警信号并同时控制发动机电控系统不能工作，从而发动机不能起动运行，防止车辆被非法移动开走。

7.6.2　防盗系统的组成和工作原理

防盗系统主要由开关和传感器、防盗控制电脑（防盗 ECU）和执行器等组成，如图 7.29 所示。

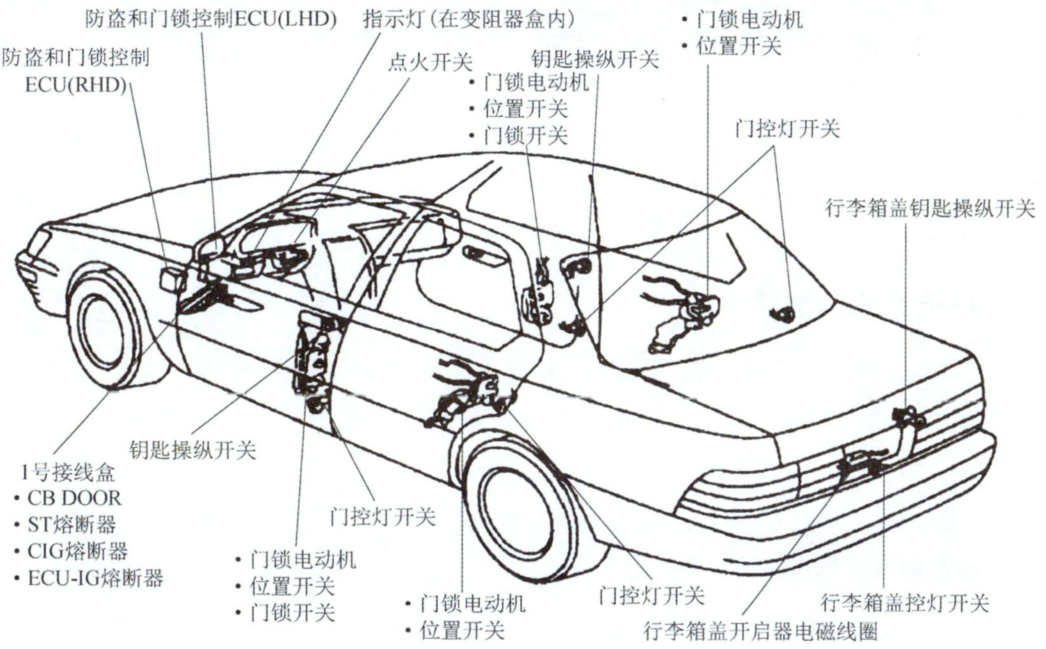

图 7.29　丰田轿车防盗报警系统的组成

防盗系统的原理框图如图 7.30 所示，当把自动门锁开关置于 LOCK 位置时，车门锁定后即开始进入预警状态，这时如防盗系统检测到有人用不正当的手段开启车门、发动机舱盖、行李箱，或破坏车窗、车厢内有人移动、车辆倾斜时，报警电路就会起动：喇叭发出声响，尾灯、顶灯、外灯等发光，同时接通起动中断电路，有些车型还将发动机点火和燃油供应切断，以防止发动机不正当起动。为防止破坏防盗系统（破坏方法一般是切断电源），有些车型在隐蔽位置加装了支援后备电源。

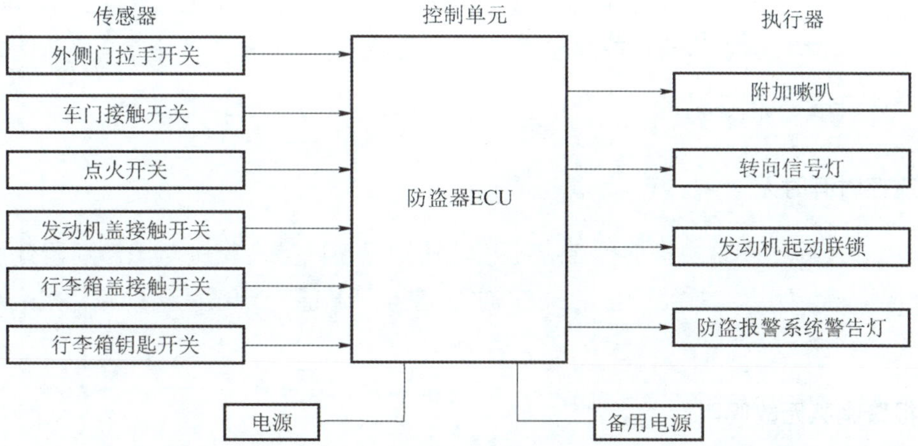

图 7.30　防盗系统原理框图

7.6.3 防盗系统的控制电路

防盗报警系统主要由电子模块、触发继电器、报警继电器、起动中断继电器、门框侧门开关及门锁开关等组成。当把自动门锁开关置于 LOCK 位置时，车门锁定后即开始进入预警状态，这时如防盗系统检测到有人用不正当手段开启车门、发动机舱盖、行李箱，或破坏车窗、车厢内有人移动、车辆倾斜时，报警电路就会起动：喇叭发出声响，尾灯、顶灯、外灯等发光，同时接通起动中断电路，有些车型还要将发动机点火和燃油供应切断，以防止发动机不正当起动。为防止破坏防盗系统（常用方法切断电源），有些车型在隐蔽位置加装了支援后备电源。

7.6.4 防盗系统的检修

目前有相当一部分轿车是后加装了遥控式汽车防盗系统或中央控制门锁。其类型主要有两种：一是单向遥控式防盗器，二是双向遥控可视型汽车防盗器。常见的故障诊断及排除方法如下。

1. 遥控器电池故障

在正常使用情况下，如有下列现象，应更换遥控器电池：

（1）遥控距离明显变短。

（2）遥控器指示灯变暗。

（3）遥控器使用时间超过 1 年。

2. 遥控器无法使用

首先应检查遥控器电池是否有电，如无电，则更换电池；如有电，则需检查主机电源线是否有电、熔断器是否断路、搭铁线是否断路。大多数后加装的汽车防盗器主机的电源线都是红色的，中间串有一个 15A 的熔断器；搭铁线是黑色的，线路很好区分。出现此种故障现象的原因大多是熔断器断路或熔断器座接线不良。如果经检查都正常，则说明主机内部有问题，可找安装商换货或找专业人员维修。

3. 遥控时有时无

此种故障大多是因主机电源线或是搭铁线接触不良所致。其中电源熔断器处接触不良者居多。经检查，如果这些部位正常，则需拆开主机，检查电源线或搭铁线与主机内相关的接线柱接触是否松动。

4. 报警喇叭无故鸣叫

（1）车辆停放在路边设定防盗状态之后，每当大型车或是重型车经过，就会引起报警喇叭鸣叫。这种现象是因为震动传感器太灵敏所致。只需调整降低其灵敏度即可。调整旋钮一般都安装在震动传感器上或是主机盒内。在调整安装在主机盒内的调整旋钮时，不必拆开主机（一般都留有调整孔）。

（2）车辆设定防盗状态之后，没有任何震动，过一会儿，报警喇叭自动鸣叫。该种现象多是因为车门没关好或是门灯开关不良及连线短路所致。首先应重新关一下车，如果故障消失，则是先前车门没关好；如果故障依旧，则需把室内灯开关置于开门灯亮挡位，然后把门关好，看室内灯是否还亮，如亮则说明门灯开关或是门灯开关线路有短路的地方，以及主机盒内有问题，需进一步检查、维修。

断开防盗器主机上灯开关的连线，关好门，此时如室内灯熄灭，则是防盗器主机内故障；如室内灯不灭，则是某一门灯开关或是门灯开关线路短路，应进一步查找检修。

另外，制动灯与主机间的连线有问题时，也会出现此种现象，可采用断路的方法判定。

5．报警触发时喇叭不鸣叫

首先应检查防盗器是否处于静音防盗状态。如不是，则需用万用表 10V 直流电压挡检测。当报警触发时，看报警喇叭正极线上是否有波动的电压，如有，则是报警喇叭本身有故障；如没有电压波动，则需检查主机至报警喇叭之间的线路是否断路。如果线路正常，则是主机内部故障。

6．开左（或右）转向灯时另一边跟着亮

此种现象是因为主机输出转向灯闪动信号的某个二极管击穿所致。打开主机盒，找准故障二极管，更换一个同型号的即可。

7．起动机正常但是发动机不着车

此情况如伴随有报警喇叭鸣叫，则可能是主机自动进入了防盗状态。可断开点火开关，重新设置防盗器，使其处于解除状态，并在 1min 内闭合点火开关。如果起动，车辆能正常运转，则上述现象是因防盗系统中的防误动作功能起作用。如还不行，则需检查断电继电器。防盗器系统常用的断电继电器一般都是四线制的。2 根细线是控制线路，2 根较粗的是负载线路。用一导线将两根较粗的负载线短接，此时如能正常起动着车，则说明继电器有问题，否则需检查较粗的负载线上是否有电。如无电，则是点火开关至继电器连接线间有断路故障；如有电，则是继电器至主线束原断开线间的连线断路。

8．遥控中央门锁不动作

（1）原车装有中控锁后附加了遥控触发线路。当出现遥控中央门锁不动作时，应先用钥匙试一下，在不用遥控器时，中央门锁是否有动作。若有动作，则需检查附加部分的熔断器或接线是否断路。若仍无动作，则应检查原中控锁熔断器或控制盒及相关线路是否有问题。

一般情况下，常用的附加遥控器触发方式主要有 3 种：①正触发——防盗器输出端触发线输出的是正电压；②负触发——防盗器输出端触发线输出的是负电压（搭铁）；③正负混合触发——发射遥控指令时，用试灯或万用表检测触发线输出是否正常，即可确定是线路故障还是主机问题。

（2）原车装有中控锁后又附加遥控一个电控锁。当出现遥控中控门锁不能动作时，应参照前述方法，先试原装中控锁及线路是否有问题。如正常，则需找出与附加电控锁相连的两根线，用一试灯让其两端分别与电控锁的两线并联连接，遥控发射指令时，看试灯是否短时间点亮。如灯亮，则是附加的电控锁有故障，否则需检查电控锁的接线是否断路。如正常，则是防盗器主机内部有问题。通常，此种故障大多是中控锁损坏所致。

（3）原车没有中控锁后加装该系统。当出现遥控中控锁不动作时，如没有另外加装中控锁控制盒，可参照上述（2）的方法确定故障部位；如另加装有中控锁控制盒，可先检查加装中控锁控制盒的电源线及熔断器或搭铁线是否正常，如良好，检查主机在接收遥控指令时，触发线路是否有触发信号输出。加装的防盗器与加装的中控锁控制盒的触发方式以负触发为多。找出防盗器主机与加装中控锁控制盒相连接的两根导线，分别做短时搭铁（或加正电）试验。如试验时中控锁正常，则是主机至中控锁控制盒之间线路断路，或是主机内有问题；如果没反应，则是加装的中控锁控制盒有故障。

9．遥控发射指令时部分功能没动作

一般加装的防盗系统都有两个遥控器，可先用另一个遥控器进行试验。如恢复正常，则说明前一遥控器有问题，多是因进水或是有尘污所致。常用的解决办法是。拆开遥控器，用酒精棉球把遥控器主板或导电橡胶触点擦干净即可。也有因导电橡胶触点导电层脱落而使遥控器出问题的。解决的办法是，到家电配件部购买一片电视机遥控器上用的导电触点胶片，用刀片分别把好、坏触点切割掉，在原装切割部分用 502 胶把好的导电橡胶触点粘上即可。

如果两个遥控发射器试验后故障现象依旧，则需先检查防盗器主机与其相关部件的线路连接是否有断路或短路现象。经检查，线路没问题时，可按照前述方法确定相关部件是否正常。

双向可视型防盗系统故障的查找均可按上述方法进行。当接收不灵敏或接收不到信号时，应检查主机发射天线是否断路或短路。如正常，则是主机内有问题。

10．防盗钥匙的常见故障

（1）防盗钥匙与点火开关锁芯的两个感应触点接触不良。

（2）防盗钥匙在使用过程中受到敲击、强力碰撞或跌落在坚硬的地面上，造成防盗钥匙中的电阻断裂，或者被消磁。

（3）防盗钥匙芯片本身受潮或脏污，造成断路或短路，从而导致发动机不能起动。

因此，防盗钥匙在使用过程中，要防止受潮、跌落在坚硬的地面上及靠近外界强磁场，以避免被磁场消磁，对防盗钥匙柄内的芯片造成损害。

任务实施

为解决情境导入中要求的熟悉防盗系统的结构原理与常见故障检修的问题，可按下述方式组织实施任务。

任务单元	项目 7.6　防盗系统的结构原理与检修	学时	1
任务目的	1．了解防盗系统的分类。 2．掌握防盗系统的结构与工作原理。 3．熟悉防盗系统控制电路。 4．学会防盗系统常见故障的检查与排除方法		
设备器材	1．丰田威驰轿车 2 辆（能正常起动）。 2．丰田威驰维修手册 5 本。 3．万用表 5 只，跨接线若干，二极管试灯 5 个		
操作准备	1．检查整车是否能正常起动，防盗系统工作是否良好。 2．将“任务工单”分发给每位学生		
注意事项	1．遥控器电池应正常。 2．检修时，应关闭点火开关		
实施过程	1．讲解和演示遥控器无法使用的故障检查方法，并让学生进行故障检查。 2．讲解和演示遥控时有时无的故障检查方法，并让学生进行故障检查。 3．讲解和演示报警喇叭无故鸣叫的故障检查方法，并让学生进行故障检查。 4．讲解和演示报警触发时喇叭不鸣叫的故障检查方法，并让学生进行故障检查。 5．讲解和演示遥控中央门锁不动作的故障检查方法，并让学生进行故障检查。 6．监督学生按要求完成任务，并指导学生进行正确的操作		

任务评价

评价与考核项目		评价与考核标准	配分	得分
知识点	刮水器、风窗玻璃洗涤器和后风窗除霜器的作用、原理与故障检修	熟知刮水器、风窗玻璃洗涤器和后风窗除霜器的作用、工作原理和常见故障的诊断排除方法	5	
	电动车窗的作用、原理与故障检修	熟知电动车窗的作用；掌握电动车窗的结构、工作原理和常见故障检修方法	2	
	电动座椅的作用、结构、原理与故障检修	熟知电动座椅的作用；掌握电动座椅的结构、工作原理和常见故障检修方法	3	
	电动后视镜的作用、结构、原理与故障检修	熟知电动后视镜的作用；掌握电动后视镜的结构、工作原理和常见故障检修方法	5	
	电控门锁的作用、结构、原理与故障检修	熟知电控门锁的作用；掌握电控门锁的结构、工作原理和常见故障检修方法	5	
	防盗系统的作用、结构、原理与故障检修	熟知防盗系统的作用；掌握防盗系统的结构、工作原理和常见故障检修方法	5	

续表

评价与考核项目		评价与考核标准	配分	得分
技能点	清洗液的检查	能通过观察储液箱刻度来判断清洗液的液位是否正常	5	
	刮水片的检查与更换	能检查刮水片是否正常；能更换刮水片	5	
	风窗玻璃清洁装置常见故障的检修	能使用万用表及其他检查设备对故障进行诊断	5	
	电动车窗的检查	能对电动车窗工作状态进行检查	5	
	电动车窗的检修	能使用万用表及其他检查设备对电动车窗的故障进行诊断	5	
	电动座椅的检查	能对电动座椅的工作状态进行检查	5	
	电动座椅的检修	能使用万用表及其他检查设备对电动座椅的故障进行诊断	5	
	电动后视镜工作状态检查	能通过电动后视镜开关的操作检查电动后视镜	5	
	电动后视镜常见故障检修	能使用万用表及其他检查设备对电动后视镜的故障进行诊断	5	
	电控系统工作状态的检查	能通过中控门锁开关的操作检查电控门锁	5	
	电控门锁常见故障检修	能使用万用表及其他检查设备对电控门锁的故障进行诊断	5	
	防盗系统常见故障检修	能使用万用表及其他检查设备对防盗系统的故障进行诊断	5	
情感点	纪律与劳动	不迟到、不早退，实训主动、积极、认真	5	
	职业道德与敬业精神	具备良好的道德标准、道德情操与道德品质；能认真对待实训、明确职责、勤奋努力	5	
	团结协作与创新精神	能与同学和谐相处、互补互助、协调合作，充分发挥自己的个性，圆满完成实训任务；能够综合运用自己的知识、信息、技能和方法，对遇到的问题能提出新方法、新观点	5	
合计			100	

任务工单

任务名称	辅助电气系统的结构原理与检修			任务成绩	
学生姓名		班级		学号	
实训时间		实训地点		所在组号	
资讯	一、填空题 1. 刮水器电动机有________式和________式两种。 2. 现代汽车使用的风窗刮水器都具有________、________和________三种运行方式，且能够________。				

续表

<table>
<tr><td>资讯</td><td>
3. 电动车窗升降系统一般由________、________、________、________和________等组成。
4. 电动车窗的两套控制开关安装位置为________和________。
5. 电动座椅调整系统由________、________和________等组成。
6. 电动座椅由________、________和________等组成。
7. 电动后视镜的调整机构包括________、________和________等。
8. 电控门锁直流电动机执行机构动作，都是通过改变________方向转换其运动方向的。
9. 电控门锁系统的执行机构有________、________和________3 种类型。
10. 常见的汽车防盗装置有________、________和________3 种类型。
二、选择题
1. 一般轿车后窗玻璃采用的除霜方式是（　）。
A. 将暖风机热风吹至后风窗玻璃
B. 采用独立式暖风装置并将热风吹至风窗玻璃
C. 电热丝加热
2. 带有间歇挡的刮水器在下列哪种情况下使用间歇挡？（　）
A. 大雨天　B. 中雨天　C. 毛毛细雨或大雾天
3. 当汽车单个车门玻璃升降有故障时，下列说法错误的是（　）。
A. 应先检查继电器　B. 应先检查熔断器
C. 应先检查该车门的玻璃升降开关　D. 应先检查该车门的玻璃升降电动机
4. 电动座椅前后的调节范围一般是（　）。
A. 60 ～ 100mm　B. 100 ～ 160mm
C. 160 ～ 200mm　D. 200 ～ 260mm
5. 在电动座椅中，一般一个电动机可完成座椅的（　）。
A. 1 个方向的调整　B. 2 个方向的调整　C. 3 个方向的调整
6. 带伸缩功能的后视镜内部有（　）个电动机。
A. 1　B. 2　C. 3　D. 4
7. 汽车电动后视镜不工作，应首先检查（　）。
A. 电动机　B. 后视镜开关　C. 导线断路　D. 熔断器
三、判断题
1. 永磁式刮水电动机是通过改变正、负电刷之间串联线圈的个数实现变速的。（　）
2. 使用风窗玻璃洗涤器时，应先开动刮水器，再开动洗涤泵。（　）
3. 轿车后风窗玻璃的内表面一般都贴有多根镍铬丝，总功率 30 ～ 50W，由专用开关控制，用来除霜。（　）
4. 电动车窗一般装有两套开关，两套开关之间是互相独立的。（　）
5. 电动车窗系统中的热敏断路开关能防止电路过载。（　）
6. 座椅加热系统中可通过调整可变电阻调整座椅的加热速度。（　）
四、简答题
1. 刮水器间歇挡工作不正常，如何排除？
</td></tr>
</table>

续表

<table>
<tr><td>资讯</td><td>2. 电动车窗主要由哪些部件组成？其中升降机构有哪几种？

3. 什么是电动车窗手动升降？什么是自动升降？

4. 结合电动车窗、电动座椅和电动后视镜的相关知识，分析双向电动机的检查思路。</td></tr>
<tr><td>计划与决策</td><td>请根据任务要求，确定所需要的设备器材，并对小组成员进行合理分工，制订风窗玻璃清洁装置的检查与故障检修计划。
1. 需要的设备器材

2. 小组成员分工

3. 实施计划</td></tr>
<tr><td>实施</td><td>1. 风窗玻璃清洁装置的检修
(1) 分组观察风窗玻璃清洁装置的组成，并正确填写附表 7.1。

附表 7.1　风窗玻璃清洁装置结构原理认识
<table><tr><td>观察认识项目</td><td>安装位置</td><td>组成</td><td>分析</td></tr><tr><td>电动刮水器</td><td></td><td></td><td>常见类型：</td></tr><tr><td>风窗玻璃洗涤器</td><td></td><td></td><td>安装要求：</td></tr><tr><td>风窗除霜装置</td><td></td><td></td><td>安装要求：</td></tr><tr><td>刮水器开关</td><td></td><td></td><td>操作要求：</td></tr></table>
(2) 分组检查风窗玻璃清洁装置，并正确填写附表 7.2。

附表 7.2　风窗玻璃清洁装置的检查
<table><tr><td>检查项目</td><td>检查结果</td><td>分析</td></tr><tr><td>刮水器低速</td><td></td><td></td></tr><tr><td>刮水器高速</td><td></td><td></td></tr><tr><td>刮水器间歇</td><td></td><td></td></tr><tr><td>刮水器复位</td><td></td><td></td></tr><tr><td>洗涤器工作</td><td></td><td></td></tr><tr><td>后风窗除霜</td><td></td><td></td></tr><tr><td>刮水器电动机</td><td></td><td></td></tr><tr><td>刮水器继电器</td><td></td><td></td></tr><tr><td>刮水器洗涤器开关</td><td></td><td></td></tr></table></td></tr>
</table>

续表

实施

(3) 分组进行风窗玻璃清洁装置故障诊断，并正确填写附表 7.3。

附表 7.3　风窗玻璃清洁装置的故障检查与排除

车型	故障现象	故障原因	故障排除方法

2. 电动车窗的检修

(1) 分组观察电动车窗系统的组成，并正确填写附表 7.4。

附表 7.4　电动车窗系统结构认识

观察认识项目	安装位置	类型	分析
车窗			
车窗玻璃升降器			
电动车窗主开关			
电动车窗分开关			

(2) 分组检查电动车窗，并正确填写附表 7.5。

附表 7.5　电动车窗系统工作情况检查

检查项目	检测结果	分析
电动车窗主控开关	上升	右前车窗
		左前车窗
		右后车窗
		左后车窗
	关闭	右前车窗
		左前车窗
		右后车窗
		左后车窗
	下降	右前车窗
		左前车窗
		右后车窗
		左后车窗
电动车窗左后分开关		
电动车窗右前分开关		
电动车窗右后分开关		
电动车窗继电器		
电动车窗电动机		

续表

实施

(3) 分组进行电动车窗系统故障诊断，并正确填写附表 7.6。

附表 7.6　电动车窗的故障检查与排除

车型	故障现象	故障原因	故障排除方法

3. 电动座椅的检修

(1) 分组观察电动座椅的组成，并正确填写附表 7.7。

附表 7.7　电动座椅结构原理认识

观察认识项目	安装位置	分析
座椅		
前后滑移开关		
前端垂直开关		
后端垂直开关		
倾斜开关		
腰垫开关		

(2) 分组检查电动座椅系统工作情况，并正确填写附表 7.8。

附表 7.8　电动座椅系统工作情况检查

检查项目	检查结果	分析
前排座椅开关	前后移动开关	前移
		关
		后移
	前端垂直升降开关	上
		关
		下
	后端垂直升降开关	上
		关
		下
	倾斜开关	前倾
		关
		后倾
	腰垫开关	前
		关
		后
前排电动座椅电动机	滑移电动机	
	前端升降电动机	
	后端升降电动机	
	倾斜电动机	
	腰垫电动机	

续表

实施

(3) 分组进行电动座椅故障诊断，并正确填写附表 7.9。

附表 7.9　电动座椅故障检查与排除

车型	故障现象	故障原因	故障排除方法

4. 电动后视镜检修

(1) 分组观察电动后视镜的组成，并正确填写附表 7.10。

附表 7.10　电动后视镜结构原理认识

观察认识项目	安装位置	类型	分析
后视镜			
操作开关			

(2) 分组检查电动后视镜的工作情况，并正确填写附表 7.11。

附表 7.11　电动后视镜工作情况检查

检查项目	检查结果	分析
左侧后视镜	上下角度调整	
	左右角度调整	
右侧后视镜	上下角度调整	
	左右角度调整	
电动后视镜伸缩		
电动后视镜电动机		

(3) 分组进行电动后视镜估值诊断，并正确填写附表 7.12。

附表 7.12　电动后视镜的故障检查与排除

车型	故障现象	故障原因	故障排除方法

5. 电控门锁系统的检修

(1) 分组观察电控门锁系统的组成，并正确填写附表 7.13。

续表

实施

附表 7.13　电控门锁系统结构原理认识

观察认识项目	安装位置	类型	分析
执行机构			常用类型：
门锁控制开关			安装要求：
钥匙控制开关			安装要求：
行李箱控制开关			安装要求：

(2) 分组观察电控门锁系统的工作情况，并正确填写附表 7.14。

附表 7.14　电控门锁系统工作情况认识

观察认识项目	观察认识结果	分析
遥控开锁		
遥控上锁		
钥匙开锁		
钥匙上锁		
门锁开关开锁		
门锁开关上锁		
行李箱门开锁		
行李箱门上锁		

(3) 分组进行电控门锁系统故障诊断，并正确填写附表 7.15。

附表 7.15　电控门锁系统故障检查与排除

车型	故障现象	故障原因	故障排除方法

6. 防盗系统的检修

(1) 分组观察防盗系统的组成，并正确填写附表 7.16。

附表 7.16　防盗系统结构原理认识

观察认识项目	名称型号	安装位置
执行器	1 号	
	2 号	
	3 号	
	4 号	
传感器	1 号	
	2 号	
	3 号	
防盗控制 ECU		

续表

<table>
<tr>
<td>实施</td>
<td>（2）分组进行防盗系统故障诊断，并正确填写附表 7.17。

附表 7.17　防盗系统的故障检查与排除
<table>
<tr><th>车型</th><th>故障现象</th><th>故障原因</th><th>故障排除方法</th></tr>
<tr><td></td><td></td><td></td><td></td></tr>
<tr><td></td><td></td><td></td><td></td></tr>
<tr><td></td><td></td><td></td><td></td></tr>
</table>
</td>
</tr>
<tr>
<td>检查与评价</td>
<td>以小组为单位对完成任务情况进行评价（包括自我评价、小组评价、教师评价）。
1. 是否完成了所有检修项目？检修是否有漏项？
自我评价：

小组评价：

教师评价：

2. 检修计划制订是否合理？
自我评价：

小组评价：

教师评价：

3. 附表填写是否详细、准确？
自我评价：

小组评价：

教师评价：</td>
</tr>
</table>

注：出现安全事故，或不按规范操作而损坏仪器、设备的，此任务成绩计 0 分。

拓展与提升

汽车新型辅助系统

1. 雨滴感知型刮水装置

电动刮水器虽然能够实现间歇控制，但不能随雨量大小的变化及时调整刮水片的刮水频率。雨滴感知型刮水器则能根据雨量的大小自动调节刮水频率，使驾驶员始终保持良好的视线。

1）雨滴感知型刮水装置的组成

雨滴感知型刮水装置主要由雨滴传感器、间歇控制电路、刮水电动机三大部分组成。其中雨滴传感器有压电型和电阻阻值改变型两种。压电型雨滴传感器是利用雨滴下落撞击传感器的振动片，将振动能量传给压电元件，从而将雨量的大小转变为与之相对应的电信号，其结构如图 7.31 所示。电阻阻值改变型雨滴传感器利用雨滴流量检测电极，雨水落在两电极之间，使它们的电阻值明显变化，将雨量的大小转变为与之相对应的电信号，如图 7.32 所示。

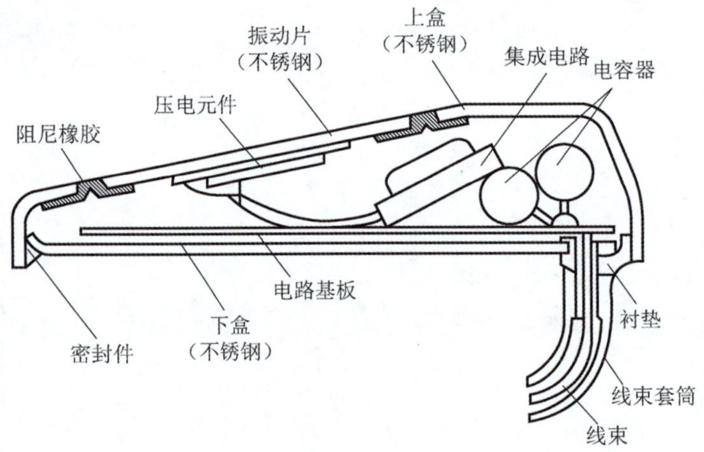

图 7.31　压电型雨滴传感器的结构

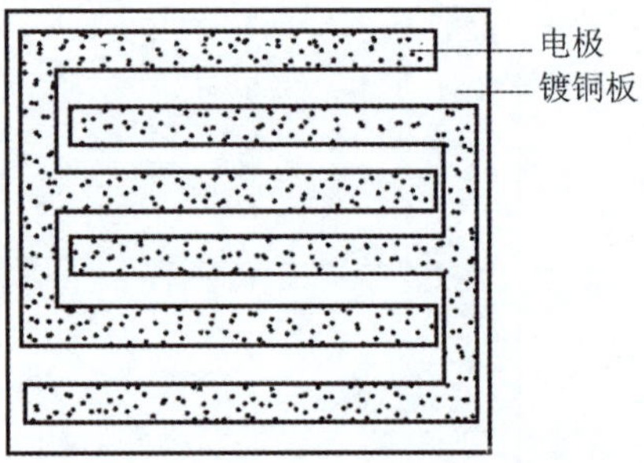

图 7.32　电阻阻值改变型传感器结构

2）雨滴感知型刮水装置的工作原理

其工作原理如图 7.33 所示，工作时，雨滴传感器将雨量的大小转变为与之相对应的电信号，经放大后送入间歇控制电路，给充电电路进行充电，使充电电路中电容两端电压上升，当电压上升至与基准电压相等时，驱动电路使刮水电动机工作一次，雨量越大，感应出的电信号越强，充电速度越快，间歇工作频率越高，相反则工作频率越低。但当雨量很小时，雨滴传感器没有电压信号输出，只有定时电路对充电电路进行定时充电，一段时间后，充电电路的输出电压与基准电压相等，刮水器动作一次。根据下雨量的大小，电路可以实现无级调速。

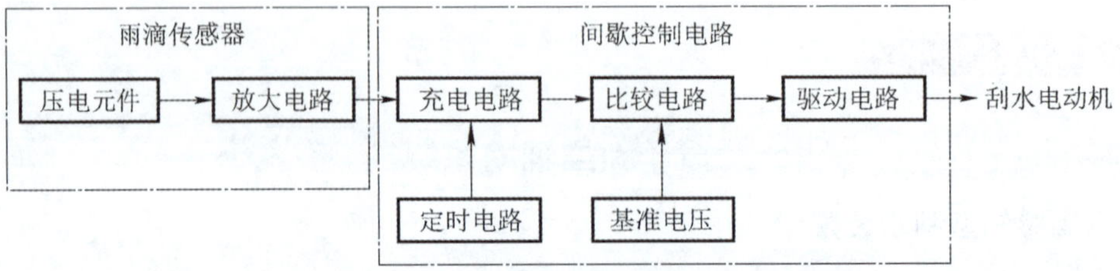

图 7.33　雨滴感知型刮水装置工作原理

2. 防夹车窗

防夹车窗是指电动门窗玻璃在关闭时，遇到较大阻力后会自动停止，或者改变玻璃上升行程为下降行程，以释放被夹物，保护司乘人员的安全（特别是 6 岁以下的儿童）。防夹控制器不仅增加了汽车的安全性，提高了汽车的档次，同时也大大延长了电动车窗的使用寿命。因为在上、下死点位置，无论升降开关是否松开，控制器均会自动断电，以避免电动机因长时间堵转而烧毁。

车窗防夹技术是通过“触觉”和“视觉”来实现的。所谓“触觉”，就是当电动车窗机构感触到有异物在玻璃上，会自动停止玻璃上升工作。而依靠“视觉”的是较先进的一套控制系统，它实际上是一套光学控制系统，监测有无异物在电动车窗移动范围内，从而控制玻璃移动，无须异物接触到玻璃。

3. 新型后视镜

1）电加热后视镜

电加热后视镜功能是指当汽车在雨、雪、雾等天气行驶时，后视镜可以通过镶嵌于镜片后的电热丝加热，确保镜片表面清晰。

电加热后视镜的工作原理非常简单，而且成本也不是很高，它是在两侧后视镜的镜片内安装一个电热片（电热膜），如图 7.34 所示。根据后视镜大小的不同，后视镜加热片（膜）的大小也各不同。在雨雪天气时，车主打开后视镜电加热功能，电热片会在几分钟内迅速加热至一个固定的温度，一般在 35 ～ 60℃之间，从而起到对镜片加热、除雾除霜的效果。

2）防眩目后视镜

夜间行车最大的安全隐患就是视线问题，不仅是因为天黑光线不好，而且各向来车的前照灯对行驶安全也有影响。遇上不规矩的驾驶员在后方长期开着远光灯行驶，车内后视镜直接将强光反射入了眼睛，刺眼的强光直接影响到行车的安全，为了减小危险的发生，后视镜防眩目功能应运而生。

目前后视镜防眩目有两种形式，一种为手动，一种为自动。手动防炫后视镜原理如图 7.35 所示，通过光学原理抑制眩目。这种后视镜使用一块双反射率的镜子，当驾驶员认为反射光过强感到刺眼时，即可手动扳动后视镜角度调节杆，使后视镜角度偏移，此时镜面的反射率小，自然可以削弱光线强度。

而配置较高的车型上则配备了自动防眩目后视镜，这种后视镜在镜面后面安装了光敏二极管，二极管感应到强光时，控制电路将施加电压到镜面的电离层上，在电压的作用下镜片就会变暗以达到防眩目的目的。

3）电动折叠后视镜

电动折叠后视镜是指汽车两侧的后视镜在必要时可以折叠收缩起来。这种功能在城市路边停车时特别有用，后视镜折叠后能节省一定的空间，同时也可避免自己的爱车受“断耳”之痛。

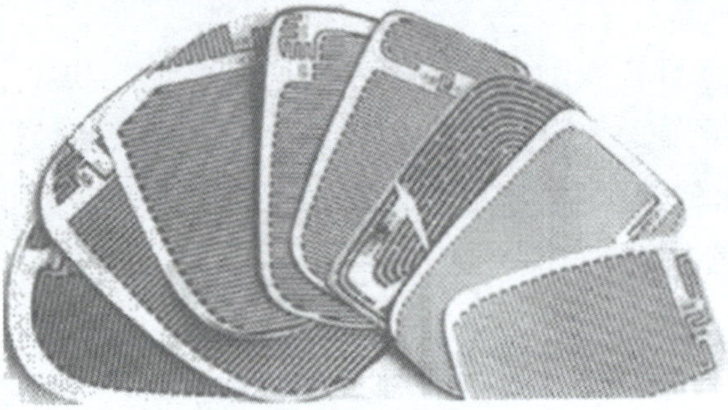

图 7.34　后视镜加热片

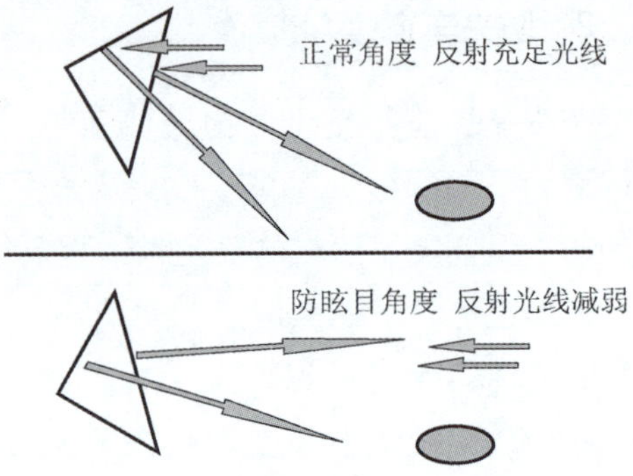

图 7.35　手动防眩后视镜原理

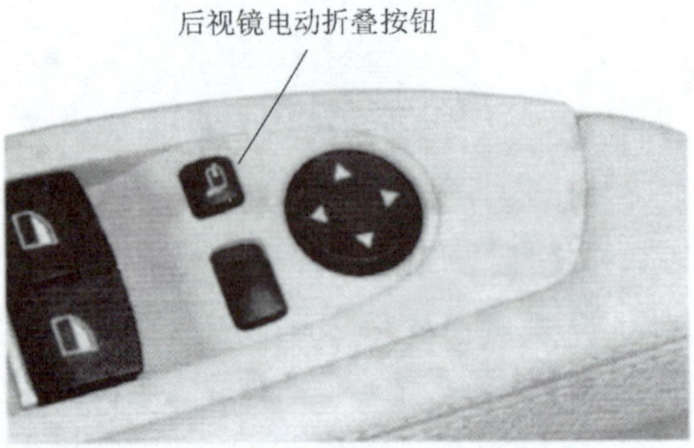

图 7.36　后视镜电动折叠按钮

车辆在行车过程中难免发生一些意外事故，后视镜作为安装在车辆上宽度最宽的零部件，在车辆交会时，最易受到擦伤。具有折叠功能的后视镜，在通过狭窄路段时可以收缩起来，提高了车辆的通过性，在驾驶员离开车辆时，也可以把后视镜折叠起来，不仅可以保护镜面，而且可以缩小停车泊位空间，有效地避免了剐蹭。

多数情况下，后视镜折叠的按钮是位于驾驶员一侧车门的电动开关区域，如图 7.36 所示，但也有些车型例外，如处于换挡底座区域。

4. 新型电动天窗

电动天窗安装于车顶，能够有效地使车内空气流通，增加新鲜空气进入。同时天窗可以开阔视野，也常用于移动摄影摄像的拍摄需求。

1）全景天窗

汽车全景天窗实际上是相对于普通天窗而言的，一般来说，全景天窗首先面积较大，甚至是整块玻璃的车顶，坐在车中可以将上方的景象一览无余；目前较多的全景天窗为前、后两块单独的玻璃，分别使得前、后座位都有天窗的感受。

全景天窗分为两种类型：一种是整个车顶都是玻璃覆盖，但是不能打开，如欧宝雅特 GTC 全景风挡版；第二种全景天窗则分为前、后两部分，前半部分跟普通天窗一样可以打开，如日产天籁、宝马 5 系 GT 等。

全景天窗视野开阔，通风良好，但是成本高，车身整体刚度下降，安全系数降低。

2）百叶式天窗

百叶式天窗就是将数块玻璃以百叶的形式安装在车顶，开启时向后滑动而使玻璃都聚集在一起，与家里的百叶窗帘类似。百叶式天窗可以在保证开启面积的情况下更大限度地节约空间，关闭叶又能起到全景天窗般的透光效果。目前在国内应用百叶式天窗的车型只有奔驰 B 级，而在奔驰 A 级上，百叶式天窗为选装件。

3）太阳能天窗

太阳能天窗拥有普通天窗一样的功能，但同时在普通天窗玻璃下方又集成了人们熟知的太阳能电池板，它能将光能转换为电能并存储在车辆蓄电池中。

太阳能天窗最为显著的一个特点就是，在夏季高温天气里，汽车在烈日下停车熄火，完全没有能源供给时，能自动调节车内温度。利用内置在天窗内部的太阳能集电板依靠阳光所产生的电力，经过控制系统来驱动鼓风机，将车厢外的冷空气导入车内，驱除车内热气，达到降温的目的。

5．新型电动座椅

1）带加热功能的电动座椅

为了改善驾驶员和乘客乘坐的环境，在一些轿车上设置了座椅加热系统。大多数电加热装置都有温度可调节的功能。

座椅加热器的加热速度可以调节。驾驶员和副驾驶员座椅的加热器和加热控制开关相同。其中 HI 表示高位加热，LO 表示低位加热。该座椅加热系统可以单独对驾驶员侧或副驾驶员侧的座椅进行加热，也可以同时对两座椅进行加热。

2）带存储功能的电动座椅

带存储功能的电动座椅就是将电动座椅与车载电脑结合在一起，增加座椅的记忆功能，对座椅实现智能化管理。带存储功能的电动座椅控制示意图如图 7.37 所示，它能够将设定的座椅调节位置进行记忆，使用时只要按指定的按键开关，座椅就会自动地调节到预先设定的座椅位置。

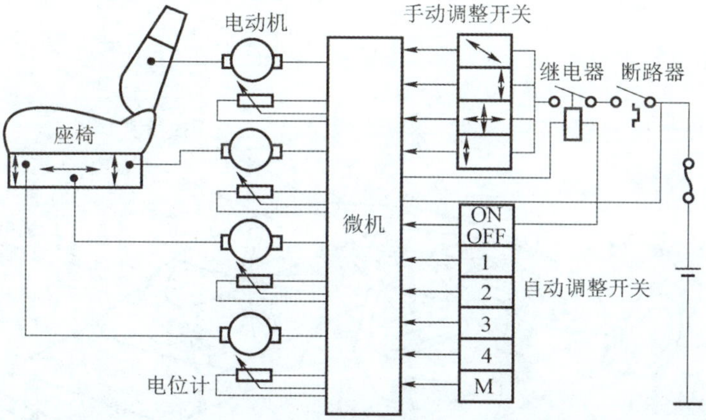

图 7.37　带存储功能的电动座椅控制示意图

该系统有一个存储器，存储装置通过 4 个电位计来控制座椅的调定位置。只要座椅位置调定后，驾驶员按下存储器的按钮，电子控制装置就把这些电压信号存储起来，作为重新调整位置时的基准。使用时，只要一按按钮，如图 7.38 所示，就能按存储时的状态来调整座椅位置。

3）带按摩功能的电动座椅

有些高档轿车设有座椅按摩功能，如图 7.39 所示，在座椅内加入气动装置，气压由发动机舱的气泵提供，座椅靠背内分别有 4 个或多个气压腔，实现对腰椎部的保护。同时，这些气压腔由一个装在靠背内的电脑控制的电子振荡器控制，电子振荡器根据事先编写的程序改变气压腔内的压力，使座椅椅面随之运动，达到为驾乘人员按摩的目的。

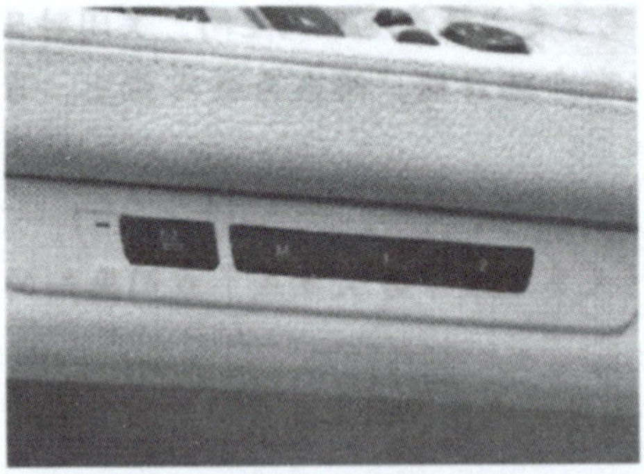

图 7.38　带存储功能的电动座椅的控制开关

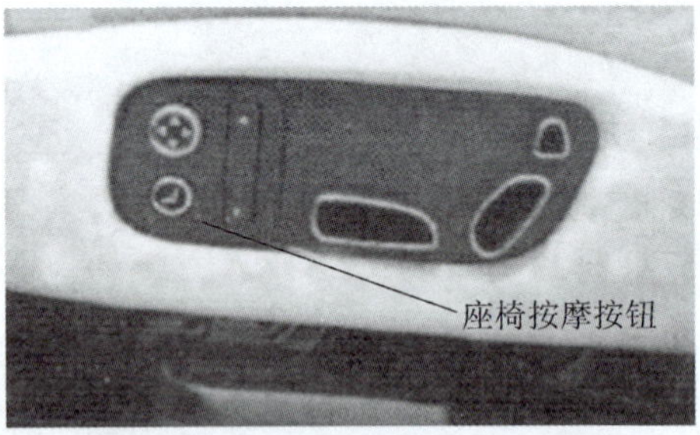

图 7.39　带按摩功能的电动座椅的控制开关

6. 遥控式门锁系统

现代汽车电子控制门锁系统按控制方式的不同可分为遥控式和无遥控式。

遥控式根据发射信号的不同又可分为无线电遥控方式、红外线遥控方式和超声波遥控方式等。目前应用较广泛的是无线电遥控方式。

1）遥控式门锁系统的组成

遥控式门锁系统主要由手持遥控发射器、接收器、遥控门锁 ECU、防盗和门锁控制 ECU（门锁控制组件）及执行器等组成。具体零部件在车上的位置如图 7.40 所示。

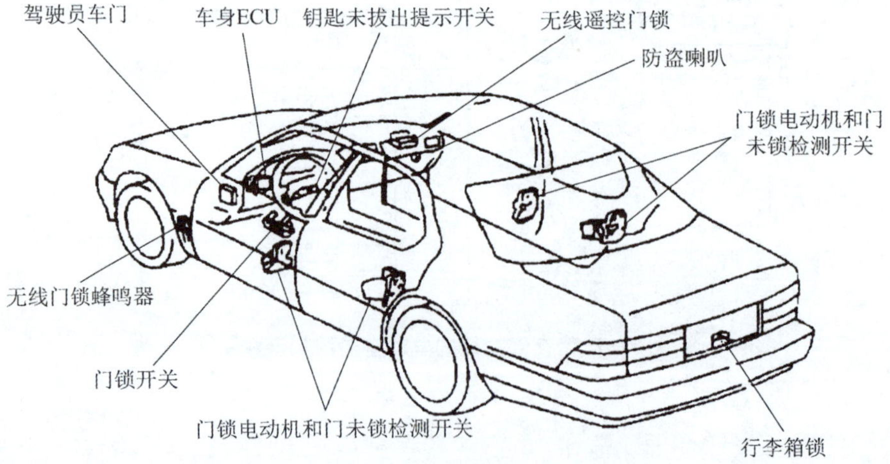

图 7.40　遥控门锁系统零部件位置图

（1）发射器。发射器也称遥控器，其作用是利用发射开关规定代码的遥控信号，控制驾驶员侧车门、其他车门、行李箱门等的开启和锁闭，且具有寻车功能。发射器分为分开型和组合型（发射器与点火钥匙合二为一）两种，如图 7.41 所示。

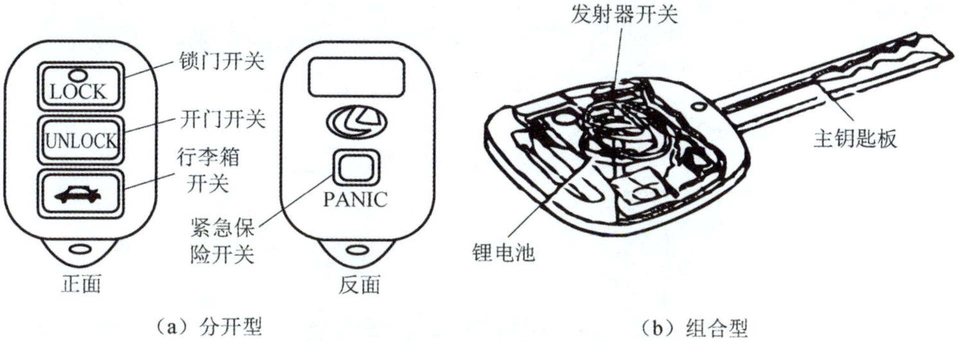

图 7.41　发射器

遥控器按照遥控信号的载体可分为红外线式、无线电波式以及超声波式遥控器。其中前两者应用较为广泛。

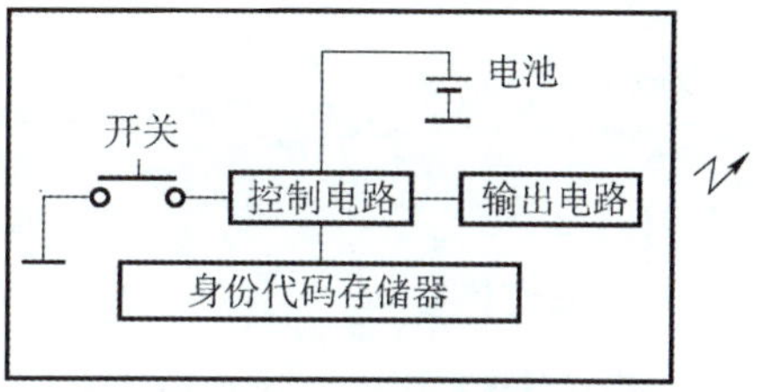

图 7.42　红外线式遥控器的组成

① 红外线式遥控器。红外线式遥控器的组成如图 7.42 所示，主要由发光二极管、控制电路、身份代码存储器、开关按钮和电池等组成。

② 无线电波式遥控器。无线电波式遥控器的组成如图 7.43 所示，主要由输出部分、控制电路、身份代码存储器、开关按钮和电池等组成。输出部分由调制电路、高频振荡电路、高频放大电路以及发射天线等组成。

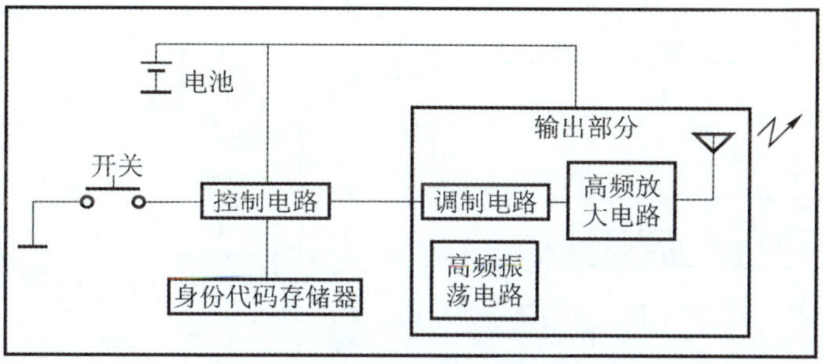

图 7.43　无线电波式遥控器的组成

（2）接收器。接收器对接收的信号进行放大和调制，检查身份鉴定代码是否相符，当代码一致时，判别功能代码，并驱动相应的执行器。

① 接收器的基本组成。现代汽车广泛采用红外线式接收器和无线电波式接收器。

a. 红外线式接收器。其组成如图 7.44 所示，主要由电源电路、接收部分、身份鉴定代码存储器、身份鉴定控制电路 ECU、开关信号输入电路及输出电路等组成。接收部分主要由接收遥控器信号的光敏二极管、放大器、选频放大器、检波器等组成。开关信号主要是指车门手动开关的输入信号。输出电路主要是控制车门锁止电动机。

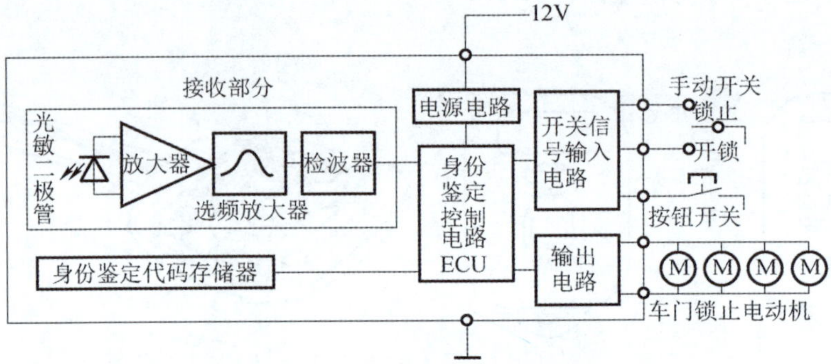

图 7.44　红外线式接收器的组成

红外线式接收器利用光敏二极管把红外线信号变换为电压信号，进行放大和滤波。考虑到使用环境，红外线式接收器应具有不受直射阳光、荧光灯、霓虹灯等外部干扰影响的放大电路特性。与遥控器的发光二极管调制驱动频率相同，在 38kHz 的频带域放大电路中进行放大，以提高其性能。

b. 无线电波式接收器。其组成如图 7.45 所示，主要由电源电路、接收部分、身份鉴定代码存储器、身份鉴定控制电路 ECU、开关信号输入电路及输出电路等组成。接收部分主要由接收天线、射频放大器、局部振荡器、混频器、选频放大器、功率放大器和滤波器等组成。开关信号主要是指车门手动开关的输入信号。输出电路主要是控制车门锁止电动机。

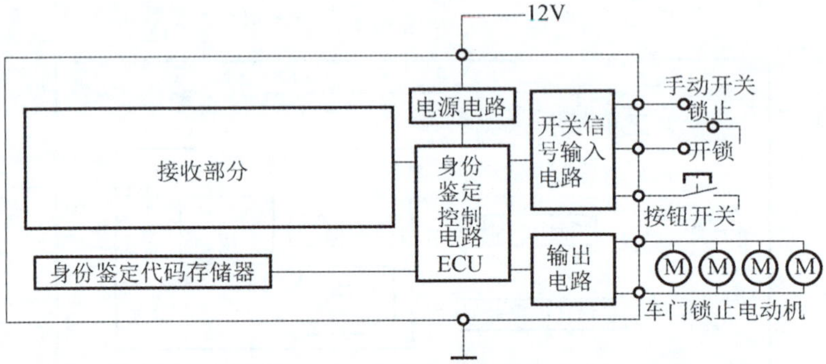

图 7.45　无线电波式接收器的组成

② 接收器的信号处理。接收器的信号处理流程如图 7.46 所示。

(3) 接收天线。接收天线在货物供应车上位于前立柱处，家用汽车则印镶在风窗玻璃内。接收天线的功用是接收遥控器输出信号，同时也可用作收音机天线。

与收音机共用一个天线的遥控装置的组成框图如图 7.47 所示。接收天线接收到信号后，由分配器将信号分检出遥控信号和收音机接收信号。分配器电路如图 7.48 所示。

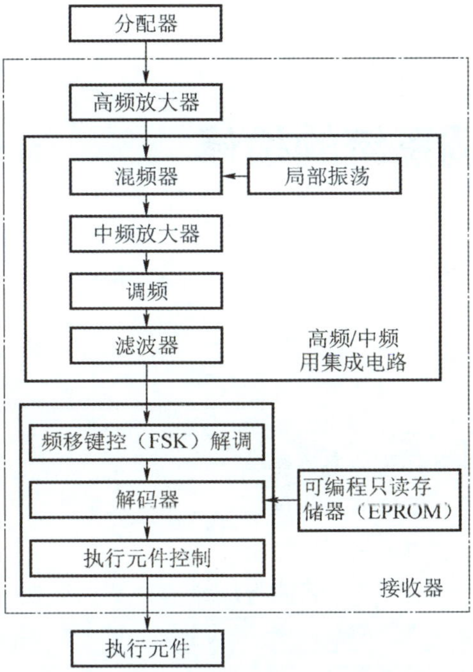

图 7.46　接收器的信号处理流程

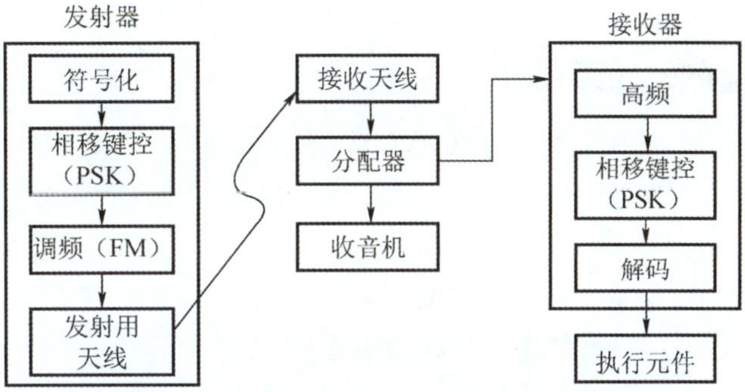

图 7.47　与收音机共用天线的遥控装置的组成

2）遥控式门锁系统的工作原理

图 7.49 所示的是无线遥控门锁系统的工作过程。遥控发射器发出变化的无线电信号（识别代码）被车辆天线接收后，进入中央门锁控制单元（ECU），经过处理识别确认后输出信号给门锁控制单元，门锁控制单元控制执行机构车门闭锁装置完成车门的闭锁和开锁。

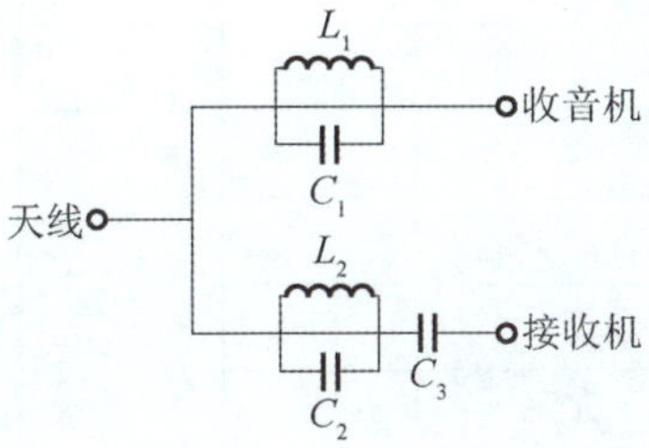

图 7.48　分配器电路

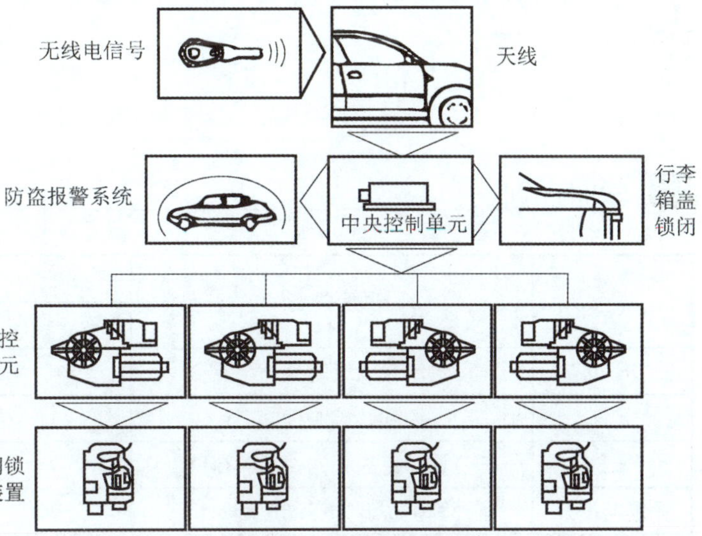

图 7.49　无线遥控门锁系统的工作过程

学习任务 8　汽车空调系统的检修

任务目标

了解：汽车空调系统的组成与类型、常用的制冷剂及其对环境的影响。

熟悉：汽车空调制冷系统的基本工作原理、构造及各部分的工作原理。

掌握：汽车空调电路的组成与工作原理、典型汽车空调电路实例分析方法。

学会：制冷剂的回收、制冷剂的加注、离合器总成的维护、储液干燥器的拆卸和更换，以及空调系统常见故障的检修。

任务描述

汽车空调系统是汽车的重要组成部分，由于使用及维护不当，常常会出现制冷不足、不制冷及异响等故障。为了合理使用及维护汽车空调系统，我们必须学习汽车空调的基础知识、制冷系统的构造与维修及其控制系统等知识，掌握空调系统的正确操作和维护及常见故障的诊断方法。

学时计划

项目	项目内容	参考学时			
		教学学时	实训学时	小计	合计
8.1	汽车空调制冷系统的构造与维修	4	4	8	14
8.2	汽车空调控制系统的检修	1	1	2	
8.3	汽车空调常见故障的诊断与排除	1	2	3	
拓展与提升	微型计算机空调的自动控制系统	1	0	1	

项目 8.1 汽车空调制冷系统的构造与维修

情境导入

客户报修：

2011 年 8 月 28 日，车主王先生来到汽车 4S 店反映，他的桑塔纳 2000 轿车，打开空调制冷系统后，出风口不出凉风。经检查，压缩机、冷凝器及鼓风机均工作，储液罐至蒸发器之间的管路结霜。用压力表测试，系统低压侧出现真空，高压侧压力高（环境温度为 30 ~ 50℃，发动机转速为 1500 ~ 2000r/min，高压 195 ~ 250N/cm^2）。作为汽车维修人员，接到此类汽车空调检修任务，要求熟悉汽车空调制冷系统的构造并掌握其维修方法。然后制订维修计划，得到经理确认后，完成此任务，提交一份分析报告并归档。

故障原因分析：

（1）膨胀阀脏堵。

（2）膨胀阀堵坏（例如，感温包泄漏，使膨胀阀打不开，制冷剂不循环）。

（3）高压管路脏堵。

理论引导

8.1.1 汽车空调的组成与分类

1. 汽车空调的组成

1）制冷装置

其作用是对车内空气或外部进入车内的新鲜空气进行冷却与除湿，使车内空气变得凉爽舒适。汽车空调制冷系统主要由制冷循环及电气调节与控制两部分组成。

2）暖风装置

其作用是对车内空气或外部进入车内的新鲜空气进行加热，用于供暖和除霜。

3）通风装置

其作用是将外部新鲜空气吸进车内，起通风与换气的作用，同时，通风对防止风窗玻璃起雾也起着良好的作用。

4）加湿装置

其作用是在空气湿度较低时，对车内空气进行加湿，以提高车内空气的相对湿度。

5）空气净化装置

除去车内空气中的尘埃、臭味、烟气及有毒气体，使车内空气变得清新。

在大多数轿车及客车、货车上，通常仅有制冷装置、暖风装置、通风装置，在高级轿车和高级大、中客车上，还有加湿装置和空气净化装置。

2．汽车空调的分类

1）按驱动方式分类

汽车空调按驱动方式可分为独立式空调和非独立式空调。独立式空调采用一台专用空调发动机来驱动空调压缩机，制冷量大，工作稳定，一般应用于中、小型客车上。非独立式空调的制冷压缩机由汽车发动机驱动，空调的制冷性能受发动机工况的影响，多用于制冷量相对较小的小客车和轿车上。

2）按功能分类

汽车空调按功能可分为单一功能型和冷暖一体型。单一功能型是将制冷剂系统、暖风系统、强制通风系统各自独立安装，独立操作，一般应用于大型客车和载重汽车上。冷暖一体型空调是制冷、暖风和通风共用一台鼓风机，共用一套风道送风口，冷风、暖风和通风在同一面板上控制。

8.1.2　制冷剂

制冷剂是制冷循环中的工作介质。在制冷系统运转时，制冷剂在其中循环流动，通过自身热力状态的循环变化，不断与外界发生能量交换，以达到制冷的目的。

1．制冷剂的分类

1）无机化合物类制冷剂

无机化合物类制冷剂是较早采用的天然制冷剂，如水 R718、空气 R729、氨 R717、二氧化碳等。

2）氟利昂类制冷剂（卤代烃）

饱和碳氢化合物中的氢元素全部或部分用卤素（主要是氟、氯、溴）取代，就形成了通常所称的氟利昂类制冷剂。氟利昂是一个种类繁多的大家族，常用的有二氟二氯甲烷 R12、二氟一氯甲烷 R22、四氟乙烷 R134a、二氟乙烷 R152a 等。

3）烷烃类制冷剂

烷烃类制冷剂是碳氢化合物类（如甲烷、丙烷、异丁烷、丙烯等）制冷剂，是完全由 C、H 元素组成的物质，这是早期使用的制冷剂。

4）混合制冷剂

鉴于纯制冷剂的局限性，为调制制冷剂的性质、扩大制冷剂的选择范围，将各种纯质制冷剂在优势互补的基础上按一定比例进行混合，开发研制了混合制冷剂 R501、R502、R509、R407A、R407B、R407C 等。

2. 制冷剂对环境的影响

1）对大气臭氧层的影响

一直被广泛应用的氟利昂，在 20 世纪 70 年代被发现是破坏大气臭氧层的主要因素。如 R12 类分子结构很稳定，也不可燃，在大气中存在寿命很长。一旦因使用或检修而排放出制冷系统，会在大气中长时间扩散，到达平流层后，在阳光照射下分解出氯原子。一个氯原子可以和约 10 万个臭氧分子发生连锁反应，从而减少平流层中臭氧的浓度。

大气臭氧层是地球生物免遭有害射线辐射的保护伞，它的变薄甚至出现空洞会使生物遭受过量紫外线的伤害；由此引起了人们对由于人造化合物中的氯和溴元素而引起的臭氧层变薄的高度关注。

2）温室效应

除氨、水等物质外，不少制冷剂都不同程度地会使气候变暖的趋势加速，助长地球的温室效应。

地球大气的辐射、反射、发射与吸收等本来保持着平衡关系。由于人类的活动，大量温室气体排入大气，直接改变了大气的热量传递平衡关系，使大气变成类似于塑料大棚，阳光可以方便地透射到地面，向地面放出热量，但地面接收的热量很难再穿透大气进入太空，形成了气候不断变暖的不利趋势，即所谓的温室效应。高山雪线的上移、两极冰川的不正常加速融化都是这一现象的明证。

3. 常用制冷剂

1）R12

R12 毒性小，不燃烧，不爆炸，是一种很安全的制冷剂，但不能接触明火。其极易渗透，应借助检漏仪检漏；溶水性差，需严格控制系统的含水量，膨胀阀前加设干燥器；溶矿物油，回油和启机时注意采取防大量失油的措施，并注意排除渗入的不凝性气体；属于首批受禁的工质；曾广泛应用于中型空调装置和汽车空调、小型冷藏冷冻设备中。

2）R134a

R134a 的稳定性高，然而其溶水性比 R12 要强得多，但少量水分存在会产生酸，腐蚀金属，产生“镀铜”现象。解决的办法是膨胀阀前加设干燥器。R134a 对合成橡胶影响较大，特别是氟橡胶。R134a 毒性非常低，不燃烧，不爆炸，是很安全的制冷剂，但不能接触明火。其制造原料贵，工艺复杂，还要消耗大量的催化剂，价格高。R134a 已普遍用于替代 R12。

8.1.3 汽车空调制冷系统的工作原理

汽车空调制冷系统的工作原理如图 8.1 所示。具体工作过程如下。

1．压缩过程

汽车空调系统工作时，压缩机在发动机驱动下旋转，气态制冷剂从蒸发器内被吸进压缩机，压缩机将制冷剂蒸气压缩成高温、高压的气体后，输送给冷凝器。

2．冷凝过程

在冷凝器中制冷剂通过与流动大气进行交换，把制冷剂的热量散发出去，制冷剂由气态变成液态。

3．膨胀过程

液态制冷剂通过节流装置（膨胀阀或孔管）的节流、减压作用，体积突然变大，成为低温、低压的液雾状混合物进入蒸发器。

4．吸热过程

制冷剂在蒸发器内吸收周围空气中的大量热量，由液态变成气态。这些低温、低压制冷剂又被吸入压缩机，开始下一个循环的工作。

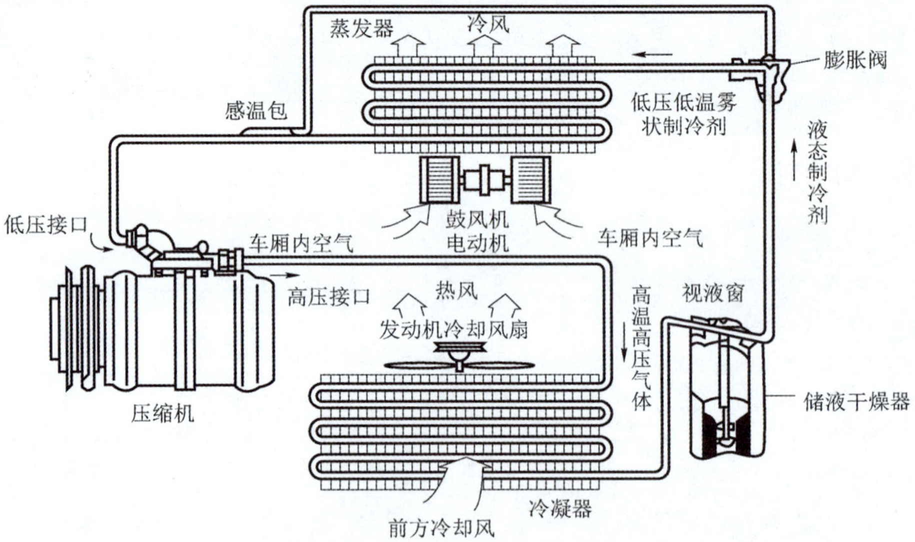

图 8.1　汽车空调制冷系统的工作原理

8.1.4　汽车空调制冷系统组件的结构

1．压缩机和离合器

1）压缩机离合器

压缩机由发动机曲轴通过一个电磁离合带轮驱动，如图 8.2 所示。当没有通电时，该压缩机离合带轮自由地旋转而不使压缩机轴转动。在接通电源时，电磁离合器线圈通电，同时该滑轮与离合器片连接，经常被称为电枢的离合器片安装在压缩机轴上。磁场把离合器片和滑轮作为一个装置锁在一起以驱动压缩机轴转动。

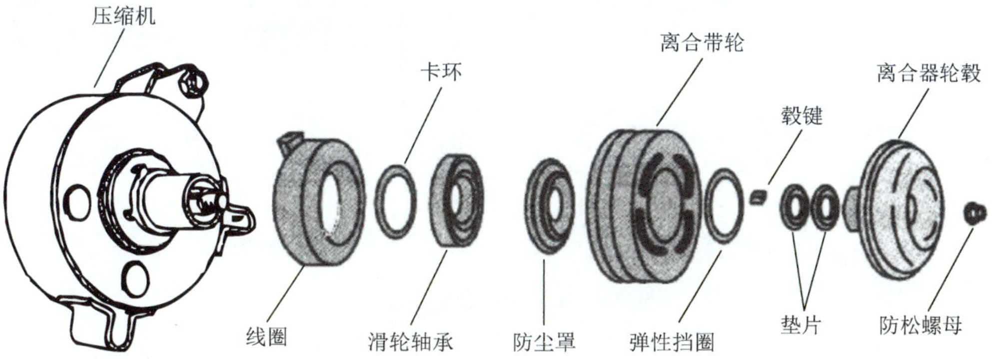

图 8.2　典型压缩机离合器的组成

2）压缩机

汽车空调系统使用一种固定或变排量压缩机以使制冷剂移动，并把来自蒸发器的低压、低温制冷剂压缩成到冷凝器的高压、高温蒸气。有些压缩机不能被维修，如果有故障，则必须更换。

活塞运动由曲轴或常被称为摇盘的旋转斜盘驱动。有些旋转斜盘压缩机有双端活塞，如通用汽车的 DA-6；而其他的为单端活塞，如 sanden 的 SD-5，如图 8.3 所示。下面以典型的往复式压缩机的活塞和阀的运行进行简要的描述。

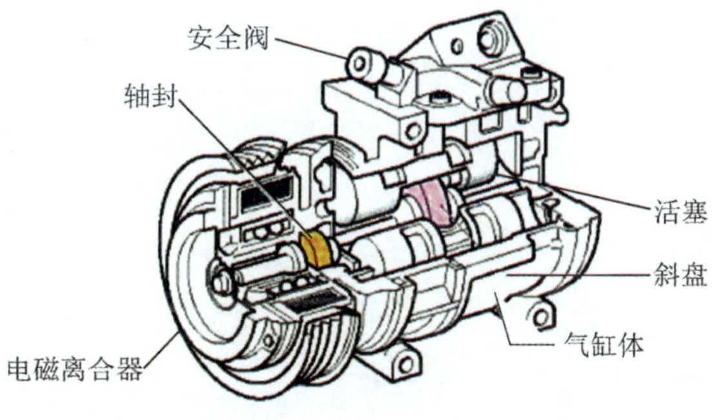

图 8.3　典型的斜盘式压缩机的剖视图

压缩机中的每个活塞都有一套簧片阀和阀板，即一个吸入阀和一个排气阀。以单缸压缩机为例，如图 8.4 所示，在活塞处于吸入（进气）行程时，另一个活塞处于排气（压缩）行程。

活塞通过吸入阀把制冷剂吸进压缩机，而通过排气阀把制冷剂挤出压缩机。当活塞处于吸气（或进气）行程时，排气阀由作用在它之上的高压而保持闭合。同时，吸入阀打开以允许低压制冷剂蒸气进入。当活塞处于压缩（或排气）行程时，制冷剂蒸气被迫通过排气阀，此时吸入阀被该相同的压力保持闭合。

压缩机使系统的低压侧与高压侧分离。进入压缩机的制冷剂是一种低压、稍微过热的蒸气。当制冷剂离开压缩机时，它是一种高压、高过热的蒸气。

在一些空调系统中，压缩机有用于空调系统的检修阀。高低压表组在检修阀端口被连接进系统。所有的检修步骤，如回收、抽气和给系统装料等，都使用高低压表组和适当的回收和装料设备进行。

制冷润滑剂是保持压缩机内部部件润滑所必不可少的。少量的这种润滑剂随制冷剂流经系统循环。

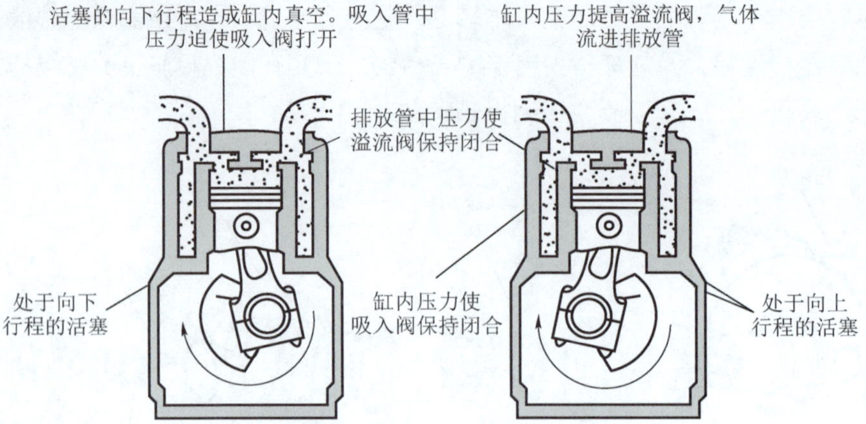

图 8.4　单缸压缩机的典型工作

2. 冷凝器

冷凝器位于发动机冷却散热器前面，它是一种由运送制冷剂的冷却翅片和管道构成的热交换器。冷凝器是把来自压缩机的高温高压气体通过管壁和翅片将其中的热量传递给冷凝器外的空气，从而使气态制冷剂冷凝成高温高压的液体，使其通过节流元件（如膨胀阀或节流管）后吸收大量热量而汽化。

冷凝器中制冷剂的放热过程有 3 个阶段，即降低过热、冷凝和过冷 3 个阶段。进入冷凝器的制冷剂是高压的过热气体，向外放出热量后，首先是降温至冷凝压力下的饱和温度，仍然是气态工质。然后在冷凝压力下，因放出热量而逐渐冷凝成液体，温度保持不变。最后继续放出热量，液态制冷剂温度下降，成为过冷液体。

通过冷凝器管道时的制冷剂的流路有平行流式和蛇形流式两种，如图 8.5 所示。冷凝器一种是管和翅片式，另一种是带蜂窝盘旋形通道的挤压铝油管式，这样由于增加了表面积和气流而改善了传热，如图 8.6 所示。这种设计有相同传热水平而物理尺寸更小，因而常常用于紧凑型轿车。

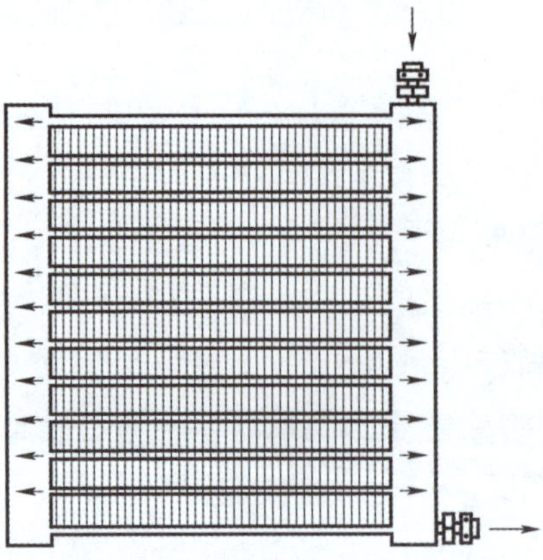

（a）平行流式

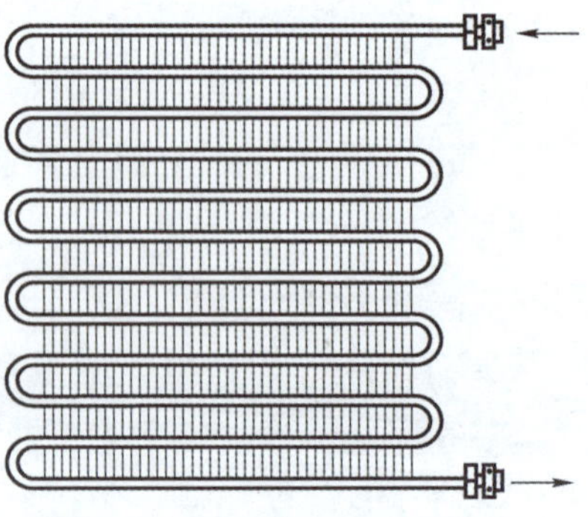

（b）蛇形流式

图 8.5　空调冷凝器的流路形式

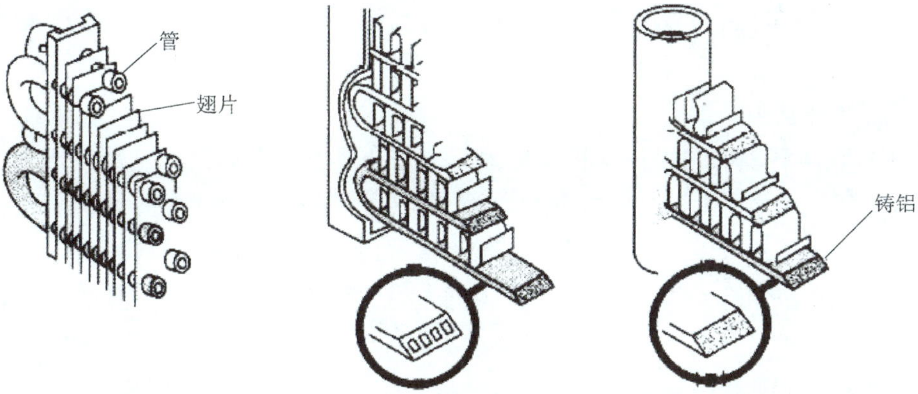

(a) 管和翅片式　(b) 蛇形流式　(c) 平行流式

图 8.6　冷凝器形式

3. 蒸发器

汽车空调蒸发器属于直接风冷式结构，它利用低温低压的液态制冷剂蒸发时吸收周围空气中的大量热量，从而达到车内降温的目的。它的作用原理与冷凝器正好相反，从膨胀阀或节流管流出而直接进入蒸发器的制冷剂由于体积突然膨胀而变成低温低压雾状物（微粒液体），这种状态的制冷剂很容易汽化，汽化时将会吸收周围大量热量。空调鼓风机使车内空气从蒸发器表面流过时，接触到表面温度极低的蒸发器管片，空气中的热量被管片吸收传给蒸发器内的制冷剂，使液态（雾状）制冷剂汽化，而车内空气则因为热量被带走而变冷。

由于车内安放蒸发器（指直接产生冷风或暖风的组件）的空间位置有限，对尺寸提出了苛刻的要求。为此要求蒸发器具有制冷效率高、尺寸小、质量小等特点，因而车用空调蒸发器的制造难度比一般蒸发器大。

蒸发器的用途是在空调系统运行时对进入的空气进行冷却和除湿。蒸发器是空调系统用于制冷剂蒸发吸热的部件，如图 8.7 所示。当空气中的热被沸腾的制冷剂吸收时，空气被强制通过蒸发器片和管道。

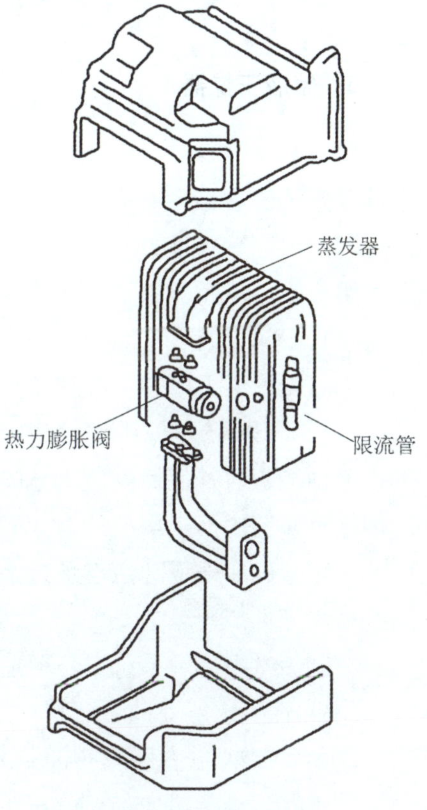

图 8.7　典型的蒸发器

4. 热力膨胀阀

使车内空气降温的直接元件是蒸发器，即液态制冷剂在蒸发器中吸收了蒸发器管壁传来的热量而蒸发成气体，通过蒸发器管壁外的空气因为热量被吸走而降温成低温冷空气。这一过程发生的前提是该液态制冷剂必须在低压状态下，这样才容易吸热蒸发，而通过冷凝器出来的液体处于高压状态，因而它必须通过节流元件减压后才能变成低压的容易蒸发的雾状体。节流元件一般有热力膨胀阀（TXV）、毛细管或节流膨胀管。

为了充分利用蒸发器的换热面积，最理想的是在蒸发器出口处，制冷剂刚好全部蒸发完毕，成为临界饱和蒸气，这样就能使蒸发器的换热面积一点也不浪费。但实际上这样做是很危险的，因为若不在蒸发器出口至压缩机入口之间采取其他措施，稍有不慎，未蒸发完的液态制冷剂进入压缩机会发生“液击”而损坏压缩机。含有未蒸发完的液态制冷剂的气体称为过饱和气体。所谓“液击”就是这种过饱和气体在压缩机中因压缩升温，成为过热蒸气的过程中，其中所含的液滴迅速蒸发膨胀，使气缸中压力骤增，活塞阻力突然加大，就像受到重击一样。

为防止这种现象的出现，有两种解决方法。一是浪费一些蒸发器的换热面积，使蒸发器出口的制冷剂有一定的过热度（即保证进入压缩机的气态制冷剂中绝对不含未蒸发完的液滴），但过热度又不能太大，以免过多减少换热量。但这需要通过热力膨胀阀来解决这个矛盾。热力膨胀阀能根据出口过热度的大小，自动调节其开度，改变制冷剂流量。一般热力膨胀阀的出口过热度可控制在 3 ～ 8℃。二是保住蒸发器的最大换热能力，在蒸发器出口与压缩机进口之间设置气液分离器。在这种方式中，节流元件采用固定阻尼的节流孔管（汽车空调中称为塑料节流管），蒸发器一般是满液式的，这种系统称为 CCOT 系统。

汽车空调中的节流元件主要采用热力膨胀阀，简称膨胀阀，主要有 F 形和 H 形两种。

5．储液干燥器

1）储液干燥器的结构

储液干燥器被用在有一个作为计量装置的热力膨胀阀的系统中。储液干燥器储存各种制冷剂，它位于冷凝器出口和计量装置入口之间的空调系统高压侧中。干燥器分离了制冷剂蒸气和液体，从而确保了在计量装置和热力膨胀阀可获得 100% 的液体。

（1）储液罐部分。储液干燥器的储液罐部分是一个像储罐的储料室。储液罐确保可向热力膨胀阀提供平稳的液态制冷剂流量。

（2）干燥器部分。储液干燥器的干燥器部分一般只是一个充满干燥剂的编织袋，干燥剂是一种能吸收并保持少量水分的化学干燥剂。用于 R12 储液干燥器的干燥剂与 R134a 制冷剂是不兼容的。干燥剂分为 XHS、XH7 和 XH9，只有 XH7 和 XH9 可用在 R134a 系统中。因此，为了确保干燥剂会与系统中的制冷剂和制冷润滑剂兼容，只使用指定用于一个特定应用的替代元件。

在制冷剂及制冷系统中不可避免地存在着水分，而水分的存在会引起下列后果。

① 腐蚀：水能促进油与制冷剂的反应，使制冷剂分解并产生酸，酸会引起破坏性腐蚀。

② 冰堵：水能在膨胀阀口结冰，从而影响制冷剂流动。

③ 脏堵：水会促进淤渣的形成，并堵塞膨胀阀、塑料节流管。

④ 镀铜现象：在 R134a 系统中，若存在水分，有可能造成铜管上的铜分子沉积到钢零件表面，造成镀铜现象，使压缩机运动部件卡死。

(3) 筛网 / 过滤器。在储液干燥器内部包括了一个筛网或过滤器。其用途是过滤碎屑。如果发现筛网损坏，则必须更换储液干燥器、总成。

2) 储液干燥器的工作情况

安装储液干燥器直接关系到吸收潮气的能力，在 65℃温度下每 82cm^3 的硅腔，大约能吸收 100 滴水滴。当温度增大时，干燥的能力下降，因此吸潮的能力与环境温度有关。当空调系统在晚上或清晨被打开时，外界温度较低，储液干燥器将吸收这些潮气并阻止水分在系统中循环。到了白天，气温升高也造成干燥剂的温度上升。当干燥剂达到饱和点后，它含有的水分将会有部分释放到系统中去。很小的水滴都能被收集到膨胀阀里，并在节流孔中结成冰，从而阻止制冷剂流动。

要在装配空调的车内查出系统里是否有水分是不容易的，因为形成水滴和结成冰需要一定的时间。如果在使用中发现空调系统开始工作的 15min 左右情况良好，然后不制冷了，甚至出现热气，把它关掉几分钟，然后再打开，又能正常工作 10 ～ 15min，则说明系统中有水分。

系统中出现水分的原因是由于在安装与保养工作过程中不小心进了空气。另外，也可能是由于抽真空工序不正确所致。一旦发现系统中存在水分，必须换用新的干燥器，并进行尽可能长时间的抽真空工序。

当储液干燥器有过多杂质或干燥剂将引出管堵住时，则会出现制冷效果下降，储液干燥器进出口两边有明显温差，此时应调换储液干燥器。任何时候，当更换制冷系统中的主要部件时，也应同时更换储液干燥器。

8.1.5　汽车空调制冷系统的维护

1. 离合器总成的维护

1) 拆卸离合器总成

离合器总成的分解如图 8.8 所示。

(1) 拆卸锁紧螺母。

(2) 使用离合器毂拆卸工具，从压缩机轴上拆卸离合器（图 8.9）。拆下并且保留调整垫片。

(3) 使用活扳手，拆卸离合器带轮锁紧螺母。

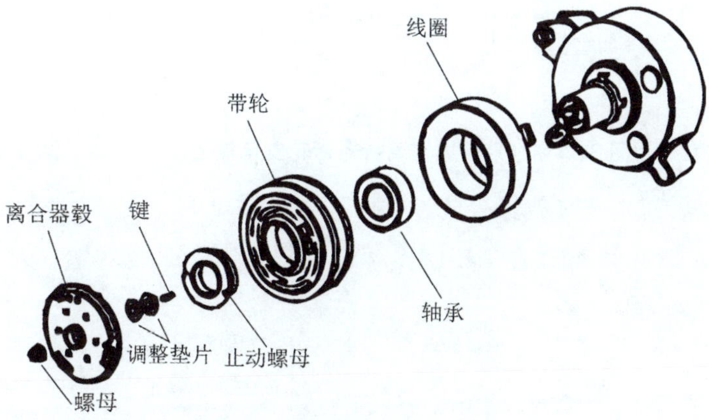

图 8.8　离合器总成的分解

(4) 用手从压缩机上拆下带轮和轴承总成。如果用手无法拆卸，则使用轴保护装置和带轮拉拔器拆卸（图 8.10）

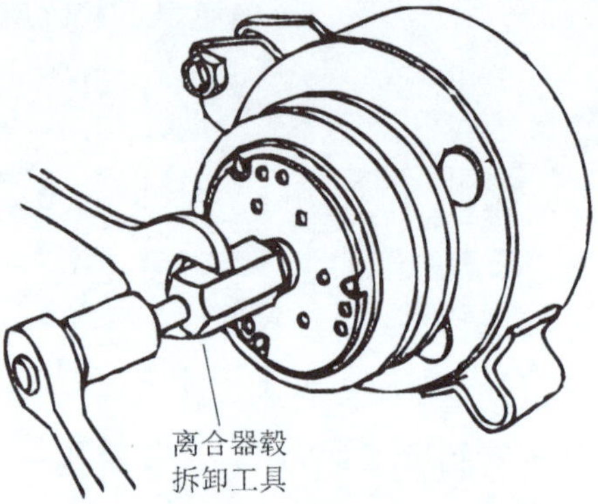

图 8.9　拆卸离合器毂方法一

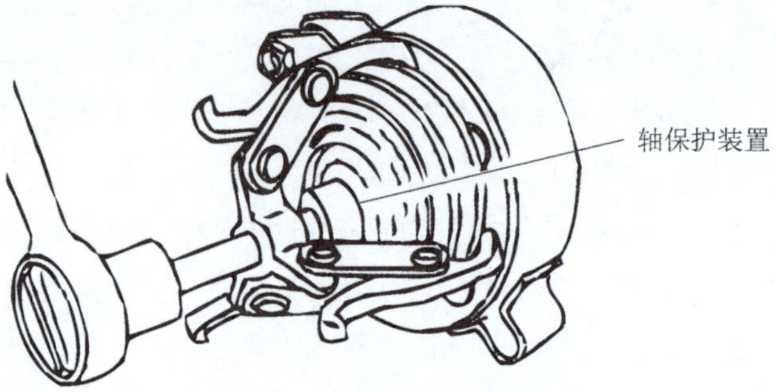

图 8.10　拆卸离合器毂方法二

(5) 从压缩机上拆下激励线圈。

(6) 清理压缩机的前部，去除所有的灰尘或者腐蚀物。

2) 更换离合器轴承

(1) 把带轮放在离合器带轮支承块上（图 8.11）。

(2) 使用轴承安装工具冲出轴承。

(3) 翻转带轮，把平面一侧放在干净的板上。

(4) 把新的轴承放在带轮的轴承孔处，然后使用带轮轴承安装工具安装轴承（图 8.12）。

(5) 铆冲新的轴承。使用钝头的冲子在孔内侧的 3 个相等间距位置进行冲铆。冲铆位置不能与旧轴承冲铆位置相同。

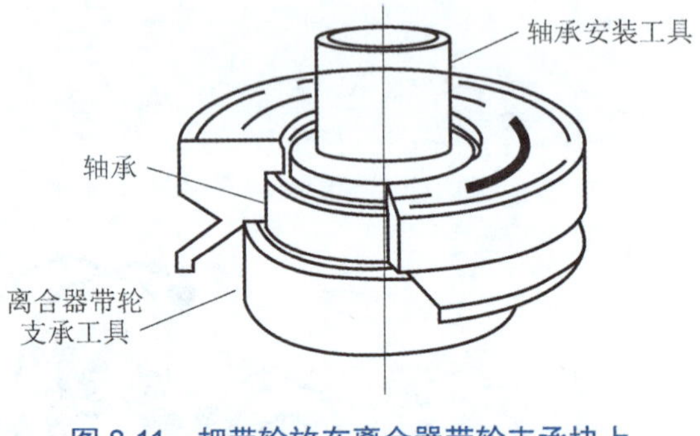

图 8.11　把带轮放在离合器带轮支承块上

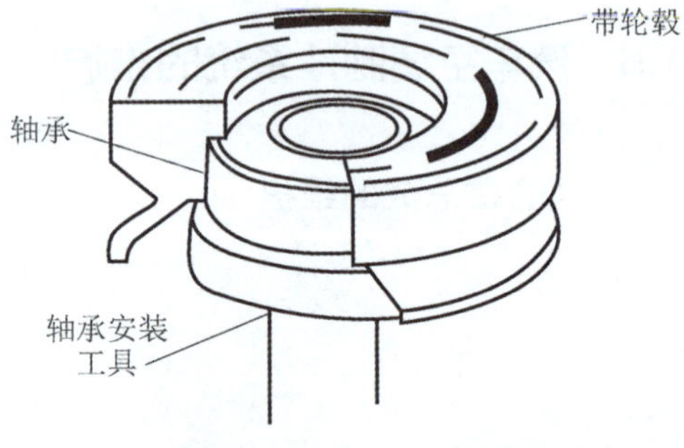

图 8.12　使用轴承安装工具安装新的轴承

3) 安装带轮总成

(1) 安装激励线圈。激励线圈的槽口应当套在外壳的凸片上，电气连接器应当朝向压缩机的上部。

(2) 把带轮和轴承总成安装到压缩机的前部。如果它们正好对正，那么总成应当可以滑上去。如果总成很难滑上去，则应当使用带轮安装工具，并且用塑料锤轻轻敲击（不允许用力敲击）。

（3）往带轮锁紧螺母的螺纹上滴一滴螺纹锁止胶。

（4）安装带轮锁紧螺母，并且使用活扳手和扭力扳手，把锁紧螺母拧紧到 65 ～ 70ft·1b（即 88 ～ 94N·m）。

（5）确保键与离合器毂上的键槽对正，然后使用离合器毂安装工具（图 8.13）把离合器毂和调整垫片安装到压缩机轴上。

注意：不允许用冲击的方法安装离合器毂，否则，会损坏压缩机。

（6）安装螺母，并且把螺母拧紧到 10 ～ 14ft·lb（即 14 ～ 18N·m）。

（7）在带轮一周间距相等的 3 个位置上，用塞尺检查气隙，并记录测量值。

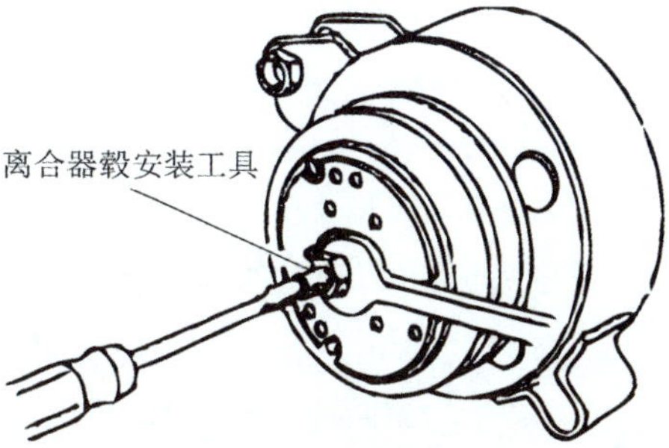

图 8.13 安装离合器毂

（8）把压缩机带轮转动半圈（180°），然后重复步骤（7）。最小的间隙应当位于 0.021 ～ 0.036in（即 0.53 ～ 0.91mm）。如果间隙大于或者小于规定值，则按照步骤（5）的要求，增减调整垫片，从而来获得规定的气隙。

2. 储液干燥器的拆卸和更换

（1）回收空调系统的制冷剂。

（2）根据具体情况，断开低压侧和高压侧开关的电线。

（3）拆卸储液干燥器上的入口软管和出口软管（液相管）。

（4）根据具体情况，拆卸垫圈或者 O 形圈，并且将其废弃。

（5）松开并拆下固定硬件。

（6）从车辆上拆下储液干燥器。

（7）测量储液干燥器内的润滑剂数量。

（8）根据具体情况，拆下干燥器上的压力开关、废弃垫圈或者 O 形圈。

（9）按照步骤（2）、（3）和步骤（5）～（7）的相反顺序，安装新的储液干燥器。加入与步骤（7）的测等量清洁的和新鲜的润滑剂。

（10）对空调系统进行渗漏检测、抽真空和加注制冷剂。

3. 制冷剂的回收与加注

1）制冷剂的回收

（1）将空调系统准备在制冷剂被回收状态。

① 把歧管压力表组连接到系统上。

② 起动发动机，并且使其转速达到 1250 ～ 1500r/min。

③ 为了使系统稳定，把所有的空调控制装置设定到最大制冷位置，并且使增压器位于HI 位置。

④ 把发动机的转速减小到 1000 ～ 1200r/min，并且使发动机运转 15min。

⑤ 使发动机转速恢复到正常转速，防止出现熄不了火的现象。

⑥ 关闭空调控制装置。

⑦ 关闭发动机。

（2）从系统中回收制冷剂的典型程序。

① 把歧管压力表组连接到制冷剂回收系统上。

② 打开所有软管的截止阀。

③ 打开高压侧和低压侧的歧管手动阀。

④ 把制冷剂回收系统连接到合格的电源上，并打开电源。

⑤ 打开回收开关。

⑥ 使回收系统运转，直到出现真空压力，回收系统将会自动关闭。若无自动关闭装置，那么在达到真空压力以后，应关闭压缩机开关。

⑦ 至少观察压力表 5min。如果真空没有升高，那么完成了制冷剂回收；如果真空升高，并且保持在 0psig（0kPa）或者更低，那么表明系统存在泄漏。完成制冷剂回收，并且必须维修系统。

⑧ 如果真空升高到正的压力，即大于 0psig（0kPa），那么就是系统中的制冷剂没有完全去除。从步骤②的程序开始，重复进行回收程序。

⑨ 重复④的步骤，直到系统保持在稳定的真空状态至少 2min。

⑩ 从系统中回收了所有的制冷剂以后，关闭所有的阀。关闭维护软管截止阀、低压侧和高压侧歧管阀及回收系统入口阀。

最后从系统维护阀或者接头上，拆下所有软管，并盖上所有的接头和软管。

2）制冷剂的加注

汽车空调系统加注制冷剂的 3 种典型方法：当系统停止时，从磅罐进行加注；当系统运转时，从磅罐进行加注；从散装源（散装的罐装制冷剂）进行加注。

（1）当操作制冷剂时，也必须遵守以下补充的安全措施。

① 不允许故意吸入制冷剂。

② 不允许在制冷剂容器上使用火焰。

③ 不允许把电阻加热器靠近制冷剂容器。

④ 不允许滥用制冷剂容器。

⑤ 不允许使用钳子或者老虎钳来打开或者关闭制冷剂阀，只能使用合格的扳手操作。

⑥ 不允许在没有合适眼睛防护装置的情况下操作制冷剂（眼睛防护装置应当有侧面防护罩）。

⑦ 不允许把制冷剂排入密闭的空间。

⑧ 不允许把制冷剂暴露在明火中。

⑨ 不允许把制冷剂钢瓶平放，制冷剂容器只能竖直存放，用链子固定大的钢瓶，防止钢瓶翻倒。

（2）把磅罐放液阀安装在磅罐上。在使用磅罐维护系统以前，应当完成以下程序：

① 确保磅罐放液阀柱位于完全逆时针方向。

② 把磅罐放液阀连接到磅罐上；如果有自锁螺母，那么用自锁螺母锁紧磅罐放液；如果安装了卡环，那么用卡环固定磅罐放液阀。

③ 确保歧管维护软管截止阀是关闭的。

④ 把歧管维护软管连接到磅罐放液口上。

⑤ 顺时针转动磅罐放液阀柱，刺入磅罐中。

⑥ 逆时针方向拧出磅罐放液阀。

⑦ 用制冷剂填充中心（维护）软管到截止阀，并且歧管和截止阀之间的中心软管处于真空状态。

警告：这时，不允许打开高压侧和低压侧的手动阀。

（3）检查系统是否堵塞。当从磅罐为系统进行加注时，应当完成以下程序。

① 打开维护软管截止阀。

② 如果预先没有做，那么完全打开磅罐放液阀。

③ 打开高压侧压力表歧管手动阀。

④ 观察低压侧压力表。如果低压侧压力表没有从真空范围移动到压力范围，那么就表明系统存在堵塞。如果系统没有堵塞，那么进行步骤⑤。如果系统存在堵塞，那么在进行步骤⑤以前，校正堵塞，并且抽真空。

⑤ 倒置容器，使得液态制冷剂进入系统。

⑥ 轻敲制冷剂容器的底部。空的磅罐会产生中空的回响声。

注意：当压缩机运转时，把液态的制冷剂加入到压缩机中，可能会导致压缩机损坏和维修人员受伤。

⑦ 使用回收装置去除空磅罐中残留的制冷剂。

⑧ 当把更多的磅罐制冷剂加注到空调系统中时，重复步骤⑤⑥⑦。系统的容积可查阅制造商的技术参数。

任务实施

为解决情境导入中要求的熟悉汽车空调系统构造并掌握其维修的问题，可按下述方式组织实施任务。

任务单元	项目 8.1　汽车空调制冷系统的构造与维修	学时	4
任务目的	1. 了解压缩机离合器及储液干燥器的构造。 2. 理解压缩机离合器及储液干燥器的工作原理。 3. 理解典型制冷剂回收充注机制冷剂回收及系统加注的操作步骤。 4. 学会压缩机离合器及储液干燥器的拆卸和更换。 5. 学会典型制冷剂回收充注机的使用方法		
设备器材	分 5 组实施本项目，并分别准备以下器材 5 套： 1. 安装有空调的车辆及需要进行空调系统维护的车辆。 2. 有离合器的哈里森 R4 型四缸压缩机。 3. 选定的空调系统维护工具如下： (1) 带有软管的歧管压力表组。 (2) 制冷剂回收 / 再利用装置。 (3) 回收容器。 4. 制冷剂源：小的磅罐、散装源		
操作准备	1. 根据分组情况，准备一定数量的设备器材并按工位合理布置。 2. 保持作业场地足够的通风。 3. 将“任务工单”分发给每位学生。 4. 如果系统还没有被抽真空，那么在进行系统加注以前，查阅抽真空的正确程序		
注意事项	1. 安装激励线圈没有对正，那么离合器的转子将不能正确装配，并且可能会有“阻碍”或者摩擦。 2. 不允许用冲击的方法安装离合器毂，否则将会损坏压缩机。 3. 大多数储液干燥器上用箭头或者字母 IN 和 OUT 标示出了制冷剂的流动方向。 4. 记住流动方向是远离冷凝器，而朝向计量装置。 5. 现在必须使用典型制冷剂回收充注机来回收及进行适当的加注空调系统的制冷剂，所以应当遵守制造商的技术参数和程序，从而保证安全和令人满意的性能。 6. 在制冷剂加注与回收中必须保持足够的通风		
实施过程	1. 让学生按下列要求完成离合器总成的维护及储液干燥器的拆卸和更换，并将相关结果记录于“任务工单”。 (1) 在完成离合器总成的维护每步程序之后，简要叙述你是怎样完成的。 (2) 在完成储液干燥器的拆卸和更换每步程序之后，简要叙述你是怎样完成的。 2. 让学生按下列要求完成制冷剂的系统回收与加注，并将相关结果记录于“任务工单”。 (1) 在完成制冷剂的系统回收每步程序之后，简要叙述你是怎样完成的。 (2) 在完成制冷剂的系统加注每步程序之后，简要叙述你是怎样完成的。 3. 监督学生按要求完成任务，并指导学生进行正确的操作		

项目 8.2　汽车空调控制系统的检修

情境导入

客户报修：

2011 年 10 月 10 日，车主张先生来到汽车 4S 店反映，他的帕萨特领驭轿车在接通点火开关后，空调控制面板显示单元异常，按下空调开关，空调系统不工作。作为汽车维修人员，接到此类空调检修任务，要求熟悉汽车空调的控制系统原理及检修，制订检修计划，得到经理确认后，完成此任务，提交一份分析报告并归档。

故障原因分析：

（1）连接 V.A.G1552 大众奥迪专用诊断仪，打开点火开关，操作诊断仪进入空调系统提取故障码；结果是蒸发器温度传感器或线路故障；记录好后将其清除。

（2）起动发动机，开启空调运行一段时间后关闭发动机，重新调取故障码，结果与前一致，说明故障是客观存在的并不是偶发的。

理论引导

为了保证汽车空调系统的正常工作，维持车内所需要的温度，汽车空调系统除了前面介绍的压缩机、蒸发器等部件以外，还具有一整套的控制系统，如温度控制、送风量控制、制冷剂的温度控制、压力控制、流量控制、电路及微型计算机控制等。另外，为了保护汽车空调系统能正常工作，在一些特殊情况下保护空调系统，系统内还设有保护装置和保护电路。此外，汽车安装了空调系统，特别是对于非独立式空调系统，需要消耗发动机的动力和电源，这将影响发动机的动力性和经济性。为了保证汽车的各种工况都能不受空调的影响，还必须设置汽车工况控制装置。

汽车空调控制系统通常由一个总的电源开关、鼓风机控制装置、调温器、鼓风机电动机、离合器线圈及熔断器或断路器组成。

8.2.1　汽车空调的电路分析

空调系统种类繁多，其电路形式、功能、控制原理也各不相同，因此空调系统控制电路由简单到复杂，由单一功能控制到多功能控制也有所不同，但是其电气系统都有一定的规律可循。汽车空调系统有压缩机、冷凝器、膨胀阀、蒸发器、鼓风机等主要部件。所以在分析电路时，只要分成蒸发器鼓风机控制、冷凝器风扇控制、温度控制（压缩机控制）、通风系统控制、保护电路等即可清楚地了解空调系统的电路控制原理。

1．鼓风机的控制

汽车空调系统的蒸发器采用直接蒸发式的结构，这种结构由换热器和鼓风机组成。鼓风机将车内的空气吸出，强制气流流过蒸发器空气侧，气流则将蒸发器制冷器侧液态制冷剂蒸发时产生的冷量带入车内。

蒸发器转速器的作用是调节蒸发器供风量的大小，扳动鼓风机开关位置，调节鼓风机转速，从而调节供风量的大小。

1）由鼓风机开关和调速电阻联合控制

鼓风机的控制挡位一般有二、三、四、五挡 4 种，最常见的是四挡，如图 8.14 所示，通过改变鼓风机开关与调速电阻的接通方式可令鼓风机以不同转速工作。鼓风机开关处于 I 位置时，至电动机的电流须经过 3 个电阻，鼓风机低速运行；鼓风机开关调至 II 位置时，至电动机的电流须经两个电阻，鼓风机按中低速运转；开关拨至 III 位置时，至电动机的电流只经过一个电阻，鼓风机按中高速运转；开关选定位置 IV 时，电路中不串联任何电阻，加至电动机的是电源电压，鼓风机以最高速运转。需要说明的是，调速电阻一般装在蒸发器组件上，利用气流进行冷却。

2）电控模块通过大功率晶体管控制

现代中高档轿车为实现风速的自动控制，鼓风机的转速一般由电控模板通过大功率晶体管控制，原理如图 8.15 所示。

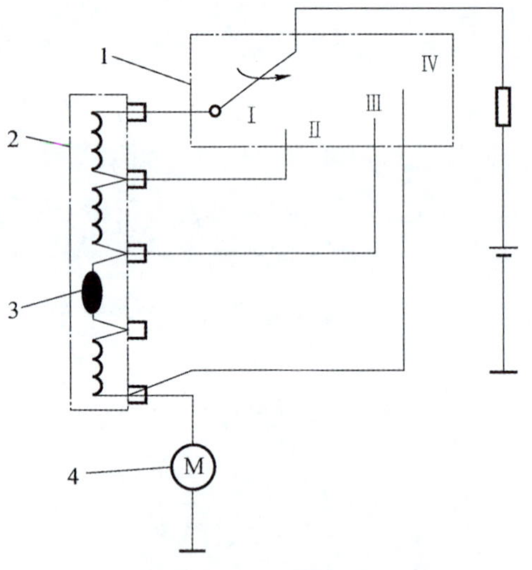

图 8.14　鼓风机调速控制电路

1—鼓风机开关；2—调速电阻；
3—限位开关；4—鼓风机电动机

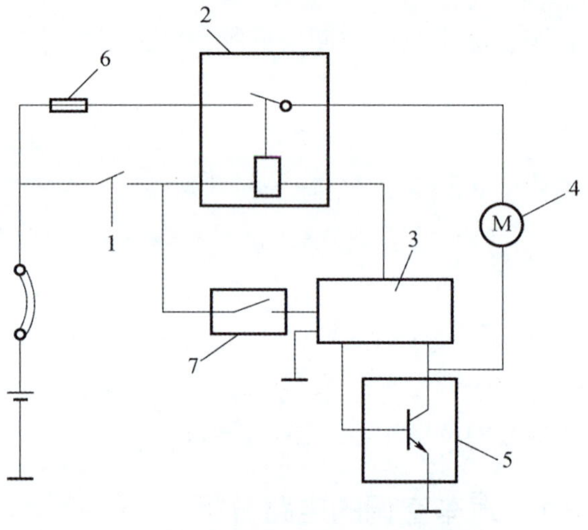

图 8.15　用大功率晶体管控制的鼓风机电路

1—点火开关；2—加热继电器；3—空调放大器；
4—鼓风机电动机；5—晶体管；
6—熔丝；7—鼓风机开关

功率组件控制鼓风机的运转，它把来自程序机构的鼓风机驱动信号放大，放大器的输出信号根据车内情况，按照指令提供不同的鼓风机转速。如果车内温度比所选定的温度高很多，在空调工作状态下，鼓风机将高速运转；而当车内温度降低时，鼓风机速度又降为低速。相反，如果车内温度比所选定的温度低得多，在加热状态下，鼓风机将被起动为高速，当车内温度上升后，鼓风机速度降为低速。

3）晶体管与调速电阻器组合型

鼓风机控制开关有自动（AUTO）挡和不同转速的人工选择模式，如图 8.16 所示。当鼓风机转速控制开关设定在 AUTO 挡时，鼓风机的转速由空调电脑根据车内、车外温度及其他传感器的参数控制。若按动人工选择模式开关，则空调电路取消自动控制功能，执行人工设定功能。

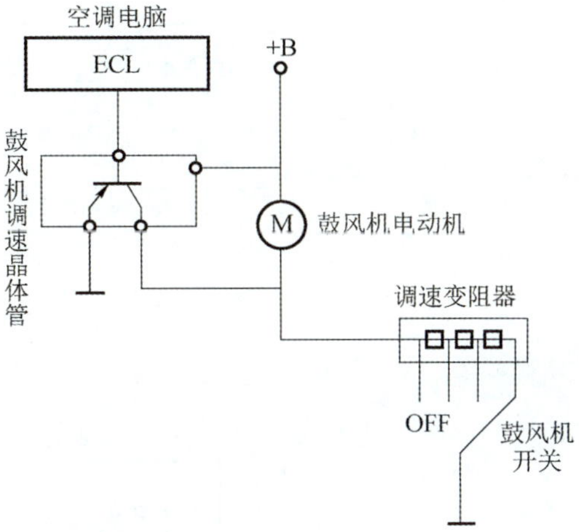

图 8.16 晶体管与调速电阻器组合型

2. 冷凝器散热风扇的控制

汽车空调系统的冷凝器将车内的热量排向大气，其结构也是由换热器和鼓风机组成的。对于一般的小型客车和大中型客车，由于车辆底盘结构跟轿车有很大的不同，其冷凝器一般不装在水箱前，故冷凝器冷却风扇须单独设置，一般只受空调开启信号控制。轿车空调的冷凝器一般都装在水箱前，为了减少风扇的配置，使结构简化，轿车在设计上一般都将水箱冷却风扇和冷凝器冷却风扇组装在一起，利用一个或两个风扇对水箱和冷凝器进行散热。车型不同，则配置风扇的数量不同，控制线路设计方面差异也很大，但其控制方式大同小异，一般都是根据水温信号和空调信号共同控制，同时满足水箱散热和冷凝器散热需要。

下面以典型的冷凝器散热风扇电路进行分析。

1）空调开关直接控制

这种控制电路比较简单，其控制原理如图 8.17 所示，A/C 开关打至“ON”的位置，在供电给压缩机电磁离合器的同时，加电源至冷凝器风扇继电器线圈，继电器触点开关闭合，冷凝器冷却风扇高速运转。

2）空调开关和水温开关联合控制

有些汽车的发动机冷却系统和冷凝器共用一个风扇进行散热，这种风扇有两种转速，即低速和高速。风扇电动机转速的改变是通过改变线路中电阻值的方法实现的。起关键控制作用的是空调开关和温控开关。当空调开关开启时，低速风扇继电器通电工作。由于线路中串联了一个电阻，风扇低速运转。当冷却系统水温达到 89 ～ 92℃时，水箱风扇也是低速运转；一旦发动机冷却液温度升至 97 ～ 101℃，水箱风扇高速运转，以加强散热效果。

3）制冷剂压力开关与微电脑组合控制

多数高级轿车都采用这种布置和控制方式，如图 8.18 所示，两个散热风扇有 3 种不同的运转工况。作原理如下。

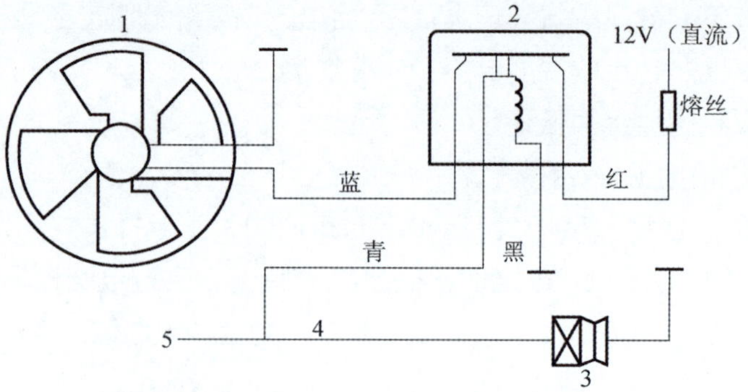

图 8.17　空调开关直接控制的冷凝器冷却风扇电路

1—冷凝器风扇；2—冷凝器风扇继电器；3—电磁离合器；4—恒温器；5—接至 A/C 开关

（1）空调开关已接通，但制冷剂压力未达到 1.81MPa 时，只有辅助散热风扇电动机运转。

（2）一旦制冷剂压力达到 1.81MPa，主、辅风扇电动机同时运转。

（3）无论空调开关是否接通，只要发动机冷却液温度达到 98℃以上，主散热风扇电动机高速运转。

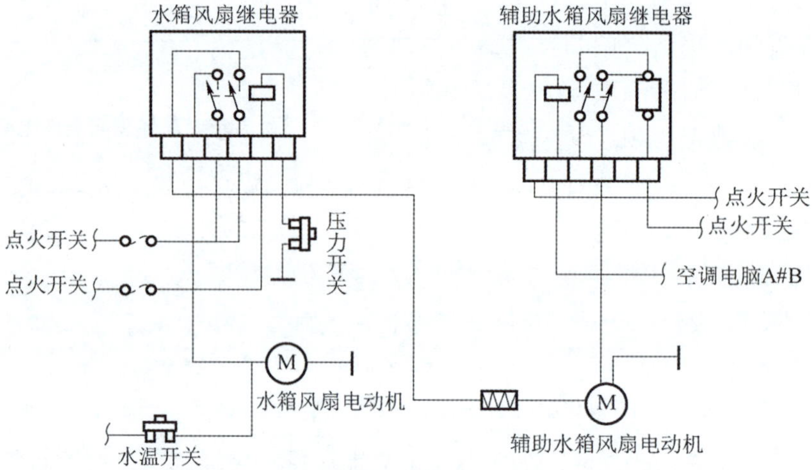

图 8.18　制冷剂压力开关与微电脑组合控制型

丰田公司在部分 1UZ–FE 和 1MZ–FE 发动机上采用了电控液压电动机冷却风扇系统，用于雷克萨斯 300、雷克萨斯 400、佳美 3.0L 等车型，与一般的电控风扇系统有较大差异。如图 8.19 所示，在此系统中，风扇电脑通过电磁阀控制作用在液压电动机上的油液压力，这样就可以根据发动机工况和空调状态而自动控制冷却风扇的转速。其工作过程如下：

油泵单独设计或与动力转向泵组合为一体，由传动带驱动，建立一定油压，受电脑控制。电磁阀调节从油泵到液压电动机的油量，该液压电动机直接驱动冷却风扇，已通过液压电动机的压力油回到油泵。

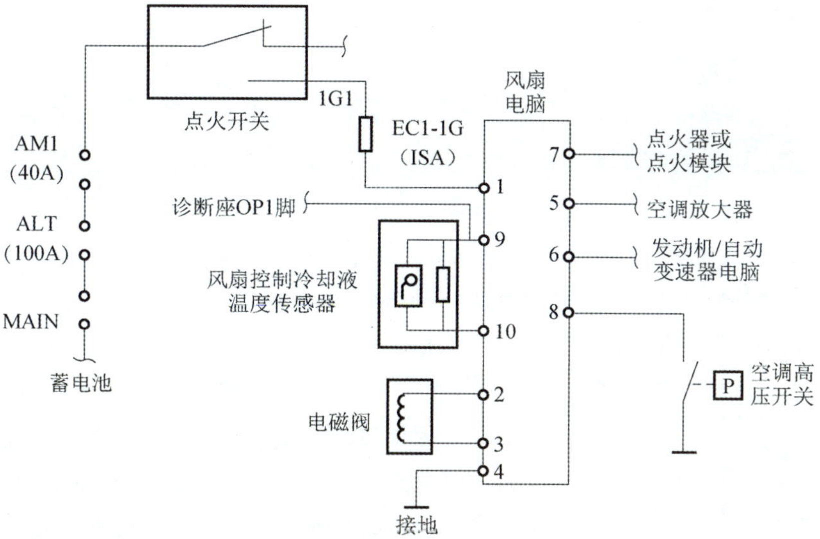

图 8.19　电控液压电动机冷却风扇电路

3．压缩机电磁离合器控制

1）压缩机的控制方式

压缩机的控制方式根据控制开关的位置分为两种：控制电源型［图 8.20（a）］和控制搭铁型［图 8.20（b）］。

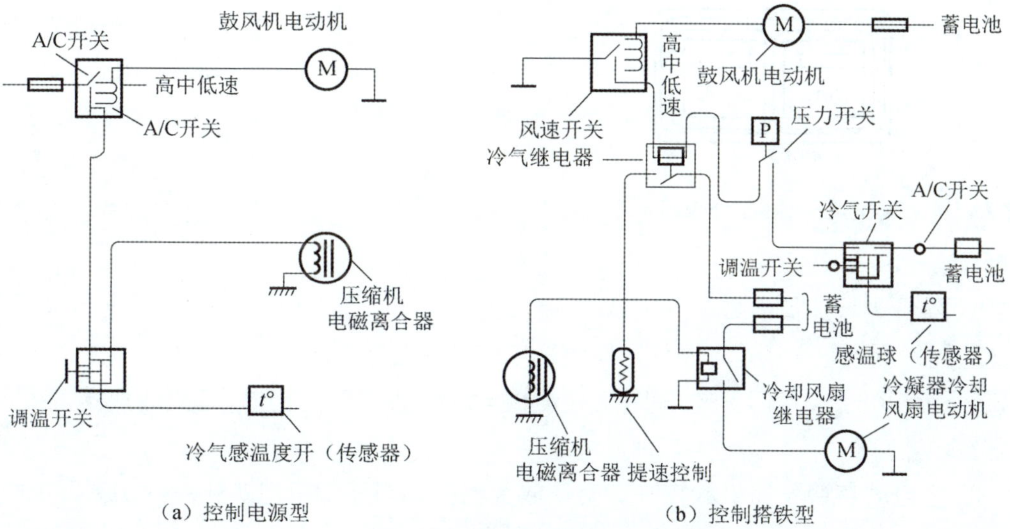

图 8.20　压缩机的控制方式

控制电源型是由开关直接控制电源，当开关闭合时，瞬间产生的大电流流经开关至执行器构成的回路，长期工作后容易造成触点烧蚀。所以，现在大多数轿车均不采用这种控制方式。而控制搭铁型是由开关控制继电器线圈的回路，这种控制方式的优点是以小电流信号控制大电流通断，从而有效地防止触点烧蚀，目前大多数轿车采用这种控制方式。

2）压缩机工作时机控制

控制压缩机工作时机的方式可分为 3 种：手动空调压缩机的控制、半自动空调压缩机的控制、全自动空调压缩机的控制。

(1) 手动空调压缩机的控制。如图 8.20 (b) 所示，压缩机工作的必备条件是空调开关（A/C 开关）闭合、恒温器触点闭合、压力开关闭合、鼓风机开关闭合。此时压缩机电磁离合器继电器（冷气继电器）工作，蓄电池电源才能提供给压缩机电磁离合器线圈。

(2) 半自动空调压缩机的控制。如图 8.21 所示，半自动空调压缩机工作的必备条件是空调开关闭合、温度开关（热敏电阻）工作、压力开关闭合、鼓风机开关闭合、发动机转速信号、压缩机转速信号、制冷剂温度开关闭合。当点火开关和鼓风机开关接通时，加热器继电器就接通。如空调器开关此时接通，则压缩机电磁离合器继电器由空调器放大器接通，从而使压缩机电磁离合器接合，压缩机工作。

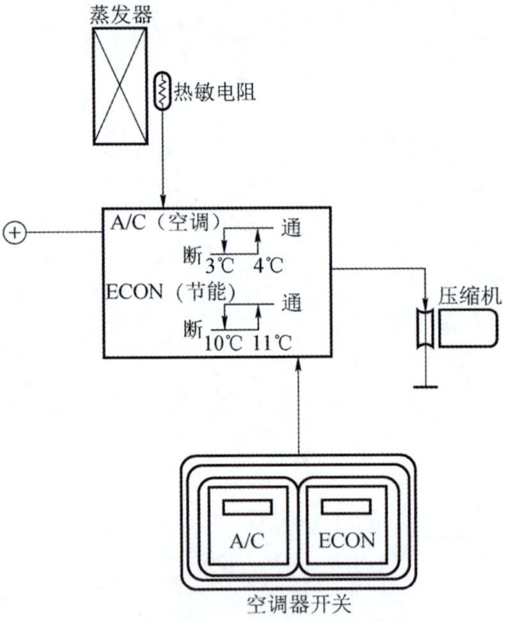

图 8.21 半自动空调压缩机工作电路示意图

在下述情况下，压缩机电磁离合器脱开，压缩机被关掉。

① 鼓风机开关位于 OFF（断开），当鼓风机开关断开，加热器继电器也断开，电源不再传送至空调器。

② 空调器开关位于 OFF（断开），空调放大器（它控制压缩机电磁离合器继电器）的主电源被切断。

③ 蒸发器温度太低，如蒸发器表面温度降至 3℃（37 ℉）或以下，则空调放大器的电源被切断。

④ 双重压力开关位于 OFF（断开），如制冷回路高压端压力极高或极低，这一开关便断开。空调放大器检测到这一情况，就切断压缩机电磁离合器继电器。

⑤ 压缩机锁止（仅限某些车型），压缩机与发动机转速差超过一定的值，就切断压缩机离合器继电器。

(3) 全自动空调压缩机的控制。空调放大器会判断压缩机已锁止，并切断压缩机电磁离合器。全自动空调压缩机一般由发动机 ECU 控制。

8.2.2 典型汽车空调电路实例分析

图 8.22 所示为上海桑塔纳轿车空调系统电路，它由电源电路、电磁离合器控制电路、鼓风机控制电路和冷凝器冷却风扇电动机控制电路组成。

（1）新鲜空气翻板电磁阀电路接通，该阀动作，接通新鲜空气翻板电磁阀的真空通路，使新鲜空气进口关闭，制冷系统进入车内空气内循环。

（2）经蒸发器温控开关、低压保护开关对电磁离合器线圈供电，同时还经怠速提升真空转换阀，提高发动机的转速，以满足空调动力源的需要。

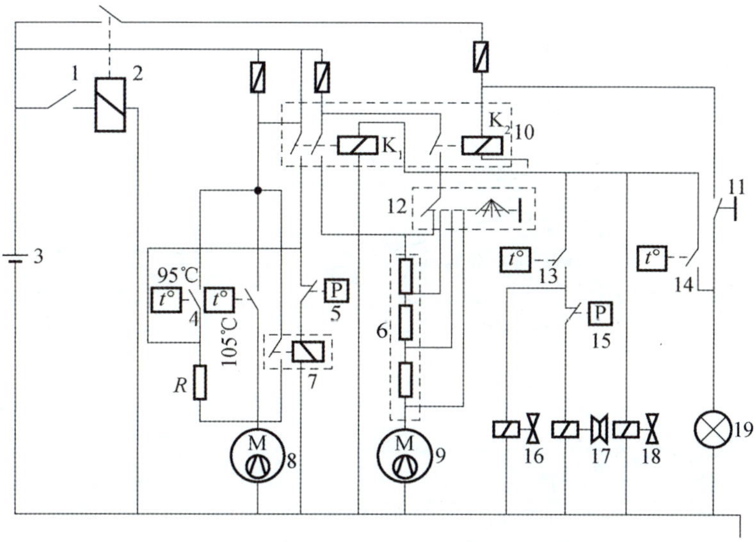

图 8.22　上海桑塔纳轿车空调系统电路

1—点火开关；2—减负荷继电器；3—蓄电池；4—冷却液温度开关；5—高压保护开关；6—鼓风机调速电阻；7—冷却风扇继电器；8—冷却风扇电动机；9—鼓风机；10—空调继电器；11—空调开关（A/C）；12—鼓风机开关；13—蒸发器温控开关；14—环境温度开关；15—低压保护开关；16—怠速提升真空转换阀；17—电磁离合器；18—新鲜空气翻板电磁阀；19—空调开关指示灯

（3）对空调继电器中的线圈 K_1 供电，使两对触点同时闭合，其中一对触点接通冷凝器冷却风扇继电器线圈电路，另一对触点接通鼓风机电路。

低压保护开关串联在蒸发器温控开关和电磁离合器之间，当制冷系统因缺少制冷剂而使制冷系统压力过低时，开关断开，压缩机停止工作。

高压保护开关串联在冷却风扇继电器和空调继电器 K_1 的一对触点之间，当制冷系统高压值正常时，触点张开，将电阻 *R* 串接入冷却风扇电动机电路中，使冷却风扇电动机低速运转。

当制冷系统高压超过规定值时，高压保护开关触点闭合，接通冷却风扇继电器线圈电路，冷却风扇继电器的触点闭合，将电阻 *R* 短路，使冷却风扇电动机高速运转，以增强冷凝器的冷却能力。同时，冷却风扇电动机还直接受发动机冷却液温度开关的控制，当不开空调开关时，若发动机冷却液温度低于 95℃，则冷却风扇电动机不转动；当发动机冷却液温度高于 95℃时，冷却风扇电动机低速转动；当冷却液温度达到 105℃时，冷却风扇电动机将高速转动。

空调继电器中的 K_1 触点在空调开关接通时即可闭合，使鼓风机低速运转，以防止蒸发器因表面温度过低而结冰。

8.2.3 故障检查的基本方法

1. 压缩机离合器和鼓风机都不工作

当压缩机离合器和鼓风机都不工作，系统不制冷，也无空气流过蒸发器时，应检查压缩机和鼓风机共用的电源线路。故障检查方法如图 8.23 所示。

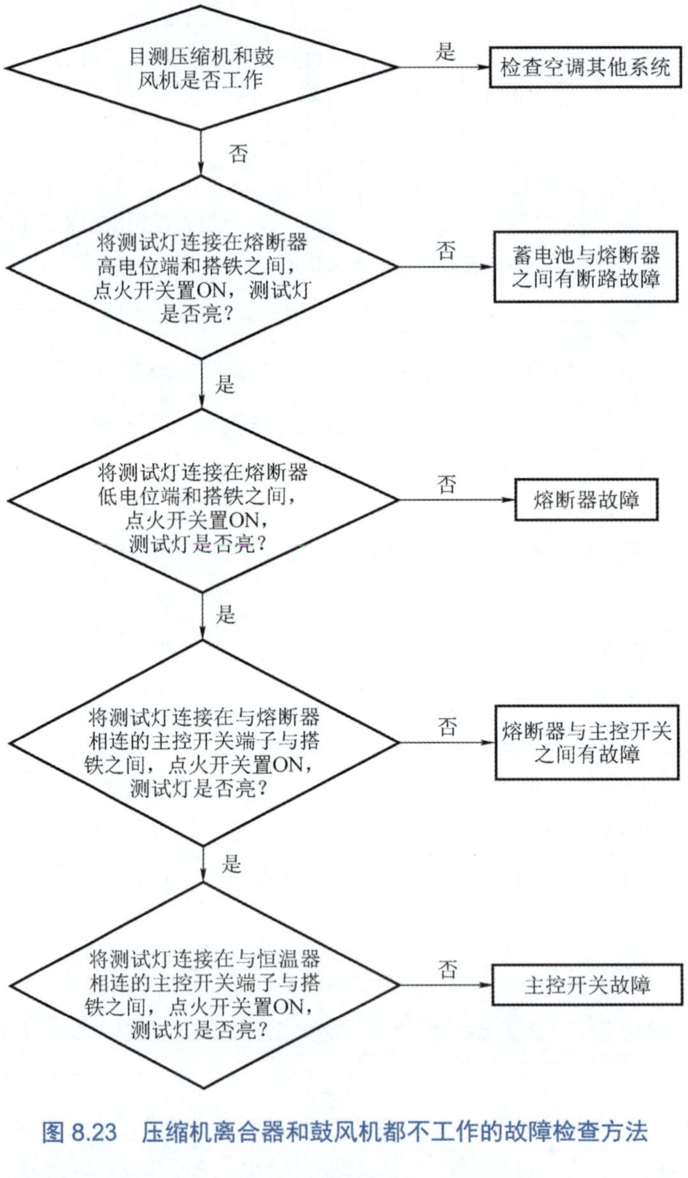

图 8.23 压缩机离合器和鼓风机都不工作的故障检查方法

2. 只有压缩机离合器工作

当只有压缩机离合器工作，鼓风机不运转，无空气流动时，应检查鼓风机及其控制电路。故障检查方法如图 8.24 所示。

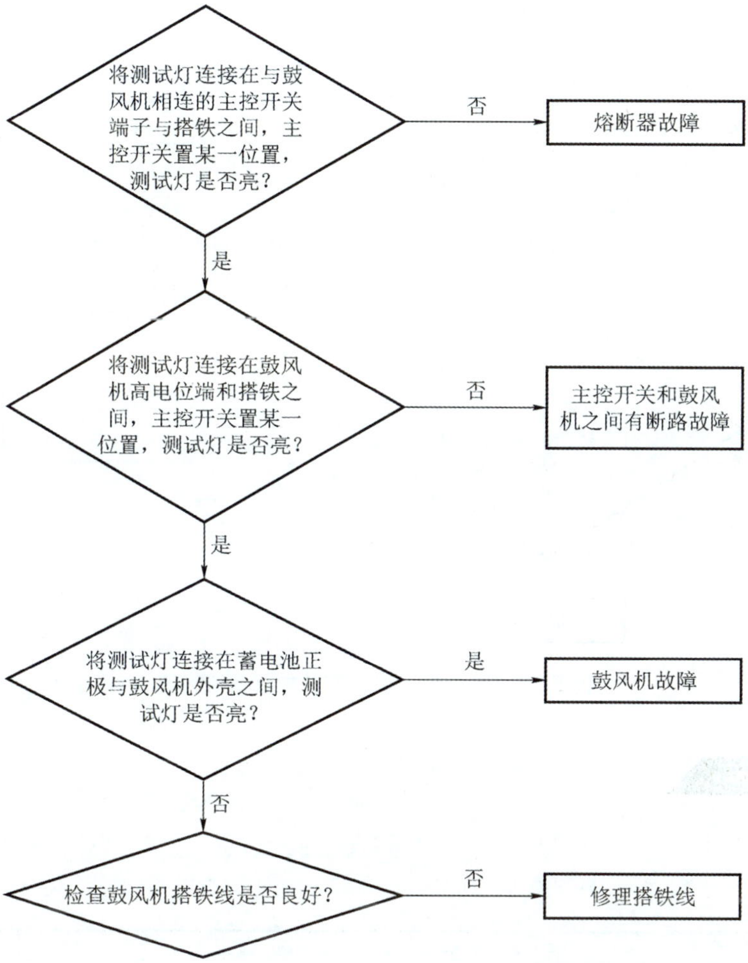

图 8.24 只有压缩机离合器工作的故障检查方法

3. 只有鼓风机工作

当只有鼓风机工作，压缩机不运转，系统不制冷时，应检查压缩机及其控制电路。故障检查方法如图 8.25 所示。

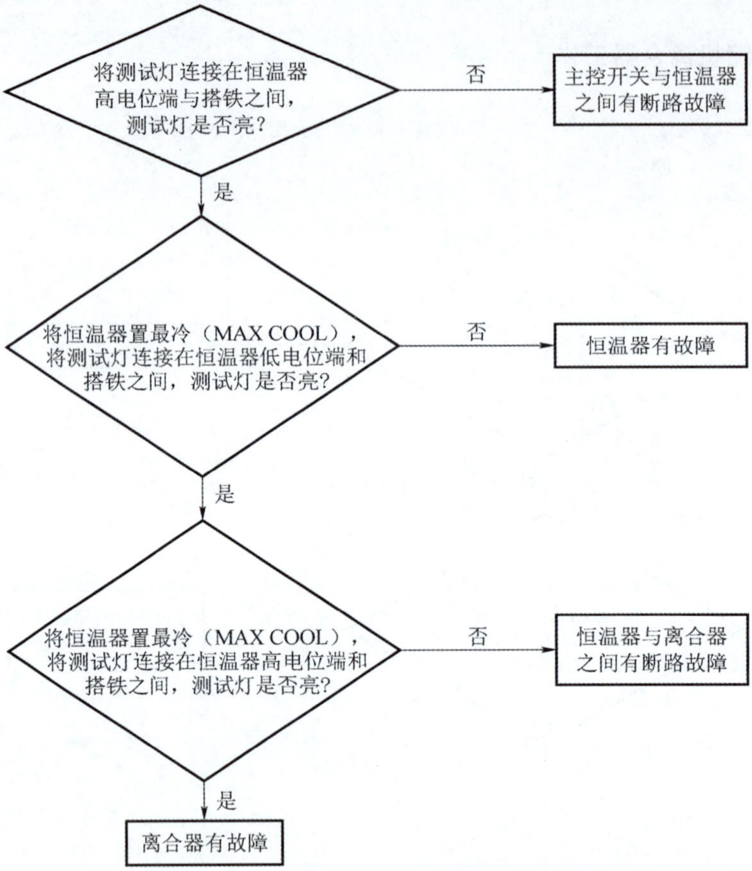

图 8.25　只有鼓风机工作的故障检查方法

任务实施

为解决情境导入中要求的掌握汽车空调控制系统的原理及检修问题，可按下述方式组织实施任务。

任务单元	项目 8.2　汽车空调控制系统的检修	学时	1
任务目的	1. 了解空调系统的温度控制电路结构。 2. 理解空调系统的温度控制电路的工作原理。 3. 理解空调系统的温度控制电路的故障诊断程序。 4. 学会对空调系统的温度控制电路的故障进行诊断		
设备器材	分 5 组实施本项目，并分别准备以下器材 5 套： 1. 实验用轿车若干辆或完整的空调系统示教台。 2. 拆装工具。 3. 万用表、测试灯等		
操作准备	1. 根据分组情况，准备一定数量的空调系统示教台并设置相应的故障。 2. 为每个空调系统示教台配置相应的维修工具		

续表

任务单元	项目 8.2　汽车空调控制系统的检修	学时	1
注意事项	1．由于各厂家生产的空调系统电路不同，维修时应参阅生产厂家的维修手册进行。 2．不允许故意吸入制冷剂。 3．不允许在眼睛没有防护的情况下，进行制冷剂的加注与回收		
实施过程	1．让学生按下列要求完成空调系统的温度控制故障诊断，并将相关结果记录于“任务工单”。 （1）在完成空调系统的温度控制故障诊断每步程序之后，简要叙述故障的表现形式。 （2）确定空调系统的温度控制故障诊断的表现形式之后，分别对给出的 4 个分析项目进行分析。 2．监督学生按要求完成任务，并指导学生进行正确的操作		

项目 8.3　汽车空调常见故障的诊断与排除

情境导入

客户报修：

2012 年 12 月 10 日，车主张先生来到汽车 4S 店反映，他的奥迪 A6 轿车忽然出现空调不制冷的现象。该车已行驶 1800km。作为汽车维修人员，接到此类汽车空调检修的任务，要求了解汽车空调的常见故障并对其进行诊断及排除。制订检修计划，得到经理确认后，完成此任务，提交一份分析报告并归档。

故障原因分析：

（1）鼓风机开关、鼓风机电动机故障。

（2）压缩机线圈和电磁阀断路或接地不良及连接松动。

（3）压缩机连接装置松动。

（4）压缩机内部漏气，止回阀和缸盖垫片漏气，压缩机活塞、活塞环或气缸过度磨损等。

理论引导

汽车空调的制冷系统是一个完全密封的循环系统。其中任何一个零部件出现故障都会使汽车空调系统不能正常运行，制冷系统出现故障是不能随便拆卸零部件的。作为汽车空调维修技术人员，掌握常见故障的分析判断方法是很重要的，虽然不同的空调系统维修作业时的具体修理技术及修理方法有所不同，但故障的原因及分析方法则大同小异。根据这些判断及分析方法，可以较快找到故障的症结，制定出具体的修理方案。汽车空调常见的故障有暖风系统故障和制冷系统故障两大类，这里主要对制冷系统的不制冷故障、制冷不足故障及制冷系统噪声故障进行分析。

8.3.1 空调系统故障诊断概述

起动发动机，打开空调开关，打开鼓风机开关，温度设置在较低的位置，如出风口无冷风吹出，这种情况应从电气和机械两方面去分析。

1．电气方面的故障

系统不制冷主要是指压缩机没工作。压缩机电磁离合器基本控制电路主要是由空调（A/C）开关、高压开关、低压开关及温控器组成的串联电路。只要有一个元件发生故障，空调压缩机就将停止工作。排除故障时应做如下检查：

（1）检查压缩机主电路及其控制电路熔断丝是否熔断，若熔断，应用万用表电阻挡分段检查相关线路的对地电阻，找出线路中非正常搭铁点，排除故障。

（2）拔下压缩机电磁离合器线束插头，直接将电源正极连到电磁离合器线圈电路接头上，若离合器工作，说明离合器正常，否则应更换或维修电磁离合器。

（3）检查电路中的 A/C 开关（风扇调速开关）、高压开关、低压开关、冷气继电器触点及温控器等，用短路法在接通电源时，分别短接所要检查的开关，如短接某开关时空调离合器工作，则说明该开关有故障。

2．机械方面的故障

（1）压缩机驱动带断裂，压缩机停止工作。

（2）制冷系统堵塞，制冷剂无法循环，导致系统不制冷。用歧管压力表检测系统内压力，如果低压侧压力很低，高压侧压力很高，系统最可能产生堵塞的部位是储液干燥器和膨胀阀。

（3）膨胀阀感温包破裂，内部液体流失，造成膨胀阀膜片上方压力为零，阀针在弹簧力作用下，将阀孔关闭，制冷剂无法流向蒸发器，因此，系统无法制冷。感温包破裂后，膨胀阀一般要换新件。

（4）系统内制冷剂全部泄漏。用歧管压力表测系统压力，若高、低压侧压力都很低，说明制冷剂已经泄漏。应用测漏仪详细检查确定其泄漏部位，进行修复。修复后要对系统抽真空，然后按规定加足制冷剂及冷冻润滑油。

（5）压缩机进、排气阀片损坏，制冷剂无法循环。用歧管压力表检测系统内压力，若高、低压侧压力接近相等，则说明阀片损坏。阀片损坏后，要拆卸压缩机进行修理或更换新件。

8.3.2 系统制冷不足故障诊断

1．制冷剂和冷冻润滑油原因

（1）系统内制冷剂不足。制冷剂不足，从膨胀阀喷入蒸发器的制冷剂减少，使蒸发器蒸发时吸收热量减少，故系统制冷能力下降。当诊断制冷剂不足时，可以从视液镜中看到偶尔冒出的气泡，说明制冷剂稍少。如果出现明显的翻腾气泡，说明制冷剂缺少很多。

（2）制冷剂注入量过多。制冷剂多，所占容量大，影响散热效果，因制冷效果和散热效果是热力学吸热和放热的两个过程，所以散热不好将直接影响制冷效果。如果从视液镜中看不到气泡，制冷系统高、低压两侧压力都提高，可用歧管压力表排出多余的制冷剂。

（3）制冷剂和润滑油中含有脏物。由于脏物较多，在过滤器滤网上出现堵塞现象，使制冷剂流量减少，影响制冷效果。用手摸干燥器两端，正常情况是没有温差的，如感觉温差明显，则说明干燥器堵塞。可用歧管压力表检测，如高压侧压力过高，低压侧压力过低，说明高压侧有堵塞，否则说明干燥器堵塞，需更换。

（4）制冷剂含有空气。空气是导热不良物质，在系统压力和温度下，它不能溶于制冷剂，制冷剂中混有空气影响系统散热；有些空气随制冷剂在系统中循环，使膨胀阀喷出的制冷剂量下降，导致制冷能力下降。当制冷剂通过膨胀阀节流孔时，由于其压力和温度迅速下降，空气中的水分在膨胀阀小孔处产生“冰阻”现象。停机一会儿，待冰融化后系统又恢复工作。这种情况须抽真空重新注制冷剂。

2. 机械方面原因

（1）压缩机工作性能下降。压缩机工作性能下降的故障及诊断修理方法如下：

① 高压侧压力偏低，低压侧压力偏高，可诊断为压缩机漏气。其原因为压缩机使用时间较长，由于气缸及活塞磨损，使气缸间隙增大及进、排气阀片关闭不严，这都会造成漏气，使压缩机实际排气量远小于理论排气量。解决方法：更换压缩机。

② 压缩机驱动带松弛，工作时打滑，传动效率低。例如，有同步传感器的空调控制系统，可自动监控压缩机转速与发动机转速是否比例恒定，如超过某差值，将自动切断压缩机电磁离合器电路。解决方法：调紧驱动带。

③ 电磁离合器压板与带轮的结合面磨损严重或有油污，工作时出现打滑。如电磁离合器线路电阻过大或供电电压太低也会使电磁离合器线圈吸力不足造成离合器打滑。解决方法：首先观察离合器压板与带轮的间隙是否均匀，压板是否扭曲，如无法维修则更换离合器。

（2）冷凝器散热性能下降。冷凝器表面有污泥，被杂物覆盖或堵塞，翅片变形等，冷却风扇驱动带松弛或转速过低等，都会使冷凝器散热性能下降。解决方法：调整驱动带张力，清除冷凝器表面污物及覆盖物，修整好弯曲的翅片。

（3）出风口吹出的冷气量不足。蒸发器表面结霜或鼓风机转速下降，都会使吹出的冷气量不足。解决办法：检查鼓风机调速开关、鼓风机电动机、鼓风机继电器等电路。

8.3.3　制冷系统有噪声故障诊断

（1）制冷剂过量引起的高压管、压缩机的敲击声，此时应排放制冷剂，直至高压侧显示值正常为止。

（2）制冷剂不足引起蒸发器进口处出现“嘶嘶”声，此时应查清有无泄漏；如有泄漏则应补漏，然后加足制冷剂。

(3) 制冷系统水分过量故障，此时应更换干燥器，排出原制冷剂，系统再次抽真空，充注制冷剂。

(4) 压缩机离合器异响，主要来源于压缩机和电磁离合器，异响的主要原因如下：

① 尖叫声。尖叫声主要由离合器结合时打滑发出，或者由于传动带过松或磨损引起。

② 振动。压缩机的振动及轴的振动也是异响的来源之一。首先检查其支承是否断裂，紧固螺栓是否松动，引起压缩机振动的还有传动带张力过紧或带轮轴线不平行。压缩机的轴承磨损过大，也会引起轴的振动。带轮轴承润滑不良还会引起异响。

8.3.4 空调系统异响或振动故障的诊断及排除

1. 故障现象

空调系统工作时发出异常的声响或出现振动。

2. 故障原因

(1) 压缩机驱动带松动、磨损过度，带轮偏斜，带张紧轮轴承损坏等。

(2) 压缩机安装支架松动或压缩机损坏。

(3) 冷冻机油过少，使配合副出现干摩擦或接近干摩擦。

(4) 间隙不当、磨损过度、配合表面油污、蓄电池电压低等原因造成电磁离合器打滑。

(5) 电磁离合器轴承损坏，线圈安装不当。

(6) 鼓风机电动机磨损过度或损坏。

(7) 系统制冷剂过多，工作时产生噪声。

3. 故障诊断与排除

空调系统异响或振动的故障诊断流程如图 8.26 所示。

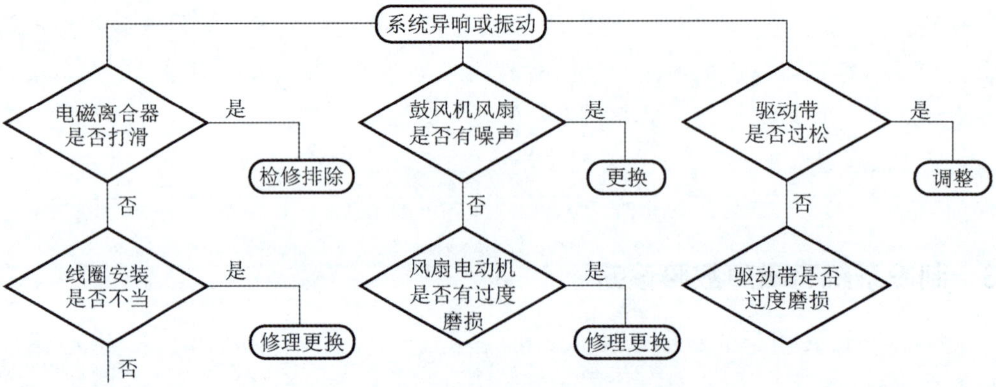

图 8.26 空调异响或振动的故障诊断流程

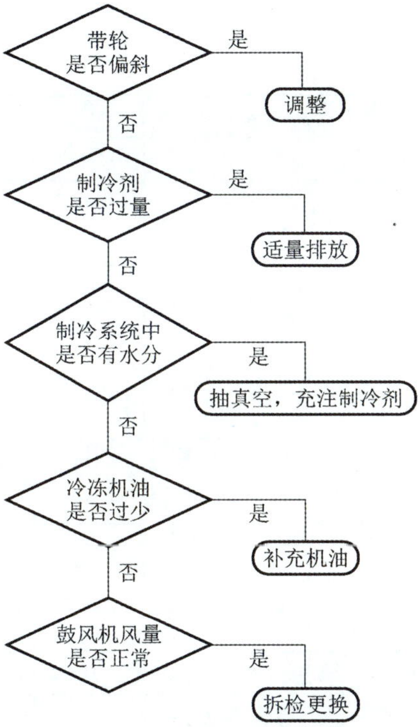

图 8.26　空调异响或振动的故障诊断流程（续）

任务实施

为解决情境导入中要求掌握汽车空调常见故障与诊断问题，可按下述方式组织实施任务。

任务单元	项目 8.3　汽车空调常见故障的诊断与排除	学时	2
任务目的	1. 熟悉空调系统异响或振动的故障现象。 2. 掌握空调系统异响或振动的故障原因。 3. 掌握空调系统异响或振动的故障检查与排除方法		
设备器材	分 5 组实施本项目，并分别准备以下器材 5 套： 实验用轿车若干辆或完整的空调系统示教台、拆装工具、空调压力表组、风扇、万用表、检漏仪、抽空机、冷冻机油、制冷剂		
操作准备	1. 根据分组情况，准备一定数量的设备器材并按工位合理布置。 2. 保持作业场地足够的通风。 3. 将“任务工单”分发给每位学生		
注意事项	在理解空调异响或振动的故障诊断流程后严格按照其流程实施		
实施过程	1. 让学生按下列要求完成空调系统异响或振动的故障诊断，并将相关结果记录于“任务工单”。 (1) 在完成空调系统异响或振动的故障诊断每步程序之后，简要叙述你是怎样完成的。 (2) 借助提问和模拟操作，使学生熟悉电磁离合器是否打滑的故障检测流程。 (3) 借助提问和模拟操作，使学生熟悉鼓风机风扇是否有噪声的故障检测流程。 (4) 借助提问和模拟操作，使学生熟悉驱动带是否过松的故障检测流程。 2. 监督学生按要求完成任务，并指导学生进行正确的操作		

任务评价

评价与考核项目		评价与考核标准	配分	得分
知识点	汽车空调的组成和类型	回答正确、详细；书写整洁、清晰	8	
	常用的制冷剂及其对环境的影响		8	
	制冷剂构造及各部分原理		8	
	汽车空调电路的组成及工作原理		8	
	制冷系统的工作原理		8	
技能点	制冷剂回收	程序操作规范、合理；工单填写准确、详细	10	
	制冷剂的系统加注		10	
	拆卸和更换压缩机离合器		8	
	更换储液干燥剂		9	
	空调系统的温度控制故障检查		8	
情感点	纪律与劳动	不迟到、不早退，实训主动、积极、认真	5	
	职业道德与敬业精神	具备良好的道德标准、道德情操与道德品质；能认真对待实训、明确职责、勤奋努力	5	
	团结协作与创新精神	能与同学和谐相处、互补互助、协调合作，充分发挥自己的个性，圆满完成实训任务；能够综合运用自己的知识、信息、技能和方法，对遇到的问题能提出新方法、新观点	5	
合计			100	

任务工单

任务名称	汽车空调系统的检修			任务成绩	
学生姓名		班级		学号	
实训时间		实训地点		所在组号	
资讯	一、填空题 1. 空调系统按布置形式可分为：________、________、________。 2. 制冷剂在制冷循环中担负起了在________和________之间传递热量的任务。 3. 空调压缩机冷冻机油有________、________、________、________等作用。 4. 冷凝器中制冷剂的放热过程有 3 个阶段，即________、________和________。 5. 要求蒸发器具有________、________、________等特点。 6. 制冷压缩机是汽车制冷系统的心脏，是推动制冷剂在制冷系统中不断循环的动力源，其主要作用是对制冷剂进行________、________和________。				

续表

资讯	7. 汽车空调系统除了需要前面所讲的压缩机、蒸发器等部件以外，还需要一整套的控制系统，如________、________、________、________、________、________等。 8. 压缩机的控制方式根据控制开关的位置分为两种，即________、________。 9. 微型计算机空调的自动控制系统，不仅能按照乘员的需要送出________、________最舒适的风，而且还可以根据实际需要调节________、________。 二、选择题 1. 汽车空调设备的制冷剂主要是（　　）。 A. R12　　B. R22　　C. R134　　D. R134a 2. 检修空调时可以用加压法试漏，最好注入（　　）。 A. 氧气　　B. 空气　　C. 二氧化碳　　D. 氮气 3. 下列选项中为冷冻机油的主要作用的是（　　）。 A. 润滑作用　　B. 冷却作用　　C. 密封作用　　D. 降低噪声 4. 下列选项中为按功能分类的空调系统的是（　　）。 A. 独立式空调　　B. 整体式空调　　C. 直吹式空调　　D. 冷暖分开型 5. 压缩机拆开部分的所有密封件都需（　　）并用干净冷冻机油在其上抹一遍。 A. 洗干净　　B. 再用　　C. 涂上黄油　　D. 换新的 6. 低压开关安装在高压管路上，系统正常时为闭合状态，当（　　）时为断开状态。 A. 系统压力超高　　B. 系统压力波动　C. 系统制冷剂严重泄漏　　D. 系统压力过低 7. 蒸发器鼓风机电动机为一直流电动机，其转速改变是通过（　　）来实现的。 A. 调整电动机电路的电阻值　　B. 改变电动机的匝数 C. 改变电源的电压值　　D. 改变电源的电流值 8. 温度控制开关起调节车内温度的作用，其控制的电路是（　　）。 A. 鼓风机电路　　B. 电磁离合器电路 C. 混合温度门电路　　D. 冷凝器风机电路 9. 当车内温度与驾驶员设定温度相差大时，鼓风机转速（　　）。 A. 自动提高　　B. 自动降低　　C. 不变　　D. 先慢后快 10. 空调暖水开关一般安装在（　　）上。 A. 出水暖水管　　B. 进水暖水管　　C. 水箱出水管　　D. 水箱进水管 三、判断题 1. 空调系统加注制冷剂只能从系统的高压端加注。（　　） 2. R12 已普遍用于替代 R134a 制冷剂。（　　） 3. 排放制冷剂要快放，以免冷冻机油冒出。（　　） 4. 储液罐进出口温差很大，甚至出口处出现结霜，说明干燥剂散开了，堵塞了引出管。（　　） 5. 如冷凝器通风不良，散热效果差，空调制冷量将下降，严重时会引起管路爆裂。（　　） 6. 制冷剂流经管道和软管的速度可使润滑剂返回到压缩机。（　　）

续表

<table>
<tr><td>资讯</td><td>7. 干燥剂是一种能吸收并保持少量水分的化学干燥剂。（　　）
8. 为了保证汽车的各种工况都能不受空调的影响，必须设置继电器。（　　）
9. 通风系统的功用是提高车内空气的含氧量，并降低 CO_2、灰尘、烟气等有害气体的浓度。（　　）
10. 温度控制器开关起调节车内温度、防止蒸发器因温度过低而结霜的作用。（　　）
四、简答题
1. 简述制冷剂在制冷循环中的作用。

2. 变排量压缩机主要的优点有哪些？

3. 怎样解决压缩机的“液击现象”？</td></tr>
<tr><td>计划与决策</td><td>请根据任务要求，确定所需要的设备器材，并对小组成员进行合理分工，制订制冷剂回收及加注、拆卸和更换压缩机离合器、更换储液干燥器及暖风 / 通风系统的温度控制故障检修计划。
1. 需要的设备器材

2. 小组成员分工

3. 实施计划</td></tr>
<tr><td>实施</td><td>1. 分组完成制冷剂的系统回收每步程序，并正确填写附表 8.1。

附表 8.1　制冷剂的系统回收
<table>
<tr><th>步骤</th><th>程序说明</th><th colspan="2">程序叙述</th></tr>
<tr><td>1</td><td>系统内发动机罩下标志显示的制冷剂类型是什么</td><td colspan="2"></td></tr>
<tr><td>2</td><td>车辆制冷剂维护接头与标志标签列出的制冷剂是否匹配</td><td colspan="2"></td></tr>
<tr><td rowspan="4">3</td><td rowspan="4">把制冷剂纯度分析仪连接到系统上</td><td>制冷剂类型</td><td></td></tr>
<tr><td>制冷剂与车辆标签上的制冷剂是否一致</td><td></td></tr>
<tr><td>测定的制冷剂纯度</td><td></td></tr>
<tr><td>是否存在制冷剂被污染</td><td></td></tr>
<tr><td>4</td><td>把压力表歧管软管连接到空调系统的维护口上</td><td colspan="2"></td></tr>
<tr><td>5</td><td>接头类型</td><td colspan="2">低压侧维护口：
高压侧维护口：</td></tr>
<tr><td>6</td><td>观察压力表的读数</td><td colspan="2">低压侧压力表的读数：
高压侧压力表的读数：</td></tr>
</table>
</td></tr>
</table>

续表

实施

<table>
<tr><td>7</td><td>把歧管压力表软管连接至回收装置</td><td colspan="5"></td></tr>
<tr><td>8</td><td>回收装置接头的类型是什么</td><td colspan="5"></td></tr>
<tr><td>9</td><td>起动回收装置，打开相应的手动阀，并按照回收设备制造商提供的说明书的内容介绍回收空调系统的制冷剂</td><td colspan="5"></td></tr>
<tr><td rowspan="4">10</td><td rowspan="4">关闭手动阀（步骤 6 中未打开的），并且关闭回收装置。观察压力表读数</td><td></td><td>现在</td><td>5min 后</td><td>10min 后</td><td>15min 后</td></tr>
<tr><td>低压侧</td><td></td><td></td><td></td><td></td></tr>
<tr><td>高压侧</td><td></td><td></td><td></td><td></td></tr>
<tr><td>说 明</td><td></td><td></td><td></td><td></td></tr>
<tr><td>11</td><td>小心地拆下歧管压力表组软管，确保没有空气进入系统，否则重新进行系统抽真空和加注制冷剂</td><td colspan="5"></td></tr>
</table>

2．分组完成制冷剂的系统加注流程，并正确填写附表 8.2。

附表 8.2　制冷剂的系统加注

<table>
<tr><th>步骤</th><th>程序说明</th><th colspan="3">程序叙述</th></tr>
<tr><td>1</td><td>打开相应的手动阀，且根据具体情况，按设备制造商的说明书或者维护手册为空调系统加注制冷剂</td><td colspan="3"></td></tr>
<tr><td rowspan="3">2</td><td rowspan="3">加注完成后，关闭手动阀（步骤 1 中未打开的）。观察压力表，以 psig 或者 MPa 表示的读数是多少</td><td></td><td>psig</td><td>MPa</td></tr>
<tr><td>低压侧</td><td></td><td></td></tr>
<tr><td>高压侧</td><td></td><td></td></tr>
<tr><td>3</td><td>叙述步骤 2 中记录的低压侧和高压侧的压力结果（它们正常吗？）</td><td colspan="3"></td></tr>
<tr><td>4</td><td>小心地拆下歧管压力表组软管，确保没有制冷剂漏出</td><td colspan="3"></td></tr>
</table>

3．分组完成拆装和更换压缩机离合器每步程序，并正确填写附表 8.3。

续表

实施

附表 8.3　拆卸和更换压缩机离合器

步骤	程序说明	程序叙述
1	拆卸离合器毂和从动盘总成	
2	目检离合器毂和从动盘总成，记录所有问题	
3	拆卸带轮和轴承总成	
4	仔细检查轴承是否有磨损或者凹凸不平的痕迹，记录所有问题	
5	进行冷冻润滑油的添加	
6	必要时更换部件	
7	安装离合器	

4．分组完成更换储液干燥器的每步程序，并正确填写附表 8.4。

附表 8.4　更换储液干燥器

步骤	程序说明	程序叙述
1	对空调系统进行目检，并且叙述空调系统的总体认识	
2	确定储液干燥器的位置，并叙述它的位置	
3	按照车间维护手册的程序，检修储液干燥器。它是否是损坏的？叙述你的发现	
4	发动机罩下是否有标记来辨别制冷剂的类型？叙述你的发现。系统内制冷剂的类型是什么	
5	维修手册的信息与你发现的是否一致	
6	你将采用什么程序更换储液干燥器	

5．分组完成诊断暖风 / 通风系统的温度控制故障每步程序，并正确填写附表 8.5。

附表 8.5　诊断暖风 / 通风系统的温度控制故障

表现形式 分析项目	没有气流	通风口没有新鲜空气	通风口没有冷空气	通风口没有热空气
暖风 / 通风系统的温度控制故障				
温度控制故障				
增压器系统故障				
检查、测试调整或者更换气候控制温度传感器和阳光照射传感器				

6．分组完成空调系统异响或振动故障的诊断每步程序，并正确填写附表 8.6。

续表

<table>
<tr><td>实施</td><td>
附表 8.6　空调系统异响或振动的故障诊断
<table>
<tr><th>步骤</th><th colspan="2">程序说明</th><th>故障叙述</th></tr>
<tr><td rowspan="6">1</td><td rowspan="6">电离合器是否打滑</td><td>线圈安装是否不当</td><td></td></tr>
<tr><td>带轮是否偏斜</td><td></td></tr>
<tr><td>制冷剂是否过量</td><td></td></tr>
<tr><td>制冷剂系统是否含有水分</td><td></td></tr>
<tr><td>冷冻机油是否过少</td><td></td></tr>
<tr><td>鼓风机风量是否正常</td><td></td></tr>
<tr><td rowspan="2">2</td><td rowspan="2">鼓风机风扇是否有噪声</td><td>鼓风机风扇是否有噪声</td><td></td></tr>
<tr><td>风扇电动机是否过度磨损</td><td></td></tr>
<tr><td rowspan="2">3</td><td rowspan="2">驱动带是否过松</td><td>驱动带是否过松</td><td></td></tr>
<tr><td>驱动带是否过度磨损</td><td></td></tr>
</table>
</td></tr>
<tr><td>检查与评价</td><td>
以小组为单位对完成任务情况进行评价（包括自我评价、小组评价、教师评价）。
1．是否完成了所有实训项目？
自我评价：
小组评价：
教师评价：
2．汽车空调制冷剂的系统回收与加注、拆卸和更换压缩机离合器、更换储液干燥器、诊断暖风 / 通风系统的温度控制故障和空调系统异响或者振动故障的诊断计划制订是否合理?
自我评价：
小组评价：
教师评价：
3．附表填写是否详细、准确？
自我评价：
小组评价：
教师评价：
</td></tr>
</table>

注：出现安全事故，或不按规范操作而损坏仪器、设备的，此任务成绩计 0 分。

拓展与提升

微型计算机空调的自动控制系统

微型计算机空调的自动控制系统不仅能按照乘员的需要送出温度、湿度最舒适的风，而且还可以根据实际需要调节风速、风量。由于自控，它还极大地简化了乘员的操作。

微型计算机空调的自动控制系统一般具有空调控制、节能控制、故障安全报警、故障诊断与储存及多信息数字显示等功能。

计算机控制汽车空调系统有高度自动化、可靠性、经济性、舒适性和安全性等优点，所以这类汽车空调日益普及。

1．微型计算机空调的自动控制系统结构原理

1）结构组成

汽车上应用的微型计算机和工业上使用的微型计算机控制系统原理都是一样的，是一个比较复杂的系统，它主要包括硬件和软件两大部分。

（1）硬件部分主要包括主机和 I/O 接口设备，主机包括中央处理器（CPU）和主存储器（RAM）。主机依靠 I/O 接口设备输入信息和输出指令。

（2）软件部分主要包括系统软件和应用软件。系统软件含语言处理程序、操作系统、服务诊断系统程序等；应用软件包括工程设计程序、数据处理程序和过程控制程序。

微型计算机空调的自动控制系统也包括硬件系统和软件系统，如图 8.27 所示。硬件中的主机负责计算、记忆、判断、计时。A/D 接口输入设备模拟开关和 A/D 转换器输入到主机中，执行空调器的一些主要的功能及进行监控。在主机的接口上增加了一个辅助计算机系统，其实这是一个过程控制程序的应用软件系统。它控制着空调系统的制冷、制热、风门、风向、流速和温度等。

从图 8.27 中可以知道，微型计算机可单独地接收和计算各种传感器输入的信号，以及对控制信号的反馈进行迅速的演算、记忆、判断、比较，然后发出各种指令，驱动各执行机构动作，调节、控制车内温度和各种空调参数。

微型计算机空调的自动控制系统如图 8.28 所示。它主要由电子控制系统、配气系统和面板控制三部分组成。在这里面主要介绍电子控制部分，它主要由传感器、ECU 和执行器三部分组成，ECU 可以接收和计算各种传感器输入的信号，能根据环境的变化迅速发出信号，控制各执行器的动作。

2）传感器信号

传感器的信号主要包括了以下几种：

（1）车内温度传感器、环境温度传感器、阳光辐射温度传感器输入的信号。

（2）驾驶员面板设定的温度信号和功能选择信号。

（3）由分压器检测出调温门的位置信号、蒸发器湿度传感器信号、冷却液温度传感器信号。

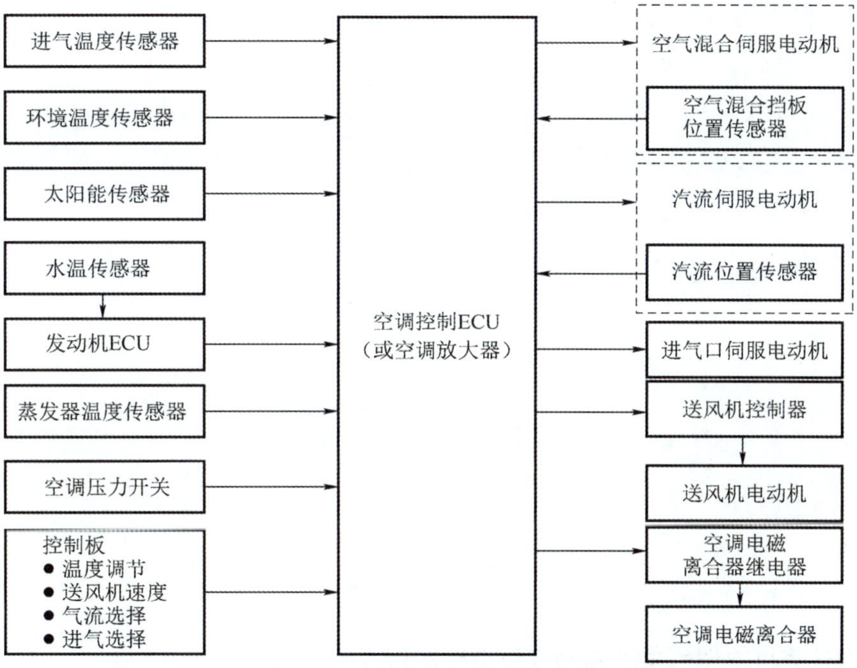

图 8.27　微型计算机空调的自动控制系统的组成和接口

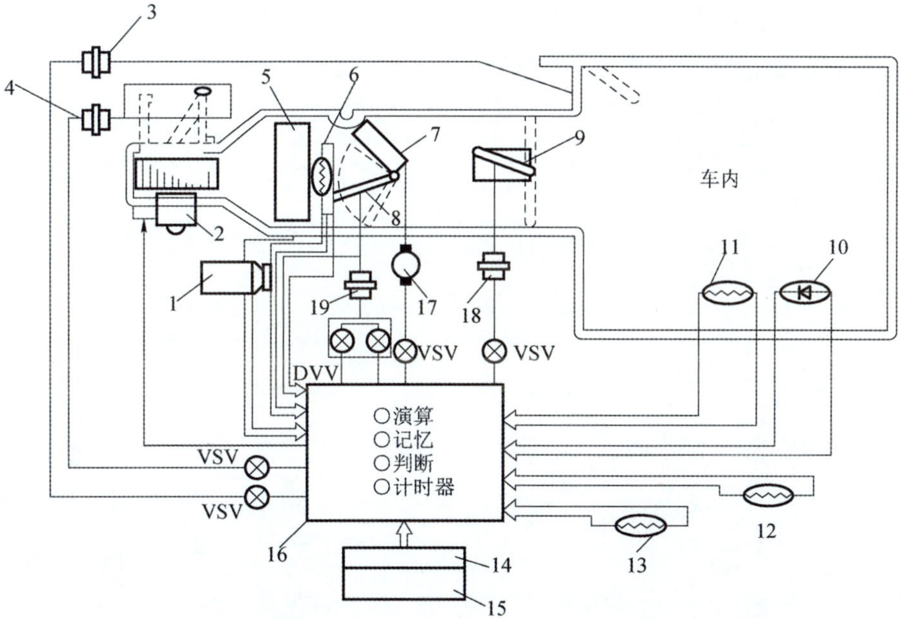

图 8.28　微型计算机空调的自动控制系统

1—压缩机；2—鼓风机；3—上风口真空驱动器；4—外来空气口真空驱动器；5—蒸发器；6—蒸发器温度传感器；7—加热器芯；8—调温门；9—吹出风口；10—车内温度传感器；11—阳光辐射传感器；12—大气温度传感器；13—冷却液温度传感器；14—触摸开关；15—预定温度键；16—微型计算机；17—热水阀真空驱动器；18—风口切向真空驱动器；19—反馈电位器；VSV—空转换阀；DVV—DVC+DVH（降温真空电磁阀 + 升温真空电磁阀）

3）执行信号及执行器信号

执行信号及执行器信号主要包括以下几种：

（1）驱动各种风门的伺服电动机或真空驱动器输送的信号。

（2）控制鼓风机电动机转速的电压调节信号。

（3）控制压缩机开停信号。

微型计算机是根据上面这些信号进行计算、比较、判断，并发出工作指令和各种警告信息的。

4）控制原理

微型计算机空调的自动控制系统是根据温度平衡方程式进行控制的，输入设定电阻为 K，车内温度电阻为 A，车外大气温度电阻为 B，驾驶员设定温度为 C，阳光辐射、环境、节能修正量的温度电阻为 D，则它的平衡方程式为

$$K = A + B + C + D$$

根据这个方程式进行计算、比较、判断后发出指令，让执行机构实施动作。

2. 微型计算机空调的自动控制系统电路实例

图 8.29 所示为丰田 LS400 轿车空调控制系统的电路原理图。其主要由传感器、执行器和空调 ECU 组成。它利用各种传感器随时监测车内和车外环境温度的变化，并把信号输入空调 ECU 即空调电脑，经过 ECU 处理后，通过伺服电动机等完成，对鼓风机转速、出风温度、送风方式及压缩机的工作状况进行调节，使车内温度、空气湿度及流动状况保持在驾驶员设定的水平上。

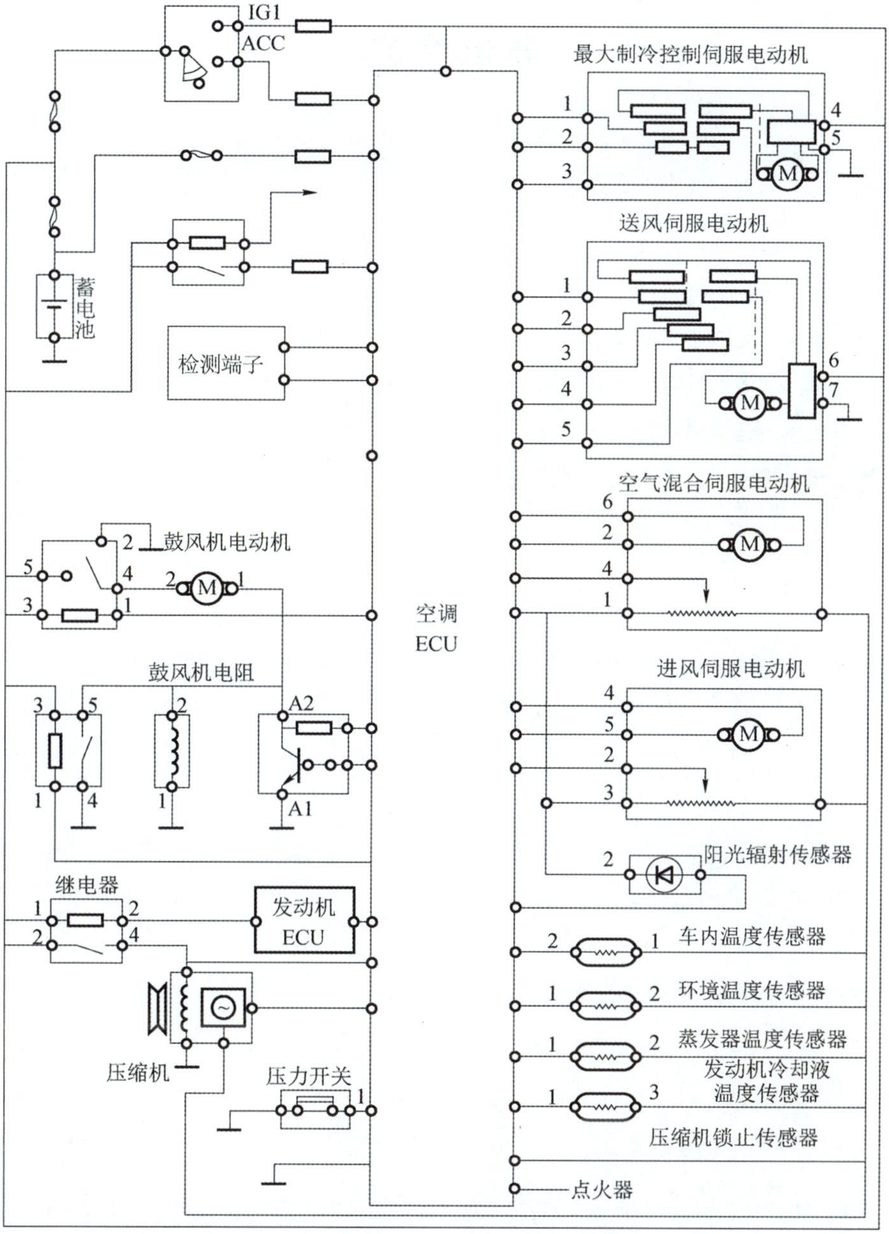

图 8.29　丰田 LS400 轿车空调控制系统的电路原理图

参考文献

[1] 李春明，魏崴．汽车电气设备与维修 [M]．西安：西安电子科技大学出版社，2006.

[2] 王勇．汽车电气设备构造与维修 [M]．北京：机械工业出版社，2003.

[3] 孙志刚．汽车电气设备与维修 [M]．北京：北京理工大学出版社，2010.

[4] 周建平．汽车电气设备构造与维修 [M]．北京：人民交通出版社，2005.

[5] 黄晓敏，徐昭．汽车电气设备维修实训 [M]．北京：人民交通出版社，2003.

[6] 崔选盟．汽车电气设备维修 [M]．北京：电子工业出版社，2003.

[7] 赵福堂．汽车电器与电子设备 [M]．3 版．北京：北京理工大学出版社，2009.